Het GROTE gesprekkenboek

Een praktische leidraad voor HR-professionals en leidinggevenden

HET GROTE GESPREKKEN BOEK

EEN PRAKTISCHE LEIDRAAD VOOR
HR-PROFESSIONALS EN LEIDINGGEVENDEN

Samenstellers en uitgever zijn zich volledig bewust van hun taak een zo betrouwbaar mogelijke uitgave te verzorgen. Niettemin kunnen zij geen enkele aansprakelijkheid aanvaarden voor (de gevolgen van) onvolkomenheden die eventueel in deze uitgave voorkomen.

B + B Vakmedianet BV
Postbus 448
2400 AK Alphen aan den Rijn

Uitgever: Sandra Britsemmer
ISBN: 978 94 621 5625 8
NUR: 807
Druk: Drukkerij Wilco Amersfoort
Vormgeving en ontwerp: colorscan bv, Velsen-Noord

INHOUD

VOORWOORD

In 2010 verscheen de eerste druk van *Het GROTE gesprekkenboek*, een standaardwerk dat menig leidinggevende en HR-professional gebruikt in de voorbereiding op welk gesprek dan ook. Omdat de tijd in gesprekkenvoerend Nederland niet stilstaat, werd in de tweede druk van 2015 *Het GROTE gesprekkenboek* al flink op de schop genomen. Voor u ligt een volledig aangepaste derde druk.

De afgelopen jaren is gebleken dat de enige constante in organisaties de continue verandering is. Het horizontaal organiseren (procesgericht werken en communiceren) heeft in veel organisaties zijn intrede gedaan. Deze verschuiving van verantwoordelijkheden heeft zich doorgezet en het is steeds meer de medewerker die verantwoordelijk is voor zijn eigen presteren en ontwikkeling. Dit heeft ook gevolgen voor de wijze waarop gesprekken worden gevoerd.

De afgelopen jaren zag 'Het Nieuwe Beoordelen' het levenslicht en elementen hiervan zijn verwerkt in deel 2 van dit boek. Ook is er grotere focus gekomen op sterke punten van medewerkers (versterk wat werkt) en op positieve aspecten in plaats van de negatieve. Het selecteren op en het ontwikkelen van sterke punten in bijvoorbeeld selectie-, beoordelings-, POP- en coachingsgesprekken krijgen in deze versie van *Het GROTE gesprekkenboek* veel aandacht. In verzuim- en demotiegesprekken staat veel meer centraal wat de medewerker wel kan in plaats van niet. In menig organisatie zijn in functionerings-, loopbaancoachings- en jobcraftingsgesprekken het vergroten van de vitaliteit, werkplezier en het (terug)vinden van een juiste balans tussen belasting en belastbaarheid vaste gespreksonderwerpen. Tot slot is in de hoofdstukken over ziekteverzuim en het corrigeren van medewerkers de laatste wet- en regelgeving opgenomen.

Wat onveranderd is, is de indeling van het boek en het verwerken van de 'state-of-the art'-theorieën. Wil je effectieve gesprekken voeren, dan blijft een goede voorbereiding onontbeerlijk en kent ieder gesprek een bepaalde opbouw en een doel. In de eerste twee paragrafen van ieder hoofdstuk komen (wederom) praktische stappenplannen, tools, aandachtspunten, cases en tips over de voorbereiding op het gesprek en het voeren van de gesprekken aan de orde. Ieder hoofdstuk eindigt als vanouds met veelgestelde vragen en do's and don'ts over de gesprekken.

Deel 1 Instroom: het selecteren en introduceren van medewerkers

In deel 1 van *Het GROTE gesprekkenboek* komen de gesprekken aan bod die met het aannemen van medewerkers te maken hebben. Deze zijn: het selectie-, arbeidsvoorwaarden- en introductiegesprek.

Deel 2 Doorstroom: het (zelf laten) sturen van prestaties en ontwikkelen van medewerkers

De prestaties, het gedrag en de persoonlijke en professionele ontwikkeling van medewerkers staan centraal in het feedback-, functionerings-, beoordelings-, het POP-, coach-, jobcraftings-, loopbaancoach- en het demotiegesprek.

Deel 3 Uitstroom: goed afscheid nemen en leren van vertrekkende medewerkers

Het in- en doorstroombeleid kan verbeterd worden met de informatie van medewerkers die de organisatie gaan verlaten. In deel 3 meer over het exitgesprek.

Deel 4 Algemene gespreksvaardigheden

In dit deel komen de algemene gespreksvaardigheden aan bod die door HR-professionals en leidinggevenden worden gevoerd: het advies-, conflictoplossend-, onderhandelings-, correctie- en slechtnieuwsgesprek.

Het GROTE gesprekkenboek is geschreven door ervaringsdeskundigen die het klappen van de zweep kennen en geleerde lessen op een toegankelijke en praktische wijze met de lezer delen. Het versterkt bij zowel beginnende als ervaren professionals het (zelf)vertrouwen om de gesprekken te voeren.

Wij bedanken Marleen Tettero, Corine van Dijk, Petri Mast, Sylvia Bols, Ianthe van Grondelle, Sonja van den Heuvel, Marly Verbruggen-Selders, Sandra Harsveldt-Quist, Monique Veldhoven, Jan de Groen, Egbert Boerma, Cees Dikker, Jurrens Broekhuijsen, Kees Jan Willeboordse, Benny Schulte, Hans Verboon, Wim Thielemans, Krist van Laere en Bob Strasters. Zij leverden in 2015 informatieve en inspirerende bijdragen waarop in deze versie van *Het GROTE gesprekkenboek* voortgeborduurd is.

Veel leesplezier en succes met de gesprekken!

Jacco van den Berg en Mecheline Klijs

Rotterdam / Bavel
Voorjaar 2019

NB Waar in dit boek wordt gesproken over hij en medewerker, dient ook zij en medewerkster gelezen te worden.

DEEL 1 INSTROOM: HET SELECTEREN EN INTRODUCEREN VAN MEDEWERKERS

In 'the war for talent' willen organisaties het beste talent voor zich winnen en hierbij is de 'candidate journey' belangrijker dan ooit. Dit is de reis die een sollicitant aflegt vanaf het moment dat hij een vacature ziet totdat hij aan de slag gaat. De trip kent zogeheten 'touchpoints', contactmomenten tussen de wellicht nieuwe collega en de organisatie waarop de sollicitant besluit zijn reis te vervolgen of af te breken. Waar het op neerkomt, is dat organisaties niet willen dat (schaarse) kandidaten halverwege het selectietraject, of na het laatste gesprek, niet voor hen kiezen omdat het instroomproces niet op orde is.

In deel 1 van dit boek, de instroom van medewerkers, gaat in op de eerste contactmomenten: *het selectiegesprek, het arbeidsvoorwaardengesprek* en *het introductiegesprek.* De vele praktische stappenplannen, tips, aandachtspunten en do's and don'ts vergroten, bij een juiste toepassing ervan, dat sollicitanten bewust kiezen om voor een organisatie te willen gaan werken. En verder is het zo dat medewerkers die een warm welkom kennen en een juist introductieprogramma (de term 'onboardingprogram' is in Nederland inmiddels gemeengoed) doorlopen, sneller productief zijn, eerder in hun kracht staan, binnen de organisatie een netwerk opbouwen waardoor zij zaken voor elkaar krijgen en zich eerder betrokken en thuis voelen. Dat levert de organisatie niet alleen voordelen op, maar het bespaart ook kosten. Zeker omdat voorkomen wordt dat medewerkers na een aantal maanden gedesillusioneerd de organisatie verlaten en het hele werving- en selectiecircus weer van voren af aan kan beginnen.

1 COMMUNICATIE

Mecheline Klijs en Jacco van den Berg

Eenvoudig gesteld is communicatie het verbale (met woorden) en non-verbale (fronsende wenkbrauw) gedrag dat in aanwezigheid van anderen bewust en onbewust wordt vertoond. Zo is fluiten een vorm van communicatie, maar ook het schrijven van een e-mail, het voeren van een gesprek, een instemmende knik, een arm om een verdrietige medewerker, een opgestoken middelvinger, een vuist op tafel en het slaken van een diepe zucht. Ook niets zeggen is een vorm van communicatie.

Annemarie is HR-adviseur en is belast met het introductiepraatje voor nieuwe medewerkers. Tijdens haar presentatie weidt zij lang uit en vertelt veel details. Het valt haar op dat na een klein kwartiertje de nieuwe medewerkers oogcontact vermijden en gaan spelen op hun smartphone.
Annemarie ziet de aandacht verslappen (niet bewust verstrekte informatie) en denkt: die jonge nieuwe collega's hebben tegenwoordig een spanningsboog van nog geen 10 minuten.

Dit hoofdstuk geeft antwoord op de volgende vragen:
- Hoe werkt de interactiematrix?
- Wat is de invloed van non-verbale communicatie op het gesprek?
- Hoe is een Babylonische spraakverwarring te voorkomen?

1.1 DE VOORBEREIDING OP IEDER GESPREK

In selectie-, POP- en onderhandelingsgesprekken wisselen de gesprekspartners informatie uit. Zo vertelt de selecteur in een selectiegesprek over de organisatie en de vacante functie en licht de sollicitant toe wat hij allemaal weet en kan. In een POP-gesprek licht de medewerker zijn ambitie en loopbaanwensen toe en in een onderhandelingsgesprek proberen partijen een deal te sluiten die voor hen beiden profijtelijk is.

In deze paragraaf wordt het fenomeen communicatie vanuit verschillende invalshoeken belicht. Want, hoe groter de kennis over hoe mensen communiceren, luisteren, interpreteren en reflecteren, hoe groter de kans dat het gesprek door beiden als effectief en plezierig wordt ervaren. En dat geldt zeker als de leidinggevende het LSD-principe (Luisteren, Samenvatten en Doorvragen) toepast, zijn gesprekspartner op zijn gemak stelt en het gesprek structureert.

Basismodel van communicatie

In een gesprek zet de zender zijn ideeën, gedachten en gevoelens om in taal en spreekt deze uit. Het is de leidinggevende die in een correctiegesprek met een ernstig gezicht het ongewenste gedrag van de medewerker verwoordt en stelt dat dit gedrag echt niet door de beugel kan. Dit proces heet coderen. Doel van de communicatie is dat de ontvanger de inhoud van de boodschap begrijpt. Echter, de ontvanger vertaalt de boodschap naar zijn eigen ideeën en gevoelens. Het proces van interpreteren heet ook wel decoderen.

Communiceren = informatie > coderen > zenden > ontvangen > decoderen > informatie

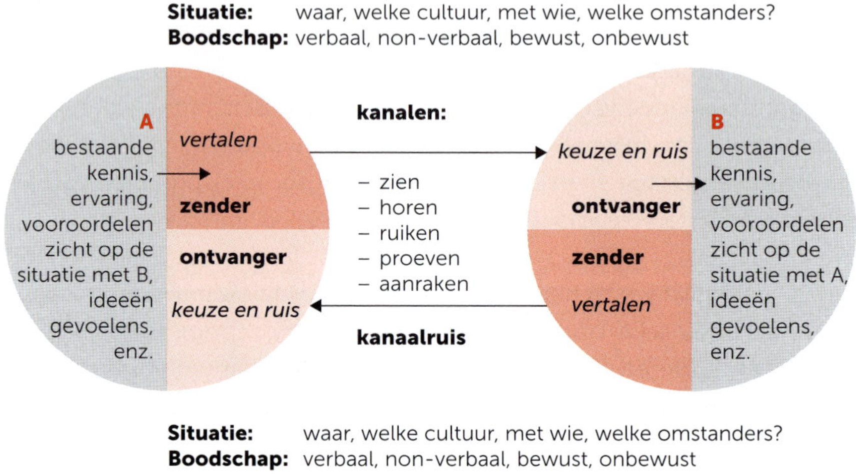

Procesmodel van communicatie[1]

Hoe de zender de boodschap overbrengt en hoe de zender deze interpreteert, wordt bepaald door factoren als humeur, ervaringen, relatie, meningen, kennis van de omgeving en persoonlijke voorkeur. Als een verkoper een top deal heeft afgesloten zal hij dit met een grijns vertellen en misschien wel hardop zodat iedereen dit kan horen. Voor al zijn collega's ook reden tot vreugde, behalve voor die ene die thuis een ernstig ziek kind heeft. Die heeft wel wat anders aan zijn hoofd.

Naast deze zogenoemde achtergrondfactoren speelt ook het persoonlijk referentiekader een rol. Het referentiekader is het totaal aan waarden en normen, gewoonten en ideeën die het gedrag bepalen. Wat iemand thuis leert in de woonomgeving, op school of op de sportclub, bepaalt hoe iemand de wereld om zich heen bekijkt. Als een student thuis en op school leert dat initiatief nemen gewaardeerd wordt dan bepaalt dit mede zijn referentiekader. Als deze medewerker later in een bedrijf gaat werken, is de

1. *Communiceren – Contact maken, houden en verdiepen, Frank Oomkes en Alan Garner, Boom Lemma, 2014, pagina 12.*

kans groter dat hij pro-actiever zal reageren op de vraag om initiatief te nemen dan wanneer dit nooit is gestimuleerd. Jeugdervaringen, vooroordelen, in rijkdom of juist in armoede opgroeien, de manier waarop een medewerker heeft geleerd om met mensen om te gaan, maken deel uit van het referentiekader.

Communiceren met ruis op de lijn

Als in het communicatieproces één stap ontbreekt, dan vindt er geen communicatie (informatieoverdracht) plaats. Er is sprake van ruis als er bij het verzenden, ontvangen of decoderen iets misgaat. De gesprekspartners praten langs elkaar heen en verstaan elkaar letterlijk en figuurlijk niet. In het laatste geval is er bijvoorbeeld sprake van een storing op een telefoonlijn of een vliegtuig dat laag overvliegt (externe factoren). Op de zogeheten interne factoren hebben zender en ontvanger wel invloed. Voorbeelden zijn: onduidelijk en onsamenhangend spreken, gebruiken van vakjargon, spreken in een andere taal of te zacht praten.

Ruis op de lijn

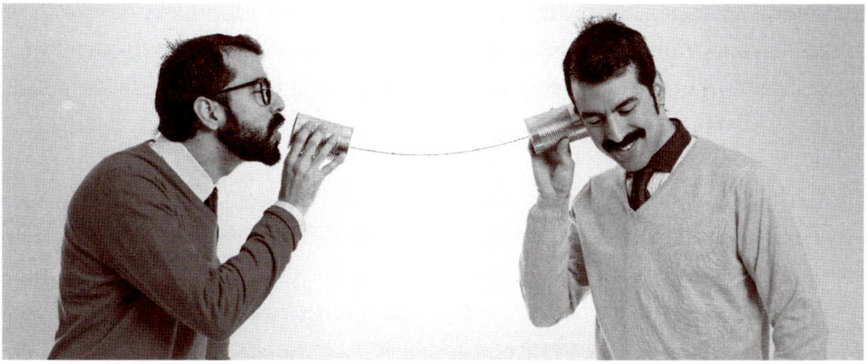

De basisvaardigheden van communicatie: luisteren, samenvatten en doorvragen (LSD)

Het effectief toepassen van de basisvaardigheden van communicatie is één van de succesfactoren voor een goede communicatie. Veel van deze basisvaardigheden zijn aan te leren en een bekend principe om deze te duiden is het LSD-principe: Luisteren, Samenvatten en Doorvragen.

Luisteren

Luisteren is niet niets doen, maar een inspannende activiteit en kan gedaan worden door:

- aandacht geven
- open en gesloten vragen stellen
- samenvatten

Luisteren

Er is een groot verschil tussen *horen* en *luisteren*. Horen is een fysieke activiteit, waarvoor niets gedaan hoeft te worden. Luisteren vereist niet alleen concentratie (zonder goed te luisteren, geen goede samenvatting), maar heeft ook te maken met daadwerkelijk belangstelling voor de ander en zijn verhaal.

Na een open vraag, zie paragraaf 1.3, geeft de vragensteller zijn gesprekspartner ruimte om over de vraag ('wat is de reden van de vraag?') en het antwoord ('waar begin ik met het antwoord?') na te denken. De vragensteller beantwoordt dus niet zelf de vraag of geeft multiple choice antwoorden ('wat is de reden van de vertraging, het komt zeker door A, B, of C?'). Om onvoorwaardelijke aandacht te hebben voor de ander moet degene die luistert zijn eigen meningen, ideeën, opvattingen en overtuigingen tijdelijk opzijzetten en zich geheel concentreren op wat de gesprekspartner vindt en voelt. Door onvoorwaardelijke aandacht kan de ander zijn verhaal kwijt en krijgt hij het gevoel dat hij serieus genomen wordt. Met een goede samenvatting merkt de ander dat er naar zijn verhaal geluisterd wordt en dat is vaak een stimulans om nog meer te vertellen.

Aandachtgevend verbaal gedrag	Aandachtgevend non-verbaal gedrag
kleine aanmoedigingen geven met hummen, ja ja, ga door, et cetera	oogcontact
stiltes laten vallen	open lichaamshouding
samenvatten doorvragen	stimulerende gebaren, zoals een hoofdknik en handgebaren

Onvoorwaardelijk aandacht geven vraagt het tijdelijk opzijzetten van meningen, ideeën, opvattingen en overtuigingen. De ontvanger concentreert zich volledig op wat zijn gesprekspartner zegt, vindt en voelt. Alleen door deze onvoorwaardelijke aandacht kan de ander zijn verhaal echt kwijt en voelt hij zich serieus genomen. Dit betekent dat de ontvanger in deze fase niet met zichzelf bezig is. Hij luistert, niets meer en niets minder en probeert de ander te begrijpen.

Een handig ezelsbruggetje:

Oma Anna is geen Oen, zij smeert zichzelf met NIVEA in

Het opzijzetten van meningen en opvattingen kan geduid worden met de volgende afkortingen:

- OMA: Oordelen, Meningen en Adviezen
  Neem OMA niet altijd mee. Laat Oordelen, Meningen en Adviezen eens achterwege en luister met een open houding. We zijn zo gewend alleen te luisteren om van repliek te kunnen dienen. Hoor de ander vaker gewoon aan en vraag door, zonder te snel met een oordeel te komen. Mensen hebben twee oren om mee te luisteren en slechts één mond om mee te praten. Niet voor niets in die verhouding.

- ANNA: Altijd Navragen, Nooit Aannemen
  Een stapje verder dan het niet-oordelen van OMA: neem niet zomaar aan dat je het begrijpt. Herhaal en vraag na of je het goed hebt begrepen.

- OEN: Open, Eerlijk en Nieuwsgierig
  Een open houding, klaar, nieuwsgierig en oprecht bereid om te luisteren en de ander zijn verhaal te laten doen.

- NIVEA: Niet Invullen Voor Een Ander
  We zijn snel geneigd andermans zinnen in te vullen en zelf betekenis te geven aan gedrag van een ander. Omdat je iemand al langer kent of simpelweg door het ontbreken van genoeg informatie. Kortom, vraag na ...!

Samenvatten

Een samenvatting is het hardop uitspreken van wat zojuist besproken is. Door deze herhaling van woorden en zinnen toetsen de gesprekspartners of zij elkaar begrepen hebben. Dit is meteen ook de kracht van een (bewust) verkeerde samenvatting. Het biedt de ander de mogelijkheid te nuanceren, aan te vullen of aan te geven dat bepaalde zaken niet door hem gezegd zijn. Met een samenvatting laat de degene die samenvat ook merken dat hij luistert.

Samengevat, de kracht van een samenvatting is:

- Ordenen van veel informatie. Een samenvatting geeft structuur aan het gesprek, ordent de gegevens en er kunnen verbanden worden gelegd.

  'Dus als ik het goed begrijp, komt de vertraging door A, B en C. Kun je meer vertellen over oorzaak A?'

- Controleren of de informatie goed begrepen is. Dit kan door de samenvatting in vragende vorm voor te leggen aan de gesprekspartner. Is de samenvatting niet juist dan geeft het de gesprekspartner de mogelijkheid om aan te vullen of aan te passen.

'Je hebt zojuist de oorzaken A, B en C toegelicht en ik begrijp dat er een quick win is te realiseren met het aanpakken van oorzaak B. Klopt dat?'

- Terugnemen van de leiding in het gesprek. Bij een gesprekspartner die lang aan het woord is en/of te snel naar een eindresultaat wil, is de samenvatting een uitstekend middel om de regie van het gesprek (weer) in handen te krijgen.

  'Je hebt zojuist de oorzaken A en B toegelicht en praat nu al over oplossingen. Ik wil toch nog meer uitgebreid stilstaan bij de oorzaken.'

Doorvragen

Een goed hulpmiddel om in het gesprek te achterhalen wat de ander wil zeggen, is om door te vragen. Doorvragen zijn vragen die aansluiten bij wat de gesprekspartner heeft verteld en heeft als doel onderdelen verder te verduidelijken en scherp te krijgen wat de ander nu precies heeft bedoeld.

Voorbeelden van goede doorvragen:
- *'Kun je meer vertellen over dat specifieke gesprek?'*
- *'Wat bedoel je exact met ...?'*
- *'Zou je een voorbeeld willen geven van de activiteit die je zojuist beschreef?'*

Vaak volstaat het om alleen het woord te herhalen. Deze herhaling nodigt de gesprekspartner uit om een toelichting te geven.

Voorbeeld van een herhaling gekoppeld aan een doorvraag:
- *'Ik vind acquisitiegesprekken uitdagend.'*

Hierop kunt u de reactie geven:
- *'Uitdagend?'*

Communiceren en reflecteren

Reflecteren betekent letterlijk beschouwen en overdenken. Goed kunnen luisteren in een gesprek betekent ook dat de gesprekspartners in staat zijn om de verschillende niveaus in een gesprek te onderscheiden en in staat zijn een beschouwing, een reflectie te geven over het verloop van het gesprek. Op de volgende vier niveaus kan gecommuniceerd en (dus ook) gereflecteerd worden:

- Niveau 1: inhoudsniveau
- Niveau 2: procedureniveau
- Niveau 3: relatieniveau
- Niveau 4: gevoelsniveau

Niveau 1: inhoudsniveau

Het inhoudsniveau van een gesprek zegt iets over de mate waarin de zender in staat is om de boodschap inhoudelijk op een juiste wijze over te brengen. Zo is het in een adviesgesprek voor de HR-professional belangrijk om de analyse van een probleem inhoudelijk en begrijpelijk toe te lichten. In een conflictgesprek kunnen partijen (zonder emotie) hun standpunten goed verwoorden en heeft de sollicitant in een selectiegesprek na een toelichting van de selecteur een scherp beeld van de taken, rollen en verantwoordelijk- en bevoegdheden van de vacante functie.

Niveau 2: procedureniveau

Het procedureniveau in een gesprek geeft, bijvoorbeeld met het DAT-principe, informatie over de regels, structuur, aanpak of werkwijze die in een gesprek wordt gevolgd.

Voorbeelden van procedurele interventies:

- *'Het* ***D****oel van het gesprek is A, de* ***A****genda/gesprekspunten zijn X, Y en Z en ik stel voor dat wij hier 60 minuten over gaan praten (****T****ijd).'*
- *'Ik stel voor dat wij eerst de oorzaken van de vertraging bespreken en daarna de mogelijke oplossingen.'*

Niveau 3: relatieniveau

Interventies op dit niveau zijn: belangstelling tonen, waardering uitspreken en anderen uitnodigen een inbreng te leveren. Dit is als het ware een korte tussentijdse beschrijving van de wijze waarop het gesprek verloopt.

Voorbeelden van interventies op relatieniveau:

- *'Laten wij elkaar niet onderbreken en de afspraak maken elkaar uit te laten praten.'*
- *'Ik heb het gevoel dat wij in een cirkel aan het praten zijn en volgens mij komen wij er zo niet uit.'*

Niveau 4: gevoelsniveau

Op het gevoelsniveau in een gesprek worden de gevoelens die één of beide gesprekspartners hebben, benoemd. Voorbeelden van deze gevoelens zijn opluchting, boosheid, angst, verbazing en irritatie. Deze gevoelens kunnen blijken uit intonatie (stemverheffing of een snik in een stem) en non-verbale signalen (vuist op tafel of een fronsende wenkbrauw). In zo'n situatie is het verstandig deze emoties te bespreken.

Dat kan bijvoorbeeld door de eigen gevoelens uit te spreken:

- *'Ik merk bij mijzelf dat mijn verbazing over jouw verhaal toeneemt.'*
- *'De wijze waarop je mij te woord staat, vind ik niet prettig.'*

Of door uit te spreken wat je bij de ander merkt en dit te toetsen:

- *'Je trekt je wenkbrauw op en daardoor krijg ik de indruk dat je verbaasd bent.'*
- *'Ik zie dat je nogal van streek bent.'*
- *'Klopt het dat je geërgerd bent?'*

Non-verbale communicatie

Een groot deel van de impact van een boodschap wordt bepaald door *hoe* iemand iets zegt. Zo is vastgesteld dat sympathie slechts voor 7 procent door de verbale boodschap opgewekt wordt en dat intonatie 38 procent en lichaamstaal 55 procent voor hun rekening nemen.

Communicatie verloopt via taal, het uitgesproken woord en wordt vaak ondersteund door de lichaamstaal, de non-verbale communicatie. Non-verbale communicatie vindt niet altijd bewust plaats en staat vaak in relatie tot verbale communicatie. De verschillende verbale en non-verbale signalen kunnen elkaar aanvullen of versterken, maar ook tegenspreken.

Non-verbale communicatie vindt op verschillende manieren plaats. Dit kan via:

- intonatie en stem
- stiltes
- houding
- aanraking
- gezichtsuitdrukking en blik

Intonatie en stem

Een opmerking kan met behulp van intonatie op verschillende manieren uitgesproken en dus geïnterpreteerd worden. Zo kan eenzelfde zin een gevoel van boosheid, vreugde of teleurstelling meekrijgen. Naast intonatie kan een gesprekspartner met behulp van zijn stem nog meer duidelijk maken. Denk hierbij aan zuchten, huilen, kreunen en lachen. Zo komt een sollicitant met een trillende stem minder zeker over dan een sollicitant die zijn stem onder controle heeft en hard en duidelijk articuleert. Personen die zich onzeker voelen, laten vaker eh's en ah's horen en het gesprek kent lange(re) pauzes. Deze eh's en ah's geven de persoon tijd en ruimte om na te denken over antwoorden op vragen. Ze komen vaker voor naarmate het onderwerp lastig of gevoelig is en er gezocht moet worden naar woorden.

Stiltes

Een stilte in het gesprek biedt gelegenheid om na te denken. Hoe meer emotioneel beladen of hoe lastiger een onderwerp is, hoe meer stiltes er in het gesprek vallen. Een stilte richt de aandacht op andere non-verbale uitingen. Iedere beweging valt op en dit kan als onprettig ervaren worden.

Houding

De gesprekspartners beoordelen vaak elkaars houding. De houding geeft aan hoe iemand zich voelt. Door een lichaamspositie wordt bijvoorbeeld de belangstelling aangegeven. Een gesprekspartner die licht voorovergebogen zit, komt belangstellend over. Als de persoon 'zijn schouder in het gesprek zet' of zijn gesprekspartner niet aankijkt, is het maar de vraag of hij zin in het gesprek heeft.

Aanraking

Tijdens de meeste gesprekken is de aanraking tussen de gesprekspartners beperkt tot het schudden van handen bij de kennismaking en het afscheid. Een begroeting met twee handen of een kus op de wangen komt vaker voor bij gesprekspartners die een vriendschappelijke relatie met elkaar onderhouden.

Gezichtsuitdrukking en blik

De eerste minuten in het gesprek zijn belangrijk. In deze tijd vormen de gespreksdeelnemers een oordeel over elkaar; een 'sympathieke' sollicitante of een 'norse' inkoper. Het oogcontact speelt een grote rol bij deze eerste indruk. Gelaatsexpressie of gezichtsuitdrukking is een van de gemakkelijkste manieren om gevoel weer te geven. Emoties zijn vaak van gezichten af te lezen. Het gezicht heeft veel spieren die ook de fijnere nuances van de emoties uitdrukken (microsignalen). Daarnaast speelt de duur van het aankijken een belangrijke rol. De non-verbale communicatie van de ogen is breder dan alleen elkaar aankijken en knipogen. Een vergroting van de pupil en het veelvuldig knipperen met de oogleden kan duiden op opgewondenheid of angst. Een gespreksdeelnemer die met argwaan kijkt, knijpt zijn oogleden een fractie van een seconde samen. De onderlinge afstemming tijdens het gesprek loopt via het uitwisselen van blikken. Het knikken van de één is een aanmoediging voor de ander om zijn verhaal voort te zetten. Wegkijken tijdens het gesprek levert de vraag op of de ander het gesprek nog wel interessant vindt. Tot slot, veel non-verbale signalen worden onbewust gegeven en kunnen voor meerdere interpretaties vatbaar zijn. Met toetsvragen kunnen indrukken op juistheid gecontroleerd worden.

- *'Je kijkt mij niet aan en staart naar het plafond. Je wekt bij mij de indruk dat je geen zin hebt in dit gesprek. Klopt dat?'*

Indien bij de ander de non-verbale communicatie niet spoort met zijn verbale uitingen kan dat benoemd worden (communiceren op gevoelsniveau).

- *'Je zegt ja, maar ik zie je nee met je hoofd schudden. Ik begin nu te twijfelen. Wat is het nu?'*

1.2 HET VOEREN VAN GESPREKKEN

Barbara heeft een POP-gesprek met Pieter, haar medewerker. Zij heeft een uur voor dit gesprek uitgetrokken, daarna begint haar volgende afspraak. Pieter is net terug van een geweldige vakantie in Barcelona. Hij is hier met zijn vriendin twee weken geweest. Barbara is heel betrokken bij Pieter en wil graag weten wat hij op vakantie heeft gedaan. Eveneens is zij benieuwd naar zijn foto's. Zij en haar man willen ook graag naar Barcelona. Pieter laat enthousiast zijn vakantiefoto's zien en begint uitvoerig te vertellen. Beiden gaan helemaal op in de vakantie-ervaringen. Eigenlijk zouden ze het hebben over de persoonlijke ontwikkeling van Pieter. Daar moet nu een nieuwe afspraak voor worden gemaakt, over anderhalve maand... als Barbara terug is van haar vakantie.

Effectieve gesprekken

De effectiviteit van gesprekken kan vergroot worden door:
- Aandachtspunt 1: het inzetten van regulerende vaardigheden
- Aandachtspunt 2: aansluiting houden met de gesprekspartners

Aandachtspunt 1: het inzetten van regulerende vaardigheden

Met regulerende vaardigheden kan een gespreksleider het gesprek in goede banen leiden. Het betreft hier volgens Lang en Van der Molen[1] de volgende vaardigheden:

- contact maken
- doelen stellen
- agenda vaststellen
- tijd bepalen en bewaken
- verhelderen
- evalueren en terugkoppelen naar begindoelen
- samenvatten
- afsluiten van het gesprek

De gesprekstructuren van de verschillende gesprekken die in dit boek behandeld worden, zijn terug te vinden in de hoofdstukken 2 t/m 19. Ieder gesprek kent namelijk een andere opbouw. In deze paragraaf meer over de hiervoor genoemde regulerende vaardigheden en de posities die in ieder gesprek respectievelijk toepast en ingenomen kunnen worden.

Contact maken

Een gesprek waarbij meteen met de deur in huis wordt gevallen, verloopt vaak stroef. Dat is zeker het geval bij gesprekken waarbij partijen elkaar niet of niet goed kennen. Na het kennismakingsrondje weten de gesprekspartners wie zij tegenover zich hebben. Als er dan ook nog tijd is voor een kopje koffie en een kort praatje over het weer en het verkeer, is er al veel gewonnen bij het op het gemak stellen van de gesprekspartner.

Doelen stellen

Ieder gesprek heeft een doel en dit doel geeft structuur aan en helderheid over het gesprek.

1. *Psychologische gespreksvoering: Een basis voor hulpverlening,* H.T. van der Molen, G. Lang & Henk T. van der Molen, 2015.

Agenda vaststellen

Naast het doel is het belangrijk om de gespreksonderwerpen met elkaar af te spreken. Met een gespreksagenda weten beiden wanneer er wat besproken wordt.

Tijd bepalen en bewaken

In het begin van het gesprek is het verstandig om te bespreken of het vastgestelde doel en de agendapunten passen in de beschikbare hoeveelheid tijd. Dit geeft inzicht in de hoeveelheid tijd die aan verschillende gesprekspunten besteed kan worden. Tijdens het gesprek is het belangrijk om de tijd in de gaten te houden. Mocht blijken dat een overschrijding plaatsvindt dan kan ook hier een keuze gemaakt worden voor: afronden, meer tijd nemen of doorschuiven naar een volgende afspraak.

Verhelderen

Het verhelderen is bedoeld om tijdens het gesprek ontstane onduidelijkheid en vaagheid weg te nemen. Hulpmiddelen hierbij zijn:

- Doorvragen : 'Wat bedoelt u precies met stroperige procedures?'
- Confronteren : 'Zojuist zei u X en nu Y, ik begrijp u niet ...'
- Metacommunicatie : 'Wij hebben net al drie keer tegen elkaar gezegd dat het niet lukt. Volgens mij praten wij in een cirkel en komen wij er zo niet uit.'
- Samenvatten : 'Als ik u goed begrijp, bedoelt u met stroperige procedures ...'
- Doelen stellen : 'We zijn hier bij elkaar om naar uw persoonlijke ontwikkelplan te kijken, klopt dit?'

Evalueren en terugkoppelen naar begindoelen

Het afgesproken doel en de agenda zijn handige hulpmiddelen om te toetsen of het gesprek volgens plan verloopt. Dit kan door het geven van een korte samenvatting (tussentijds evalueren) van het gespreksonderdeel en door een koppeling te maken naar het agendapunt en het doel.

Samenvatten en afsluiten van het gesprek

Tegen het einde van de afgesproken tijd, is het verstandig om een samenvatting te maken van de besproken agendapunten. Dit biedt de mogelijkheid om eventuele onduidelijkheden nog boven tafel te krijgen zodat er na afloop geen misverstanden blijken te bestaan. Voor eventuele openstaande of niet-volledig afgehandelde agendapunten kan een nieuwe afspraak worden gemaakt. Ten slotte wordt het gesprek afgesloten. Hierbij bedankt de gespreksleider de andere partij voor deelname aan het gesprek.

Aandachtspunt 2: aansluiting houden met de gesprekspartners

In gesprekken ontstaat weleens het gevoel van: 'we praten langs elkaar heen', of 'we begrijpen elkaar niet'. Vaak is dit niet vanuit onwil, maar komt het voort uit de veronderstelling dat de ander net zo denkt en reageert zoals jezelf. In de praktijk blijkt dat dit vaak niet het geval is. Gesprekspartners reageren heel anders dan verwacht en vaak blijkt dat het eigen gedrag ook niet is overgekomen zoals was bedoeld. Kortom, miscommunicatie. Dit is niet constructief en draagt ook niet bij aan een effectieve gespreksvoering.

Interactiematrix

De interactiematrix is hierbij een praktisch hulpmiddel om in het gesprek te bereiken wat bereikt moet worden. Informatie- en inspiratiebronnen voor deze matrix zijn de *Interactiecyclus* en de *Roos van Leary*. Om een juiste inschatting te maken van hoe wij overkomen in de communicatie met anderen, is het waardevol om zowel naar het eigen gedrag als naar het gedrag van de gesprekspartner te kijken. De interactiematrix bestaat uit de volgende twee assen:

- As 1: de wijze van beïnvloeding (ruimte geven en ruimte nemen)
- As 2: de mate waarin beleving wordt benoemd (uiten of inhouden)

Interactiematrix

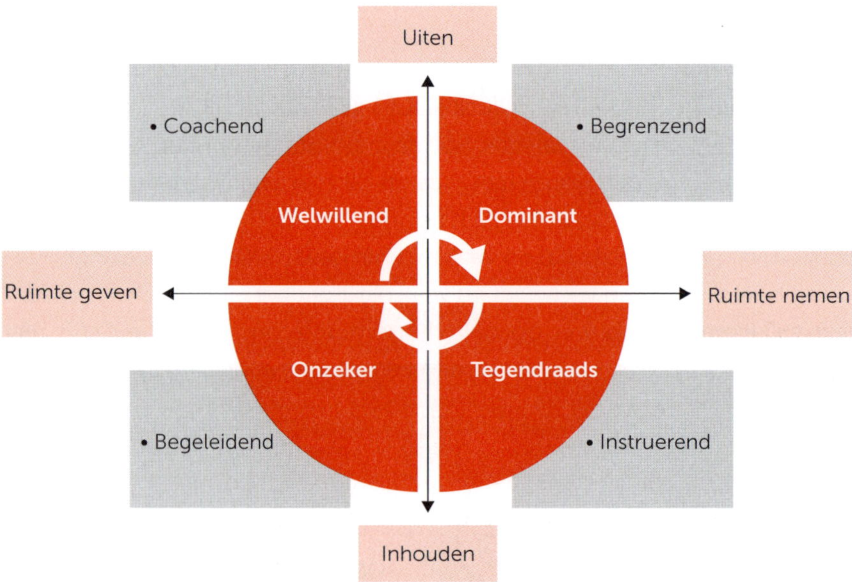

As 1: de wijze van beïnvloeding (ruimte geven en nemen)

Een leidinggevende of HR-professional die in een gesprek zijn doel wil realiseren, zal zijn gesprekspartner (gaan) beïnvloeden zodat deze het eens is met zijn idee, advies, zienswijze, besluit, et cetera. Deze beïnvloeding vindt in het gesprek plaats door ruimte te geven en/of te nemen.

Ruimte geven

Luisteren, een instemmende knik en het tonen van begrip zijn interventies die de gespreksleider in kan zetten om zijn gesprekspartner in alle rust zijn verhaal te laten vertellen of zijn standpunt toe te lichten, et cetera. Het tempo in het gesprek is laag, er vallen stiltes en er worden verhelderingsvragen gesteld. De leidinggevende of HR-professional geeft ruimte.

Ruimte nemen

Veel praten en ook nog in de ik-vorm en met een luide stem, zijn voorbeelden die duiden op een ruimtenemende aanpak. De leidinggevende of HR-professional die ruimte neemt is stellig en overtuigend, neemt het initiatief en heeft minder oog en oor voor de emoties van zijn gesprekspartner.

As 2: de mate waarin beleving wordt benoemd (inhouden en uiten)

Afhankelijk van het gespreksonderwerp maar ook van de persoonlijke voorkeur van de gesprekspartner, kunnen gesprekken (meer) op inhoudsniveau gevoerd worden of op een persoonlijk/gevoelsniveau. Personen verschillen nu eenmaal in hun *zijn* (introvert versus extravert) en dus ook in de wijze waarin en de mate waarop zij hun beleving over het gesprek uiten.

Inhouden

Gespreksdeelnemers die een meer inhoudelijk gesprek voeren, beperken zich tot het onderwerp. Het gesprek heeft een meer zakelijke toon en karakter. Deze gespreksdeelnemers zijn feitelijk in hun argumentatie en voeren op een rustige, soms zelfs monotone, wijze het gesprek en houden zich aan de afgesproken procedure. Zo'n gesprek kan zelfs als kil en klinisch worden ervaren.

Uiten

Andere gespreksdeelnemers uiten zich en delen in een gesprek persoonlijke informatie, zij variëren in hun stemvolume en intonatie, gebruiken verschillende gelaatsuitdrukkingen en gebaren, en maken opmerkingen ('hoe was jouw vakantie?' en 'ik ga van het weekend weer naar mijn favoriete club'). Gesprekken met hen zijn vaak levendig, soms een beetje luidruchtig, er kan gelachen worden en er wordt getoetst hoe de gesprekspartners, naast de inhoud, er qua gevoel in het gesprek zitten. Voorbeeldzinnen: 'dit voorstel voelt niet goed', 'leuk gesprek dit, volgens mij zitten wij dicht bij een oplossing die voor ons beiden passend is'.

Vier communicatiestijlen

Met de twee assen uit de interactiematrix kunnen de volgende vier communicatiestijlen onderscheiden worden:

- Stijl 1: dominante stijl (een combinatie van ruimte nemen en uiten van emoties)
- Stijl 2: tegendraadse stijl (een combinatie van ruimte nemen en inhouden van emoties)
- Stijl 3: welwillende stijl (een combinatie van ruimte geven en uiten van emoties)
- Stijl 4: onzekere stijl (een combinatie van ruimte geven en inhouden van emoties)

Aansluiting houding en meebewegen

De interactiematrix maakt inzichtelijk dat bij effectieve gespreksvoering het belangrijk is om aansluiting bij de gesprekspartner(s) te krijgen en te houden en de regie in het gesprek te houden. Door het herkennen van de stijl van de ander en vervolgens door het kiezen van het eigen gedrag dat aansluit bij het gedrag van de ander wordt deze aansluiting gerealiseerd.

De teksten uit de hiernavolgende box zijn ontleend aan de whitepaper '*Waarom begrijp je mij niet?*' (Heldeweg, Van Grunsven en Désar, 2009).

Gedrag van de ander:	Meebewegen: effectief gedrag
Dominante expressieve stijl (ruimte nemen en uiten) Het motto van een *expressieve*: 'Een dag niet gelachen is een dag niet geleefd!' en 'Het maakt niet uit wat er gebeurt, als er maar wat gebeurt!' *Kwaliteiten en kenmerkend gedrag:* • neemt ruimte in en uit emoties • stimuleert en motiveert anderen • neemt risico's, is competitief en gedreven • is creatief en inspirerend • deelt ideeën en toekomstbeelden met anderen • komt vlot en energiek over • heeft een hoog spreektempo • maakt veel gebaren en gebruikt veel mimiek • praat in beelden en heeft veel associaties *Zwakke punten in de ogen van anderen:* • komt chaotisch over • is overdonderend • komt impulsief over door het nemen van risico's en afgaan op gevoelens • voelt zich snel persoonlijk aangevallen • speelt zaken op de man en niet op de bal	**Begrenzend** *Meebewegen naar de dominante expressieve stijl:* • leg eerst persoonlijk contact • praat over wat jullie beiden bezighoudt • laat iets van jezelf zien • toon begrip voor emoties en gevoelens • houd het tempo erin • concentreer je op hoofdlijnen • maak heldere afspraken • wees resultaatgericht • stel duidelijke grenzen • maak samenwerken leuk en doelgericht
Tegendraadse stijl (ruimte nemen en inhouden) *Kwaliteiten en kenmerkend gedrag:* • neemt gemakkelijk het initiatief, de leiding en besluiten • ziet risico's als een uitdaging • is efficiënt en gericht op resultaten • is direct in de communicatie • biedt weinig ruimte aan anderen • komt snel in actie • let op de grote lijnen • houdt van een hoog tempo • is kort en bondig • laat weinig persoonlijke gevoelens blijken	**Instruerend** *Meebewegen naar de tegendraadse stijl:* • bereid je zaken goed voor • structureer, prioriteer en concretiseer je verhaal • houd je bij het onderwerp • focus op de belangrijkste feiten • houd het tempo erin • bied alternatieven aan • wees resultaatgericht

Gedrag van de ander:	Meebewegen: effectief gedrag
Zwakke punten in de ogen van anderen: • komt drammerig of dominant over • besteedt weinig tijd aan het luisteren naar anderen, onderbreekt hen • verliest de mensen om zich heen door zijn hoge tempo en de resultaatgerichtheid • komt over alsof tegenspraak of reactie op zijn mening niet gewenst is • komt gevoelloos over	
Welwillende coöperatieve stijl (ruimte geven en uiten) *Kwaliteiten en kenmerkend gedrag:* • stelt vragen en luistert actief • wacht af en laat het initiatief bij de ander • verleent steun aan anderen door begrip te tonen • straalt vertrouwen uit en spreekt zijn vertrouwen in de ander uit • verplaatst zich in de beleving en gevoelens van de ander • maakt eigen doelen ondergeschikt aan die van de groep • vindt de relatie belangrijker dan het behalen van het resultaat • zoekt graag de samenwerking op *Zwakke punten in de ogen van anderen:* • kan moeilijk zelf knopen doorhakken • besteedt (te) veel tijd aan de relatie • kan aarzelend overkomen • eigen mening is vaak niet duidelijk • samenwerking en draagvlak zoeken kost veel tijd • het halen van deadlines kan moeilijk zijn	**Coachend** *Meebewegen naar de coöperatieve stijl:* • leg en onderhoud persoonlijk contact • luister aandachtig en laat dit merken • laat iets van jezelf zien • stel je informeel op • toon begrip voor emoties en gevoelens • benadruk het gezamenlijke • geef de ander genoeg tijd • maak heldere afspraken

Gedrag van de ander:

Onzekere beschouwende stijl (ruimte geven en inhouden)
Het motto van een *beschouwer*: 'Beter twee keer dan helemaal niet controleren. Kwaliteit moet zorgvuldig bewaakt worden.'

Kwaliteiten en kenmerkend gedrag:
- zoekt zekerheid en bewijzen vóórdat hij een mening geeft
- vermijdt risico's zoveel mogelijk
- probeert het maken van fouten te voorkomen
- toont weinig emotie in contact met anderen
- laat het initiatief aan anderen over
- werkt gestructureerd en gedisciplineerd
- komt over als serieus en zakelijk
- lost problemen systematisch op, op basis van feiten en logica
- gaat grondig en voorzichtig te werk
- komt rustig over, neemt de tijd voor het leveren van kwaliteit

Zwakke punten in de ogen van anderen:
- komt over als langzaam en traag door veel aandacht te besteden aan procedures en systematiek
- komt koel, berekenend en afstandelijk over, toont weinig emoties of inlevingsvermogen
- lijkt besluiteloos omdat het lang duurt voordat een besluit genomen wordt
- veroorzaakt irritatie door de veelheid aan details en kritische vragen bij de gesprekspartners
- toont weinig spontaniteit en enthousiasme

Meebewegen: effectief gedrag

Begeleidend
Meebewegen naar de beschouwende stijl:
- bereid zaken goed voor
- structureer, prioriteer en concretiseer je verhaal
- houd je bij het onderwerp
- onderbouw je verhaal met feiten en argumenten
- besteed aandacht aan details
- vraag naar de mening van de ander
- geef de ander genoeg tijd

Aandachtspunten van meebewegen

Om aan te blijven sluiten bij de gesprekspartner is meebewegen essentieel. Meebewegen is het eigen gedrag aan laten sluiten bij datgene wat de andere gesprekspartner nodig heeft, zonder dat de eigen doelen uit het oog verloren worden. Het is hierbij belangrijk te weten dat meebewegen, wendbaarheid:

- begint bij het bewustzijn van de eigen stijl en het herkennen van de stijl van de gesprekspartner, om vervolgens de eigen stijl aan te passen ('welk gedrag is bij deze gesprekspartner wel effectief en welk gedrag niet?'). Dus door het herkennen en erkennen van de eigen stijl én de stijl van de gesprekspartner kan met minder moeite méér bereikt worden;
- ontwikkeld wordt met het vergroten van de communicatieve vaardigheden;
- bijdraagt aan het gemakkelijk omgaan met verschillende gesprekspartners;
- per situatie verschilt. Als er bijvoorbeeld sprake is van veel emotie zal dit lastiger zijn dan wanneer dit niet het geval is.

Regie houden en meebewegen

Bij het werken met de interactiematrix gaat het vooral over het hebben en houden van regie in het gesprek. Zo kiest een leidinggevende in het correctiegesprek bewust een leidende positie en maakt hij in woorden en gebaar (ernstig gezicht) duidelijk dat bij een volgende overtreding van de veiligheidsvoorschriften een schriftelijke waarschuwing volgt. In zo'n gesprek is er weinig ruimte voor de medewerker. In een onderhandelingsgesprek zullen de gesprekspartners in het begin hun eisen en wensen kenbaar maken en, als zij eruit willen komen, water bij de wijn doen en naar elkaar toe bewegen. In een coachingsgesprek geeft de coach ruimte en laat de medewerker zijn verhaal doen. Met zijn vragen 'stuurt' hij het gesprek, met als doel de medewerker bewust te maken van gedrag dat effectiever is.

In een gesprek wisselen leidinggevenden en HR-professionals bewust en vaak meerdere keren van positie en attitude. Niet alleen om hun eigen doelstelling te realiseren maar ook om te 'levelen' met hun gesprekspartner.

De gesprekspartners 'bewegen' zich (continu) binnen de matrix en het is voor de leidinggevende of de HR-professional de kunst om de regie te houden. Zo kan, na het duidelijk innemen van een standpunt in het begin van het gesprek (een begrenzende attitude), de initiatiefnemer 'achterover' gaan leunen om te horen wat de ander precies wenst of eist en wat hij van een idee of ingenomen standpunt vindt. Een uitermate effectieve en bewust ingenomen positie waardoor de ander zijn kaarten op tafel moet leggen. Vervolgens kan hier dan weer 'ruimtenemend' ('dit is een niet-onderhandelbare eis') of 'ruimtegevend' vragend ('wat zijn uw argumenten voor dit standpunt?') op gereageerd worden.

In het grijze kwadrantendeel van de matrix staat de gesignaleerde houding van een gesprekspartner, bijvoorbeeld een medewerker. En in de vakken bij dat matrixdeel een, voor de ander – bijvoorbeeld de leidinggevende – passende reactie (attitude) bij die houding. Zodra de gesprekspartner zich 'verplaatst' binnen de kwadranten is het dus van belang dat te registreren en 'mee te bewegen' door middel van het aanpassen van de eigen reactie (attitude), zonder hierbij het doel van het gesprek uit het oog te verliezen en dus de regie te houden.

1.3 VEELGESTELDE VRAGEN OVER COMMUNICATIE

Vraag 1 Wat zijn open en gesloten vragen?

Open vragen zijn geschikt om de gesprekspartner zelf het verhaal te laten doen. Zij nodigen uit tot een gesprek en geven de gesprekspartner niet het gevoel aan een kruisverhoor te zijn onderworpen. Een open vraag geeft de ander alle ruimte om zijn verhaal te doen en begint met vraagwoorden als:

- Wie : Wie heeft ideeën over hoe wij dit op kunnen lossen?
- Wat : Wat heb je van deze fout geleerd?
- Waar : Waar liggen de oorzaken van dit probleem?
- Wanneer : Wanneer is voor jou de maat vol?
- Hoe : Hoe ben jij tot dit besluit gekomen?
- Welke : Welke alternatieven heb jij op een rijtje gezet?

Omdat de vraag open is, kan het gesprek allerlei niet verwachte kanten op gaan. Het is immers de beantwoorder van de vraag die dan de richting en vorm van het gesprek bepaalt. Dit laatstgenoemde voordeel kan ook een nadeel opleveren op het moment dat de gesprekspartner in de verleiding komt allerlei zijpaden te gaan bewandelen waardoor de tijd in het gedrang komt. Een ander nadeel is de moeilijke verwerkbaarheid van de antwoorden op de open vragen. Door de vele woorden wordt door de bomen het bos niet meer gezien. Dit is de reden dat in gestandaardiseerde gesprekken niet of nauwelijks met open vragen wordt gewerkt.

Op gesloten vragen volgt een kort antwoord, bijvoorbeeld een ontkenning (nee), een bevestiging (klopt) of door het geven van feitelijke informatie als een jaartal, een naam van een bedrijf, een ordernummer, et cetera. Bij gesloten vragen houdt de vragensteller meer grip op het gesprek en bepaalt de structuur en lijn van het gesprek. Een nadeel van het stellen van gesloten vragen kan zijn dat de gesprekspartner het gesprek als een soort verhoor ervaart. Veel gesloten vragen achter elkaar verhogen het tempo en verminderen de motivatie van de gesprekspartner om te vertellen wat hij wil vertellen. Een tweede nadeel is dat onverwachte informatie niet gemakkelijk boven tafel komt.

Vraag 2 Wat is het sociaal constructionisme?

Het sociaal constructionisme is een theorie die ervan uitgaat dat *de werkelijkheid* of *de waarheid* niet bestaat. Uitgangspunt van deze theorie is dat de werkelijkheid die door een individu wordt ervaren bepaald wordt door zijn eigen bril. Dit is een eigen subjectief en gekleurd beeld (construct) van de werkelijkheid. Afhankelijk van de bril is er dus een andere waarheid. Dus hoe meer mensen, ieder met een eigen kijk op de werkelijkheid, hoe meer waarheden.

Een door de zender uitgezonden boodschap wordt via een systeem van evaluatieve lenzen (ook wel cognitieve filters genoemd), geconstrueerd tot een werkelijkheid (ontvanger decodeert de boodschap). Deze lenzen of brillen bestaan uit eigen normen, waarden, overtuigingen en opvoeding, opleiding en (werk)ervaringen. Dit wordt betekenisgeving genoemd binnen het constructionisme.

Door al deze verschillende brillen of lenzen geven mensen onbewust betekenis aan wat zij zien, horen en voelen. Op zich is dat niet erg, iedereen doet dat namelijk en wel onbewust. Het lastige bij communicatie is nu juist dat onbewuste. Die onbewuste betekenisgeving zorgt ervoor dat een medewerker gedrag, uitspraken, en houding van collega-medewerkers betekenis gaat geven (in positieve of negatieve zin) op basis van de eigen individuele bril. Dit houdt meteen in dat het oordeel dat een medewerker velt over de andere collega soms meer zegt over deze medewerker zelf.

Vraag 3 Hoe verklaart het constructionisme Babylonische spraakverwarringen?

Een gebeurtenis of situatie kan door verschillende mensen compleet verschillend worden geïnterpreteerd (verschillende lenzen), waarbij soms verbazing of irritatie ontstaat over het volstrekt anders zien (het woord zegt het eigenlijk al) van dezelfde situatie. Dit kan leiden tot een Babylonische spraakverwarring. Hierbij gaat het soms om hele kleine dingen. Zo kan alleen al de naam van een sollicitant een negatieve betekenisgeving oproepen zonder dat de selecteur zich daar bewust van is. In dat geval wordt het voor een sollicitant al heel lastig om zijn positieve kanten te kunnen laten zien. Dit verklaart ook waarom bij selectiegesprekken de eerste drie minuten bepalend blijken te zijn voor de aanname of afwijzing van de sollicitant. Selecteurs zijn daarna eigenlijk alleen maar bezig om hun eigen eerste indruk (hun betekenisgeving) bevestigd te zien. Het is een selectiefout, maar het gebeurt nog steeds.

Marieke zat als HR-adviseur bij een sollicitatiegesprek voor een managementfunctie. Al meteen bij binnenkomst kreeg ze een negatief gevoel bij de sollicitant en merkte ze dat ze bij de antwoorden van de sollicitant 'zocht' naar bevestiging bij zichzelf dat dit geen geschikte sollicitant was. Toen zij zich dit bewust werd, realiseerde ze zich dat de man die tegenover haar zat uiterlijk veel overeenkomsten vertoonde met haar ex-vriend, die twee jaar geleden om voor haar nog steeds onduidelijke redenen de relatie had beëindigd.

Vraag 4 Hoe komt het dat de gesprekspartners langs elkaar heen praten?

Woorden krijgen pas betekenis als ze geladen worden door de beide gesprekspartners. Een voorbeeld van zo'n verschil in betekenisgeving kan ook aan de orde komen bij selectiegesprekken. De ene selecteur kan de sollicitant uitermate flexibel vinden, terwijl de ander nog nooit zo'n 'loden deur' heeft meegemaakt. Al evaluerende, concluderen de selecteurs dat het beeld van wat flexibiliteit inhoud totaal verschilt. De ene 'definitie' van flexibiliteit was 'het kunnen afwisselen van werkmethoden' en de andere was 'de bereidheid om in de avonduren en in het weekend te werken'. De les is dus om voorafgaand aan welk gesprek dan ook eenduidigheid te creeren over een vertrekpunt, een definitie, een doel, et cetera.

Vraag 5 Waarom verloopt het communiceren in groepen vaak zo moeizaam?

Verwarring in groepen kan onder meer ontstaan door het gebruik van containerbegrippen, jargon en gezegden. De werkelijkheid in groepen wordt nog gecompliceerder omdat de groepsleden via allerlei verschillende brillen, dezelfde werkelijkheid verschillend interpreteren.

Blinde mensen onderzoeken een olifant

Bron: *De lerende leiders* (https://www.lerendeleiders.nl/conceptualiseren/blinden-en-olifanten)

Een mooi voorbeeld hierbij is het beroemde Indiase verhaal van de *'De blinde mannen en de olifant'*. Het gaat over zes blinde reizigers die op hun levensweg tegen verschillende delen van een olifant aanlopen. Elke blinde man schept vervolgens zijn eigen versie van de realiteit, gebaseerd op zijn eigen beperkte ervaring en perspectief.

Afdelingsmanager Mark gaat voor zijn unit in het kader van de begroting proberen zo veel mogelijk wensen van zijn team te laten vervullen. Natuurlijk zijn er organisatiebreed meer wensen dan dat er financiële en materiële ruimte is. Er moet dus stevig onderhandeld worden. Mark is twee dagen intensief aan het onderhandelen met zijn collega-managers om een pakket binnen te halen dat hij de volgende dag vol trots aan zijn team kan presenteren. Hij heeft uit de harde onderhandelingen een mooi aandeel binnengehaald en gaat met een zeer voldaan gevoel de volgende dag de teambespreking in om bij zijn medewerkers waardering te oogsten voor het door hem behaalde resultaat. Tot zijn grote verbazing en teleurstelling wordt er zeer uiteenlopend gereageerd op het resultaat. De reacties variëren in de trant van 'wat heb je die twee dagen in godsnaam zitten doen' tot 'we zullen het ermee moeten doen zeker' tot medewerkers die tamelijk tevreden zijn met het resultaat. Aan de betekenis van zijn uitspraak 'een resultaat om trots op te zijn' wordt blijkbaar door de verschillende teamleden een verschillende betekenis gegeven. Mark houdt aan de teambespreking een vervelend gevoel over.

Een manier om met dit probleem in teams om te gaan is om van een aantal belangrijke begrippen met elkaar af te spreken wat men daaronder verstaat. Hierbij kan men denken aan containerbegrippen als *open communiceren, collegialiteit, loyaliteit,* et cetera. Door met elkaar in discussie te gaan over deze begrippen (de individuele betekenisgeving wordt dan onderling uitgewisseld) en vervolgens horende de discussie met elkaar af te spreken welke definitie men binnen dit team gaat hanteren, wordt het voor iedereen helder wat men van deze belangrijke thema's van elkaar verwacht en waar men vervolgens ook op aan te spreken is. Het is hierbij raadzaam om deze begrippen zoveel mogelijk te formuleren in termen van *gewenst concreet gedrag* dat men met elkaar afspreekt. Dit kan veel verwarring, teleurstelling en conflicten voorkomen. In termen van de theorie van het constructionisme heet dit 'het creëren van een gedeelde sociale realiteit'.

Tot slot nog dit

De theorie van het constructionisme verklaart dus waarom communiceren zo gecompliceerd is. Het is welbeschouwd soms bijna een wonder dat er nog zoveel goed gaat. Het begrip van deze theorie maakt niet dat het communiceren minder complex wordt, maar helpt wel te snappen waarom het soms logisch is dat er in de communicatie zoveel misgaat. Het is dus van groot belang om zich voortdurend bewust te zijn van de rol die het constructionisme speelt bij het begeleiden van zowel individuen als groepen mensen.

In dit hoofdstuk is communicatie vanuit verschillende invalshoeken belicht. Naast het LSD-principe, waarin de kracht van een samenvatting is belicht, is stilgestaan bij ruis waardoor mensen langs elkaar heen gaan praten. Ook de verschillende niveaus van communicatie zijn aan bod gekomen en toegelicht hoe je door in het gesprek mee te bewegen tot effectieve gesprekken kunt komen. Gesteld kan worden dat elkaar verstaan en echt begrijpen géén eenvoudige zaak is.

In de navolgende hoofdstukken worden de verschillende gesprekken nader toegelicht. Net zoals in dit hoofdstuk wordt er stilgestaan bij hoe een specifiek gesprek goed voor te bereiden en te voeren is, en wordt er stilgestaan bij de meest voorkomende vragen.

INFORMATIEBRONNEN

Boeken

DeVito, J. A., *Human Communication: The Basic Course*. 13de editie. Pearson, 2014

Heldeweg, B., G. van Grunsven en M. Désar, *Waarom begrijp je mij niet?* Van Duuren Management, 2009

Molen, H.T. van der en G. Lang, *Psychologische gespreksvoering een basis voor hulpverlening*. Boom/Nelissen, 2015

Moor, W. de, *Het proces van organiseren: individueel en sociaal constructionisme*. Garant, 2005

Oomkes, F. en A. Garner, *Communiceren, Contact maken, houden en verdiepen*. Boom Lemma, 2014

Vonk, R., *Menselijke gebreken voor gevorderden*. Scriptum Psychologie, 2011

Reader

Groen, J. de, *Cursusreader Intercultural Awareness*, 2017

2 HET SELECTIEGESPREK

Jacco van den Berg

Met de status van werving en selectie is het toch wel een beetje vreemd gesteld. Uit diverse onderzoeken blijkt telkens weer dat van de HR-onderdelen in-, door- en uitstroom van personeel, de instroom de meeste toegevoegde waarde heeft. Wie op het juiste moment de juiste persoon op de juiste plek weet te krijgen, heeft daarmee een duidelijk voordeel boven de concurrentie.

Dan is het toch vreemd dat sommige organisaties meer tijd steken in de keuze van de aanschaf van pc's (zelfs tot aan Europese aanbestedingen toe) dan aan de keuze van personen die er uiteindelijk achter gaan zitten? Ook leert de praktijk dat menig selecteur (recruiter, hiring manager, directie, et cetera) zich onvoldoende voorbereidt en bijvoorbeeld in selectiegesprekken, veel vertelt en niet goed luistert. Vanuit het perspectief van sollicitanten wordt de selectie ook niet altijd zorgvuldig en professioneel opgepakt. Als deze via bijvoorbeeld sociale media hun ongenoegen uiten over de selectieprocedure, loopt het imago van de organisatie op de arbeidsmarkt een enorme deuk op. De prijs voor de imagoschade door deze negatieve publiciteit is vaak hoog.

Van Vliet, leidinggevende van een middelgroot transportbedrijf, is op zoek naar een commercieel medewerker. Met hulp van een uitzendbureau heeft hij voor de komende week drie afspraken gemaakt met kandidaten. Hij heeft in kaart gebracht wat de nieuwe medewerker moet doen: klanten telefonisch te woord staan, bevestigen (per e-mail) van afspraken tussen klanten (waaronder veel uit Duitsland) en vertegenwoordigers, het koud bellen van klanten voor afspraken en het zelfstandig opstellen van opdrachtbevestigingen. De commercieel medewerker moet van veel markten thuis zijn, is het visitekaartje van het bedrijf en is een echte spin in het web. Ook moet hij om kunnen gaan met de cowboys van de weg (vertegenwoordigers), die overal lak aan hebben. Kortom, geen gemakkelijke baan.

Eén ding is zeker bij het selecteren van menselijk kapitaal; het gaat om forse investeringen die een zorgvuldige selectieprocedure rechtvaardigen. Voordat de sollicitant wordt getest en de selecteur daadwerkelijk gesprekken voert, dient eerst de vraag beantwoord te worden: 'wat moet de nieuwe collega kennen, kunnen en zijn om succesvol in de functie te zijn?'. In dit hoofdstuk een stappenplan en de informatiebronnen waar het antwoord op deze vraag te vinden is, alsook de antwoorden op de volgende vragen:

- Hoe kun je met de STARR-methodiek ervaringsgericht interviewen?
- Hoe kun je selecteren op sterke punten?
- Wat zijn veelgemaakte selectiefouten?

2.1 DE VOORBEREIDING OP EEN SELECTIEGESPREK

Chloe Vermaas rende buiten adem de afdeling HR op en vroeg om de laatste vacaturetekst zodat deze nog in het komende e-magazine meekon. Zojuist had een medewerkster, Noon Breeman, die zij een half jaar lang had ingewerkt, ontslag genomen. Deze bijna ex-medewerkster had veel meer van de functie verwacht en stelde dat in het selectiegesprek de functie zwaarder was voorgesteld dan dat deze werkelijk was. Vijf minuten daarvoor had zij tegen Chloe gezegd dat zij onder haar niveau werkt en dat zij taken verricht die niet in de functiebeschrijving staan. Juist de krenten in de pap, het contact met klanten, ontbrak totaal in haar werkweek. Noon was teleurgesteld. Het hoofd HR, ook nieuw, verzocht Chloe rustig te gaan zitten, schonk een kop koffie in en gaf haar een rekenmachine en zei: "Reken jij nu eens uit wat deze mismatch de organisatie heeft gekost."

Kosten en baten

Het vertrek van een medewerker kost veel geld. Schattingen over gemiddelde vertrekkosten, dat wil zeggen van het moment dat iemand opzegt tot het moment dat zijn leidinggevende diep ademhaalt en zegt dat de nieuweling weer redelijk op eigen benen kan staan, lopen tussen de 15.000 en 75.000 euro. Voor topfuncties is dat vaak veel meer en is een bedrag van 250.000 euro geen uitzondering.

Als een organisatie in staat is om het beste personeel te selecteren, dan is dat van positieve invloed op de kwaliteit van haar producten en diensten en (dus) op de klanttevredenheid. 10 procent beter personeel heeft vaak een navenant effect op het bedrijfsresultaat. Een betere selectie aan de poort vermindert het ongewenste verloop en is vanuit dat perspectief ook renderend. Er zijn onderzoeken die aantonen dat een mismatch tussen 15.000 en 75.000 euro kosten. Immers, bij ongewenst verloop dient een organisatie niet alleen tijd en geld te investeren in het opnieuw opstarten van een werving- en selectieprocedure, het inkopen van opleidingen en het opnieuw inwerken van medewerkers. Ook vermindert het vertrek, afhankelijk van de functie, het rendement van de organisatie door het tijdelijk verlies aan (verdien)capaciteit. Tot slot zijn organisaties door het selecteren van het juiste personeel het snelst in staat om een cultuurverandering binnen een organisatie te realiseren.

Ook de sollicitant kiest

Natuurlijk is het uiteindelijk de selecteur die na een aantal selectierondes een keuze maakt welke sollicitant hij het meest geschikt acht om de vacante functie met succes te vervullen. Niet vergeten mag worden dat ook de sollicitant kiest! De casus waarmee deze paragraaf begon maakt dit duidelijk. Als Chloe in het selectiegesprek een meer waarheidsgetrouwe beschrijving van de functie had gekregen, dan had zij er misschien voor gekozen om haar sollicitatie in te trekken. Dit had haar en de leidinggevende een teleurstelling bespaard en de organisatie veel geld. Het is dus in ieders belang scherp te formuleren wat de functie precies inhoudt en welke persoon het meest geschikt is voor de vacature.

In de volgende figuur is dit vraag en aanbod-proces in kaart gebracht. De sollicitant biedt zijn kennis, werkervaring, vaardigheden en 'persoon' aan, en de organisatie een functie en een werkomgeving. Selecteren is eigenlijk niet meer, maar ook niet minder, dan het in elkaar passen van de vier 'taartpunten' uit de figuur.

Het proces van vraag en aanbod

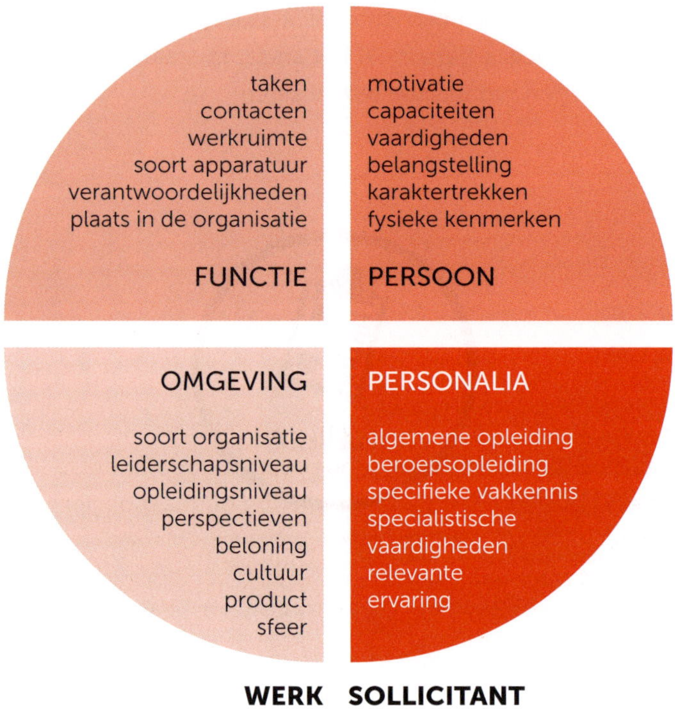

De zes stappen van een wervings- en selectieprocedure

Voorafgaand aan het selectiegesprek (stap 6) vinden de volgende stappen plaats:

- Stap 1: beschrijving van de functie
- Stap 2: beschrijving van de werkomgeving
- Stap 3: beschrijving van de persoon
- Stap 4: het werven van sollicitanten
- Stap 5: het selecteren van sollicitanten en een keuze maken wie wordt geïnterviewd
- Stap 6: het voeren van een selectiegesprek

Stap 1: beschrijving van de functie

Voor het slagen van het werving- en selectietraject is een beschrijving van de functie (*de taartpunt linksboven*) een noodzakelijke eerste stap. Een functiebeschrijving bestaat onder meer uit:

- functienaam
- doel van de functie
- voornaamste taken
- resultaatgebieden
- verantwoordelijkheden
- bevoegdheden
- interne en externe contacten
- plaats in de organisatie
- werkplekken
- bijzonderheden

Hierna (als voorbeeld) een beschrijving van de functie van een business controler aan de hand van de volgende *resultaatgebieden*:

- vaststellen, controleren en analyseren van de maandcijfers
- beoordelen en bespreken van periodieke rapportages
- planning & control-cyclus implementeren bij de instituten
- beoordelen en bespreken van middellange termijnplanning en jaarprognose
- ontwikkelen van score cards/kengetallen
- opstellen van business cases
- meewerken om (administratieve) processen te verbeteren

Tip: Houd de functiebeschrijving up-to-date!

Richtlijnen voor de inhoud van een functiebeschrijving zijn terug te vinden in de sollicitatiecode van de NVP (Nederlandse Vereniging voor Personeelsmanagement en Organisatieontwikkeling). In een snel veranderende werkomgeving kan een functiebeschrijving snel achterhaald zijn. Het is daarom belangrijk hierover informatie in te winnen bij de leidinggevende, naaste collega's en vertrekkende medewerkers. Laatstgenoemden kunnen in een exitgesprek (zie hoofdstuk 13, Het exitgesprek) een up-to-date beeld van de inhoud van de functie en werkomgeving/omstandigheden geven.

Stap 2: beschrijving van de werkomgeving

De werkomgeving en de context waarin de functie zich afspeelt (*de taartpunt linksonder*), is mede bepalend of de nieuwe medewerker 'de juiste persoon op de juiste plaats' is. Bij de omgeving kan gedacht worden aan:

- afdeling: groot of klein, lijn of staf, research of verkoop
- organisatiestructuur: veel of weinig niveaus
- gemiddelde leeftijd
- stijl van leidinggeven: autoritair of democratisch, dirigerend of dienend
- multinational, familiebedrijf of een organisatie uit het MKB
- type klanten
- beloning: hoog basissalaris of lager basissalaris met een prestatiebeloning
- functie met groeikansen of een eindfunctie
- formele of informele werksfeer
- ontwikkelmogelijkheden
- opleidingsniveau

Of iemand past binnen de cultuur van de afdeling en/of organisatie (tutoyeren of met u aanspreken, spijkerbroeken of strak in het pak, een taak- of mensgerichte leidinggevende, et cetera) bepaalt mede of een sollicitant een succesvolle medewerker wordt. Een selecteur die deze omgeving kent, is beter in staat te oordelen of de sollicitant past in de werkomgeving.

Tip: Kijk goed of de sollicitant in het team past!

Het is belangrijk dat de nieuwe medewerker zich thuis voelt in de werkomgeving. De selecteur dient dan ook de functie- en werkomgeving goed te kennen. Het is daarom niet verstandig om nieuwe selecteurs meteen de eerste de beste werkdag 'los te laten' op sollicitanten. Een 'rondreis' in uiteenlopende afdelingen om de sfeer en cultuur te proeven is belangrijk om een juiste inschatting te kunnen maken of de sollicitant in het team past.

Stap 3: beschrijving van de persoon

Bij het formuleren van de criteria waar de medewerker aan moet voldoen, kan de selecteur denken aan:

- algemene opleiding
- beroepsopleiding (met diploma)
- specifieke werkervaring
- kennis van een branche
- voor de functie relevante ervaringen
- specifieke kennis van een product of dienst

Maar het kan ook gaan om:

- bereidheid om op meerdere locaties in binnen en buitenland te werken
- bereidheid om in avonduren en weekenden te werken

Competenties

Naast de bovengenoemde *harde* criteria waaraan de kandidaat moet voldoen en waarop onder meer de selectie zal plaatsvinden, kan ook een schets worden gemaakt van de zachte criteria van de medewerker (*taartpunt rechtsboven*). Hierna een uitwerking van de competentie *analytisch vermogen*.

ANALYTISCH VERMOGEN

Is in staat gecompliceerde problemen of situaties te ontrafelen om daarna alle deelproblemen opnieuw te ordenen en op een overzichtelijke wijze te formuleren.

Kernwoorden:

- scheiden (van hoofd- en bijzaken)
- rubriceren

Oplossen Rubiks kubus

ANALYTISCH VERMOGEN

Niveau 1:
- selecteert systematisch gegevens, gebruikt meerdere informatiebronnen en structureert en interpreteert gegevens op een juiste manier;
- weet relevante van niet-relevante informatie te onderscheiden;
- past theoretische kennis doeltreffend toe op een concreet probleem;
- redeneert logisch en consistent.

Niveau 2:
- analyseert helder problemen uit een hoeveelheid van informatie vanuit verschillende perspectieven;
- deelt problemen op in logische onderdelen en onderscheidt hoofd- van bijzaken;
- gaat nauwkeurig te werk, legt verbanden, doorziet structuren en trekt gegronde conclusies uit beschikbare informatie;
- is kritisch, ook ten opzichte van eigen werk en toetst relevantie van beweringen en onderbouwing van argumenten;
- vertaalt veelgestelde vragen naar onderzoeks- en/of beleidsvragen.

Niveau 3:
- bekijkt uit een veelheid van vaak niet-complete informatie ingewikkelde vraagstukken vanuit meerdere invalshoeken; verklaart ontwikkelingen en speelt actief in op trends;
- kan ook tegengestelde oordelen van anderen op juiste wijze betrekken bij en integreren in de eigen analyse;
- onderzoekt diepgaand alternatieven om zich een oordeel te vormen en omschrijft realistische scenario's met relaties tussen oorzaak en gevolg;
- overziet gevolgen van besluiten op termijn en redeneert logisch wat de effecten van acties zijn, ook voor anderen;
- maakt heldere projectvoorstellen waarin doelstellingen duidelijk worden omschreven.

Niveau 4:
- bekijkt ingewikkelde vraagstukken vanuit meerdere invalshoeken met gevolgen op lange termijn en kent belangentegenstellingen;
- denkt buiten de gebaande paden van de geijkte problemen en oplossingen, ook over de grenzen van het eigen vakgebied/beleidsterrein heen;
- doorziet op juiste wijze problemen en oplossingen die pas op lange termijn zullen spelen;
- heeft oog voor kritische informatie en activiteiten en beziet de mogelijkheden hiervan voor de organisatie.

ANALYTISCH VERMOGEN

Gedragsvoorbeelden:
- verzamelt relevante feiten, vraagt naar achterliggende informatie en brengt deze met elkaar in verband;
- haalt de kern uit een brij aan informatie, herkent waar het om gaat, grote lijnen en kritische details;
- kan hoofd- en bijzaken van elkaar onderscheiden;
- rafelt een vraagstuk uiteen en analyseert de onderdelen van een vraagstuk systematisch;
- zoekt eerst naar de grote lijnen, duikt niet direct in de details, bekijkt het probleem vanuit meerdere invalshoeken;
- signaleert samenhangen.

Messcherp formuleren op gedragsniveau!

Een stap die selecteurs niet mogen vergeten is om op gedragsniveau te duiden wat er nu precies onder een bepaalde competentie wordt verstaan. Zo is *nauwkeurigheid* voor een administratief medewerker (geen tiepvouten, tijdigheid, et cetera) totaal iets anders dan *nauwkeurigheid* voor een assistente in de operatiekamer (hygiëne, instrumenten op de juiste volgorde en watjes tellen voordat de patiënt wordt dichtgenaaid). En beiden werken ze voor dezelfde organisatie, een ziekenhuis, waar nauwkeurigheid een kerncompetentie is.
Vergelijk in de hiernavolgende box de criteria voor de aanschaf van een auto. De tweede opsomming is scherp geformuleerd (voor één uitleg vatbaar) waardoor meer passende auto's in het gezichtsveld komen.

Multi-interpretabele criteria:
- ruim
- snel
- zuinig in gebruik
- niet te duur
- mooie kleur

Scherp geformuleerde criteria:
- stationwagen
- binnen 7 seconden op 100 kilometer
- benzine
- budget: 17.500 euro
- zwart

Voor één uitleg vatbare criteria

De hiervoor genoemde criteria zijn scherp omschreven. Nieuwe auto's, die duurder zijn dan 20.000 euro en geel van kleur zijn, vallen meteen af. Anders is dit bij criteria als *goedkoop rijden, een niet te dure auto* en *veel deuren*. Deze criteria zijn multi-interpretabel, en een handige autoverkoper verkoopt zeker de auto die de koper zoekt. Een uitnodiging om te reageren op een advertentietekst op een website, een krant of een tijdschrift die vol staan met vage en voor meerdere uitleg vatbare criteria, leidt tot een inbox die volstroomt met brieven en cv's. Ongetwijfeld zitten er sollicitanten tussen die interessant zijn om uit te nodigen. Echter, meer waarschijnlijk is dat er sollicitanten tussen zitten die totaal niet geschikt zijn. Zonde van de leestijd van de brieven en de cv's, om nog maar te zwijgen van de tijd die het kost om de sollicitanten af te schrijven. Scherpe criteria scheiden dus het kaf van het koren.

Het in kaart brengen van selectiecriteria is veel werk. 'Gelukkig' heeft de selecteur van deze exercitie ook gemak bij het:

- opstellen van een vacaturetekst;
- selecteren van brieven en cv's;
- bepalen van (online)testen;
- voeren van ervaringsgerichte selectiegesprekken;
- inschakelen van derden zoals een psycholoog, een werving- en selectiebureau, de headhunter en een assessmentcenterbureau;
- afwijzen van sollicitanten.

Dus om meerdere redenen is het verstandig tijd en energie te steken in het scherp formuleren van de selectiecriteria en messcherp te beantwoorden wat de sollicitant moet *kennen* (kennis), *kunnen* (vaardigheden/ervaring) en *zijn* (persoonseigenschappen).

De 'sterke punten'-benadering bij selectie

Momenteel waait er in Nederland de wind van 'Het Nieuwe Beoordelen'. Eén van de uitgangspunten van deze wijze van beoordelen is de focus op talenten van medewerkers. Deze focus borduurt voort op de zogenoemde 'sterke punten'-benadering waarin het accent ligt op het ontdekken van talenten van medewerkers. Deze talenten kunnen met bijvoorbeeld training, coaching en tijdens het werk verder ontwikkeld worden tot echte sterktes.

Buckingham en Clifton definiëren een talent, een sterk punt, als: *elk zich herhalend patroon van denken, voelen of doen (gedrag) dat op een productieve manier kan worden ingezet*. Iemand met 'analytisch vermogen' als sterk punt doorziet snel(ler) de hoofd- en de bijzaken van een probleem, en een leidinggevende met overtuigingskracht slaagt erin medewerkers te winnen voor zijn ideeën. Nu is het de vraag: kan iemand iets goed omdat hij het graag wil of wil iemand iets omdat hij het goed kan? Het antwoord is eigenlijk allebei. Aan werkzaamheden of rollen waar een medewerker echt kwaliteiten voor heeft, beleeft hij vaak ook plezier. Hij doet het graag, krijgt van collega's en klanten complimenten voor zijn puike prestaties en als het even tegenzit, zet hij een tandje bij. Daarentegen is het zo dat als 'de wil' er niet meer is om een talent in te zetten, de prestaties (welke dan ook) niet goed zullen zijn. Neem bijvoorbeeld de medewerker die het na zeven jaar wel welletjes vindt en op de automatische piloot zijn werk verricht. De werkzaamheden kan hij als geen ander heel goed verrichten, maar hij wil het niet meer.

Uit wetenschappelijk onderzoek blijkt dat voortbouwen op sterke punten een beter startpunt vormt voor ontwikkeling dan repareren van zwakke punten. Verder blijkt dat medewerkers die de ruimte krijgen om de invulling van hun functie af te stemmen op hun unieke kwaliteiten meer zelfvertrouwen krijgen, meer betrokken zijn, beter presteren en samenwerken, innovatiever zijn en minder vaak verzuimen.

Bron: Dr. Charissa Freese, senior onderzoeker Tilburg University in het boek *Het Nieuwe Beoordelen, focus op talenten*, 2017

Meer over de 'sterke punten'-benadering in de hoofdstukken 6, 7 en 8, respectievelijk Het beoordelingsgesprek, Het functioneringsgesprek en Het POP-gesprek.

De 3 T's: talenten, testen en toetsen

Als focussen op de talenten van medewerkers bijdraagt aan de prestaties, persoonlijke- en professionele ontwikkeling en werkplezier van medewerkers, is het ´zaak´ te selecteren op medewerkers die voor organisaties het verschil (gaan) maken. Hierna een stappenplan dat antwoord geeft op de vraag over welke sterke punten de sollicitant moet beschikken om in de functie het verschil te maken en hoe dat te achterhalen is.

Stap 1: talenten

Medewerkers die het verschil maken zitten in hun kracht. In de vorige paragraaf is het belang toegelicht scherp te krijgen wat de sollicitant moet *kennen, kunnen* en *zijn* om succesvol te zijn in de functie. Deze stap geeft antwoord op de vraag: over welke sterke punten/talenten beschikken succesvolle medewerkers in de functie?

Stap 2: testen

Vervolgens kunnen sollicitanten testen invullen die inzicht geven in hun sterke punten. Een voorbeeld van zo´n test is het *Octogram* van Online Talent Manager. Het Octogram geeft inzicht in iemands rollen/voorkeurswerkstijlen, zijn sterke punten. Per rol, in totaal zijn er acht rollen, kunnen verschillende competenties onderscheiden worden.

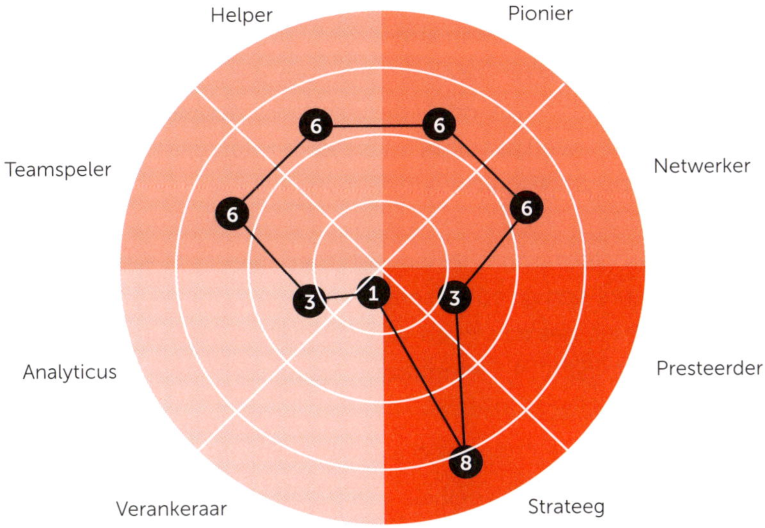
Helper
Pionier
Teamspeler
Netwerker
Analyticus
Presteerder
Verankeraar
Strateeg
6
6
6
6
3
1
3
8

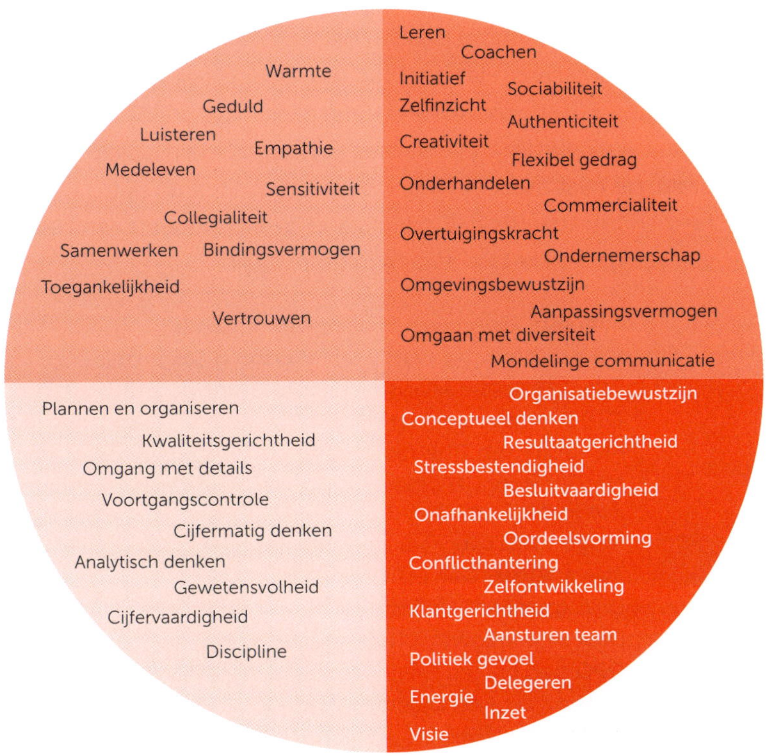
Warmte
Geduld
Luisteren
Empathie
Medeleven
Sensitiviteit
Collegialiteit
Samenwerken
Bindingsvermogen
Toegankelijkheid
Vertrouwen
Leren
Coachen
Initiatief
Sociabiliteit
Zelfinzicht
Authenticiteit
Creativiteit
Flexibel gedrag
Onderhandelen
Commercialiteit
Overtuigingskracht
Ondernemerschap
Omgevingsbewustzijn
Aanpassingsvermogen
Omgaan met diversiteit
Mondelinge communicatie
Plannen en organiseren
Kwaliteitsgerichtheid
Omgang met details
Voortgangscontrole
Cijfermatig denken
Analytisch denken
Gewetensvolheid
Cijfervaardigheid
Discipline
Organisatiebewustzijn
Conceptueel denken
Resultaatgerichtheid
Stressbestendigheid
Besluitvaardigheid
Onafhankelijkheid
Oordeelsvorming
Conflicthantering
Zelfontwikkeling
Klantgerichtheid
Aansturen team
Politiek gevoel
Delegeren
Energie
Inzet
Visie

Het meten van de talenten geeft inzicht in de sterke punten van sollicitanten waardoor selecteurs scherp kunnen krijgen of:

- sollicitanten beschikken over *die* talenten die bepalend zijn voor het succes in de functie waarop zij gesolliciteerd hebben;
- welke rollen en werkzaamheden beter bij hen passen, beter dan de functie waarop zij gesolliciteerd hebben.

Het persoonlijk octogramprofiel van een medewerker is als een spiegel en voor de selecteurs een goed selectie-instrument. Na eventuele aanname van de sollicitant is het een goed vertrekpunt voor zijn persoonlijke ontwikkeling (zie hoofdstuk 4, Het introductiegesprek).

Op de markt is een veelheid aan testen beschikbaar. Belangrijk bij de keuze van een dergelijke test is of de eigen definitie van talenten in de eigen organisatie aansluit bij de definitie die gebruikt wordt bij de test. M. Thunissen en M. Krabbenborg van de Fontys Hogeschool hebben onderzoek gedaan naar een aantal talentscans. Het doel van hun onderzoek was meer inzicht te krijgen in het gebruik van talentscans in de praktijk en een aantal veelgebruikte talentscans te onderzoeken op hun meetpretentie (wat meet het inhoudelijk?), validiteit en betrouwbaarheid en bruikbaarheid. Onderstaand overzicht geeft een beeld van veelgebruikte talentscans in de praktijk.

1. Strengths Finder (van Buckingham & Clifton)
2. VIA Krachtenvragenlijst (van Peterson & Seligman)
3. Talent Motivatie Analyse Methode (TMA)
4. Q1000 vragenlijst (van Elloo)
5. Me.-Scan (van True Talentteam)
6. Neo (Persoonlijkheidsvragenlijst van Paul Costa en Robert McCrae)
7. Insights Discovery (van Insights Benelux)
8. Talent builder (van Luuk De-Wulf)
9. DISC (persoonlijkheidstest)
10. Dark Side-vragenlijst (van Hogan)
11. OPQ (van bureau SHL)
12. Talentwijzer (van Djoerd Hiemstra)

Het onderzoek komt met de volgende aanbevelingen voor de keuze van een talentscan:

- Zorg voor een duidelijk geformuleerde vraag: welk inzicht moet de talentscan geven?
- Zet meerdere instrumenten in om talent te meten.
- Een goede scan is bruikbaar in de praktijk én gedegen onderbouwd.
- Weet wat een talentscan meet.
- Rapportage moet praktische adviezen geven over de context.
- Faciliteer een goede follow-up.

Stap 3: toetsen

Via ervaringsgericht interviewen volgens de STARR-methodiek, zie paragraaf 2.2, vraagt de selecteur in het selectiegesprek naar concrete voorbeelden waaruit blijkt dat de sollicitant over *die* sterke punten, *die* competenties beschikt, die bepalend zijn voor een succesvolle functievervulling. De sollicitant geeft hiermee ook aan inzicht te hebben in zijn eigen sterke punten.

Samengevat, bij het selecteren op sterke punten is het vertrekpunt de functie en de context van deze functie. Over welke sterke punten dient onze nieuwe collega te beschikken wil hij het verschil gaan maken? De selecteur stelt de voor een succesvolle rolvervulling benodigde competenties vast en bespreekt in het selectiegesprek met de sollicitant de rapportage en de uitkomsten en vraagt door op voorbeelden.

Stappen 4 en 5: het werven van sollicitanten en de keuze welke sollicitant wordt uitgenodigd

Nadat de sollicitant heeft gesolliciteerd op een vacature, maakt de selecteur een schifting van de meest passende sollicitanten. Met het hiernavolgende stappenplan kan de selectie gestructureerd worden.

Stap 1: sollicitantenselectie: op volgorde van belangrijkheid plaatsen van harde criteria

De selectie van de sollicitanten vindt plaats op basis van de harde criteria en motivatie (zie paragraaf 2.1). Zachte criteria (de competenties) zijn immers niet altijd uit de brief en het cv te halen. Want natuurlijk schrijft de sollicitant dat hij een teamplayer is die ook nog stressbestendig, flexibel en klantgericht is. Ook sollicitanten verkopen zich, ze gaan er zelfs voor naar een training. Het is dan ook als selecteur belangrijk niet te veel te kijken naar al die mooie zinnen die besteed worden aan persoonseigenschappen die de sollicitanten zichzelf menen te moeten toedichten. Zinnen als: 'ik ben creatief, werk zeer zelfstandig, kan goed in stressvolle situaties werken en sta bekend om de vele initiatieven die ik heb ondernomen', zijn subjectief en worden door de selecteurs verschillend uitgelegd. Meestal geeft de sollicitant er bovendien weer een andere uitleg aan. Sla als selecteur bij de brievenselectie deze opgeklopte zinnen over en kijk naar de harde criteria die vooraf gesteld zijn (die zijn vaak in het cv terug te vinden). Pas in het selectiegesprek achterhaalt de selecteur of de sollicitant over deze zachte criteria beschikt.

Stap 2: een stappenplan bij het selecteren van brieven

Bij een brievenselectie met meerdere selecteurs bewijst het volgende stappenplan haar waarde. Nadat de selectiecriteria op volgorde van belangrijkheid staan en per competentie is aangegeven of het een eis *('need to have')* of voorkeur *('nice to have')* is, selecteren de selecteurs onafhankelijk van elkaar de cv's op harde criteria als opleiding, werkervaring, specifieke vakkennis, et cetera en geven hier een score aan in een selectietabel.

Eisen aan de sollicitant	> 5 jaar	MBO+	Leidinggevende ervaring	Rijbewijs	Conclusie
Niels Mostert	–	+	–	+	Afschrijven
Sjaak Hoogerheide	–	+	–	+	Afschrijven
Simon Oosterom	+	–	+	+	Reserve
Kitty de Vries	+	+	–	+	Oproepen
Milka Valdir	+	+	+	+	Oproepen

De zwaarte van de criteria speelt bij de brievenselectie een belangrijke rol. Door ze op volgorde te zetten (links het belangrijkste, vervolgens de één na belangrijkste competentie, et cetera) en hier bij de afweging rekening mee te houden, wordt het besluitvormingsproces rationeler.

Het goed lezen van de brieven is een geconcentreerde bezigheid. Lees daarom nooit meer dan tien brieven achter elkaar. De elfde sollicitant heeft minder kans om de brievenselectie door te komen. Deze sollicitant kan zomaar de meest geschikte toekomstige collega zijn. En dat is niet alleen pech voor de sollicitant.

De briefselectie gebeurt eerst individueel waarna de selecteurs hun keuze toelichten om vervolgens hierover met elkaar in discussie te gaan. De praktijk leert dat als selecteurs vooraf geen individuele keuze maken, zij elkaar naar de mond praten en het over het algemeen sneller met elkaar eens zijn. De kwaliteit van zo'n besluit is dan vaak minder, zeker ook als een verbaal sterk persoon zijn collega, die inhoudelijk met goede argumenten komt, overstemt.

Het 'huiswerk' van iedere selecteur en de uitwisseling van argumenten is de basis voor de uiteindelijke keuze: *opgeroepen, in reserve houden* en *afwijzen*.

2.2 HET VOEREN VAN EEN SELECTIEGESPREK

De voorbereiding heeft duidelijk gemaakt over welke competenties en sterke punten de nieuwe medewerker moet beschikken om succesvol te worden en te blijven in de functie. Hoe is nu te achterhalen of de sollicitant over *die* sterke punten beschikt waarmee hij in zijn functie het verschil gaat maken?

De voorspellende waarde (is dit de sollicitant die geschikt is voor de vacante functie?) van het selectiegesprek kan langs drie lijnen verhoogd worden door:

- het stellen van de juiste vragen en te luisteren;
- ervaringsgericht te interviewen volgens de STARR-methodiek;
- het selectiegesprek te structureren.

Vragen stellen en luisteren

Hierna volgt een opsomming van de communicatieve vaardigheden die nodig zijn om de sollicitant op de praatstoel te krijgen en te houden. Immers, op basis van de antwoorden vormt de selecteur zich een beeld over de mate van geschiktheid van de sollicitant voor de vacante functie. Het is dus de uitdaging om de sollicitant aan de praat te krijgen en als selecteur de mond te houden en te luisteren.

Open en gesloten vragen

Als een selecteur bijvoorbeeld een naam van een organisatie, een jaartal of een lengte van een periode wil achterhalen, dan is een gesloten vraag effectief. Maar als hij bijvoorbeeld 'meer' over de motivatie, werkervaring, hobby of opleiding van de sollicitant te weten wil komen, dan leveren open vragen meer informatie op.

Met een gesloten vraag verkrijgt de selecteur concrete informatie en de meeste van deze vragen beginnen met een werkwoord of specifieke vraagwoorden zoals 'wanneer, hoelang, hoeveel', et cetera. Een open vraag begint met een vraagwoord zoals 'hoe, wat, wie, welke', et cetera en geeft de sollicitant de ruimte zijn verhaal te doen. Open vragen nodigen uit tot een verhalend antwoord.

Doorvragen

Doorvragen is het voortborduren op een door de sollicitant aangedragen onderwerp. Met een 'door-vraag' diept de selecteur het aangesneden onderwerp verder uit omdat hij het nog niet begrepen heeft of omdat hij er meer van wil weten. Voorbeelden zijn: 'hoe bedoelt u?' of 'welke voorbeelden heeft u daarvan?'. Doorvragen betekent vaak niets meer, maar ook niets minder, dan het herhalen van een woord uit het antwoord van de sollicitant op een open vraag.

Sollicitant: 'Ik was verantwoordelijk voor de buitenlandse projecten.'
Selecteur: 'Buitenlandse projecten?'

Een doorvragende selecteur laat ook merken dat hij luistert en dat is vaak voor de sollicitant een reden om nog meer te vertellen.

Waardoor-vragen

Om de reden van bijvoorbeeld een beslissing of een keuze te achterhalen, kunnen zogenoemde *waarom-* en *waardoor-vragen* gesteld worden. De antwoorden op waarom-vragen zijn kort ('waarom ...?' 'nou daarom!') en leveren niet altijd de gewenste informatie op. Vaak geeft de sollicitant een sociaal wenselijk antwoord, terwijl de praktijk vaak veel complexer is. Ook kan in een waarom-vraag een stukje schuldvraag schuilen ('waarom heeft u het op die manier aangepakt?'). Hoe sterker het schuldgevoel bij de sollicitant aanwezig is, hoe meer deze in zijn schulp kruipt en minder zal vertellen.

Beter is waardoor-vragen te stellen. Zij geven stapje voor stapje inzicht in het denk- en leerproces van de sollicitant ('waardoor heeft u zich laten leiden om het op deze manier aan te pakken?') en hebben dus de voorkeur boven waarom-vragen.

Het LSD-principe

Veel selecteurs zijn vaak en lang in een selectiegesprek aan het woord en vertellen in geuren en kleuren over hoe goed hun afdeling wel niet draait. Echter, zolang de selecteur praat, komt hij niets over de kennis, ervaring en persoonseigenschappen van de sollicitant te weten. Een professionele selecteur past het LSD-principe toe en luistert, vat samen en vraagt door (zie hiervoor).

Luisteren

Luisteren bestaat uit een reeks met elkaar samenhangende activiteiten, waarvan de belangrijkste de mond dichthouden is! Niet voor niets hebben mensen twee oren en één mond. Als de selecteur een open vraag heeft gesteld, is het belangrijk om de sollicitant de tijd te gunnen na te denken over het antwoord. Houd als selecteur dus na een open vraag vijf seconden de mond en ga niet de vraag herhalen of zelf het antwoord geven.

Samenvatten

Wie goed kan samenvatten, kan goed luisteren. Hoe helder een sollicitant zijn verhaal ook brengt, elke selecteur interpreteert. Om te voorkomen dat de selecteur aan het eind van het gesprek een onvolledig of vertekend beeld heeft, is het belangrijk dat hij tijdens het gesprek frequent samenvat. Daarmee toetst de selecteur of de sollicitant en hij op dezelfde golflengte zitten. Het beeld dat de selecteur opbouwt van de sterke en de te ontwikkelen kanten van de sollicitant gaat geleidelijk en als de selecteur tussendoor samenvat, biedt hij de sollicitant de kans om dit beeld te nuanceren of te corrigeren. Samenvatten heeft nog een belangrijke functie. Als de interviewer goed samenvat, merkt de sollicitant dat iemand naar hem luistert en zich inspant om hem te leren kennen. Dit aspect roept bij hem een gevoel van vertrouwen op, waardoor hij zich minder geremd voelt en vrijer en authentieker gaat praten.

Doorvragen

Een goed hulpmiddel om in het gesprek te achterhalen wat de ander wil zeggen, is om door te vragen. Doorvragen zijn vragen die aansluiten bij wat de gesprekspartner heeft verteld en heeft als doel onderdelen verder te verduidelijken en scherp te krijgen wat de ander nu precies heeft bedoeld.

Voorbeelden van goede doorvragen:

- *'Kunt u meer vertellen over die specifieke werkervaring met computer-programma abc?'*
- *'Wat bedoelt u exact met ...?'*
- *'Zou u een voorbeeld willen geven van de activiteit die u net beschreef?'*

Vaak volstaat het om alleen het woord te herhalen. Deze herhaling nodigt de gesprekspartner uit om een toelichting te geven.

Voorbeeld van een herhaling gekoppeld aan een doorvraag:

- *'Ik vind acquisitiegesprekken uitdagend.'*

Hierop kunt u de reactie geven:

- *'Uitdagend?'*

Ervaringsgericht interviewen volgens de STARR-methodiek

Veel selecteurs blijven in hun selectiegesprekken hangen in algemeenheden en worden weinig concreet. Algemene indrukken over de sollicitant ('aardig persoon en heeft interesse voor mijn afdeling') hebben de overhand in deze beeldvorming. Ook stellen zij vaak fantasievragen ('stelt u zich eens voor dat ...?'). Met de antwoorden op deze vragen komt de selecteur achter de woordenschat en boekwijsheid van de sollicitant. Niets minder, maar zeker ook niets meer! Maar of de sollicitant doorleefde ervaringen heeft opgedaan waaruit blijkt dat hij over *die* competenties beschikt die noodzakelijk zijn voor een succesvolle functie-uitoefening, dat weet de selecteur dan nog steeds niet! Hoe dan wel?

Ervaringsgerichte vragen

Ervaringsgericht interviewen richt zich op het verkrijgen van een zo nauwgezet mogelijk beeld over de mate van geschiktheid van de sollicitant voor het uitoefenen van een bepaalde functie. De basisgedachte achter ervaringsgericht interviewen is *dat ervaringen uit het verleden de beste voorspellers zijn voor toekomstig gedrag.* De techniek richt zich dan ook op het verzamelen van informatie over gedrag dat ten aanzien van bepaalde competenties in het verleden is vertoond.

De selecteur stelt dus geen fantasievragen, maar ervaringsgerichte vragen.

Niet: 'Wat zou u doen met een boze/teleurgestelde klant?'
Wel: 'Wat was uw meest boze klant ooit en hoe hebt u deze klant te woord gestaan?'

Niet: 'Wat zou u doen bij een piekdrukte?'
Wel: 'Wat is voor u piekdrukte? Wanneer had u dit voor het laatst en wat deed u toen?'

Door ervaringsgerichte vragen ('wat deed u?' in plaats van 'wat zou u doen?') te stellen, achterhaalt de selecteur het 'kunnen' (het in het verleden vertoonde gedrag) van de sollicitant. De sollicitant vertelt over zijn ervaringen uit het verleden om zo aan te tonen dat hij geschikt is voor de vacante functie. Niet het *kennen* of *weten* wordt in kaart gebracht, maar het *kunnen, zijn* en *willen.*

Vijf fasen van de STARR-methodiek

In het selectiegesprek stelt de selecteur vragen (en vraagt door) over ervaringen uit het verleden, waarin de sollicitant een bepaalde vaardigheid gebruikt of waar een beroep werd gedaan op een bepaalde competentie. De vragen doorlopen de volgende vijf niveaus:

Fase 1:	**S**ituatie	→	**wij**
Fase 2:	**T**aak	→	**ik**
Fase 3:	**A**ctie	→	**ik**
Fase 4:	**R**esultaat	→	**ik**
Fase 5:	**R**eflectie	→	**duo**

Het doorlopen van de verschillende fases geeft de selecteur eerst een scherp beeld van de **S**ituatie waarin de sollicitant actief is geweest. De sollicitant praat in deze fase in de wij-vorm (bij ons, wij, ons team, et cetera). Vervolgens vertelt de sollicitant concreet over zijn **T**aken en concreet in gang gezette **A**cties (ik-vorm) en wat daar de **R**esultaten van waren. Tot slot laat de selecteur de sollicitant **R**eflecteren (terugblikken) op de uitgediepte ervaring en laat hem vertellen over eigenschappen waaraan het resultaat te danken is.

Fase 1: situatie

Met in de ene hand het cv en in de andere hand de competenties/sterke punten start de selecteur met een vraag naar een specifieke gebeurtenis uit het verleden die verband houdt met het eerste criterium. De sollicitant noemt op dit niveau de context waartegen in een latere fase in het gesprek zijn ervaring zal worden geplaatst. Stel dat de selecteur een sollicitant zoekt die ervaring heeft als projectleider.

Op 'situatieniveau' stelt de selecteur bijvoorbeeld de volgende vragen:

- Wat was de achtergrond/aanleiding van het project?
- Hoe hoog was het budget?
- Wat waren de doelstellingen?
- In welke context ('politieke arena') moest u acteren?
- Wat was het opleidingsniveau van de deelnemers?
- Hoeveel deelnemers namen deel aan het project?
- Wat was de doorlooptijd van het project?
- In welk jaar speelde dit zich af?

Om de context waarin de sollicitant deze ervaringen heeft opgedaan scherp te krijgen, stelt de selecteur eerst situatievragen en dit kunnen 'gerust' meer gesloten vragen zijn. Deze fase is belangrijk omdat de antwoorden uit de volgende fases tegen deze context geplaatst en gewogen kunnen worden. Twee sollicitanten hebben met succes een project afgerond, zo staat in hun cv. Door hier vragen over te stellen en door te vragen, komt de selecteur er bij de ene sollicitant achter dat zijn projectteam bestond uit drie personen, het project een doorlooptijd kende van een week en dat het budget 1.000 euro bedroeg. Als dan de andere projectleider een project heeft geleid met een doorlooptijd van drie jaar en waarbij 25 deelnemers met verschillende belangen deel uit maakten van het projectteam, dan 'praten' wij over verschillende kalibers projectleiders. Zeker als het budget bij de laatste projectleider ook nog eens 10 miljoen euro bedroeg. In deze fase spreekt de kandidaat in de 'wij-vorm' of in andere vrij onpersoonlijke vormen, zoals bij ons, men, ons team en de organisatie. Deze fase eindigt met een concreet en gedetailleerd beeld over de situatie waarin deze ervaring zich heeft afgespeeld en de selecteur checkt met een samenvatting of hij alles begrepen heeft.

Fase 2: taak

Na de *situatie* samengevat te hebben, stelt de selecteur een aantal vragen om de betrokkenheid, rol en positie van de sollicitant scherp te krijgen. De antwoorden van de sollicitant moeten nu doorspekt zijn met woorden als 'ik', 'mijn' en 'zelf'.

Op 'taakniveau' stelt de selecteur bijvoorbeeld de volgende vragen:

- Wat was precies uw opdracht?
- Neem mij eens mee naar uw eerste werkdag, hoe zag deze er uit?
- Wat waren uw werkzaamheden en rollen in het project?
- Hoe was uw contact /werkrelatie met de opdrachtgever?
- Hoe waren de verantwoordelijk- en bevoegdheden verdeeld?
- Uit welke deeltaken bestond nu precies de opdracht?
- Waarbij moest u, waarover, met wie samenwerken?

Als de sollicitant 'op afstand betrokken' is geweest bij het verrichten van de bepaalde werkzaamheden, dan kan hij er niet veel over vertellen en vlucht dan vaak naar algemeenheden en woorden als 'wij', 'ons' en 'samen'. Ook moet de sollicitant vaak (te) lang nadenken over de antwoorden die dan ook aarzelend uit zijn/haar mond komen. De selecteur dient hier heel scherp op te letten en moet niet schromen om door te vragen, door te pakken en de sollicitant het vuur na aan de schenen te leggen. De selecteur kan uitspreken dat hij de antwoorden/het voorbeeld 'te dun' vindt en vraagt de sollicitant om meer en meer doorleefde voorbeelden.

Tip: Vat samen!

Na deze fase heeft de selecteur een scherp beeld van de betrokkenheid, rol en positie van een sollicitant in zijn vorige werksituatie (in dit voorbeeld een project). Om te toetsen of de selecteur alles goed begrepen heeft en niets vergeten is, vat hij het verhaal van de sollicitant samen.

Fase 3: actie

In de actiefase vraagt de selecteur naar concrete ervaringen en persoonlijke bijdragen van de sollicitant bij het vervullen van die taak (zie hiervoor). Kortom, wat deed de sollicitant *zelf* in de eerder geschetste situatie.

Op actieniveau stelt de selecteur bijvoorbeeld de volgende vragen:

- Hoe kwam u aan de leden van uw projectteam?
- Hoe leidde u vergaderingen?
- Welke werkzaamheden heeft u verricht?
- Hoe liep u achterstanden in?
- Op welke manier nam u besluiten?
- Hoe loste u onenigheid/conflicten met de opdrachtgever/binnen uw team op?
- Welke contacten heeft u gelegd?
- Hoe hield u contact met de opdrachtgever?
- Welke ideeën kwamen van u?

Ook in deze fase let de selecteur goed op dat de sollicitant in de ik-persoon spreekt. Het zijn nu immers de ervaringen van de sollicitant, de genomen beslissingen, de gelegde contacten, doorgevoerde ideeën en doorgehakte knopen die in kaart worden gebracht. Omdat in de actiefase gedetailleerd wordt ingegaan op de verschillende activiteiten en acties, kan de selecteur zich een beeld vormen van het door de sollicitant in het verleden vertoonde gedrag. Het wordt voor een sollicitant die deze ervaring niet of onvoldoende heeft (en dus zijn ervaringen mooier maakt of ze verzint!) nu bijna onmogelijk om op detailniveau de waarheid te spreken.

Tip: Leg het vuur na aan de schenen!

Als de sollicitant een bepaalde ervaring niet heeft of onvoldoende dicht op het vuur heeft gezeten, dan wordt het voor hem wel heel lastig om de vragen te beantwoorden. De selecteur moet nu niet de vergissing maken om coulant te zijn, maar moet scherp blijven doorvragen. Eventuele twijfels kunnen openlijk ter sprake worden gebracht.

Fase 4: resultaat

De selecteur is natuurlijk ook (of uiteindelijk) benieuwd naar de resultaten van de ondernomen acties. Allerlei acties in gang zetten is één, maar deze moeten natuurlijk wel tot de goede en gewenste resultaten leiden. De selecteur stelt in deze fase dan ook (directe) vragen om een scherp beeld te krijgen van deze resultaten. In de resultaatfase stelt de selecteur bijvoorbeeld de volgende vragen:

- Tot welke resultaten hebben uw acties geleid?
- Als ik de opdrachtgever en/of een projectmedewerker bel, wat zeggen zij dan over het behaalde resultaat?
- Waar kwam u snel tot resultaten?
- Welke klippen heeft u moeten omzeilen en hoe deed u dat?
- Wat was het resultaat van uw acties om de samenwerking te bevorderen/om een sluimerend conflict de kop in te drukken?

Nadat de selecteur zich eerst een beeld heeft gevormd van de omstandigheden waarin een ervaring zich heeft afgespeeld, de taken en rollen van de sollicitant en de acties die op zijn conto geschreven kunnen worden, kan hij in deze fase beoordelen of de sollicitant over die competenties, ervaringen, houdingsaspecten, et cetera beschikt die bepalend zijn voor het succes in de vacante functie.

Fase 5: reflectie

Tot slot blikt de selecteur samen met de sollicitant (vandaar 'duo' in het schema) terug op de ervaring. Zij gaan met zijn tweeën op zoek naar doorgemaakte ontwikkelingen, de tijdens de rit ervaren problemen, de (on) tevredenheid van de leidinggevende, naaste collega's en medewerkers over het behaalde resultaat, et cetera.

Op reflectieniveau stelt de selecteur bijvoorbeeld de volgende vragen:

- Aan welke eigenschappen/sterke punten dankt u dit succes?
- Wat zegt het behaalde resultaat over u als persoon?
- Wat heeft u van dit project geleerd?
- Wat zou u de volgende keer anders doen?
- Wat sprak u het meeste aan en wat is hiervan de reden?
- Op welke ogenblikken voelde u uzelf het meest op dreef?

Tip: Stapel ervaringen!

Laat de sollicitant op één dag met drie selecteurs, drie gesprekken voeren. Bijvoorbeeld één gesprek van een uur en twee van een half uur. Vooraf bespreken de selecteurs wie welke kennis, ervaring en competenties uitvraagt. Tussen de gesprekken door stemmen zij af welke competenties er bijvoorbeeld nog een keer, en wel op de eigen wijze van de desbetreffende selecteur, aan bod moeten komen. Met deze aanpak krijgen selecteurs een nog beter beeld van de sollicitant en de sollicitant leert meteen zijn mogelijk nieuwe collega's kennen.

Sterke punten en lerend vermogen

Gedragsgericht interviewen of ervaringsgericht interviewen volgens de STARR-methodiek of volgens de drie G's (Gebeurtenis, Gedrag en Gevolg) is bij de meeste selecteurs genoegzaam bekend. Naast het ontmaskeren van jokkende sollicitanten, bewijst de STARR-methodiek echter ook haar waarde bij het achterhalen of de sollicitant over het vermogen en de bereidheid beschikt om zich nog verder te ontwikkelen.

In de reflectiefase van het STARR-gesprek kan de selecteur gerust de vraag stellen: 'wat zijn uw goede eigenschappen?'. Met een goed beeld over de achtergrond, de rol van de sollicitant en het resultaat, levert het antwoord waardevolle informatie over wat de sollicitant *kan, weet* en *is,* en of hij over *die* sterke punten beschikt waarmee hij het verschil gaat maken. Deze vraag sec, leidt tot niets. De sollicitant heeft deze vraag hoogstwaarschijnlijk voorbereid en het antwoord is gewenst. Omdat de selecteur het antwoord niet in een context kan plaatsen is het van geen enkele waarde.

Ook brengen de antwoorden op deze reflectievragen de 'geleerde lessen' en de toepassing ervan (bijvoorbeeld bij een volgend project) in kaart. De selecteur vormt zich een beeld of de projectleider al twintig jaar 'op zijn manier' een project leidt of dat hij geleerd heeft van successen en falen, flexibel is in zijn denken en doen en of de sollicitant nog een 'willen en kunnen' heeft om zich te blijven ontwikkelen. In tijden van arbeidsmarktkrapte is een scherp beeld van het leervermogen (de leercompetentie) steeds belangrijker. Veel kennis en vaardigheden zijn immers snel te leren. Als de sollicitant blijk geeft te beschikken over het vermogen snel en adequaat 'zaken' tot zich te nemen, hoeft er bij een goed introductie- en opleidingsprogramma op lange termijn weinig mis te gaan.

Lerend vermogen

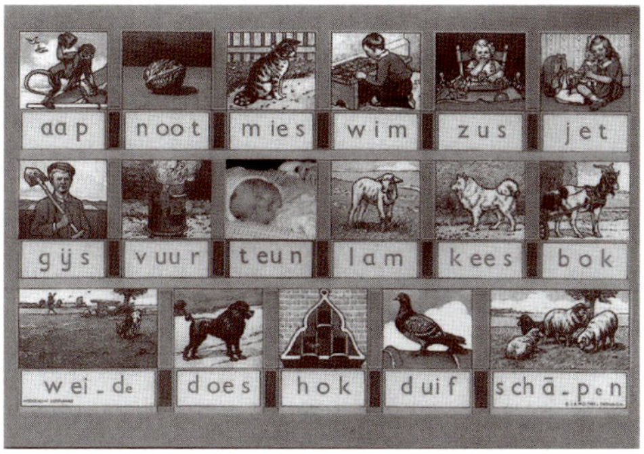

"Organisaties zijn zelf niet agile. Het zijn vooral de mensen die een organisatie agile maken", zegt Ralf Knegtmans, auteur van het boek *Agile talent.* Dat vereist nieuwe selectiecriteria. Vooral selecteren op wat mensen kunnen en weten is niet meer genoeg. Het gaat er vanaf nu ook om wat ze willen en wie ze zijn. Vooral aanpassingsvermogen en leervermogen zijn daarom belangrijke nieuwe selectiecriteria. Net als bijvoorbeeld zelfreflectie, creativiteit en bevlogenheid. Na de focus op IQ en EQ zal er ook de focus op aanpassingsintelligentie (AQ) toenemen. Onderzoek van Harvard leert dat 70 procent van de toptalenten van nu de kwaliteiten mist die nodig zijn voor toekomstige rollen. Om dat te veranderen is aandacht voor wat mensen willen (hun drijfveren) vereist en zijn persoonskenmerken belangrijk. Maar dat zijn factoren die na je pubertijd niet of nauwelijks te veranderen zijn. Daar moet je dus extra op letten in de selectie.

Bron: artikel *De zoektocht naar wendbare talenten*, Erik Hoogeweg, PW, juni 2017

O zo belangrijk, het willen!

De selecteur vormt zich niet alleen een beeld over het *kennen, kunnen* en *zijn* van de sollicitant en van zijn leervermogen, maar ook over zijn *willen*. Waaruit bestaat de motivatie voor de functie, wat zijn de redenen dat hij graag in een bepaalde branche wil werken en wat zijn de redenen om van werkgever te willen wisselen?

Het is namelijk niet zo dat als iemand iets weet en kan, dit een 100 procent-garantie is voor goede prestaties in de nieuwe functie. Daar is namelijk ook motivatie voor nodig. Als een sollicitant zich in het selectiegesprek meer afzet tegen zijn oude werkgever (slechte arbeidsvoorwaarden, te grillig beleid, et cetera) is zijn sollicitatie een soort vlucht naar iets beters. Een sollicitant die meer intrinsiek gemotiveerd is, voelt zich aangetrokken tot de functie en de organisatie. Hij is nieuwsgierig en stelt enthousiast vragen over de functie, klanten, werkwijzen, et cetera en wil meer weten over de plannen van de organisatie over de implementatie van bijvoorbeeld een nieuw klantenconcept en het bewerken van de markt in Zuidoost-Azië. Want deze plannen waren voor hem de *trigger* om te solliciteren, daar wil hij graag zijn steentje aan bijdragen.

De structuur van een selectiegesprek

De opbouw van het selectiegesprek varieert sterk met de plaats die het inneemt in de selectieprocedure. In een gesprek met een eerste kennismaking als doel worden andere accenten gelegd dan in een gesprek aan het einde van de procedure. Toch is er een lijn in aan te brengen. Elk selectiegesprek kent de volgende drie fasen:

- Fase 1: introductiefase
- Fase 2: informatiefase
- Fase 3: afrondingsfase

Fase 1: introductiefase

Welkom, voorstellen, agenda en organisatie

Het is allereerst belangrijk de gespannen sollicitant op zijn gemak te stellen. Een nerveuze sollicitant vertelt meestal niet veel en, omdat het gesprek niet op gang komt, krijgt de selecteur geen goed beeld van hem. Het is daarom belangrijk zo snel mogelijk het ijs te breken. Een eenvoudig praatje over het weer en het verkeer stelt sollicitanten op hun gemak. Daarna stelt de selecteur zich voor. Het is voor sollicitanten prettig te weten wie de gesprekspartner is en wat de functie van deze persoon is. Vervolgens vertelt de selecteur hoe het gesprek is opgebouwd en hoelang het zal duren. De sollicitant weet nu wanneer wat aan de orde komt en wanneer hij zijn vragen kan stellen. Ook het meedelen van een gespreksstructuur stelt de sollicitant op zijn gemak. Tot slot vertelt de selecteur kort en bondig nog iets over de organisatie en staat bijvoorbeeld stil bij het aantal medewerkers, vestigingen, de producten/diensten, doelgroep, et cetera. Belangrijk is vooral de plaats van de functie in het geheel te noemen.

Tip: Laat de eerste stap niet langer dan vijf minuten duren!

De eerste vier stappen zorgen ervoor dat de wellicht toch wat gespannen sollicitant zich meer op zijn gemak voelt en daardoor meer bereid is 'echte' informatie over zichzelf te geven. In de eerste stap is de selecteur aan het woord. Het is belangrijk ervoor te waken dat deze fase niet langer dan vijf minuten duurt. Het is nu tijd dat de sollicitant gaat vertellen.

Fase 2: informatiefase

Sollicitant en functie

In fase twee van het selectiegesprek begint het echte vraag-en-antwoordspel. Voor het gesprek zijn de eisen (*need to have*) en wensen (*nice to have*) waaraan de sollicitant moet voldoen in kaart gebracht. De selecteur stelt op basis van informatie uit de brief en het cv ervaringsgerichte vragen

(STARR) om te achterhalen of de sollicitant aan deze eisen voldoet en wat zijn motivatie is.

Pas nadat de selecteur zich een beeld heeft gevormd of de sollicitant aan de gestelde criteria voldoet, wordt op de functie ingegaan. Om te voorkomen dat de kandidaat de selecteur stroop om de mond smeert, is de volgorde 'eerst de sollicitant, dan de functie' een belangrijk aandachtspunt. Als de sollicitant te horen krijgt wat de functie exact inhoudt en over welke eigenschappen hij moet beschikken, laten de antwoorden zich raden. Om dat te voorkomen kan de selecteur ook nog de 'over-de-schouder-heen-kijk-techniek' toepassen. Dit houdt in dat de selecteur de sollicitant vragen laat stellen over de functie, of de sollicitant laat vertellen wat hij al over de functie weet. Op deze manier komt de selecteur veel meer te weten over *de persoon* van de sollicitant en zijn motivatie. Stelt de sollicitant alleen maar vragen over werktijden, auto van de zaak en salaris en geen vragen over de functie, markten en collega's, dan moet de selecteur zich afvragen of dit wel de juiste sollicitant is.

Fase 3: afrondingsfase

Arbeidsvoorwaarden, interesse en vervolg

De laatste fase van het gesprek begint met de arbeidsvoorwaarden. De selecteur peilt globaal wat de sollicitant over werktijden, salaris en bijzondere arbeidsvoorwaarden in gedachten heeft. Het is beter er nu achter te komen dat het aanbod van de organisatie en de vraag van de sollicitant onoverbrugbaar zijn, dan pas in de derde ronde van het selectietraject. Het voorkomt wederzijdse teleurstellingen in nog komende selectierondes. Als vraag en aanbod op het gebied van arbeidsvoorwaarden onoverbrugbaar zijn, kan de selecteur zijn aandacht op andere sollicitanten richten. Vervolgens wordt de interesse bij de sollicitant gepeild. Vragen of er na al deze gespreksonderwerpen nog belangstelling bestaat, kan heel wat overbodige tijd en moeite besparen. Als het in deze fase al duidelijk is dat beide partijen niet voor elkaar geschapen zijn, kan het goed zijn om dat nu al aan te geven. Ten slotte wordt de verdere procedure verteld en hoort de sollicitant wanneer hij uiterlijk bericht krijgt.

Tip: Zorg voor kennis van de salarisrange!

In de werving- en selectieprocedure is het noodzaak klare wijn te schenken over het geboden salaris en de andere arbeidsvoorwaarden. Het voorkomt tijdverspilling en ergernis (aan beide kanten) als de organisatie en de sollicitant in een vroeg stadium al weten dat vraag en aanbod (mijlen)ver uit elkaar liggen (zie verder hoofdstuk 3, Het arbeidsvoorwaardengesprek).

Tip: Structuur maakt vergelijken gemakkelijk!

Door het gesprek te structureren (dezelfde opbouw en vragen) is het makkelijker de resultaten van de verschillende gesprekken met elkaar te vergelijken. Bovendien is de kans dat gesprekken uitlopen kleiner en biedt een structuur houvast bij zwaardere sollicitanten die neigen het gesprek over te nemen.

Jokkende sollicitant

Van Vliet verdiepte zich in de hiervoor geschetste materie om de voorspellende waarde van het selectiegesprek te vergroten. Bij de eerste kandidaat had hij met een fantast te maken. Deze persoon had haar cv behoorlijk opgeblazen. Van Vliet voelde haar over bepaalde werkzaamheden flink aan de tand door ervaringsgericht te gaan interviewen en vroeg goed door. Al snel bleek dat zij niet over de vereiste kwaliteiten beschikte en eigenlijk nooit koud heeft moeten acquireren.

Zij had wel ervaring met het telefonisch te woord staan van mensen, maar nog nooit opdrachtbevestigingen opgesteld en zelfstandig afspraken gemaakt. In eerste instantie vertelde zij dat zij dat wel had gedaan. Maar toen Van Vliet naar specifieke voorbeelden vroeg, begon de sollicitant te zoeken naar haar woorden. De antwoorden rolden er niet bepaald uit, terwijl je bij sollicitanten die deze ervaring wel hebben, eerder moet afremmen. Toen Van Vliet een gedeelte van het selectiegesprek in het Duits voerde, ging het helemaal mis. Ook haar Duits was onvoldoende. Besloten werd het gesprek te beëindigen. Ook de sollicitant beaamde dat deze functie voor haar te hoog gegrepen was. Even vervelend voor beide partijen, maar het was beter er in een vroegtijdig stadium achter te komen dat er geen fit is, dan over een aantal maanden. Over de andere twee sollicitanten was Van Vliet wel positief. Zij werden uitgenodigd voor een tweede gesprek met twee mogelijk toekomstige collega's. Het is immers belangrijk dat de nieuwe collega in het team past.

2.3 VEELGESTELDE VRAGEN OVER EEN SELECTIEGESPREK

Vraag 1 Wat zijn aandachtspunten bij het natrekken van referenties?

Bij het natrekken van een referentie (letterlijk 'verwijzing') verstrekken personen (oud-leidinggevenden, medewerkers, projectleiders, decanen, et cetera) informatie over de sollicitant.

Het gebruik van referenties is onder andere gebaseerd op het uitgangspunt dat eerder vertoond gedrag en geleverde prestaties goede voorspellers zijn voor toekomstige prestaties. Een uitgangspunt dat ook gebruikt wordt bij ervaringsgericht interviewen volgens de STARR-methodiek (zie paragraaf 2.2).

Een referent heeft de sollicitant langdurig en in een natuurlijke omgeving kunnen observeren en heeft zodoende een realistische en accurate kijk op de kwaliteiten, de prestaties en de persoonseigenschappen van de sollicitant. Op basis van de door de referent verstrekte informatie kan het verhaal van de sollicitant gecheckt worden en daarom is een referentie, zeker als de adviezen worden opgevolgd, waardevol.

Als een sollicitant weet dat een door hem opgegeven referentie wordt nagetrokken, zal hij eerlijker over zijn ervaringen vertellen. Deze worden immers later gecheckt. Vertel daarom in het eerste gesprek dat je referenties gaat benaderen. De lage kosten, gewoonte en het gegeven dat sollicitanten minder snel overdrijven als zij weten dat referenties worden nagetrokken, zijn redenen dat referenties nog steeds veel worden gebruikt.

Vraag 2 Wat zijn veelgemaakte selectiefouten?

Overwaardering van zeldzame eigenschappen

Als een sollicitant aan de Olympische Spelen heeft meegedaan en solliciteert naar een functie als vertegenwoordiger, ligt hij, zonder dat het gesprek heeft plaatsgevonden, al een straatlengte voor op andere sollicitanten. Iedere selecteur weet dat deelname aan een sportevenement weinig tot niets zegt over de kwaliteiten van een verkoper, maar bij menig selecteur gaat deze ex-sporter al naar ronde twee van het selectietraject.

Invloed van de functiezwaarte

Het merkwaardige doet zich voor dat sollicitanten die hoge functies hebben vervuld door selecteurs vaak als 'beter' worden beoordeeld. Deze selectiefout borduurt voort op het halo-effect (zie verder do's and don'ts).

'Als een kandidaat die en die functies heeft vervuld, dan moet hij ongetwijfeld veel in zijn mars hebben en goed zijn.'

Het zijn vaak selecteurs met een 'lichtere' functie dan de sollicitant die zich aan deze fout bezondigen.

Stokpaardjes en spiegelen

Als een sollicitant in geuren en kleuren een onderwerp bespreekt dat de selecteur enorm aanspreekt, dan dient laatstgenoemde ervoor te waken dat hij de sollicitant, zonder deze stevig aan de tand te voelen, als geschikt aanmerkt. Een sollicitant die een aantal overeenkomsten vertoont met de selecteur, kan eerder rekenen op sympathie en overwaardering ('ons kent ons') van zijn mogelijkheden. Voorbeelden zijn: aan dezelfde universiteit gestudeerd hebben of dezelfde hobby hebben.

Ervaring hebben in iets is niet hetzelfde als ergens goed in zijn

Veel ervaring in het vak leidt vaak tot hoge waarderingen. Maar ergens ervaren in zijn, is niet hetzelfde als goed functioneren. De selecteur dient enerzijds de meetbare ervaring en anderzijds de manier waarop de sollicitant zich gedraagt, goed te onderscheiden. Het hebben van werkervaring impliceert niet per definitie dat de sollicitant dan gekwalificeerd is. Veel in de keuken staan maakt nog geen goede kok. De manier waarop hij heeft gekookt en gewerkt, is veel belangrijker.

Invloed van sollicitanten op elkaar

Als meerdere sollicitanten na elkaar worden uitgenodigd, is het gevaar groot dat een geschikte sollicitant, die net na een uitstekende sollicitant komt, als ongeschikt wordt beoordeeld. Dit contrasteffect doet zich uiteraard ook voor in omgekeerde zin.

Meer gewicht toekennen aan negatieve informatie

Vooral op dit punt wordt veel gezondigd. In een selectiegesprek gaat de selecteur ervan uit dat sollicitanten hun beste beentje voorzetten. Als de selecteur bij het lezen van de brief/het cv of tijdens het interview een negatief punt ontdekt, valt dit op omdat het in tegenspraak is met de verwachtingen. Door dit contrast weegt negatieve informatie soms zwaarder dan positieve, waardoor de kans bestaat dat goede sollicitanten ten onrechte worden afgewezen.

Een selecteur is vaak alert (en terecht) op negatieve informatie, omdat hij koste wat kost ongeschikte sollicitanten wil weren. Gewaakt dient te worden dat door deze informatie de successen die de sollicitant ongetwijfeld ook heeft behaald, onderbelicht raken.

Angst voor de eigen positie

Als de direct leidinggevende betrokken is bij de selectie, zal hij zich uiteraard afvragen of de sollicitant wellicht een gevaar is voor zijn positie. Uitstekende sollicitanten kunnen een bedreiging vormen. De vrees om het paard van Troje binnen te halen maakt dat vele leidinggevenden besluiten niet met een sollicitant door te gaan.

Iets leuk vinden is niet hetzelfde als ergens goed in zijn

Het verband tussen graag doen en goed doen is er, maar dat moet natuurlijk wel met ervaringen uit het verleden getoetst worden. De selecteur moet op zoek gaan naar feiten en concrete voorbeelden (gedragsgericht interviewen volgens de STARR-methodiek) uit het cv die aantonen dat de persoon inderdaad ergens goed in is (geweest) en niet vragen naar meningen, standpunten, indrukken en gevoelens. Het is dus belangrijk te selecteren op 'bewezen' bekwaamheid en niet op enthousiasme.

Vraag 3 Wat is het idee achter creatieve selectievragen?

Waarom zijn putdeksels rond? Hoeveel katten zijn er in Nederland? Staat u weleens in het rood? Wat zou u doen met 10.000 pingpongballetjes?

Ieder jaar verschijnen er lijstjes met de vreemdste vragen die sollicitanten krijgen voorgelegd. Nieuw is deze techniek, de sign-benadering, niet, maar wat zijn de redenen om deze vragen te stellen?

Sollicitanten bij een accountantskantoor kregen de vraag voorgelegd hoeveel liter verf er nodig is om een Airliner te verven? Het exacte antwoord op deze vraag doet er natuurlijk niet zo veel toe. Het doel is te achterhalen of sollicitanten het vermogen hebben om problemen te structureren en logische aannames en berekeningen te maken. En ander doel kan zijn om creativiteit en oplossingsgerichtheid te toetsen, of zij out of the box kunnen denken. Met reacties op vragen als 'staat u weleens rood?' krijgt de selecteur een beeld van de weer- en wendbaarheid van de sollicitant. Kan deze van zich afbijten (assertiviteit) en (meteen) een wedervraag stellen op deze toch wel impertinente vraag? Als de vacante functie en werkomgeving dynamisch in het kwadraat is, kan de selecteur met dit soort vragen toetsen of de sollicitant kan omgaan met rare wendingen en of hij stressbestendig is (zie box hierna). Het gaat dus niet zozeer om het antwoord, maar meer om de reactie van de sollicitant op onverwachte situaties.

Vraag 4 Neemt de computer de rol van de selecteur over?

In het rapport *Werving en selectie 3.0 en de invloed van digitalisering* slaat ABN Amro alarm: "Recruitment is soms wel voor 95 procent te automatiseren." Dankzij gamification, digitale testen en kunstmatige intelligentie is in sommige delen van de arbeidsmarkt wel 95 procent van het recruitmentproces te automatiseren.

Teamleider Charlotte heet de sollicitanten van harte welkom. Na een korte rondleiding zet ze de aankomende telefoonmedewerkers met een glimlach aan het werk. In opperste concentratie typen ze mailtjes over, helpen ze fictieve, ontevreden klanten die bellen en lossen ze geometrische puzzels op. Ruim anderhalf uur duurt de sollicitatie. Maar de reis naar het bedrijf blijft de werkzoekenden bespaard. De rondleiding met Charlotte volgen ze vanuit huis, achter de computer. Ook de vragen beantwoorden ze online en de test vullen ze op de computer in. De sollicitatie is namelijk onderdeel van een online spel dat ontwikkeld is 'rond' de voorspellende kenmerken van een goede callcentermedewerker.

Computers krijgen steeds meer te zeggen op de HR-afdelingen. In plaats van mensen zijn het algoritmen, in software vervatte wiskundig formules, die de perfecte kandidaat uit een rij sollicitanten aanwijzen. Door het taalgebruik van de sollicitant te analyseren, met behulp van games of met psychologische testen, verzamelt een computer gegevens over de kandidaat. Na een berekening rolt er een ranglijst met de geschikte kandidaten en hun scores uit. Het is dan aan de manager te bepalen of hij de kandidaat die door de computer is geselecteerd ook echt wil uitnodigen.

Bron: *Algoritme bepaalt of jij de baan krijgt.* Gidi Pols. De Volkskrant, 21 september 2017

Predictive analytics

Menig organisatie is druk bezig met big data en predictive analytics. Zij bekijken problemen door een voorspellende bril omdat dit gewoon meer en betere sturingsinformatie geeft waardoor zij hier veel beter op kunnen anticiperen. Op allerlei gebieden worden ervaringen opgedaan met predictive analytics.

Nog een voorbeeld.

Talentvolle medewerkers zijn schaars. En wie de verkeerde persoon aanneemt voor een strategische functie, kan handenvol geld kwijt zijn. Menselijk vooroordeel zorgt ervoor dat we blinde vlekken hebben voor dat wat buiten ons eigen referentiekader valt. Hierdoor komen mensen met een andere achtergrond heel moeilijk aan een baan en lopen bedrijven kandidaten mis die misschien wel heel veel voor de organisatie kunnen betekenen. Het gebeurt automatisch.

Wetenschappelijk onderzoek toont aan dat taal, dus *wat* mensen zeggen en *hoe* ze dingen zeggen, een correlatie heeft met gedrag. In wat je zegt, zit heel veel informatie verscholen over voorkeuren, persoonlijkheidstypen en gedrag. Inmiddels zijn er organisaties die zo diep mogelijk in organisaties kijken om te achterhalen wat tot succes leidt. Sommige teams zijn succesvoller dan andere. Waardoor komt dat? Waarom zijn sommige mensen succesvoller in een bepaalde baan dan anderen? Deze organisaties bestuderen het taalgebruik van de mensen in die teams door ze allerlei vragen te laten beantwoorden. Daarna gaan machines aan de slag met als uitkomst deep learning-algortimes. Omdat bekend is welke teams succesvol zijn, kunnen de antwoorden vergeleken worden met die van minder goed presterende teams. De machine kan dan zoeken naar de overeenkomsten in het taalgebruik van de teams die het heel goed doen en daarop wordt dan een voorspellend model gebouwd. De volgende stap is met sollicitanten een digitaal interview te houden en hen vragen te laten beantwoorden.

Bron: *HR in het laboratorium van de wereld*. PW, juli/augustus 2017

Vraag 5 Wat zijn do's and don'ts van een selectiegesprek?

Wel doen

Meerdere selecteurs en selectiemethoden

De validiteit van het selectiegesprek stijgt door gedragsgericht interviewen volgens de STARR-methodiek en zeker als meerdere selecteurs in de gehele selectieronde de gesprekken voeren. Maar dan moet de sollicitant natuurlijk wel de eerste ronde doorkomen. Ook is het doen van een arbeidsproef (zie kader hierna) en het inwinnen van informatie bij referenties waardevol. Een gesprek met referenties maakt het beeld van de sollicitant scherper, alsook de achtergronden waarin hij ervaringen heeft opgedaan. Een besluit of de aanwezige match aanwezig is (of niet) kan meer doordacht gemaakt worden.

Een bijkomend voordeel is dat de referent ook een toekomstige sollicitant kan zijn. Hij hoort van de selecteur een wervend verhaal over de functie en organisatie en hijzelf heeft waarschijnlijk ook een interessante achtergrond. Dus het natrekken van referenties kan een onderdeel van de arbeidsmarktcommunicatie zijn.

Bij een arbeidsproef verrichten sollicitanten, als onderdeel van de selectieprocedure, een aantal werkzaamheden van hun mogelijk toekomstige functie. Voorbeelden zijn docenten die proeflessen geven en monteurs die een ochtend mee sleutelen aan een auto. Ook in een selectiegesprek kan een arbeidsproef gedaan worden door bijvoorbeeld aan een kandidaat die solliciteert op een administratieve functie te vragen een samenvatting van het gesprek op papier te zetten (natuurlijk wel vooraf aankondigen!). Luisteren, kunnen samenvatten, de kern eruit halen, kunnen werken met een laptop, taal- en stijlfouten, gevoel voor lay-out, snelheid, nauwkeurigheid, het zijn allemaal zaken die de selecteur kan meten.

Bron: *Handboek Werving en Selectie*, 2018

Voer een wervend selectiegesprek

Voor organisaties is het positief om als een aantrekkelijke werkgever bekend te staan. Van het selectiegesprek dient een dermate wervende werking uit te gaan dat de sollicitant zo enthousiast wordt (gemaakt) over de functie en de organisatie dat hij bij wijze van spreken aan het einde van het gesprek zijn handtekening onder het arbeidscontract zet. Dit kan natuurlijk alleen bij gebleken geschiktheid! Mooi gezegd, maar hoe gedaan? Steeds meer organisaties besteden er meer en meer gestructureerd aandacht aan om in het selectiegesprek de organisatie te verkopen. Zij denken 'corporate' na over de antwoorden op vragen als:

- In welke zin onderscheidt de organisatie zich van andere organisaties?
- Wat zijn de redenen om voor de organisatie te komen werken?
- Op welke van zijn sterke punten kan de medewerker zich verder ontwikkelen?
- Wat zijn de lovende woorden en zinnen van medewerkers om voor de organisatie te blijven werken?
- Waarom is dit de leukste organisatie uit de regio?

De antwoorden worden verwerkt op één A4 die de selecteur in het selectiegesprek kan gebruiken. Als het gesprek dan ook nog in de showroom wordt gevoerd en niet in een kale kamer met gedateerde vakliteratuur, dan is er nog meer gewonnen bij het creëren van een goed gevoel bij de sollicitant over het werken bij de organisatie. Van een wandeling in de fabriekshal en een lunch in de bedrijfskantine kan ook een wervende werking uitgaan.

Maak onderscheid tussen eisen en wensen

Het is belangrijk om in de voorbereiding onderscheid te maken tussen eisen en wensen. Zo is het bezitten van een groot rijbewijs een eis om in aanmerking te komen voor de vacature van chauffeur. Een sollicitant die niet aan deze eis voldoet, wordt meteen afgewezen. Een voorbeeld van een wens is bijvoorbeeld: ervaring met het rijden naar Duitsland. Het is mooi meegenomen als een kandidaat deze ervaring heeft, maar het is geen reden om de persoon op voorhand niet uit te nodigen. Hij kan immers autorijden, de weetjes van het rijden naar Duitsland zijn hem snel bij te brengen en een navigatiesysteem doet de rest!

Niet doen

Afgaan op de eerste indruk

De eerste indruk, positief of negatief, werkt als een filter op de communicatie. Dat personen elkaar bij een (eerste) kennismaking labelen is van alle dag en dat gebeurt zeker bij selectiegesprekken. Dit is dan ook een belangrijke reden waarom sollicitanten in sollicitatietrainingen leren hoe zij bij een selecteur een goede eerste indruk kunnen maken. Maar wat zegt een slappe hand of een 'pijn aan de ogen doende' stropdas over de kennis en ervaring van een sollicitant? Helemaal niets! Het is dus belangrijk als selecteur het gesprek te voeren en de sollicitant een tweede kans te geven om de eerste indruk te bevestigen of te ontkrachten. Beoordeel als selecteur sollicitanten dus nooit op een eerste indruk.

Halo-effect

Sollicitanten met een opvallend positief punt of ervaring (uit hun cv of een in het gesprek vertelde ervaring) worden niet altijd correct beoordeeld. Dit punt of deze ervaring schittert als een zon en legt een aureool (= halo) rond andere punten of ervaringen, en de selecteur wordt er als het ware door verblind.

'De sollicitant is klantvriendelijk (heeft hier zelfs een award voor gekregen!), dus zij zal ook wel analytisch sterk zijn, kunnen prioriteren en stressbestendig zijn.'

Horn-effect

Het horn-effect is het tegenovergestelde van het halo-effect, een negatief punt stelt de sollicitant in een ongunstig daglicht.

'Hij heeft zijn opleiding niet afgerond, dus hij is geen afmaker, laat zaken op zijn beloop.'

Het negatieve punt overschaduwt dus andere zaken en stelt de sollicitant in een ongunstig daglicht. Horn was de eerste die dit effect beschreef, vandaar de naam.

INFORMATIEBRONNEN

Boeken

Berg, J. van den, *Het Nieuwe Beoordelen, focus op talenten*. Vakmedianet, 2017

Bosman, A., *Nieuwe talenten binnenhengelen*. Rendement, 2018

Buckingham, M. en D.O. Clifton, *Ontdek je sterke punten*. Spectrum, 2016

Guiver/Freeman, M. en E. de Jong, *Werving en selectie. De praktijk van strategisch recruitment*. Boom uitgevers, 2016

Hemelrijck, M. van, *De HR-regisseur: hoe ster-kandidaten rekruteren en selecteren?* Acco, 2013

Knegtmans, R., *Agile Talent*. Business Contact, 2016

Sluis, L.E.C. van der, *Het selectieproces, van opdracht tot voordracht*. Vakmedianet, 2017

Wijchers, L., J. van den Berg en A. Stel, *Handboek Werving en Selectie*. Vakmedianet, 2018

Artikelen

Berg, J. van den, Gericht op de toekomst, *HR Rendement, nr. 4*, 2018

Berg, J. van den, Creatieve selectievragen, *P&O actueel*, 2016

Douwes, J., In de toekomst solliciteren wij via een chatbot, *De Volkskrant*, 10 augustus 2018

Douwes, J., Spreekuur voor afgewezen sollicitanten, *De Volkskrant*, 2018

Witteman, J. Krullende mondhoek?, *Afgewezen*, 17 april 2018

Webinar

Selecteren van medewerkers die het verschil maken. Jacco van den Berg. Webinar NVP & SkillsTown, 2017

Studies

Onderzoek 'Het identificeren en meten van talen' van M. Thunissen en M. Krabbenborg van Fontys Hogeschool in het tijdschrift van HRM, editie 1, 2018.

Werving en selectie 3.0 en de invloed van digitalisering. Insightrapport ABN AMRO, oktober 2017

3 HET ARBEIDS-VOORWAARDENGESPREK

Mecheline Klijs

Het laatste onderdeel van een werving- en selectieprocedure is het arbeidsvoorwaardengesprek. Partijen hebben elkaar gevonden en willen met elkaar in zee. De praktijk leert dat de laatste hobbel niet altijd even makkelijk is. Zo kan de gekozen kandidaat doodleuk zeggen dat het salarisaanbod en andere arbeidsvoorwaarden voor hem onvoldoende zijn. Meent hij het of maakt dit onderdeel uit van het onderhandelingsspel?

Na maandenlang zoeken is het eindelijk zover. Er is een geschikte kandidaat voor de vacature van senior accountmanager. Marleen is sinds een paar maanden werkzaam als HR-professional en dit is haar eerste echte procedure. Zij vindt het superspannend om het arbeidsvoorwaardengesprek te voeren met deze zware accountmanager. Met knikkende knieën en de cao-boekjes onder de arm haalt zij de kandidaat op. Direct bij aanvang van het gesprek geeft de beoogde nieuwe senior accountmanager op doordringende toon aan dat hij flink meer salaris wenst dan Marleen heeft ingeschat. Vervolgens wordt er vriendelijk aan toegevoegd dat als dit niet wordt ingewilligd, hij twee andere opties heeft waar hij aan de slag kan gaan. Marleen krijgt het erg warm ...

Na een uitgebreide werving- en selectieprocedure is het eindelijk zover, er is een geschikte kandidaat voor de openstaande vacature. Na een uitgebreide eerste en tweede gesprekronde, die door de kandidaat glansrijk zijn doorstaan, is het moment voor het afrondende arbeidsvoorwaardengesprek aangebroken.

Dit hoofdstuk geeft antwoord op de volgende vragen:

- Wat is de kandidaat waard?
- Hoe verwoord je in een arbeidsvoorwaardengesprek de meerwaarde van een organisatie en functie?
- Wat zijn onderhandelbare en niet-onderhandelbare arbeidsvoorwaarden?

3.1 DE VOORBEREIDING OP EEN ARBEIDSVOORWAARDENGESPREK

Het uiteindelijke doel van het arbeidsvoorwaardengesprek is dat partijen elkaar een hand geven omdat zij het eens zijn geworden over de hoogte van het salaris en andere arbeidsvoorwaarden als reiskostenvergoedingen, wel of geen auto van de zaak, een bijdrage in de pensioenpremie, het aantal te werken uren, et cetera.

Doel arbeidsvoorwaardengesprek

De negen weetjes over arbeidsvoorwaarden

Voor aanvang van het arbeidsvoorwaardengesprek is het belangrijk om op een rij te hebben wat wel en niet mogelijk is in de onderhandelingen. Zo zijn bepaalde arbeidsvoorwaarden niet onderhandelbaar, heeft de organisatie eisen en wensen en dat laatste geldt natuurlijk ook voor de bijna nieuwe collega. Met de antwoorden op de negen onderstaande weetjes over arbeidsvoorwaarden komt de HR-professional goed beslagen ten ijs:

- Weetje 1: wat is de kandidaat waard?
- Weetje 2: hoe ziet de bruto-netto berekening er voor de kandidaat uit?
- Weetje 3: welke arbeidsvoorwaarden zijn beschikbaar voor de kandidaat?
- Weetje 4: welke arbeidsvoorwaarden zijn standaard en niet-onderhandelbaar?
- Weetje 5: welke arbeidsvoorwaarden zijn niet standaard en dus onderhandelbaar?
- Weetje 6: wat is de meerwaarde van de organisatie en de functie?
- Weetje 7: wie is de gesprekspartner?
- Weetje 8: wat zijn mogelijke wendingen in het gesprek?
- Weetje 9: wat is de eigen onderhandelingsstijl?

Weetje 1: wat is de kandidaat waard?

Om een inschatting te kunnen maken van een gangbaar salaris kunnen de volgende bronnen geraadpleegd worden:

- Het interne functie- en loongebouw: deze informatie is intern beschikbaar. De kandidaat gaat naar alle waarschijnlijkheid werken in een functie die een plaats heeft in het huidige functie- en loongebouw binnen de organisatie. Het is belangrijk dat de beloning voor de nieuwe medewerker past bij de functie in het huidige loongebouw. Als hier te veel van wordt afgeweken in positieve zin voor de nieuwe medewerker dan leidt dit tot 'scheve' ogen bij de zittende collega's. Vaak zijn dergelijke functie- en loongebouwen opgenomen in de cao die op de organisatie van toepassing is.
- Externe informatie over de hoogte van de beloning die past bij de functie.

Andere tijden ...
De dertigers van nu verdienen voor het eerst in vele decennia minder dan hun ouders. Vooral in de laagste inkomensgroep is het voor nieuwe generaties steeds moeilijker geworden om de maatschappelijke ladder te bestijgen. Of waren hun ouders betere onderhandelaars ...?

Maandag 10 september 2018 • Nummer 213 • 40 pagina's
'Al het geene tot het financieele eenige betrekking heeft' – sinds 1796

PAGINA 24 & 25

SAMENLEVING

Dertigers zijn voor het eerst slechter af dan hun ouders

Daan Ballegeer en Johan Leupen
Amsterdam

De dertigers van nu verdienen voor het eerst sinds vele decennia minder dan hun ouders. Vooral in de laagste inkomensgroep is het voor nieuwe generaties steeds moeilijker geworden om de maatschappelijke ladder te bestijgen.

Dat blijkt uit een studie van Tilburg University en het ministerie van Sociale Zaken, die vandaag in het economenvakblad ESB verschijnt. De onderzoekers vergelijken daarin wat 35-jarigen nu binnenhalen met wat hun ouders verdienden toen zij een vergelijkbare leeftijd hadden. Het is voor het eerst dat dergelijke berekeningen voor Nederland zijn gemaakt. De inkomens zijn gecorrigeerd voor inflatie.

Het cijferwerk leert dat 49% van de 35-jarigen in 2015 beter af was dan hun ouders. Tien jaar eerder was dat nog 54%. Het is aannemelijk dat daarmee voor het eerst sinds de Tweede Wereldoorlog een nieuwe generatie slechter af is dan de voorgaande, zegt Daniël van Vuuren, een van de auteurs van de studie en hoogleraar economie aan Tilburg University.

De pijn is niet gelijk verdeeld. Vooral de minst verdienende groep blijkt steeds meer moeite te hebben om van een dubbeltje naar een kwartje te gaan. Het eindpunt van deze trend is nog niet in zicht, voorspelt Maarten Goos, hoogleraar aan de Universiteit Utrecht.

49%
Van de 35-jarigen is nog ma[...]
49% beter af dan hun oude[...]

Bron: FD, 10 september 2018

- Ter voorbereiding op de procedure is het belangrijk om op de hoogte te zijn van de actueel betaalde salarissen binnen de branche. Deze salarissen zijn te vinden in personeelsadvertenties of salarisonderzoeken, ook wel benchmarks genoemd.
- Het niveau van de functie en niet de opleiding van de kandidaat is bepalend voor de toekenning van een salaris. Als een arts gaat solliciteren op een vacature voor verpleger is niet zijn studie medicijnen de maatstaf voor zijn beloning maar het salarisniveau dat hoort bij de functie van verpleger.

Tip: Weet of het een werknemers- of werkgeversmarkt is!

Voorafgaand aan ieder gesprek is het belangrijk om een inschatting te maken of de kandidaat schaars en dus gewild is, of dat hij er één van de velen is. Als de medewerker kan kiezen uit meerdere functies heeft hij vaak wat te eisen en kan hij hoger van de toren blazen. Anders is het als de organisatie kan kiezen omdat er een aanbodoverschot is aan capabele medewerkers.

Tip: Ken de functie van een arbeidsmarkttoeslag!

Mocht het om een moeilijk vervulbare functie gaan, dan bestaat er, in sommige organisaties, de mogelijkheid om een (tijdelijke) arbeidsmarkttoeslag te bieden. Dit is een extra toeslag, al dan niet van tijdelijke aard, op het bruto maandsalaris. Het is bedoeld om medewerkers over de streep te trekken om een baan te aanvaarden. Hierbij is het van belang om goede afspraken te maken met de nieuwe medewerker over de tijdelijkheid van deze toeslag (schriftelijk vastleggen) en duidelijk te zijn in de communicatie hierover naar de zittende medewerkers met een vergelijkbare functie. Het is raadzaam om de criteria (bijvoorbeeld de krapte op de arbeidsmarkt voor de betreffende functie) op basis waarvan deze tijdelijke toeslag wordt toegekend én de evaluatiemomenten op te nemen in de overeenkomst.

Tip: Weet wat de ruimte is om, indien nodig, tekengeld te bieden!

Tekengeld is een éénmalige premie die wordt uitgekeerd aan iemand bij het accepteren van een nieuwe baan. Dit wordt toegepast als extraatje om mensen binnen te halen, die anders moeilijk te krijgen zouden zijn.

Weetje 2: hoe ziet de bruto-netto berekening er voor de kandidaat uit?

Een bruto-netto berekening geeft inzicht in de hoogte van de belastingen en premies die door de werkgever worden ingehouden. Hoe meer er wordt ingehouden, des te groter is het verschil tussen het bruto en netto salaris. Een organisatie met een uitgebreide collectieve arbeidsovereenkomst (cao) kan bij een vergelijkbaar bruto salaris een lager netto salaris betalen. Maar dit lagere netto salaris gaat dan gepaard met veel andere extra emolumenten (zie opsomming *Weetje 3*). Emolumenten zijn inkomsten voor de medewerker die bovenop het salaris worden uitgekeerd, bijvoorbeeld hogere pensioenuitkeringen. Bij organisaties die geen cao hanteren is het verschil tussen netto en bruto salaris vaak veel kleiner.

Hierbij zijn bijvoorbeeld de volgende vragen belangrijk:

- Welke cao is van toepassing?
- Uit hoeveel uur bestaat een volledig dienstverband (is dit 36, 38 of 40 uur?) en welke andere emolumenten zijn er?

Weetje 3: welke arbeidsvoorwaarden zijn beschikbaar voor de kandidaat?

In de theorie wordt onderscheid gemaakt tussen primaire en secundaire arbeidsvoorwaarden. Naast het salaris is ook de arbeidsduur een primaire arbeidsvoorwaarde. Voorbeelden van, vaak voor de kandidaat ook belangrijke, secundaire arbeidsvoorwaarden zijn:

- vakantieregelingen
- dertiende maand/eindejaarsuitkering
- leaseauto
- fiets of scooter van de zaak
- reiskostenvergoedingen
- provisie
- bonus
- pensioen
- winstdeling
- aandelen- of optieregeling
- overwerktoeslag
- scholing en studiefaciliteiten
- kinderopvang
- mogelijkheid tot thuiswerken

- thuiswerkfaciliteiten
- telefoon- en internetvergoedingen
- laptop
- onkostenvergoeding
- sportabonnement (actueel vanwege gezond leven in het kader van verzuim)

Secundaire arbeidsvoorwaarden worden gewoonlijk per cao vastgesteld. Afhankelijk van de bedrijfstak, cao en functie is meer of minder onderhandelingsruimte beschikbaar.
Tertiaire arbeidsvoorwaarden gelden niet voor een gehele bedrijfstak en worden daarom niet in een collectieve regeling vastgelegd. Deze tertiaire voorwaarden komen per onderneming terug in bijvoorbeeld het bedrijfsreglement.

Het is verstandig om de primaire, secundaire en tertiaire arbeidsvoorwaarden apart op een rijtje te zetten en te kapitaliseren. Kapitaliseren is het vertalen van een arbeidsvoorwaarde naar geld.

Weetje 4: welke arbeidsvoorwaarden zijn standaard en niet-onderhandelbaar?

Het is belangrijk dat de HR-professional in het arbeidsvoorwaardengesprek (zie paragraaf 3.2) klip en klaar is over de standaard en niet-onderhandelbare arbeidsvoorwaarden. Welke arbeidsvoorwaarden standaard zijn is afhankelijk van de cao en de afspraken die gemaakt zijn binnen de organisatie. Voor een kandidaat kan het maar beter helder zijn waar niet over valt te onderhandelen en dit zo vroeg mogelijk in de werving- en selectieprocedure al te communiceren.

Onderhandelen

Tip: Stuur vooraf informatie op zodat de medewerker dit rustig kan doornemen!

Wijs de kandidaat op de standaard en niet-onderhandelbare arbeidsvoorwaarden die in de cao of in het arbeidsvoorwaardenreglement te vinden zijn. Verzend deze stukken tijdig zodat de kandidaat deze allemaal op zijn gemak kan doornemen en zicht krijgt op zaken die wel onderhandelbaar zijn.

Voorbeeld checklist arbeidsvoorwaardengesprek

- to-do-lijst voor medewerkers (welke documenten moeten zij aanleveren?)
- introductiebijeenkomsten
- bruto/netto berekening
- vakantiegeld
- eindejaarsuitkering
- vakantiedagen
- proeftijd bij een dienstverband langer dan zes maanden
- duur arbeidsovereenkomstreiskosten woon-werk
- ziektekostenverzekering
- reisverzekering
- personeelsvereniging
- procedure ziekmeldingen

- studiekostenregeling
- verhuiskostenvergoeding
- pensioenfonds
- kinderopvang
- cao à la carte
- cao-informatie
- aanstellingskeuring
- concurrentiebeding
- ICT-reglement

Weetje 5: welke arbeidsvoorwaarden zijn niet standaard en dus onderhandelbaar?

Voor sommige organisaties staat het arbeidsvoorwaardenpakket vast, maar steeds meer bedrijven hebben een cao à la carte. Hierbij kan per persoon een individueel pakket worden samengesteld.

Tip: Bepaal vooraf het wisselgeld!

Voor de onderhandelbare arbeidsvoorwaarden is het verstandig om vooraf het wisselgeld te bepalen. Onderhandelen is een spel en denk na over de antwoorden op vragen als: 'wat is het openingsbod?' en 'waar zijn welke concessies mogelijk?'.

Weetje 6: wat is de meerwaarde van de organisatie en de functie?

Het is belangrijk om het openingsbod te kunnen onderbouwen met de voordelen van het werken bij de organisatie. Bij het verwoorden van deze zogenoemde Unique Selling Points (USP's) kunnen elementen uit het selectiegesprek gebruikt worden (zie hoofdstuk 2, Het selectiegesprek). USP's zijn de unieke en onderscheidende punten van een organisatie en geven de meerwaarde aan van het werken binnen het bedrijf. Voorbeelden van USP's zijn een goed opleidingsbeleid, weinig verloop, grote vernieuwingen die eraan komen, flexibele werktijden, goede bereikbaarheid, goed imago, mogelijkheden om thuis te werken, et cetera.

Weetje 7: wie is de gesprekspartner?

Op basis van de informatie uit het selectiegesprek kan een beeld gevormd worden over de persoon van de gesprekspartner. Wellicht is het mogelijk een inschatting te maken van de onderhandelingsstijl en -tactiek. Is het meer een vechter uit de inleidende casus van dit hoofdstuk of eerder een persoon die snel genoegen neemt met zaken? Andere informatiebronnen voor de selecteurs zijn het cv, vermeldingen op internet en sociale media als LinkedIn, Facebook of Instagram.

Weetje 8: wat zijn mogelijke wendingen in het gesprek?

Het is vaak mogelijk om in te schatten welke onderwerpen moeilijk liggen in het arbeidsvoorwaardengesprek. Het zijn bijvoorbeeld de niet-onderhandelbare zaken waar de kandidaat in zijn selectiegesprekken toch wel veel vragen over stelde. Het is dan belangrijk te denken in scenario's. Een voorbereiding op mogelijke gespreksscenario's helpt om niet overdonderd te worden. Als dat dan wel gebeurt dan is er een plan B en C om het gesprek weer vlot te trekken en om 'on speaking terms' te blijven. Als bij de kandidaat zijn ervaringsjaren meetellen bij het bepalen van de hoogte van de periodieken, bepaal dan vooraf waarop hij ingeschaald wordt. Bepaal de uitgangspositie en doe dit uniform om grote verschillen binnen de organisatie te voorkomen.

Weetje 9: wat is de eigen onderhandelingsstijl?

Iedereen heeft een persoonlijke onderhandelingsstijl, een wijze van (onder) handelen waarbij iemand zich van nature het meeste thuis voelt. Het kan één stijl zijn of een combinatie van stijlen. Inzicht in de eigen voorkeursstijl en het vermogen om te kunnen wisselen tussen de verschillende onderhandelingsstijlen, is belangrijk om goed te kunnen onderhandelen. Ook een goede inschatting van de stijl van de kandidaat vergroot de beïnvloedingsmogelijkheden tijdens de salarisonderhandelingen. Het wereldwijd populairste model op dit terrein is het *conflict mode instrument* van Kenneth W. Thomas and Ralph H. Kilmann, beter bekend als het Thomas-Kilmann-model. In hoofdstuk 16, Het conflictoplossend gesprek, is paragraaf 16.1 gewijd aan dit model.

3.2 HET VOEREN VAN EEN ARBEIDSVOORWAARDENGESPREK

Het arbeidsvoorwaardengesprek kent de volgende negen stappen:

- Stap 1: opening
- Stap 2: ijsbreker
- Stap 3: structuur aangeven
- Stap 4: onderhandelfase: startbod (de onderhandelbare arbeidsvoorwaarden)
- Stap 5: onderbouwing met argumenten
- Stap 6: tegenbod van de kandidaat
- Stap 7: onderhandelen
- Stap 8: informatie geven (de niet-onderhandelbare arbeidsvoorwaarden)
- Stap 9: overeenstemming en afsluiting

Stap 1: opening

Het arbeidsvoorwaardengesprek begint al bij het ophalen van de kandidaat. Het zelf ophalen van de kandidaat biedt de gelegenheid om de kandidaat te observeren en hem op zijn gemak te stellen. Laat iemand niet onnodig lang wachten.

Stap 2: ijsbreker

Elk arbeidsvoorwaardengesprek begint met een ijsbreker. Dit is een luchtig praatje over bijvoorbeeld het weer of over de drukte op de weg. In deze fase wordt dus nog niet gesproken over de inhoud van het arbeidsvoorwaardengesprek. Stem af hoe de aanspreekvorm is om ongemakkelijkheden te voorkomen.

Stap 3: structuur aangeven

Vervolgens geeft de HR-professional het **D**oel van het gesprek aan, wanneer welke **A**gendapunten aan bod komen en hoelang (**T**ijdsduur) het gesprek gaat duren. Het DAT-principe. Vervolgens vraagt hij aan de kandidaat of hij akkoord is met deze aanpak. De kandidaat weet nu wanneer, wat aan bod komt en wanneer hij zijn vragen kan stellen. Dit stelt hem op zijn gemak.

Stap 4: onderhandelfase: startbod (de onderhandelbare arbeidsvoorwaarden)

De HR-professional verwoordt op een heldere wijze zijn startbod. Na zijn bod luistert en kijkt hij naar de reactie van de kandidaat.

Stap 5: onderbouwing met argumenten

In deze fase wordt het startbod onderbouwd met de argumenten die zijn verzameld in de voorbereiding. Voorbeelden hiervan zijn carrièremogelijkheden, opleidingen, stabiliteit of een innovatieve werkomgeving, flexibiliteit ten aanzien van de arbeidsvoorwaarden en compleetheid van het arbeidsvoorwaardenpakket.

Tip: Gebruik de meest krachtige argumenten!

Let er op niet te veel argumenten te noemen. Beter is het alleen *die* argumenten te noemen die het beste passen bij de behoeften van de kandidaat.

Stap 6: tegenbod van de kandidaat

Vervolgens is de kandidaat aan zet en legt hij zijn kaarten op tafel. Soms gaat een kandidaat direct akkoord, maar de praktijk leert dat kandidaten toch vaak met tegenvoorstellen komen.

Tip: Blijf rustig!

Probeer niet te emotioneel te reageren op (non)verbaal gedrag van de kandidaat. Het hoort bij het spel en vraag op een rustige wijze naar zijn argumenten.

Tip: Denk na over de vervolgactie!

Denk goed na voordat u een reactie geeft. Een stevige kandidaat legt niet direct al zijn kaarten op tafel. Door te luisteren, samen te vatten en door te vragen (LSD-principe, zie hoofdstuk 1, Communicatie) krijgt de HR-professional een beeld van de argumenten waarop de kandidaat zijn tegenvoorstel baseert. Deze informatie kan in een latere fase van het gesprek weer gebruikt worden.

Stap 7: onderhandelen

Na de reactie van de kandidaat komen de punten aan bod waarover de gesprekspartners het niet eens zijn. Als er een beeld is van de argumenten waar de kandidaat zijn (tegen)voorstel op baseert, gaan partijen onderzoeken bij welke arbeidsvoorwaarden (onderhandel)ruimte zit en waar niet. De HR-professional brengt in kaart wat de kandidaat echt belangrijk (eisen) vindt en wat zijn wensen zijn.

Tip: Wissel secundaire arbeidsvoorwaarden uit!

Ga op zoek naar de ruimte in het tegenvoorstel van de kandidaat. Als het bijvoorbeeld niet lukt om over het salaris tot overeenstemming te komen, dan kan de oplossing worden gevonden in het uitwisselen van de secundaire arbeidsvoorwaarden. Bijvoorbeeld een betere pensioenregeling, opleidingsmogelijkheden, een autoregeling, regeling voor kinderopvang, et cetera.

Stap 8: informatie geven (de niet-onderhandelbare arbeidsvoorwaarden)

In deze fase ontvangt de kandidaat algemene informatie over de niet-onderhandelbare arbeidsvoorwaarden. Deze komen nu pas aan bod om in het gesprek voldoende tijd te hebben voor de onderhandeling. Bijvoorbeeld: cao-regelingen, pensioenvoorzieningen. Geef de informatie op hoofdlijnen en sluit hierbij aan op wat de kandidaat al weet of wenst te weten.

Stap 9: overeenstemming en afsluiting

Uiteindelijk is het de bedoeling om gezamenlijk tot overeenstemming te komen en als dit bereikt is, dan wordt het gesprek afgesloten met een samenvatting van de besproken punten. Belangrijk is dat beide gesprekspartners hetzelfde beeld hebben van de afspraken die zijn gemaakt. Het is goed om deze ter bevestiging op te schrijven.

Tip: Laat het even bezinken!

In een enkel geval volgt geen overeenstemming met de kandidaat. Zet niet alles op alles om tot overeenstemming te komen. Beter is het om een nieuwe afspraak te maken. Dit geeft beide partijen de mogelijkheid om het één en ander te laten bezinken en na te denken over mogelijke alternatieven.

Tip: Neem goed afscheid!

Het is verstandig om altijd op een goede manier afscheid te nemen van de kandidaat. Ook al was de onderhandeling zwaar en lastig. Voor alle onderhandelingen geldt immers het gezegde: 'Hard op de inhoud maar zacht op de relatie'.

Tip: Stuur de gemaakte afspraken snel op!

De uiteindelijk gemaakte afspraken worden schriftelijk vastgelegd in een arbeidsovereenkomst of een aanstelling. Het is verstandig deze zo snel mogelijk op te sturen naar de kandidaat. Controleer de gegevens goed voordat deze worden verstuurd. In hoofdstuk 17, Het onderhandelingsgesprek, wordt uitgebreid stilgestaan bij de voorbereiding op en het voeren van dit gesprek.

Marleen denkt nog vaak terug aan haar eerste arbeidsvoorwaardengesprek met Peter Brands, de senior accountmanager. Wat was ze in eerste instantie geschrokken en hoe goed is het uiteindelijk toch nog afgelopen. Na de eerste schok herpakte Marleen zich in het gesprek. Ze heeft Peter aangegeven dat de salarisrange duidelijk is gecommuniceerd en dat zijn wens niet binnen deze range viel. Vervolgens heeft ze bij Peter, door het stellen van vragen, achterhaald wat hij werkelijk belangrijk vond in zijn werk. Hier kwam uit dat het flexibel en vanuit huis kunnen werken veel lucht zou geven in zijn privésituatie. Uiteindelijk is er voor beide partijen een goede oplossing uitgekomen: een salarisniveau dat viel binnen de afgesproken grenzen en met Peter zijn afspraken gemaakt over thuiswerken waardoor hij zijn work-life balance beter onder controle kan houden.

3.3 VEELGESTELDE VRAGEN OVER EEN ARBEIDSVOORWAARDENGESPREK

Vraag 1 Wie voert het arbeidsvoorwaardengesprek?

In veel organisaties voert de HR-professional het arbeidsvoorwaardengesprek en de belangrijkste reden hiervoor is de specifieke juridische en cao-kennis die nodig is voor het voeren van dit gesprek. Maar in steeds meer organisaties voeren nu ook lijnmanagers, als integraal managers, deze gesprekken.

Vraag 2 Mag er afgeweken worden van de cao-afspraken?

Dit is afhankelijk van de branche en de daaraan gerelateerde cao. Er zijn twee soorten cao's, namelijk de standaard-cao en de minimum-cao. Vaak is in de cao terug te vinden wat voor soort cao het betreft. Van een standaard-cao mag een werkgever op geen enkele wijze afwijken. Elke afwijkende voorwaarde is niet geldig. Van een minimum-cao mag een werkgever wel afwijken, maar alleen als die afwijkende voorwaarde gunstig is voor de medewerker. Is de afwijkende voorwaarde nadelig voor de medewerker dan is deze niet geldig.

Vraag 3 Is het lastig als met iedere medewerker andere arbeidsvoorwaarden worden afgesproken?

Nee, mits iedereen binnen de organisatie op de hoogte is van het feit dat het mogelijk is om verschillende afspraken te maken. Individuele afspraken sluiten vaak beter aan op de individuele wensen van medewerkers en de tevredenheid met de arbeidsvoorwaarden is vaak hoger. Zo wil de ene medewerker graag de mogelijkheid tot het opnemen van een sabbatical voor een wereldreis terwijl de andere deze vrije dagen liever wil benutten voor een betere balans tussen privé en werk.

Vraag 4 Hoe om te gaan met een dominante gesprekspartner in het arbeidsvoorwaardengesprek?

Hierbij is het belangrijk om de eigen grenzen goed te bewaken en het gesprek goed voor te bereiden. Een voorbeeld van een dergelijke grens is het niet toegeven op niet-onderhandelbare onderdelen, maar ook het niet overnemen van activiteiten die eigenlijk bij de kandidaat thuishoren, bijvoorbeeld het zoeken naar nieuwe huisvesting of scholing voor de kinderen.

Vraag 5 Hoelang moet de tijd zijn tussen het laatste selectiegesprek en het arbeidsvoorwaardengesprek?

Deze tijd moet zo kort mogelijk zijn, liefst niet langer duren dan een aantal dagen na het sollicitatiegesprek. Kandidaten hebben misschien meerdere sollicitatieprocedures lopen en dan is snel toeslaan belangrijk. Ook zeggen zij in het algemeen hun oude baan pas op nadat het arbeidsvoorwaardengesprek met de nieuwe werkgever (schriftelijk) is afgerond.

Vraag 6 Wat zijn do's and don'ts van een arbeidsvoorwaardengesprek?

Wel doen

Bruto-netto berekeningen maken ter voorbereiding

Als medewerkers van baan en organisatie wisselen komt het voor dat de cao-afspraken anders zijn. Dit heeft gevolgen voor het netto salaris dat een medewerker gaat verdienen. Om achteraf vervelende situaties te voorkomen, is het verstandig om de medewerker al tijdens het arbeidsvoorwaardengesprek hierover in te lichten. Een belangrijk element dat voor verschil kan zorgen in het netto salaris is de afdracht van de pensioenpremie, dat op termijn kan leiden tot een hogere pensioenuitkering.

Goed voorbereiden op het arbeidsvoorwaardengesprek

Een goede voorbereiding maakt dat de HR-professional veel zekerder het gesprek ingaat. Bovendien maakt het geen goede indruk op de kandidaat als hij tijdens het gesprek nog allerlei zaken moet opzoeken. Hiervoor kan de HR-professional gebruikmaken van de checklist arbeidsvoorwaardengesprek.

Doorvragen op de persoonlijke behoefte van kandidaten

Het goed doorvragen op de persoonlijke behoefte van een kandidaat kan extra onderhandelingsruimte opleveren.

Niet doen

Beloftes doen die u niet kan waarmaken

Beloftes doen over carrièremogelijkheden bij een onzekere toekomst en toezeggingen doen over salarisgroei die niet hard te maken zijn, zijn voorbeelden van beloftes die niet in een arbeidsvoorwaardengesprek gedaan mogen worden. Dit leidt tot argwaan en verlies van vertrouwen bij de medewerker.

Gesprek laten escaleren

Tijdens het gesprek kan een kandidaat proberen om de HR-professional uit zijn tent te lokken. Probeer rustig te blijven. Als een gesprek dreigt te escaleren, bijvoorbeeld de kandidaat dreigt op te stappen als hij geen hogere salaristoezegging krijgt, bouw dan een time out in, in de vorm van een korte pauze of maak een nieuwe afspraak. In de tussentijd kunnen de gemoederen weer een beetje tot bedaren komen en kunnen op een normale manier afspraken worden gemaakt.

Gesprek afraffelen

De kandidaat is blij met zijn nieuwe baan en hoopt dat dit gevoel vanuit de organisatie wederzijds is. Het gesprek even snel tussen alle drukke activiteiten voeren in net een te kort tijdsbestek, laat bij de kandidaat geen goede indruk achter. Naast het risico dat er zaken half worden verteld of zelfs vergeten worden, geeft zo'n 'tussendoortje' geen blijk van oprechte aandacht en belangstelling. Plan dus de afspraken op een rustig moment in en geeft oprechte aandacht aan de toekomstige nieuwe medewerker.

INFORMATIEBRONNEN

Boeken

Benedict, T., *De winnende dialoog*. Business Contact, 2008

Castermans, R., *Salaris onderhandelen*. Brave New Books, 2016

4 HET INTRODUCTIE-GESPREK

Mecheline Klijs

Iedere medewerker, de één misschien wat minder dan de ander, voelt zich een beetje onwennig op de eerste werkdag bij een nieuwe werkgever. Een nieuwe baan is spannend en leuk, maar geeft ook onzekerheid. Collega's zijn onbekend, anders dan verwacht kent de organisatie geen bedrijfskantine en het intranet werkt anders dan bij de vorige werkgever. Of je nu een schoolverlater of jobhopper bent, het gevoel op zo'n eerste dag is grotendeels vergelijkbaar.

Afgelopen periode heeft u flink geïnvesteerd in het vinden van de geschikte kandidaat voor die lastige vacature. De wervingscampagne heeft u, naast het nodige geld, ook veel tijd gekost. Uiteindelijk is de geschikte kandidaat, Martijn, gevonden. Ook hij is erg enthousiast en wil graag snel beginnen.

Martijn begint volgende week en het zou professioneel zijn als hij netjes wordt ontvangen en dat er een inwerkprogramma ligt. Zijn leidinggevende is veel te druk met zijn eigen werkzaamheden en zelf heeft u eigenlijk ook geen tijd. Uiteindelijk ligt er op vrijdagmiddag een inwerkprogramma voor de komende week.

Als Martijn zich op maandagochtend meldt, zijn er afmeldingen binnengekomen van collega's die de eerste dagen met hem zouden praten. Wat nu? Dan maar wat extra tijd voor inlezen. En vervolgens zit Martijn na een kop koffie met u en de nieuwe collega's, uren te lezen in (oude) documenten die hij nog maar moeilijk kan plaatsen. Aan het einde van de dag vraagt u hem hoe zijn eerste werkdag was. Zijn enthousiasme van de ochtend is inmiddels behoorlijk weggeëbd.

U voelt zich behoorlijk schuldig over deze slechte start van Martijn.

Dit hoofdstuk geeft antwoord op de volgende vragen:

- Wat zijn de acht succesfactoren van een goede introductie?
- Wat is een 100-dagengesprek?
- Hoe kunnen nieuwe medewerkers bijdragen aan het realiseren van de gewenste cultuurwaarden?

4.1 DE VOORBEREIDING OP EEN INTRODUCTIEGESPREK

Win-win-win voor medewerker, collega's en de organisatie

De introductie van de nieuwe medewerkers, ook wel 'onboarding' genoemd, begint vanaf het moment dat de nieuwe medewerker zijn handtekening onder de arbeidsovereenkomst heeft gezet. Het is een proces, geen eenmalige actie en het is voor alle partijen belangrijk dat deze introductie en begeleiding van nieuwe medewerkers zorgvuldig gebeurt. Een goed begin is tenslotte het halve werk.

Allereerst natuurlijk voor de nieuwe medewerker die zich welkom en gewaardeerd moet voelen. Hij wil zich zo vlug mogelijk waar kunnen maken. Ook voelt de medewerker zich sneller op zijn gemak en wordt hij eerder bevestigd in de keuze voor de werkgever. Een nieuwe collega op de afdeling is van invloed op de onderlinge verhoudingen tussen de collega's. Goed introduceren versoepelt dit proces en vergroot ook de kans op een goede en prettige samenwerking met de collega's van andere afdelingen. Tot slot voorkomt een goede introductie dat er fouten worden gemaakt of zaken dubbel worden gedaan uit onwetendheid.

Ook de organisatie heeft baat bij een goede, volledige en zorgvuldige introductie en begeleiding. Hoe beter een nieuwe medewerker wordt ingewerkt, hoe eerder deze productief kan zijn. Afhankelijk van de functie en de ervaring van de medewerker kan het zomaar een jaar duren voordat hij alles heeft meegemaakt. Door in de introductieperiode goed aandacht te besteden aan de inhoud van het werk, de wijze van werken en de middelen, is iemand sneller inzetbaar.

Naam en faam op de arbeidsmarkt

Onderzoek leert dat het verloop het hoogst is bij medewerkers die het kortst in dienst zijn. In exitgesprekken (zie hoofdstuk 13, Het exitgesprek) noemen de vertrekkers vaak de belabberde introductie als reden. Als een organisatie de reputatie krijgt dat zij haar nieuwkomers niet goed inwerkt en aan hun lot overlaat, dan is het maar de vraag of medewerkers wel bij deze organisatie willen werken. Een goede introductie is dus mede bepalend voor de naam en faam op de arbeidsmarkt! Op het moment dat iemand een contract ondertekent kondigt hij enthousiast zijn nieuwe baan aan bij zijn omgeving, privé en bij de oude werkgever. Als hij daarna minder enthousiast is, zal dat geen goed doen aan de promotie van uw bedrijf.

De conjuncturele ontwikkelingen hebben veel invloed op de mate waarin er gewisseld wordt van baan. In de periode voor 2008 was er sprake van veel wisselingen en van groei op de arbeidsmarkt. Tussen 2008 en 2014 was er juist sprake van veel bezuinigingen en weinig nieuwe ontwikkelingen. Het resultaat was dat mensen langer dan voorheen op hun plek bleven zitten. Vanaf 2014 is er met de toename van de economische groei weer sprake van een afname van de werkeloosheid. Dit leidt bij bepaalde beroepsgroepen direct weer tot krapte op de arbeidsmarkt. Het belang van een goede introductie is dus nog belangrijker aan het worden. Een goede introductie draagt bij aan een verminderd ongewenst verloop van nieuwe medewerkers die zeker op een krappe arbeidsmarkt moeizaam te vinden zijn.

Bron: Maastricht University, Cijfers ROA arbeidsmarkt, 2017

De vier C's van een goede introductie

Om een introductie goed te laten verlopen, is het belangrijk om vorm en inhoud te geven aan de volgende succesfactoren:

- Culture
- Connection
- Compliance
- Community

Culture

Een goed introductieproces is doordrenkt van de cultuur van de organisatie. Door hier tijdens de introductie speciaal aandacht aan te besteden, leveren nieuwe medewerkers sneller een bijdrage aan de gewenste cultuurwaarden. De verbinding van nieuwe met zittende medewerkers komt tot stand door kennis te delen over het verleden, het heden en de toekomst van de organisatie. Oude verhalen, huidige feiten en de toekomstplannen van het bedrijf zorgen ervoor dat de nieuwe medewerker begrijpt hoe het was, hoe het is en wat het gaat worden. Dit kan door allerlei interventies zoals het werken met heldenverhalen, de successen en leerervaringen delen uit het verleden, gaming of het spelen van een kernwaardenspel.

Connection

Deze succesfactor heeft te maken met hoe snel nieuwe medewerkers effectief ingezet kunnen worden in hun nieuwe baan. Hoe goed sluiten de gevraagde functie-eisen als kennis en vaardigheden aan bij datgene wat de nieuwe medewerker te bieden heeft? Moet er nog aanvullend worden begeleid of opgeleid? Beschikt de nieuwe medewerker over de juiste hulpmiddelen (hardware) om zijn baan goed te kunnen uitvoeren?

Compliance

Met het begrip 'compliance' wordt aangeduid dat een nieuwe medewerker werkt in overeenstemming met de geldende wet- en regelgeving. Het gaat over het nakomen van normen of het zich ernaar schikken. Hierbij gaat het niet alleen over formele regels en wetten, maar ook de ongeschreven regels, principes, normen en waarden. Zoals: Hoe zijn de omgangsvormen in een bedrijf? Zijn er informele kledingvoorschriften? Hoe wordt de directeur aangesproken, met zijn voor- of achternaam? Hoe gaat het bedrijf om met opdrachtgevers?

Community

Bij deze succesfactor is het van belang dat de nieuwe medewerker zich snel thuis en gewaardeerd voelt binnen de nieuwe organisatie. Wie is wie? En bij wie moet je voor wat zijn? Het is belangrijk dat de nieuwe medewerker snel zijn weg kan vinden tussen alle, voor hem nieuwe, collega's en dat hij ziet wat zijn bijdrage aan de organisatie is en hier ook feedback op krijgt. Anderzijds is het voor de zittende medewerkers ook belangrijk dat zij snel zicht krijgen op de kwaliteiten van de nieuwe medewerker.

De fasen van een introductietraject

Schein (1983) onderscheidt de volgende drie fasen in een introductietraject:

- Fase 1: de entreefase
- Fase 2: de socialisatiefase
- Fase 3: de fase van wederzijdse acceptatie

Omdat de informatiebehoefte per fase verschilt en ook afhangt van eerdere werkervaring, moet een goede introductie hierop zijn afgestemd.

Fase 1: de entreefase

Deze fase speelt zich voor een groot deel af voordat de medewerker in dienst komt van de organisatie. De nieuwe medewerker heeft zich door zijn schoolkeuze, de opgedane werkervaring en de gevolgde (vak)opleidingen een beeld gevormd van de functie en organisatie waar hij (graag) zou willen werken.

Komt er een functie vrij in een organisatie die hem aanspreekt, dan solliciteert de medewerker. In het selectiegesprek (zie hoofdstuk 2, Het selectiegesprek) toetsen selecteur en sollicitant of er een match is. Nadat de medewerker zijn handtekening heeft gezet, zal hij bewust of onbewust op zoek gaan naar informatie die hem bevestigt in zijn keuze. Dit kan door voorafgaand aan de eerste werkdag hier al op in te spelen, bijvoorbeeld door het geven van realistische en positieve informatie. Dit levert een constructieve bijdrage aan het opbouwen van de relatie tussen de nieuwkomer en de organisatie.

Tip: Let op hoe de organisatie zich naar buiten toe profileert!

De toekomstige medewerker is vooral op zoek naar beeldvormende informatie over de organisatie, het imago en bijvoorbeeld de opleidings- en ontwikkelmogelijkheden. Deze informatie is terug te vinden op de website van de organisatie, in bedrijfsbrochures en artikelen. Zorg dat de profilering van de organisatie naar buiten overeenkomt met de werkelijkheid. De teleurstelling is groot als die leuke, moderne en collegiale organisatie een ouderwets bedrijf blijkt te zijn met veel bureaucratische regels.

Fase 2: de socialisatiefase

Dit is de fase waarin de nieuwe medewerker niet alleen kennis maakt met zijn fysieke omgeving (kantoorruimte, meubilair, computer, printer, et cetera) maar ook zijn leidinggevende nog beter leert kennen. Hij ontmoet in deze fase ook de collega's van de afdeling, collega's van afdelingen waar veel mee wordt samengewerkt, klanten en leveranciers.

Tip: Weet om te gaan met de ongeschreven regels!

De belangrijkste ongeschreven regels doet de nieuwe medewerker op door persoonlijke ervaring en observatie. Toch is de medewerker ook op zoek naar informatie over de bedrijfscultuur, waarden en normen, omgangsvormen en andere aspecten van het werken in de nieuwe organisatie. Goede informatie door middel van gesprekken met collega's kan bijdragen aan een realistische beeldvorming over deze ongeschreven regels.

Fase 3: de fase van wederzijdse acceptatie

Verschillende processen leiden uiteindelijk naar opname tot een volwaardig lid van de organisatie. Voorbeelden zijn het toebedelen van verantwoordelijke taken, het ontvangen van feedback op het functioneren, het toelichten van een agendapunt in het werkoverleg en het bijwonen van een speciale bijeenkomst. Deze fase eindigt als de nieuwe medewerker zijn plek in de organisatie heeft gevonden, zich thuis voelt en dit ook uitspreekt.

Tip: Geef bevestiging!

In deze fase hebben medewerkers veel behoefte aan terugkoppeling over hun functioneren. Wat doen ze goed en wat moet nog beter? Hoe vinden de collega's hem als persoon? Functionerings-, beoordelings- en POP-gesprekken bewijzen hierbij hun waarde.

Succesfactoren van een goede introductie

De nieuwe medewerker en zijn collega's hebben profijt van een goede introductie. De volgende acht succesfactoren vergroten de kans dat de introductie ook door iedereen als goed wordt ervaren:

- Succesfactor 1: stel de nodige informatie beschikbaar
- Succesfactor 2: informeer met mate en in de tijd
- Succesfactor 3: neem de tijd
- Succesfactor 4: sluit aan op het individuele leervermogen
- Succesfactor 5: wees een vraagbaak voor weetjes
- Succesfactor 6: informeer collega's uit de directe werkomgeving
- Succesfactor 7: werk volgens de cultuurwaarden van de organisatie
- Succesfactor 8: betrek collega's maximaal bij de werving en introductie van de nieuwe medewerker

Succesfactor 1: stel de nodige informatie beschikbaar

Veel zaken zijn voor zittende medewerkers zo gewoon dat zij er in hun dagelijks werk geen of nauwelijks aandacht aan schenken. Voor een nieuwe collega geldt vaak het omgekeerde, alles is nieuw en hij weet niets. Een checklist met hierop alle zaken die een medewerker moet weten is dan een handig hulpmiddel.

Om de informatie te laten landen, is het belangrijk de nieuwe medewerker de tijd te geven om in alle rust zaken lezend tot zich te nemen. Informatie (digitaal of schriftelijk) met daarin regels rond salariëring, het verzuimprotocol, de beoordelings- en functioneringsgesprekformulieren, het rookbeleid, de aanwezigheidsregistratie, vergoedingen voor opleidingen en parkeerbeleid bewijst hier goede diensten. Maar ook het gebruik van internet, eventuele inloggegevens voor digitale hulpmiddelen zijn van belang te bespreken. Laat bijvoorbeeld ook geen onduidelijkheid bestaan over het wel of niet mogen gebruiken van bedrijfsmiddelen voor privé of het inloggen op bijvoorbeeld discutabele websites. Dit is ook het moment om aan te geven hoe de organisatie omgaat met de controle van surfgedrag op internet en opslag en controle van digitale gegevens, één en ander binnen de grenzen van de AVG-regels.

Veel van deze informatie is digitaal aanwezig. Door deze informatie goed te bundelen in een 'digitale' introductie kunnen nieuwe medewerkers direct aan de slag met de informatie en bepalen ze zelf hoeveel en wanneer ze dit gaan lezen. Een nieuwe vorm hierin is het werken met een 'onboarding'-app. Deze app neemt de medewerkers spelenderwijs mee door allerlei feitjes en do's and dont's van het bedrijf. Een voorbeeld van een dergelijke app is: https://www.talmundo.com/nl/.

Het grote voordeel is dat nieuwe medewerkers zich rustig kunnen voorbereiden en het introductieproces aan kwaliteit wint doordat er geen tijdverlies zit in kennisoverdracht. In de introductietijd kan nu meer tijd worden besteed aan coaching en begeleiding in plaats van kennisoverdracht.

Tip: Wees op de hoogte van welke informatie, door wie en wanneer gedeeld wordt!

Denk goed na over welke informatie door wie overgedragen moet worden. Wat dient die nieuwe medewerker meteen (bijvoorbeeld veiligheidsvoorschriften) te horen te krijgen en wat kan later uitgelegd worden? Hoe vindt de (kennis)overdracht plaats? Mondeling of schriftelijk? En zijn er zaken waarvoor getekend moet worden, zoals vertrouwelijkheids- en andere protocollen?

Succesfactor 2: informeer met mate en in de tijd

Er zijn grenzen aan de opnamecapaciteit van mensen. Als de nieuwe medewerker te veel informatie tegelijkertijd krijgt, kan niet uitgesloten worden dat het bij hem het ene oor in en het andere oor weer uitgaat.

Het is dus belangrijk deze informatie te doseren en dat geldt zeker voor mondelinge informatie. Informatie die onontbeerlijk is om aan de slag te kunnen, wordt eerst of eerder met de nieuwkomer gedeeld. De niet-urgente informatie wordt op een later moment gedeeld, bijvoorbeeld door een mentor. Wat later kan, wordt dan ook later ingepland.

Als de medewerker veel kennis tot zich moet nemen, spreidt dit dan over een aantal dagen en toets regelmatig of de informatie nog binnenkomt. Sommige informatie kan zonder meer beter in de praktijksituatie gegeven worden, omdat het anders te ver van de medewerker af staat en hij het niet kan plaatsen. Bijvoorbeeld in het gesprek detaillistisch uitleggen hoe een programma of apparaat werkt heeft geen nut, zorg dan dat er iemand 'on the job' kan bijspringen om dit uit te leggen.

Succesfactor 3: neem de tijd

De eerste werkdag bij een nieuwe werkgever is een spannend moment. Plan het introductiegesprek in op een moment dat het (relatief) rustig is. Alle aandacht moet namelijk uitgaan naar de nieuwe medewerker. Als het 's morgens om 8.00 uur spitsuur is op de afdeling omdat het werk dan verdeeld moet worden, is het verstandiger de medewerker om 9.00 uur uit te nodigen.

Tip: Laat de nieuwe medewerker zich welkom voelen!

Zorg voor een goede ontvangst en een ontspannen sfeer op de eerste werkdag. Denk hierbij aan het bloemetje op het bureau en/of een lunch met de directe collega's zodat de nieuwe medewerker zich 100 procent welkom voelt.

Succesfactor 4: sluit aan op het individuele leervermogen

Afhankelijk van het cognitieve niveau en de persoonlijkheid van de medewerker zal een meer of minder uitgebreid georganiseerde introductie nodig zijn. Een basisintroductie is voor iedere nieuwe medewerker van belang, maar de mate van sturing in de totale introductie kan divers zijn. Denk hierbij maar aan het model van 'Situationeel leidinggeven' van Hersey en Blanchard. Een schoolverlater heeft een andere introductie nodig dan een ervaren rot die vakinhoudelijk van de hoed en de rand weet.

Succesfactor 5: wees een vraagbaak voor weetjes

Het inwerkproces verloopt soepeler als de nieuwe medewerker met zijn vragen bij iemand anders dan zijn leidinggevende terecht kan. Dit kan een zogenoemde mentor zijn die de nieuwe collega wegwijs maakt in de organisatie en hem allerlei weetjes (hoe worden hier verjaardagen gevierd?) vertelt. De meest ideale persoon hiervoor is een ervaren collega die hetzelfde werk doet en vaak in de buurt van de nieuwe medewerker is. Bereid de mentor goed voor op zijn rol en zorg dat alles besproken wordt waar de nieuwe collega mee te maken kan krijgen.

Tip: Weet dat niets vanzelfsprekend is!

Niet alleen formele informatie is belangrijk voor een nieuwe medewerker. Hij is ook geïnteresseerd in de bedrijfs- en afdelingsgewoontes, de wijze waarop collega's met elkaar omgaan, onderlinge samenwerking, et cetera. Denk vooraf goed na over wat hierover gezegd kan worden.

Succesfactor 6: informeer collega's uit de directe werkomgeving

Misschien een open deur, maar in de praktijk gaat het nog weleens mis: stel collega's op de hoogte van de komst van de nieuwe medewerker! Hierbij zijn ook zaken als het aanmelden bij de receptie en het reserveren van een parkeerplaats of gespreksruimtes belangrijk.

De introductie is voor de nieuwe medewerker een mogelijkheid om contacten te leggen die een basis vormen voor toekomstige samenwerking. Het is dus belangrijk dat hij op verschillende hiërarchische niveaus kennis maakt met collega's. Hierdoor kan hij in de toekomst op elk niveau op mensen afstappen.

Succesfactor 7: werk volgens de (nieuwe) cultuurwaarden van de organisatie

In een introductieprogramma maakt de nieuwe medewerker ook kennis met de cultuur van de organisatie ('zo doen wij dat hier').

Als een organisatie bijvoorbeeld *zelfsturing* (nemen van initiatieven en zich verantwoordelijk voelen voor eigen handelen) belangrijk vindt, dan kan deze competentie meteen bij de introductie worden ingezet. Bijvoorbeeld door de nieuwe medewerker zelf aan te laten geven wat hij bij zijn introductie belangrijk vindt. Wel moet een organisatie ervoor waken dat medewerkers die minder zelfsturend zijn, bijvoorbeeld starters op de arbeidsmarkt, zich niet verloren voelen en het idee krijgen dat zij aan hun lot worden overgelaten. Deze kunt u dus helpen in de introductie om de zelfsturing verder te ontwikkelen.

Succesfactor 8: betrek collega's maximaal bij de werving en introductie van de nieuwe medewerker

Effectief introduceren begint al voor en gedurende de wervings- en selectieprocedure. Niemand vindt het prettig als er plotseling een nieuwe collega op de afdeling wordt gedropt. Als collega's de kans krijgen om mee te denken over wat de nieuwe collega moet kennen, kunnen en zijn, en ook selectiegesprekken hebben gevoerd, draagt dat bij een aan meer effectieve introductie. Zeker als de nieuwkomer als onderdeel van de selectieprocedure alvast op de afdeling de sfeer heeft geproefd en handen heeft geschud van mogelijk toekomstige collega's.

4.2 HET VOEREN VAN EEN INTRODUCTIEGESPREK

Laat allereerst duidelijk merken dat de nieuwe medewerker welkom is. Ga samen in een rustige ruimte zitten en biedt een kopje koffie aan, neem de tijd om hem op zijn gemak te stellen. In veel bedrijven is het gebruikelijk dat erop de eerste werkdag een bos bloemen voor de nieuwe medewerker op zijn bureau staat.

Een gespreksmodel voor een introductiegesprek

Als de informatieoverdracht niet schriftelijk of digitaal is georganiseerd dan zal dit gesprek sterk gericht zijn op informatieoverdracht. Een introductiegesprek is dan een betrekkelijk eenvoudig gesprek en kent de volgende stappen:

- Opening en welkom heten.
- Aangeven van het doel van het gesprek (informatie geven en het beantwoorden van eerste vragen).
- Vragen welke onderwerpen de nieuwe medewerker in ieder geval wil bespreken.
- Informatie geven.
- Vragen van de nieuwe medewerker beantwoorden.
- Afspraken samenvatten en een vervolgafspraak maken.

Tip: Kies voor gedoceerde informatieoverdracht!

Als de informatieoverdracht digitaal of schriftelijk is geregeld, krijgt het introductiegesprek meer de vorm van een coachingsgesprek (zie hoofdstuk 9, Het coachingsgesprek). Hier is een vragende houding effectiever om de nieuwe collega wegwijs te maken. In het kader van bevordering van de zelfsturing kan een medewerker zelf aangeven wat hij wil bespreken. Daarnaast heeft de leidinggevende zijn eigen bespreekpunten.

Maak regelmatig tijd vrij voor een (kort) gesprek met de nieuwe medewerker. Bijvoorbeeld aan het eind van de eerste dag, het einde van de eerste week en daarna eens per twee weken. Als het niet goed gaat, kan er op tijd bijgestuurd worden. Bijsturing is soms lastig maar essentieel voor goed functioneren op termijn. Het is vanwege de vaak drukke agenda's goed om vooraf een aantal momenten in te plannen om dan ook *echt* contact te hebben. Vaak verwateren de gesprekken en daar is noch de medewerker, noch de leidinggevende, noch de organisatie bij gebaat.

Tip: Plan een eindgesprek!

Voer aan het eind van de introductie (of aan het eind van de proeftijd) een gesprek met de nieuwe medewerker. Zijn alle belangrijke zaken aan de orde geweest? Zijn er nog vragen? Zijn er zaken die extra aandacht nodig hebben?

4.3 VEELGESTELDE VRAGEN OVER EEN INTRODUCTIEGESPREK

Vraag 1 Wie verzorgt de introductiegesprekken?

In beginsel is de leidinggevende verantwoordelijk voor de introductie van zijn nieuwe medewerker. Hij kan natuurlijk een aantal zaken uitbesteden, maar de eerste introductie en evaluaties zullen altijd bij hem liggen. Een van de collega's kan worden belast met de totale coördinatie van het inwerkprogramma. Dit is steeds de persoon waarop de nieuwe medewerker terug kan vallen. De grootte van de organisatie bepaalt of dit een naaste collega is, de leidinggevende of misschien een medewerker van de centrale HR-afdeling.

Daar waar het gaat om grote groepen medewerkers die worden aangetrokken zoals bij traineeprogramma's, seizoenswerk of bijvoorbeeld een bedrijf dat een groot nieuw onderdeel start, is het inzetten van een gezamenlijk introductieprogramma aan te raden. Zo'n programma heeft als meerwaarde dat de nieuwe collega's met elkaar kennismaken waardoor een basis is gelegd voor toekomstige contacten en samenwerking. Het gezamenlijke programma wordt vaak wat uitgebreider en professioneler aangekleed, zoals een kennismaking met de historie van het bedrijf, de directeur(en), eventueel de voorzitter van de or, de HR-adviseur, de BHV-organisatie, et cetera. Zo'n programma wordt vaak gecombineerd met een bezoek aan sublocaties of bijvoorbeeld een training in bedrijfsspecifieke processen en/of programma's.

Vraag 2 Kan de totale introductie uit één gesprek bestaan?

Zoals al eerder in dit hoofdstuk aangegeven kent de introductie een aantal fasen. Het beperken van de introductie tot één gesprek doet een goede introductie echt te kort. Het gefaseerd introduceren en het onderhouden van contact door in ieder geval de leidinggevende is niet alleen belangrijk voor de inhoudelijke kennismaking, maar ook voor het tonen van interesse voor het wel en wee van de nieuwe medewerker en zijn bevindingen ('wat valt op, wat valt tegen en wat valt mee?') over zijn nieuwe werkgever. Hier vindt de eerste feedback richting de organisatie plaats, maar geeft ook de mogelijkheid de introductie bij te stellen waar nodig.

Vraag 3 Wat is de waarde van introductie bij een arbeidsmarkt met korte en flexibele contracten?

Door de flexibilisering van de arbeidsmarkt met kortdurende contracten en mensen die gemakkelijker hoppen van de ene organisatie naar de andere, lijkt de waarde van een goede introductie minder geworden. Dit is echter een onjuiste aanname. Juist ook voor mensen die wellicht niet tot hun pensioenleeftijd in dienst blijven, is het van belang hen snel en goed wegwijs te maken in de organisatie. Een warm welkom maakt dat de nieuwe medewerker zich met plezier inzet en loyaal blijft. De band die ontstaat tijdens de duur van het contract kan daarnaast ook zijn meerwaarde tonen na het dienstverband. De medewerker dient dan als warm netwerk en kan helpen bij het werven van nieuwe medewerkers, het promoten van uw organisatie, maar ook nog voor het blijven uitwisselen van inhoudelijke kennis en ervaring. Een arbeidsrelatie gaat in die zin ook nog door na beëindiging van het dienstverband.

Vraag 4 Wat is de rol van het psychologisch contract bij 'onboarding' van nieuwe medewerkers?

Gedurende de selectieprocedure creëren sollicitanten, selecteurs, leidinggevenden en toekomstige collega's over en weer verwachtingen en doen beloftes. Deze gaan over de meer harde zaken als bruto en netto salaris, pensioenafspraken, werktijden, standplaats, auto en mobiel van de zaak, et cetera. De hierover gemaakte afspraken worden in een arbeidsovereenkomst vastgelegd. In de procedure is ook gesproken over minder harde zaken als de sfeer op de afdeling, stijl van leidinggeven, loyaliteit en werkbelasting. In de hoofden van sollicitanten zijn hier beelden en verwachtingen over gecreëerd, maar deze zijn niet 'op papier' vastgelegd.
Naast een arbeidscontract is er ook zoiets als een psychologisch contract. Hierna een definitie van een psychologisch contract:

> **"De perceptie van een werknemer over de uitwisseling van wederzijdse, op beloften gebaseerde, verplichtingen tussen werknemer en organisatie."**

Als verwachtingen niet worden ingelost, leidt dat tot teleurstelling bij de nieuwkomer en misschien zelfs tot zijn vertrek. De selectieprocedure kan opnieuw gestart worden en dat kost tijd en geld. De imagoschade op de arbeidsmarkt is onbetaalbaar als de teleurgestelde ex-nieuwkomer zijn ongenoegen op feesten, partijen en op sociale media ventileert.

'Onboarding' begint dus bij het werven en selecteren. Iedereen die daarbij betrokken is, dient een eerlijk en realistisch beeld te schetsen van de functie en de organisatie. In hoofdstuk 2, Het selectiegesprek, is verwoord dat ook sollicitanten kiezen.

In de eerste maanden toetst de nieuwkomer op basis van ervaringen of de inhoud van het psychologische contract ook de werkelijkheid is, of wordt. Een op maat gesneden 'onboarding'-programma bewijst hierin haar waarde. Zeker als daar ruimte is om verwachtingen (in gesprekken) concreet te maken en te toetsen.

Vraag 5 Wat doe je als het tijdens de introductie toch niet blijkt te werken? Een vertrekbonus.

Als ondanks alle inspanningen tijdens de introductieperiode blijkt dat er toch geen 100 procent match is tussen de nieuwe medewerker en het bedrijf, dan is het beter om afscheid van elkaar te nemen. Gebeurt dit niet, dan loopt het bedrijf het risico dat er later alsnog opnieuw geworven moet worden, met een ontevreden medewerker tot gevolg. Dit ondervang je door na afloop van de introductieperiode een bewust moment in te bouwen (bijvoorbeeld net voor afloop van de proeftijd) waarop beide partijen aangeven graag of niet met elkaar door te willen gaan.

Zappos.com

Vertrekbonus

Het bedrijf Zappos vond hiervoor een unieke oplossing. Het biedt alle nieuwkomers aan het einde van de eerste maand een vertrekbonus aan. Het bedrijf vindt het belangrijk dat mensen bewust kiezen om daar te werken, en als mensen zich om welke reden dan ook toch niet op hun plek voelen, zijn ze vrij om te vertrekken met een bonus. Zodra duidelijk is dat het voor beide partijen niet gunstig gaat uitpakken, is deze vertrekpremie een goedkope en tevens elegante oplossing om het dienstverband tot een goed einde te brengen.

Bron: https://chro.nl/artikel/onboarding-5-best-practices-

Vraag 6 Wat is een 100-dagengesprek?

Een 100-dagengesprek wordt met de nieuwe medewerker gevoerd op de 100ste dag na indiensttreding. In dit gesprek vraagt de HR-professional of leidinggevende de nieuwe medewerker naar de ervaringen en de specifieke 'verwonderpunten'. Nieuwe medewerkers hebben vaak een frisse kijk op zaken en zien dingen die zittende medewerkers niet meer opvallen.

Deze informatie kan dienen om het introductietraject verder te verbeteren en dient als input voor algehele organisatie-verbetertrajecten. .

Tip: Plan een 100-dagengesprek bij aanvang van indiensttreding in!

Plan dit gesprek bij aanvang van het in dienst treden al in, om te voorkomen dat het buiten beeld raakt. En daarnaast is het van belang door te vragen op zaken om scherp te krijgen wat de medewerker precies bedoelt en wat een oplossing zou kunnen zijn voor een ongewenste situatie.

Een 100-dagengesprek

Martijn zijn eerste werkdag was ruim drie maanden geleden. Na een stroef begin ging Martijn aan de slag en vond hij snel zijn draai. Afgelopen week voerde hij een bijzonder gesprek met de HR-professional van het bedrijf. Hij was uitgenodigd voor een 100-dagengesprek. In dit gesprek werd hem gevraagd om alle zaken die hem waren opgevallen als nieuwe medewerker op te noemen. De HR-professional noemde dit verwonderpunten. Dit is een heel interessante lijst geworden.

Natuurlijk hebben zij nagepraat over zijn verkeerde start, maar ook veel andere onderwerpen passeerden de revue. In alle openheid spraken zij over de organisatiecultuur, de sfeer in het team, hoe werkprocessen lopen en waar volgens Martijn knelpunten zitten. Maar ook hoe hij de stijl van leidinggeven ervaart, hoe hij aankijkt tegen zijn collega's, of hij gevaarlijke werksituaties onderkent in het gebouw, et cetera. Martijn vond het heerlijk om zijn verhaal te kunnen doen en de HR-professional was enthousiast omdat Martijn heel veel nuttige informatie heeft gegeven waar de organisatie haar voordeel mee kan doen.

Vraag 7 Wat zijn do's and don'ts van een introductiegesprek?

Wel doen

Meerdere gesprekken voeren ter introductie

Een introductiegesprek moet je opbouwen, en bestaat meestal uit twee of drie gesprekken. Een nieuwe medewerker krijgt heel veel informatie te verwerken. Informatie wordt beter opgenomen als dit in overzichtelijke hoeveelheden wordt aangeboden.

Tijd nemen voor vragen van de nieuwe medewerker

Een introductiegesprek is geen eenrichtingsverkeer. Neem de tijd in het gesprek voor vragen van de medewerker.

Contact opnemen met de medewerker na de introductie

In het eerste gesprek wordt de nieuwe medewerker overspoeld met informatie. Als een en ander gezakt is, komen vaak vragen naar boven. Vraag na verloop van tijd nog eens of alles duidelijk is en of er nieuwe vragen zijn.

Niet doen

Een introductiegesprek afzeggen of erger nog, niet nakomen

Een introductiegesprek is vaak de eerste, echte kennismaking met het bedrijf. Als deze afspraak direct al wordt afgezegd of misloopt, is dit een teleurstelling die de nieuwe medewerker zijn hele werkzame leven bij het bedrijf niet vergeet! Zorg dat u als leidinggevende of HR-adviseur voldoende rust uitstraalt en echt de tijd neemt voor de medewerker. Dus 200 procent aandacht voor de nieuwkomer!

Niet aansluiten op het leervermogen en de informatiebehoefte van de nieuwe medewerker

Niet iedere nieuwe medewerker heeft behoefte aan dezelfde informatie. Afhankelijk van de persoonlijke situatie is bepaalde informatie wel of niet van belang. Geef bijvoorbeeld geen informatie over kinderopvangvoorzieningen, fietsvergoedingen, veiligheidsafspraken aan medewerkers voor wie dit niet aan de orde is. Ook niet iedere functie vereist dezelfde informatie, weet dus vooraf wat van belang is voor de betreffende functie. Bovendien is het leervermogen van de persoon of het niveau van de functie bepalend voor de mate waarin hij sturend of op instructieniveau geïnformeerd wordt. Tijdens de wervingsprocedure heeft u vaak al een goed beeld gekregen van wat er nodig is voor deze persoon.

Een introductiegesprek zien als een noodzakelijk kwaad

Een goed introductiegesprek kost tijd en vraagt ook qua houding een positieve opstelling van de gespreksleider. In periodes waar veel nieuwe medewerkers starten, kan het voor een leidinggevende of HR-professional als druk of vervelend worden ervaren om wéér een introductiegesprek te moeten voeren. Probeer hier toch professionele 'liefde' uit te stralen. Dat wil zeggen: zet een glimlach op en toon hetzelfde enthousiasme als voor het eerste gesprek.

INFORMATIEBRONNEN

Boeken

Wijchers, L., J. van den Berg en A. Stel, *Handboek Werving en Selectie*, Vakmedianet, 2018

Verhoeven, A., *Recruitment*. Pearson, 2016

Al, T., *De introductiegids: 49 tips voor het inwerken van nieuw personeel*. Haystack, 2008

Moreels, A., *Welkom! Het onthaal van nieuwe medewerkers*. Kluwer, 2005

Studie

Researchcentrum voor Onderwijs en Arbeidsmarkt Maastricht University, School of Business and Economics, De arbeidsmarkt naar opleiding en beroep tot 2022, Maastricht, december 2017

Website

https://chro.nl/artikel/onboarding-5-best-practices-

DEEL 2 DOORSTROOM: HET (ZELF LATEN) STUREN VAN PRESTATIES EN ONTWIKKELEN VAN MEDEWERKERS

In het najaar van 2015 buitelden HR-professoren en vooruitstrevende organisaties in landelijke dagbladen en in tv- en radioprogramma's over elkaar heen: het beoordelingsgesprek zou maar eens afgeschaft moeten worden. Al eerder was deze afschaffing in het HR-vak onderwerp van discussie. De traditionele wijze van *old* beoordelen, waarin één keer per jaar een eenrichtingsverkeergesprek wordt gevoerd vooral over wat er fout is gegaan, zou *out* zijn. Inmiddels zijn we bijna vijf jaar verder en is veel stof neergedwarreld. Welke rode draden zijn te ontdekken in de geopperde ideeën en wat zijn de ervaringen met de nieuw ontwikkelde en geïmplementeerde systemen? Is of wordt het functionerings- en beoordelingsgesprek echt afgeschaft?

Bron: Studio NRC

Het Nieuwe Beoordelen

Het antwoord is: nee. De diverse gesprekken uit de gesprekkencyclus hebben, in combinatie met elkaar, haar waarde bewezen. Reden om ook in deze versie van *Het GROTE gesprekkenboek*, het functionerings-, POP-, jobcraftings-, coachings- en beoordelingsgesprek afzonderlijk en op een praktische wijze aan bod te laten komen. Wel komen in ieder hoofdstuk de uitgangspunten van 'Het Nieuwe Beoordelen' aan bod en wordt dit deel van het boek (na hoofdstuk 12, Het demotiegesprek) afgesloten met een samenvattend verhaal over 'Het Nieuwe Beoordelen'. Want één ding is zeker, willen de gesprekken haar waarde blijven bewijzen, dan zullen zij meer moeten aansluiten bij allerlei veranderingen. In de nieuwe tijd met zelfsturende of zelforganiserende teams, sociocratie, *appreciative inquiry*, Het Nieuwe Werken, *Agile*, *Scrum* en wat dies meer zij, is meebewegen een succesfactor. Al deze ontwikkelingen vragen om een andere wijze van aansturen en ontwikkelen van medewerkers, waarbij de woorden 'autonomie', 'vertrouwen' en 'verantwoordelijkheid' de richting duiden.

De onderstaande vijf aanvliegroutes duiden de richting van deze verandering:

Vijf aanvliegroutes Het Nieuwe Beoordelen

- **Focus op sterke punten**
- **Meer verantwoordelijkheid medewerkers bij formuleren doelstellingen**
- **Continue dialoog**
- **Een grote verantwoordelijkheid medewerkers voor de eigen prestaties en ontwikkeling (lerend presteren)**
- **Dienend leiderschap**

5 HET FEEDBACKGESPREK

Mecheline Klijs

In zijn boek *De One Minute Manager* gebruikt Kenneth Blanchard een mooi statement: 'Feedback is the breakfast of champions'. Als je ergens goed in wil worden, zal je lering moeten trekken uit opgedane ervaringen. Deze lessen worden in veel gevallen zichtbaar in de vorm van feedback.

Feedback is het op een directe wijze het gedrag van de ander ter sprake brengen, zodat deze zich bewust wordt van zijn gedrag en de effecten daarvan op anderen. Ieder persoon, een leidinggevende, een medewerker of een HR-professional kan leren van zaken die goed zijn verlopen maar natuurlijk ook van gemaakte fouten. Feedback kan een welgemeend compliment inhouden. Deze feedback motiveert en stimuleert de feedbackontvanger in de toekomst (nog) meer het gewaardeerde gedrag te vertonen. Feedback gericht op verbetering, bijvoorbeeld het voorkomen van een fout, is net zo waardevol. Zeker als deze beschrijvend van aard is en de intentie gericht is op leren en verbeteren.

Nathalie is HR-adviseur bij een scholengemeenschap. In de afgelopen weken heeft zij haar collega Frank geholpen bij een vastgelopen dossier. Frank had problemen met één van zijn medewerkers en zowel Frank als zijn medewerker kwamen er niet meer uit en voelden zich steeds gefrustreerder worden. Nathalie heeft aangeboden om bij het gesprek te komen zitten en heeft zowel aan Frank als aan de medewerker nuttige feedback gegeven over hoe zij hun gezamenlijke communicatie zouden kunnen verbeteren.

Dit heeft geleid tot een gedragen oplossing voor zowel Frank als zijn medewerker. Frank was helemaal tevreden. Hij heeft een grote bos bloemen gekocht voor Nathalie en haar gevraagd of zij hem vaker feedback wil geven. Nathalie is helemaal gelukkig. Voor haar was het een kleine moeite en zij is blij dat zij Frank heeft kunnen helpen. En natuurlijk wil zij Frank ondersteunen met tips en feedback.

In een snel veranderende omgeving is aanpassingsvermogen, ofwel 'agility', een belangrijke competentie. Het bespreken van successen en fouten of ongewenste gebeurtenissen als leermoment, is een noodzakelijke voorwaarde voor een lerende cultuur. In organisaties met zo'n leerklimaat is het geven en ontvangen van feedback door zowel medewerkers als leidinggevenden 'normaal'.

Maar ook de HR-professional dient de tool 'het geven en ontvangen van feedback' in zijn gereedschapkist te hebben. Zo bespreekt hij bijvoorbeeld in adviesgesprekken (zie hoofdstuk 14, Het adviesgesprek) hoe hij de samenwerking met zijn interne klant ervaart. En benoemt hij in een onderhandelingsgesprek waar het wat hem betreft te hard aan toe gaat, zijn gevoel.

Dit hoofdstuk geeft antwoord op de volgende vragen:

- Wat zijn de zes gouden adviezen voor het geven van een compliment?
- Wat is een feedforward?
- Is het geven en ontvangen van feedback cultureel bepaald?

5.1 DE VOORBEREIDING OP EEN FEEDBACKGESPREK

Vragen die de feedbackgever zichzelf kan stellen

Met de antwoorden op de onderstaande zeven vragen beschikt de feedbackgever over informatie, tips en tools om met (zelf)vertrouwen feedback te geven:

- Vraag 1: is het een feit of een vermoeden waar de feedback over gegeven wordt?
- Vraag 2: is de basisafspraak duidelijk?
- Vraag 3: wat is het effect van het gedrag?
- Vraag 4: wat is het doel?
- Vraag 5: hoe kun je het beste omgaan met emotionele reacties van de feedbackontvanger?
- Vraag 6: wat is het juiste moment om feedback te geven?
- Vraag 7: kan er na de feedback nog worden samengewerkt?

Vraag 1: is het een feit of een vermoeden waar de feedback over gegeven wordt?

Feedback is feitelijk en de feedbackgever benoemt wat hij zelf heeft gezien en gehoord. Het onderbouwen van de feiten met actuele voorbeelden uit de praktijk maakt het verhaal voor de feedbackontvanger duidelijker.

Tip: Check, check, double check!

Gebruik in een feedbackgesprek nooit woorden en zinnen als: 'ik heb in de wandelgangen gehoord', 'men zegt' en 'ik heb het vermoeden'.
Als de feedbackgever bepaalde zaken hoort of vermoedt, dan gaat hij op onderzoek uit. Hij checkt of de vermoedens kloppen en onderbouwt deze met feiten.

Vraag 2: is de basisafspraak duidelijk?

Feedback kan bijvoorbeeld gegeven worden als iemand zich niet aan een basisafspraak houdt. Voorbeelden zijn werkafspraken, procedures, wet- en regelgeving, veiligheidsvoorschriften, et cetera. Als de feedbackgever voor 100 procent weet dat de basisafspraak bekend is bij de feedbackontvanger kan hij (gerust) feedback geven. Als dat niet het geval is of als er nog geen basisafspraak geldt, dan moet deze eerst gemaakt worden.

Vraag 3: wat is het effect van het gedrag?

Het geobserveerde gedrag van de feedbackontvanger, roept bij de feedbackgever een gedachte of een gevoel op. Dit kan blijdschap, vreugde of verbazing zijn, maar ook verdriet, irritatie, woede, teleurstelling, agressie of afkeuring. Nadat de feedbackgever de feiten heeft genoemd (zie vraag 1) verwoordt hij zijn gedachten en gevoelens. Het aangeven van wat het gedrag met hem doet, vergroot de impact van de boodschap bij de feedbackontvanger.

Voorbeelden:

- *'Ik was gisteren te laat op de bijeenkomst en jij hebt in mijn plaats de bijeenkomst geopend zonder dat de deelnemers dit doorhadden. Ik vind dit erg collegiaal van je en ik ben er erg blij mee.'*
- *'Je bent gisteren onze afspraak vergeten. Dit vind ik heel vervelend en ik krijg het gevoel dat je mij helemaal niet belangrijk vindt.'*

Vraag 4: wat is het doel?

Naast en na het opsommen van feiten en voorbeelden en het benoemen van de effecten van dit gedrag wordt het doel van het feedbackgesprek uitgesproken. Inzet is dat bepaald gedrag moet stoppen, dat de medewerker zich aan de procedure houdt of dat bepaald gedrag juist herhaald moet worden.

Voorbeelden:

- *'Je hebt mij gisteren uitstekend geholpen met je onderbouwing voor mijn advies (feit). Ik vond het erg fijn en voelde mij gesterkt (effect). Wat mij betreft mag je dit veel vaker doen (doel).'*

- *'In het gesprek dat wij nu voeren, heb jij mij het laatste kwartier vier keer onderbroken (feit).'*
- *'Ik vind dit vervelend en het brengt mij van de wijs (effect). Ik zou graag willen dat je mij laat uitspreken (doel).'*

Vraag 5: hoe kun je het beste omgaan met emotionele reacties van de feedbackontvanger?

Blijdschap, vreugde, verbazing, verdriet en herkenning zijn uitingen van hoe de feedbackgever kan reageren op de zojuist ontvangen feedback. Hij kan ook boos worden omdat de feedbackgever op de man speelt en niet op de bal. Als uitspraken worden gedaan over de persoon ('jij bent ...') van op de feedbackontvanger dan speelt de feedbackgever op de man. De ontvanger kan dat als een aanval op zijn persoon opvatten. De feedbackontvanger is de persoon die hij is, daar gaat het niet over, het gaat om zijn gedrag dat onwenselijk is.

Voorbeelden van op de man spelen:

- *'Je bent lui.'*
- *'Je bent een sloddervos.'*
- *'Je bent onnauwkeurig.'*

Voorbeeld van op de bal spelen:

- *'We hebben een afspraak dat je iedere maandag voor 12.00 uur het MT-verslag van de vorige week aanlevert. Het is nu dinsdagochtend 10.00 uur en ik heb nog niets ontvangen. Hierdoor kan ik mij niet tijdig voorbereiden op de volgende vergadering. Ik zou graag willen dat je vasthoudt aan de gemaakte afspraak; het MT-verslag iedere maandag aanleveren voor 12.00 uur.'*

Tip: Geef een gevoelsreflectie!

Wordt de feedbackontvanger desondanks toch boos, geef dan een gevoelsreflectie (zie hoofdstuk 19, Het slechtnieuwsgesprek). Zelf boos of emotioneel worden is geen goede reactie.

Voorbeeld:
- *'Ik zie dat het je raakt, ik vind het vervelend voor je dat je hier zo van schrikt.'*

Vraag 6: wat is het juiste moment om feedback te geven?

Deze vraag kan zowel vanuit het perspectief van de feedbackgever als -ontvanger beantwoord worden.

Als de feedbackgever boos of geïrriteerd is omdat het ongewenste gedrag zich voor de zoveelste keer voordoet, is het verstandig eerst tot tien te tellen. In dit soort situaties is bijvoorbeeld *na de lunch* of *morgen* vroeg genoeg. Als de feedbackgever geïrriteerd zijn feedback geeft, kan deze emotie overslaan op de feedbackontvanger. Het is dan nog maar de vraag of het doel wordt gerealiseerd en/of de werkrelatie geen schade oploopt. Echter, het is niet verstandig te lang met het geven van feedback te wachten. Als dat wel gebeurt, kan de feedbackontvanger zich het voorval niet meer herinneren of doet alsof. Ook dan wordt het doel niet gerealiseerd.

De feedbackontvanger moeten 'de oren scherpen'. Hij moet de rust hebben om aan te horen wat de feedbackgever hem duidelijk wil maken. Het bovenstaande lukt niet als de persoon in kwestie bijvoorbeeld tegen een deadline aan zit te werken. Als hij op zo'n moment feedback krijgt, is het maar de vraag of hij luistert. Niet uitgesloten kan worden dat hij met zijn gedachten bij die spoedklus zit. Ook dan wordt het doel van feedback geven niet gerealiseerd.

Vraag 7: kan er na de feedback nog worden samengewerkt?

Jazeker, juist! Door gewenst en ongewenst gedrag, worden leermogelijkheden ontdekt, bronnen voor irritatie weggenomen, onduidelijkheden verduidelijkt en verwachtingen die partijen van elkaar (mogen) hebben, aangescherpt. Hierdoor verloopt de samenwerking en de communicatie juist beter!

De angst voor een blijvend verstoorde samenwerkingsrelatie weerhoudt velen ervan radicaal openhartig te zijn (zie de box hierna). Een ding is dan zeker, bij het achterwege laten van feedback verandert er niets. De feedbackontvanger wordt de kans ontnomen om te leren van successen en fouten (verbeterpunten).

Radicaal openhartig

Kim Malone Scott, voormalig CEO van Google, pleit bij het geven van feedback voor 'radicale openhartigheid'. Zij noemt deze openhartigheid 'het kruispunt tussen liefde en waarheid' waarin de feedbackgever laat zien dat hij zich persoonlijk bekommert om de ontvanger en bereid is de uitdaging aan te gaan.

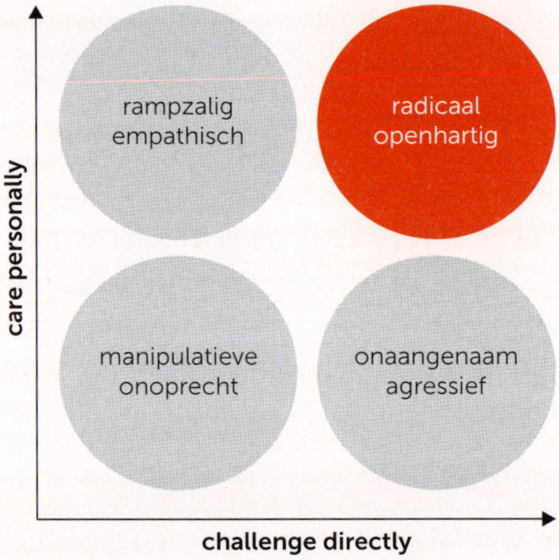

Leidinggevenden die rampzalig empathisch zijn, geven geen feedback op bijvoorbeeld een gemaakte fout. Zij herstellen die eigenhandig. Een veelgehoorde reden hiervoor is dat zij aardig gevonden willen worden. Wat is het effect hiervan? Medewerkers worden de kans ontnomen zelf de fout te herstellen en er van te leren, waardoor deze fout in de toekomst niet meer wordt gemaakt. Medewerkers denken: geen bericht is goed bericht. Leidinggevenden die hun kop in het zand steken als zij feedback moeten geven (manipulatieve onoprecht) of die er met een gestrekt been ingaan en op de man spelen (onaangenaam agressief) zijn ook niet effectief.

Bron: boek *Het Nieuwe Beoordelen, focus op talenten*. Jacco van den Berg, 2017

5.2 HET VOEREN VAN EEN FEEDBACKGESPREK

Het hiernavolgende stappenplan maakt het eenvoudig(er) om Duidelijk, Open en Eerlijk (DOE) feedback te geven en bestaat uit de volgende zes stappen:

- Stap 1: beschrijf concreet en specifiek het gedrag dat zelf gezien of gehoord is
- Stap 2: gebruik een ik-boodschap
- Stap 3: geef aan wat het effect van het gedrag is
- Stap 4: laat de gesprekspartner reageren
- Stap 5: vraag naar ideeën over gewenst gedrag en verken samen oplossingen
- Stap 6: maak afspraken

Stap 1: beschrijf concreet en specifiek het gedrag dat zelf gezien en gehoord is

Een feedbackgesprek (vol) met woorden als *altijd* of *overal* of *nooit*, zal zijn doel missen. Feedback is feitelijk en er worden dus aantallen, klantnamen, regels of data in genoemd. Feiten zijn feiten en voorbeelden zijn voorbeelden, daar kan de feedbackontvanger nooit omheen.

Een voorbeeld van verkeerde feedback is:

- *'Jij praat altijd te veel tijdens vergaderingen.'*

Hierop kan gemakkelijk het antwoord komen:

- *'Nee hoor, vanmorgen heb ik de hele tijd mijn mond gehouden.'*

Het feedbackgesprek ontaardt in een welles-nietesdiscussie en schiet haar doel voorbij.

Een voorbeeld van goede feedback:

- *'Ik wil terugkomen op de vergadering die wij gisteren hadden met onze opdrachtgever voor het CeWa-project. Gedurende deze projectvergadering zijn alleen jouw onderwerpen besproken. Nu heb ik niet de vragen kunnen stellen die ik nodig heb voor mijn rapportage. Wil jij hier de volgende keer rekening mee houden met het opstellen van de agenda? Ik heb ongeveer 20 minuten nodig voor mijn vragen.'*

Op bovengenoemde wijze is de feedback concreet (alléén jouw onderwerpen!) en specifiek (gisteren tijdens de projectvergadering met de opdrachtgever voor het CeWa-project).

Tip: Ga uit van eigen waarneming!

Feedback gaat uit van eigen waarneming (zelf gezien of zelf gehoord). Feedback die gebaseerd is op wandelgangverhalen of eerlijke vertrouwelijke informatie van anderen, komt onvoldoende over. Het beschadigt het vertrouwen van de bron. Ook kan de feedbackontvanger het feit ontkennen en willen weten wie dat gezegd heeft. Bij informatie uit de tweede hand is het dan ook belangrijk om zelf eerst te toetsen of de informatie klopt.

Tip: Geef alleen feedback over veranderbaar gedrag!

Feedback gaat over wat iemand gedaan heeft en niet over hoe iemand is. Beschrijf alleen het waargenomen gedrag dat veranderbaar is. Speel dus op de bal en niet op de man.

Een voorbeeld van verkeerde feedback:
- *'Zit niet zo te stotteren.'*

Stotteren is niet-veranderbaar gedrag en het heeft dus geen zin om hier iets van te zeggen.

Een voorbeeld van goede feedback:
- *'Ik kan niet horen wat je zojuist hebt gezegd, zou je de zin een keer willen herhalen?'*

Als de boodschap die iemand tijdens een vergadering over wil brengen niet aankomt, is dit aan de ontvanger om dit melden en aan te geven wat nodig is, zodat de boodschap wel aankomt.

Stap 2: gebruik een ik-boodschap

In een feedbackgesprek worden ik-boodschappen uitgezonden. Een ik-boodschap zegt als het ware dat de feedbackgever het graag anders zou willen zien en hij nodigt de feedbackontvanger uit het daar over te hebben. Met een ik-boodschap geeft de feedbackgever de feedbackontvanger inzicht in hoe hij de gebeurtenis ziet en ervaart.
Een zogenoemde jij-boodschap is aanvallend en leidt vaak tot een verdedigende reactie.

Voorbeelden van jij-boodschappen zijn:

- *'Jij irriteert mij.'*
- *'Jij doet iets fout.'*

Voorbeelden van ik-boodschappen zijn:

- *'Ik kan mij niet concentreren als ik je hard hoor praten.'*
- *'Ik zie je net weglopen zonder dat je de verfspullen hebt opgeruimd. We hebben samen afgesproken dat je deze spullen direct na gebruik zou opbergen. Ik vind het jammer dat jij je hier niet aan houdt, straks moet ik ze zelf weer opruimen.'*

Stap 3: geef aan wat het effect van het gedrag is

Het is belangrijk om aan te geven wat het effect van het gedrag is. Het gaat immers niet om wat die ander nu precies heeft gedaan of nagelaten, maar om het effect. Het effect is het gevolg dat dit gedrag heeft voor de feedbackontvanger.

Een goed voorbeeld van feedback:

'Doordat je voor de derde keer te laat kwam, kreeg ik het gevoel dat je het CeWa-project niet serieus neemt. Daardoor ga ik twijfelen of ik je wel bij het vervolg wil betrekken. Bovendien moest ik me in bochten wringen om te voorkomen dat de opdrachtgever zou vertrekken. Bij hem stokt het werk en hij dreigde zelfs het contract (100.000 euro per jaar) op te zeggen. Ik schaamde mij.'

Stap 4: laat de gesprekspartner reageren

Nadat de feedbackgever feedback heeft gegeven, vraagt hij of de boodschap begrepen is en/of de feedbackgever het herkent en erkent. Hiermee krijgt de feedbackontvanger alle tijd en ruimte om te reageren. Indien gevraagd, licht de feedbackgever zijn boodschap met aanvullende voorbeelden toe.

Vragen om een reactie bij de feedbackgever te ontlokken zijn:

- *'Begrijp je wat ik bedoel?'*
- *'Herken je dit punt?'*
- *'Hoe zie jij dit punt?'*

Tip: Eerst herkenning en erkenning!

Als de feedbackontvanger de feedback onzin blijft vinden, zullen de vorige stappen 1 tot en met 4 nog een keer doorlopen moeten worden. Dit gaat door totdat de feedbackontvanger de feedback (h)erkent en zich bewust is van het feit dat er iets moet gaan veranderen.

Tip: Herhaal de feedback!

Bij feedback is het goed om te realiseren dat het één keer geven van feedback niet direct leidt tot een gedragsverandering. Voor feedback geldt dan ook de kracht van de herhaling.

Stap 5: vraag naar ideeën over gewenst gedrag en verken samen oplossingen

De bedoeling van het geven van feedback is dat de medewerker klanten nu wel beleefd te woord staat, zich houdt aan de veiligheidsprotocollen en zijn declaratieformulieren wel op tijd inlevert. De feedbackgever kan hierom vragen, maar kan ook zijn ideeën geven.

Voorbeeld:

- *'Ik zou het fijn vinden als we samen naar zakelijke afspraken gaan, we vooraf een rolverdeling en gespreksstrategie kunnen afspreken. Dan ga ik met meer vertrouwen het gesprek in.'*

Als de feedbackontvanger het eens is dat zijn gedrag moet veranderen of dat hij zijn werk moet herzien, kan het gesprek gaan over oorzaken (zie ON-redenen, hoofdstuk 8, Het correctiegesprek) en oplossingen. Herkenning en erkenning bij de feedbackontvanger dat bepaalde zaken beter of anders moeten is een absolute voorwaarde om tot een gedragsverandering over te gaan. Gedragsveranderingen komen alleen tot stand via het bewustzijn (zie verder succesfactor 3, hoofdstuk 9, Het coachingsgesprek).

Tip: Vul niet in!

Het is belangrijk de tijd te nemen voor het opsporen van oorzaken en het verkennen van oplossingen. In deze fase stelt de feedbackgever open vragen, vraagt door en vat samen. In deze fase komt het erop aan actief te luisteren. Wat de feedbackontvanger zegt, biedt immers aanknopingspunten om tot een oplossing te komen.

Tip: Leg niet op!

De feedbackgever legt de oplossing in eerste instantie niet op. Een zin als 'mooi dat je het met mij eens bent en dan lijkt het mij het beste dat jij nu het project uitstapt', is dan ook uit den boze.

Eerst vraagt hij of de feedbackontvanger zelf ideeën heeft over de oplossing van het probleem. De Wet van Maier: E = K x A is ook hier van toepassing (zie hoofdstuk 14, Het adviesgesprek). Als de feedbackontvanger zelf heeft meegedacht bij het bedenken van de oplossing zal hij zich hiervoor meer inzetten.

Stap 6: maak afspraken

De feedbackgever en feedbackontvanger sluiten het gesprek af met het maken van afspraken die voortkomen uit de vorige fase. Dit zijn afspraken die ervoor zorgen dat het ongewenste gedrag niet meer optreedt. Om te toetsen of de gemaakte afspraken het gewenste effect hebben, wordt een vervolgafspraak gemaakt.

Het feedbackgesprek vertoont overeenkomsten met het correctiegesprek (zie hoofdstuk 18, Het correctiegesprek). Het grote verschil is dat het correctiegesprek vaak gericht is op onwenselijk gedrag. In een correctiegesprek bespreekt de leidinggevende met de medewerker het gedrag dat om wat voor reden dan ook niet door de beugel kan. Het correctiegesprek wordt toegepast als er meerdere, blijkbaar zinloze, feedbackgesprekken zijn geweest.

Het geven en ontvangen van positieve feedback, het compliment, de schouderklop

Ieder mens heeft behoefte aan persoonlijke waardering voor het werk dat hij doet. Een gemeend compliment wordt dan ook vaak als een warme douche ervaren en komt vaak veel beter over dan negatieve feedback. Het toont aan dat bijvoorbeeld een leidinggevende (de complimentgever) oog en oor heeft voor het functioneren van zijn medewerker. Daarnaast vervult het een grote rol in het bestendigen van het gedrag dat goed gaat.

Complimenten zijn belangrijke drijfveren om goed te blijven presteren en geven energie om door te blijven gaan. Mensen die nooit complimentjes krijgen, kunnen gefrustreerd en onzeker worden. Doordat zij nooit van iemand horen of zij hun werk wel of niet goed verrichten, kunnen zij aan zichzelf gaan twijfelen.

Compliment

Gouden adviezen bij het geven van een compliment of positieve feedback:

- Advies 1: gemeend
- Advies 2: getimed
- Advies 3: concreet
- Advies 4: persoonlijk
- Advies 5: individueel
- Advies 6: gevarieerd

Advies 1: gemeend

Een compliment heeft pas echte waarde als het is gemeend. Niets is zo dodelijk als het geven van een niet-gemeend compliment. Bij een niet-gemeend compliment komt de inhoud van de boodschap niet overeen met de manier waarop het compliment wordt gebracht. Dit betekent dat naast het inhoudelijke ook het non-verbale gedrag van de feedbackgever in overeenstemming moet zijn met zijn boodschap.

Een voorbeeld:

- *Een medewerker krijgt een compliment van zijn leidinggevende over een uitstekende vervulde opdracht. Dit compliment komt niet over als de leidinggevende tijdens het geven van dit compliment een bijzonder chagrijnig gezicht trekt.*

Dit compliment kan dan door de ontvanger weer heel anders worden uitgelegd.

- *'Oei, mijn baas vindt dat ik deze opdracht wel goed heb uitgevoerd maar over de rest van mijn werk is hij blijkbaar nog niet zo tevreden.'*

Tip: Denk niet: geen bericht is goed bericht!

Veel leidinggevenden gaan uit van het idee dat medewerkers zelf wel begrijpen dat zij goed werk verrichten. Toch hebben ook deze medewerkers het nodig om het goede functioneren nog een keer persoonlijk te horen! Daarmee geeft een leidinggevende aan dat de medewerker wordt gezien als een waardevolle kracht. De medewerker krijgt waardering als mens die zich optimaal heeft ingezet voor het behalen van het resultaat.

Advies 2: getimed

Net als bij negatieve feedback geldt dat het compliment liefst zo snel mogelijk gegeven moet worden. Bij voorkeur persoonlijk, in een een-op-eensituatie, in een rustige omgeving.

Sommige organisaties geven er de voorkeur aan om complimenten in groepen uit te delen, bijvoorbeeld de medewerker van de maand verkiezing, de beste verkoopactie, het beste productieresultaat. Deze manier van feedback geven heeft twee kanten. Aan de ene kant wordt door het openlijk geven van een compliment aan één medewerker in een groep ook aangegeven dat de rest van de groep geen compliment krijgt. Aan de andere kant kan het geven van een compliment aan de uitverkoren medewerker een stimulerende werking hebben op alle andere medewerkers. Dit is ook afhankelijk van de cultuur die er in een organisatie heerst. Let dus goed op met het toepassen van dit type complimenten.

Advies 3: concreet

Hoe specifieker de feedback is, hoe beter de medewerker weet welk gedrag goed is bevallen. Dit vergroot de kans op herhaling omdat de feedbackgever weet heeft welk gedrag wordt gewaardeerd.

Voorbeelden van minder goede feedback:

- *'Jij bent een geweldige medewerker.'*

Voorbeeld van goede feedback:

- *'Vorige week heb jij een nieuwe klant, Van Emden, binnengehaald. Dat is op zich al een uitstekend voorbeeld van jouw verkoopvaardigheden. Nu hoor ik net, dat hij ons bedrijf bij een collega heeft aanbevolen. Hij is namelijk niet alleen heel tevreden over onze producten, maar was zeer te spreken over jouw adequate handelen bij een extra bestelling.'*

Ook voor complimenten geldt dus: hoe specifieker, hoe beter.

Advies 4: persoonlijk

Een compliment aan een groep in algemene bewoordingen, wordt door niemand ervaren als een persoonlijke waardering. Complimenten zijn effectiever als ze gericht zijn aan de personen die het betreft. Het noemen van de naam en een beschrijving van de activiteiten die hebben bijgedragen aan het resultaat, helpen enorm. Op deze manier weten de medewerkers dat er persoonlijke belangstelling voor hen is en dat duidelijk is welke bijdrage zij leveren voor het bedrijf.

Advies 5: individueel

Sommige medewerkers worden graag bevestigd in alles wat ze doen. Een regelmatig compliment geeft hen de nodige zekerheid en stimulans om door te gaan. Andere medewerkers zijn zeer zelfstandig, maar waarderen het als opgemerkt wordt dat ze iets extra's hebben gedaan. Waardeer medewerkers vooral op hun bijzondere persoonlijke kwaliteiten en vaardigheden. Bijna elke medewerker heeft wel iets waar hij beter of sneller mee is. Ook hier geldt weer, wees zo specifiek mogelijk en ga uit van feiten.

Advies 6: gevarieerd

Telkens wanneer medewerkers een goed resultaat boeken, een mailtje sturen met de tekst: *Fantastisch, goed gedaan!*, werkt het één keer, maar na verloop van tijd kennen medewerkers deze mailtjes wel. Zij raken er niet meer van onder de indruk.

Tip: Loop binnen!

Het is krachtiger om voor de verandering eens bij iemand binnen te lopen en hem persoonlijk te bedanken voor zijn goede prestaties. Toon echte belangstelling, door de medewerker bijvoorbeeld te vragen wat hij heeft gedaan om dit goede resultaat te behalen.

Non-verbale complimenten

Complimentjes hoeven niet altijd verbaal (expliciet) te zijn. In veel gevallen volstaat een glimlach, een knipoog of een opgestoken duim. Een letterlijk schouderklopje of een zacht tikje tegen een arm doet ook wonderen. Geef tijdens een vergadering ook eens een knikje in de richting van een medewerker als gesproken wordt over zijn resultaten.

Het ontvangen van een compliment

Evenals bij het ontvangen van negatieve feedback, kan niet iedereen even makkelijk overweg met een compliment. Ook openstaan voor positieve feedback blijft een kunst. Complimentjes maken onzeker, er wordt getwijfeld over de oprechtheid en de ontvanger vindt zijn prestatie niet zo bijzonder of is van mening dat anderen het compliment meer verdienen. Bij het ontvangen van feedback is het volgende belangrijk:

- luister goed naar het compliment
- vraag eventueel door als iets niet duidelijk is
- bedank de ander voor het compliment

Nathalie en Frank hebben samen gekeken naar de communicatie van Frank. In alle openheid hebben ze samen verkend wat goed ging in de gesprekken en waar Frank zichzelf zou kunnen verbeteren. Het doel was dat Frank minder snel in een patstelling terecht zou komen in de tweegesprekken die hij voert. Dit levert voor zowel Frank als voor de andere gesprekspartner een positievere uitkomst op. Frank is blij met de feedback van Nathalie en heeft haar aanbevolen bij zijn collega leidinggevenden. Het zonder oordelen kijken naar wat beter kan is blijkbaar goed bevallen.

5.3 VEELGESTELDE VRAGEN OVER EEN FEEDBACKGESPREK

Vraag 1 Is het geven en ontvangen van feedback cultureel bepaald?

De regels voor het geven en ontvangen van feedback zijn universeel over landsgrenzen heen. Wel bestaat er verschil in de manier waarop in de praktijk feedback wordt gegeven en ontvangen.
Zo speelt de opbouw van een betoog een belangrijke rol in communicatie. Het is goed om te weten dat de opbouw van een betoog binnen verschillende culturen ook verschillend is. De grootste verschillen bestaan tussen de zogenoemde ik- culturen, globaal gesproken omvat dit het Noord-Amerikaans continent en (Noord) Europa en de 'wij-culturen' (Azië en Afrika).

De opbouw in de 'westerse cultuur' is schematisch weer te geven als:

Natuurlijk zijn hier qua situatie en soms tussen regio's verschillen te zien, maar die zijn dan meestal te herkennen in de lengte van de 'rechtstreekse' boodschap. Zo ervaren Belgen Nederlanders soms als wel erg duidelijk of soms zelfs bot. Nederlanders houden ervan om niet 'om de hete brij heen te draaien' en zijn 'to the point'. Efficiëntie (zeker in de zakelijke context) staat hoog aangeschreven. De variatie in het betoog ziet er dus als volgt uit:

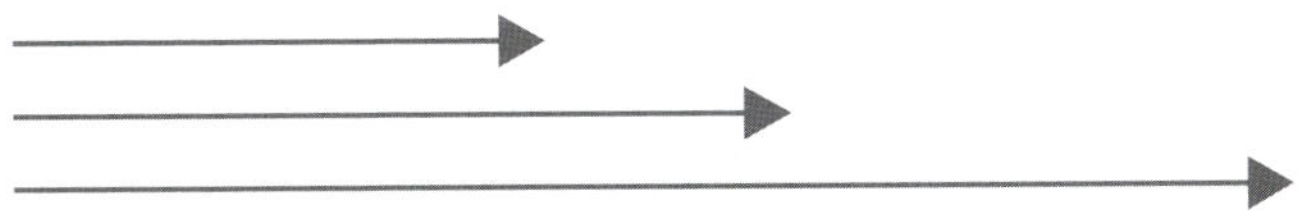

In de 'wij-culturen' ziet het er schematisch anders uit qua opbouw:

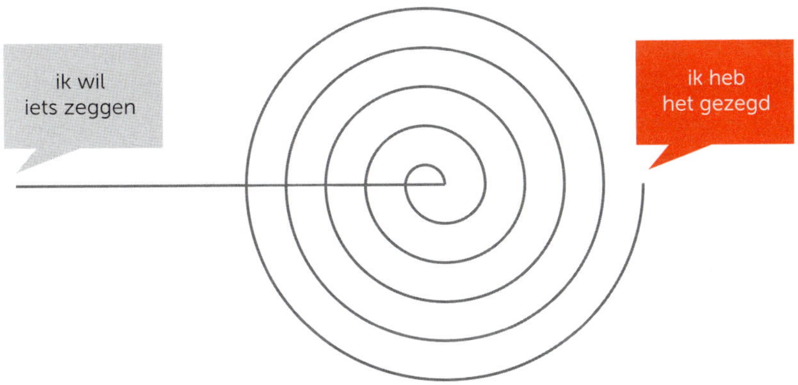

In de spiraal van het betoog presenteren mensen zich binnen hun eigen context die voor hen integraal deel uitmaakt van de over te brengen boodschap. Het lastige voor 'ons' is dat wij vanuit ons efficiency-denken eigenlijk die spiraal willen overslaan. Het kost immers tijd, kom maar 'to the point'! In gesprekken met mensen die afkomstig zijn uit een 'wij-cultuur' is het verstandig meer tijd uit te trekken en mensen de tijd te geven zichzelf binnen deze context te presenteren. Een andere valkuil is dat we vanuit onze onrust hier negatieve connotaties aan geven. Wij labelen het als 'weerstand', 'om de hete brij heen draaien' of 'iets achterhouden'. Houd dus omwille van het bereiken van de doelstelling van het gesprek de eigen onrust in de hand, wees uitnodigend en neem vooral de tijd.

Beleefdheidsconventies

Ook is het raadzaam rekening te houden met beleefdheidsconventies. Wanneer Noord Europeanen een feedbackgesprek voeren verwachten ze over en weer feedback. Zeker in Aziatische, maar ook Noord-Afrikaanse culturen is het 'not-done' om een hogergeplaatste tegen te spreken. Dit is zelfs erg onbeleefd. Het is voor mensen met zo'n culturele achtergrond zelfs onbeleefder om 'nee' tegen de baas te zeggen, dan 'ja' te zeggen en 'nee' te doen. Noord Europeanen zullen dat laatste erg vervelend vinden en dat is ook logisch. Het is echter goed te weten dat dit geen slechte wil of ondermijnend gedrag is maar een vorm van respect tonen.

De oplossing is om hier in gesprekken helder over te zijn. Dit kan door aan te geven echt op zoek te zijn naar de achterliggende mening. Het helpt om deze wens een aantal keer te herhalen tijdens het gesprek. Geef hierbij aan de dit echt gewenst is om te doen. Hiermee krijgt de medewerker de 'legitimering' om de werkelijke achterliggende opvatting te vertellen. Van belang is om aan het eind van het gesprek een gemaakte afspraak nog eens door de betreffende medewerker te laten samenvatten en te checken of hij de gemaakte afspraak gaat nakomen. Geef hierbij aan dat dit niet onbeleefd is maar erg op prijs wordt gesteld. Dat dit moeilijk is blijkt ook wel uit het volgende verhaal van een Nederlands echtpaar dat is geëmigreerd naar de Filipijnen:

Annemarie: "In de omgang zijn Filippino's ingetogen, ze willen mensen het liefst 'pleasen'. Vraag je ze de weg en ze weten het niet, dan laten ze dat niet merken. Ze willen niemand teleurstellen en wijzen dan maar een bepaalde kant op. Wij zijn inmiddels minder direct in onze communicatie."

Hans: "In Nederland zeg je: 'Ik ben het niet met je eens.' Daar ben je voorzichtiger. Gebruik je in een vergadering bijvoorbeeld geen fluwelen handschoenen, dan brand je volgens hen niet alleen het idee af, maar ook de persoon die het geopperd heeft."

Annemarie: "Filipino's zijn uitermate aardig, vriendelijk en warm. Wat we echter niet leuk vinden is dat wij als westerling op een voetstuk geplaatst worden. Ze vinden ons heel bijzonder, iedereen wil met je praten."

Bron: artikel *Hart en Ziel over Nederlanders*, BN-De Stem, 4 augustus 2015

Vraag 2 Waarom is het geven van opbouwende feedback lastig?

Niet zelden wordt de ontvanger boos of emotioneel als hij wordt aangesproken op zijn gedrag. Er volgt ontkenning bij hoog en laag of een stevige verdediging. De angst voor de reactie en de angst voor het slechter worden van de relatie weerhoudt veel mensen van het geven van feedback. Niet goed, want de onwenselijke situatie blijft in stand en dat kan tot nog meer fouten en ergernissen leiden. Door feedback onder vier ogen en tussen vier muren te geven en door het gedrag te beschrijven is de kans op 'hitte' in het gesprek al kleiner. En als dan ook het doel helder is (als feedbackgever niet je hart luchten, maar op zoek gaan naar oplossingen die tot verbetering leiden) is er nog meer gewonnen.

"Feedback geven blijkt vaak een worsteling. Mensen willen de relatie goed houden, anderen geen pijn doen, niet onprofessioneel overkomen. Maar bovenal willen ze niet toegeven dat ze het lastig en spannend vinden. Mensen aanspreken wordt immers gezien als een basisvaardigheid van een manager. Als je toegeeft dat je het lastig vindt, geef je gevoelsmatig toe dat je eigenlijk niet kunt managen."

Gytha Heins in het artikel *Iemand aanspreken blijft lastig*, in MT, juni 2014

Vraag 3 Wat zijn aandachtspunten bij het ontvangen van feedback?

In het omgaan met feedback speelt onzekerheid vaak een rol. Kritische feedback wordt snel gezien als een persoonlijke aanval en veroorzaakt een gevoel van afwijzing. De eerste neiging bij het ontvangen van feedback is om te gaan verdedigen. Dat is zinloos. De volgende vijf aandachtspunten helpen bij het ontvangen van feedback:

- Aandachtspunt 1: luister actief
- Aandachtspunt 2: vraag om een toelichting
- Aandachtspunt 3: toon waardering
- Aandachtspunt 4: denk na over de feedback
- Aandachtspunt 5: doe iets met de feedback

Aandachtspunt 1: luister actief

Wie feedback ontvangt, is gebaat bij actief luisteren. Dat houdt in dat verbaal en non-verbaal aandacht gegeven wordt aan wat de gesprekspartner te zeggen heeft.

Voorbeelden:

- knikken, hummen
- open houding
- oogcontact
- spiegelen

Aandachtspunt 2: vraag om een toelichting

Als niet helemaal duidelijk is wat de ander bedoelt, vraag dan om een toelichting. Probeer de feedback te begrijpen. Vraag door naar wat de ander precies bedoelt door te luisteren, samen te vatten en door te vragen en hiermee te controleren het of je het goed begrepen hebt.

Een voorbeeld:

- *'Je zegt dat het je stoorde dat ik te laat was. Wanneer was dat precies? Wat hadden we ook alweer afgesproken?'*

Aandachtspunt 3: toon waardering

Een gouden regel is de feedbackgever te bedanken voor zijn informatie. Zie de feedback als kans in plaats van een (persoonlijke) aanval. De feedbackgever geeft informatie waarmee de ontvanger zijn voordeel kan doen. Bovendien steekt de feedbackgever zijn nek uit, voor hem is het lang niet altijd gemakkelijk om de feedback te geven.

Een voorbeeld:

- *'Ik was me er niet van bewust dat mijn gedrag dit effect had. Ik stel het op prijs dat je mij dit vertelt.'*

Aandachtspunt 4: denk na over de feedback

Degene die feedback ontvangt, beoordeelt zelf wat met de feedback gedaan wordt. Tenzij hij bijvoorbeeld een verwijtbare fout heeft begaan of de veiligheidsvoorschriften aan zijn laars lapt.

Zijn de opmerkingen terecht of onterecht? Is er herkenning over de feedback? Is de feedback zinvol? Ga in geen geval verdedigen. Beter is het om te vragen wat de feedbackgever graag wil en waarom. Als de feedback beter begrepen wordt, is er meer begrip over waarom het punt voor de feedbackgever zo belangrijk is. Vervolgens kan beter afgewogen worden om wel of niet iets met de feedback te gaan doen.

Een voorbeeld:

- *'Je zegt dat je door mijn gedrag het gevoel hebt dat ik je niet serieus neem. Hoe kan ik je laten merken dat het wel zo is?'*

Aandachtspunt 5: doe iets met de feedback

Laat de feedbackgever weten wat met de feedback gebeurt. Als er niets mee wordt gedaan, geef dat dan ook aan.

Een voorbeeld:

- *'Ik heb gehoord wat je zei maar ik ben het niet met je eens. De reden is ...'*
- *'Ik heb gehoord wat je zei en ik ben het met je eens. Volgende keer maken we vooraf afspraken over een zakelijk overleg. We gaan er samen heen en spreken onze rolverdeling nog even door.'*

Vraag 4 Wat is feedforward?

Leren van fouten is en blijft heel waardevol. Maar gemaakte fouten kunnen niet hersteld worden. Ook weet de medewerker vaak waar het fout is gegaan en hoeft hij het daarom niet nog eens te horen. Waarom dan niet de focus op de toekomst richten? De toekomst is te veranderen, het verleden niet. Feedforward is feedback maar dan in z'n vooruit. Het is toekomstgericht, positief en legt de focus op hoe iemand zijn gedrag in de toekomst kan veranderen.

Een van de kenmerken van feedback is dat het gericht is op gedrag in het verleden. Deze vaak negatieve, mindere gebeurtenissen en voorvallen worden wederom besproken en daar zit een medewerker vaak niet op te wachten. Deze kunnen immers niet meer veranderd worden. Bij feedforward ligt de focus op het bespreken van het gewenste gedrag. Omdat een medewerker graag wil horen hoe hij nóg succesvoller kan worden, is hij eerder en meer toegankelijk voor feedforward. De medewerker is eerder bereid goed te luisteren, hij en de leidinggevende kunnen samen energiek 'de weg' naar dit succesvolle gedrag bespreken.

Feedforward in plaats van feedback; blik op de toekomst!

Vraag 5 Wat zijn do's and don'ts van een feedbackgesprek?

Wel doen

Zie kritiek als gratis advies

Natuurlijk is het de toon die de muziek maakt, maar wees blij als mensen feedback geven. Probeer door goed te luisteren en te vragen de feedbackgever te begrijpen en zie feedback als een kans om iets te leren.

Feedback herhalen

Feedback geven om een gedragsverandering tot stand te brengen is niet eenvoudig. In veel gevallen is het nodig om de feedback op verschillende momenten te herhalen en te onderbouwen met nieuwe praktijkvoorbeelden. Pas als het kwartje gevallen is, zal de feedbackontvanger daadwerkelijk met de feedback aan de slag gaan.

Voorbeeldrol vervullen

Feedback geven en ontvangen wordt door veel medewerkers als lastig ervaren. Een goede voorbeeldrol door de feedbackgever is belangrijk. Zowel op het gebied van feedback geven als feedback ontvangen. Goed voorbeeld doet goed volgen.

Niet doen

Een compliment bagatelliseren en veralgemeniseren

Bij het uitspreken van waardering voor een geweldige prestatie bestaat de neiging bij de ontvanger om het compliment te bagatelliseren. De schouders worden opgehaald en er wordt gedaan of de geweldige prestatie vanzelfsprekend was.

Een voorbeeld:

- *'Ach, het stelde niets voor!'*

Bescheidenheid maakt het vaak moeilijk om een persoonlijk compliment te accepteren. Veel mensen die een compliment ontvangen doen hun best om er meteen een algemeen verhaal van te maken. Als hen wordt verteld wat ze zo goed gedaan hebben, sommen ze meteen een aantal mensen op die daaraan ook hun bijdrage hebben geleverd.

Een voorbeeld:

- *'Dat heb ik niet alleen gedaan! Daar hebben we allemaal ons steentje aan bijgedragen!'*

Feedback zien als een persoonlijke aanval

In het ontvangen van feedback speelt onzekerheid van de ontvanger een rol. Kritische feedback wordt snel gezien als een persoonlijke aanval en veroorzaakt een gevoel van afwijzing. Feedback die niet correct gegeven wordt, roept al snel weerstand op. Het is de kunst van goed feedback ontvangen om hier goed op door te vragen en de feedback, hoe slecht ook gegeven, niet op te vatten als een persoonlijke aanval.

Moraliseren

Niet zeggen: 'het is voor je eigen bestwil'. Maar wees helder over jouw belang. De ander kan voor zichzelf zorgen.

INFORMATIEBRONNEN

Boeken

Berg, J. van den, *Het Nieuwe Beoordelen, focus op talenten*. Vakmedianet, 2017

Hoffman, E., *Interculturele gespreksvoering, Theorie en praktijk van het TOPOI- model*. Bohn Stafleu van Loghum, 2018

Koopmans, M., *Feedback. Commentaar geven en ontvangen*. Thema, 2007

Molen, H.T. van der, M. Hommes en F. Kluijtmans, *Gespreksvoering*. Noordhoff, 2016

Stone, D. en S. Heen, *Feedback is een cadeautje – Zelfs als het ongevraagd, onduidelijk en onterecht is en je er echt even geen zin in hebt*. Maven Publishing, 2014

Artikelen

Berg, J. van den, Een dikke pluim, *MT Rendement*, 2014

Boerman, P., Iemand aanspreken, het blijft lastig, *MT*, juni 2014

Dagblad BN-De Stem, Rubriek Hart en Ziel over Nederlanders in het buitenland, 4 augustus 2016

Internetsite

https://www.managementsite.nl/feedforward-feedback

Webinar

Selecteren op sterke punten. Jacco van den Berg in samenwerking met de NVP en Skilltown

6 HET BEOORDELINGSGESPREK

Jacco van den Berg

In het beoordelingsgesprek doet de leidinggevende waarderende uitspraken over het functioneren van de medewerker in de achterliggende periode. De beoordeling vindt plaats met behulp van een afvinklijst (kwaliteit = A: slecht, B: matig, C: voldoende, D: goed of E: uitstekend). In het gesprek (eenrichtingsverkeer) licht de leidinggevende zijn beoordeling toe met als doel de prestaties en het gedrag van de medewerker verder te verbeteren. Uitkomsten van beoordelingsrondes worden gebruikt voor het onderbouwen van beheersmaatregelen als het omzetten van een tijdelijk contract in een vast dienstverband, promotie, deelname aan projecten, dossiervorming of het toekennen van een bonus (prestatiebeloning). Tot zover de theorie, de praktijk is vaak anders.

WE DRONKEN EEN GLAS, DEDEN EEN PLAS EN ALLES BLEEF ZOALS HET WAS!

Een ander, maar net zo'n negatief verhaal, is te lezen in het boek *Get Rid of the Performance Review* van Samuel A. Culbert. Hij schetst een beeld van destructieve en frauduleuze beoordelingsgesprekken en stelt dat deze gesprekken als veroordelingsgesprekken worden ervaren waarin medewerkers te horen krijgen wat er allemaal fout is gegaan. Dat de beoordelingen op deze manier toch gehandhaafd blijven, komt volgens hem vooral omdat leidinggevenden de machtsverhoudingen in stand willen houden.

Culbert is geen voorstander van het afschaffen van het beoordelen, maar komt met verbetersuggesties. Hij schrijft over betrokkenheid van en verantwoordelijkheid voor de medewerkers bij het formuleren van hun doelstellingen, over de continue communicatie 'on the job' en over het doel van dit gesprek; een zinvolle bijdrage aan de ontwikkeling van de medewerker en organisatie. Hoe is nu vorm en inhoud te geven aan de suggesties van Culbert?

In dit hoofdstuk staan tips en tools om tot uniforme, objectieve en motiverende beoordelingsgesprekken te komen en antwoorden op de volgende vragen:

- Wat zijn de vier aandachtspunten voor een objectieve beoordeling?
- Hoe zijn de elementen van 'Het Nieuwe Beoordelen' in het beoordelingsgesprek op te nemen?
- Wat zijn veelgemaakte beoordelingsfouten?

Het was aan het einde van het jaar en Elenore Smalvrouw begon met het opstellen van de beoordelingen van haar medewerkers. Over Sophie was zij uitermate ontevreden en zij niet alleen. Via via hoorde zij dat klanten het afgelopen jaar niet altijd tevreden waren over Sophie en bij het koffieapparaat klaagden collega's weleens over haar oncollegiale houding. Elenore had het dit jaar echter te druk gehad om alles uit te zoeken, laat staan het met Sophie door te nemen. Maar Sophie zelf had natuurlijk ook deze geluiden gehoord. Elenore plaatste bij *Kwaliteit* het kruisje bij A (onvoldoende). En er volgden nog meer A'tjes.

6.1 DE VOORBEREIDING OP EEN BEOORDELINGSGESPREK

Het gebruik om één keer in het jaar over het werk te praten, is inmiddels wel ingeburgerd. Echter, vaak is 'het gesprek' een beleefdheidsritueel. De leidinggevende wil zijn schaarse en bevriende medewerker niet te hard afvallen. De kans is immers aanwezig dat deze dan zijn biezen pakt en dan zijn de problemen niet te overzien. Dikwijls ontbreekt het leidinggevenden aan lef om Duidelijk, Open en Eerlijk (DOE) te beoordelen. Als zij in het beoordelingsgesprek 'een harde noot kraken', bestaat de kans dat zij door hun medewerker niet meer aardig gevonden worden en dat is natuurlijk ook weer niet de bedoeling van een beoordelingsgesprek. Daarnaast zou een slechte beoordeling van een medewerker in de organisatie ook nog weleens uitgelegd kunnen worden dat de leidinggevende een steekje heeft laten vallen in de begeleiding. Helaas wordt daarom in veel gevallen de mantel der liefde gehanteerd. Wat is daar nu aan te doen?

De vier aanvliegroutes voor een meer objectieve beoordeling

Het beoordelingsgesprek is en blijft voor veel leidinggevenden een lastig gesprek. Beoordelen is nooit 100 procent objectief omdat de ene persoon (de leidinggevende) waarderende uitspraken doet over een ander (de medewerker). In de voorbereiding op het gesprek en tijdens het gesprek treden allerlei (intermenselijke) processen op waardoor de objectiviteit in het gedrang komt.

Ook zijn de beoordelingscriteria niet altijd scherp geformuleerd en kan de leidinggevende allerlei beoordelingsfouten maken. Hierna volgen vier aandachtspunten voor een zo objectief mogelijke beoordeling:

- Aandachtspunt 1: beoordelen op output
- Aandachtspunt 2: helderheid vooraf voorkomt gekissebis achteraf
- Aandachtspunt 3: soms moet je snoeien om te groeien
- Aandachtspunt 4: beoordelen doe je dagelijks

Aandachtspunt 1: beoordelen op output

Het beoordelen van medewerkers op wat er daadwerkelijk uit hun handen komt, is in Nederland inmiddels eerder regel dan uitzondering. Aan het begin van de beoordelingsperiode formuleert de leidinggevende met zijn medewerker in een zogeheten afspraken-, doelstellingen- of contractgesprek, de doelstellingen (zie aandachtspunt 2) waarop de medewerker in het beoordelingsgesprek wordt beoordeeld. Hiermee is het voor de medewerker helder wat van hem wordt verwacht.

> De spits van Excelsior stapt na de wedstrijd op zijn trainer af, wringt pontificaal voor diens ogen zijn shirtje uit en zegt:
> "Kijk eens trainer, allemaal zweet. Ik heb meeverdedigd, de aanval van de tegenpartij voortijdig gestoord en gaten getrokken voor onze opkomende middenvelders. Ik heb een goede wedstrijd gespeeld." "Mmm", zegt de trainer, "een spits moet maar één ding doen en dat is scoren en dat heb je nu juist niet gedaan. Helemaal geen goede wedstrijd, morgen een straftraining en volgende week zit jij naast mij op de bank."

Verkopers worden beoordeeld op de behaalde omzet, het aantal nieuwe klanten, het aantal succesvolle acquisities en de hoeveelheid repeat-vragen. Voor een storingsmonteur gelden andere indicatoren, zoals de tijd tussen de melding van een storing en de aanvang van een reparatie, de doorlooptijd van reparaties en minder uitval en afval.

Voorbeelden van indicatoren waarop output wordt beoordeeld:

- gerealiseerde besparingen
- percentage afkeuringen wegens kwaliteitsgebreken
- bereikbaarheid
- aantal en type klachten en wijze van afhandelen
- wachttijden aan balie of kassa
- omzet per afdeling/artikel
- foutenpercentage
- binnen de tijd afronden van projecten
- aantal declarabele uren
- succesvolle ontwikkeling van nieuwe producten en diensten

Aandachtspunt 2: helderheid vooraf voorkomt gekissebis achteraf

Veel leidinggevenden hebben nogal eens last van het 'snap-dat-dan'-syndroom. Zij gaan ervan uit dat medewerkers, zeker als deze al jarenlang voor hen werken, hun gedachten kunnen lezen en wel zullen weten wat er van hen wordt verwacht. Dat is natuurlijk niet zo. Bij beoordelen is het belangrijk dat de medewerker messcherp weet wat de leidinggevende van hem verwacht. Bij outputdoelstellingen is dat helder, zie aandachtspunt 1. Maar bij het formuleren van doelstellingen over gedrag en houding is dat minder eenvoudig. Zo kunnen alle medewerkers van een ziekenhuis op het criterium *nauwkeurigheid* beoordeeld worden. Maar deze competentie heeft op gedragsniveau voor een medewerker van de financiële administratie een hele andere invulling dan voor haar collega van de operatiekamer (zie paragraaf 2.1 van hoofdstuk 2, Het selectiegesprek).

SMART

Het SMART-principe biedt uitkomst bij het helder formuleren van doelstellingen. SMART staat voor: Specifiek, Meetbaar, Acceptabel, Realistisch en Tijd.

Specifiek

Een afspraak mag maar voor één uitleg vatbaar zijn. De omschrijving is zodanig dat zowel de leidinggevende als de medewerker exact weten wat zij hebben afgesproken. Als de leidinggevende vertrekt, ziet zijn opvolger in één opslag de bedoeling van de afspraak.

Meetbaar

Meten is weten. Om vast te stellen of een afspraak is nagekomen, is het noodzakelijk dat deze in meetbare termen omschreven is. In de praktijk is dit voor gedrags- en houdingsaspecten lang niet altijd even makkelijk. Soms zijn doelstellingen niet meetbaar maar vaak wel benoembaar. Want wat doet of laat een medewerker die klantgericht of flexibel is? Leidinggevende en medewerkers denken vooraf na wat er onder competenties als stressbestendig, accuraat, organisatiesensitiviteit, communicatief vaardig, goed kunnen plannen, representatief, collegialiteit, et cetera op gedragsniveau wordt verstaan. In hoofdstuk 2, Het selectiegesprek, meer over het operationaliseren van competenties.

Acceptabel

Zowel de leidinggevende als de medewerker vinden de afspraak acceptabel. Ook hier geldt dat het Effect van een doelstelling het resultaat is van de Kwaliteit en de Acceptatie. (Zie uitleg over de *Wet van Maier* in hoofdstuk 14, Het adviesgesprek).

Realistisch

De overtuiging dat de gemaakte afspraak in tijd, geld, middelen en uren haalbaar is, dient bij de leidinggevende en de medewerker aanwezig te zijn.

Tijd

In een doelstelling is een datum afgesproken waarop de doelstelling gerealiseerd dient te zijn. Om de voortgang te bewaken is het belangrijk tussentijds ijkmomenten af te spreken.

Randvoorwaarden

Bij het formuleren van een doelstelling is het belangrijk ook goed na te denken over de vier M's:

- Mensen: heeft de medewerker beschikking over voldoende uren om de doelstelling te bereiken?
- Macht: beschikt de medewerker over voldoende bevoegdheid om de doelstelling tot een goed einde te brengen?
- Middelen: heeft de medewerker voldoende middelen (instrumenten, ondersteuning, gereedschappen, budget) om de doelstelling te behalen?
- Methode: weet de medewerker hoe hij een goed resultaat kan behalen of is instructie of scholing nodig?

Andere aanvliegroutes voor het formuleren van doelen zijn:

- *ER-doelen;* zijn na te streven, maar weinig concreet. Voorbeelden: bet**er**, goedkop**er**, klantgericht**er**,
- *MAGIE-doelen;* zijn **M**eetbaar, **A**cceptabel, **G**ecommuniceerd, **I**nspirerend en **E**ngagerend.

Een *ER-doel* is een algemeen uitgangspunt en een *MAGIE-doel* zet medewerkers meer in beweging.

Het planningsgesprek

Veel organisaties geven met zogeheten plannings-, doelstellingen-, afspraken-, contract- of startgesprekken vorm en inhoud aan de hiervoor toegelichte aandachtspunten. Zij zijn bekend met de zogeheten PVB-gesprekkencyclus, die bestaat uit een **P**lannings-, **V**oortgangs- en **B**eoordelingsgesprek. In het planningsgesprek worden de (output)doelstellingen/ resultaatafspraken geformuleerd voor de komende beoordelingsperiode. Informatiebronnen hiervoor zijn doelstellingen/afspraken uit het afdelingsplan, de functiebeschrijving, het competentieprofiel en/of de vorige beoordeling. Hierna, onder *Aandachtspunt 4,* meer over de relatie en de verschillen tussen het plannings-, functionerings- en beoordelingsgesprek.

Focus op talent!

In hoofdstuk 7, Het functioneringsgesprek, wordt onder meer ingegaan op de 'sterke punten'-benadering. Versterk wat werkt!, is een belangrijk uitgangspunt van 'Het Nieuwe Beoordelen'. In deze benadering staat het ontdekken en ontwikkelen van talenten tot echte sterktes centraal. Doordat medewerkers werkzaamheden doen en/of rollen vervullen waar zij goed in zijn, die zij leuk vinden, presteren zij daar niet alleen goed in, zij worden daar ook beter in. *Fun makes it run!*

Hoe is nu in een bestaande gesprekkencyclus dit uitgangspunt van 'Het Nieuwe Beoordelen' te vervlechten? Hierna een stappenplan met als basisgedachte dat niet de leidinggevende maar medewerkers – rekening houdend met hun sterke punten – de rollen en werkzaamheden die voortvloeien uit de afdelingsdoelstellingen verdelen. De leidinggevende geeft alleen de afdelingsdoelstellingen en de kaders waarbinnen deze gerealiseerd moeten worden aan en de medewerkers puzzelen samen hoe zij deze doelstellingen gaan op- en aanpakken.

Stap 1

Medewerkers brengen onderling hun sterke punten, kwaliteiten en passie in kaart en denken hierbij na over antwoorden op vragen als:

- Wat geeft mij het grootste werkplezier? Wat doe ik het liefst in mijn werk?
- Van welke klanten, werkzaamheden en/of rollen krijg ik energie?
- Wat wil ik het komende jaar nog beter in de vingers krijgen?
- Wat wil ik over een jaar kennen, weten en kunnen wat ik op dit moment niet ken, weet en kan? Wat wil ik dan bereikt hebben?
- Wat voor werk doe ik graag? Op welke talenten wordt dan een beroep gedaan?
- Waar krijg ik vaak complimenten over? Wat zegt dat over wat ik goed kan?

- Wanneer ga ik fluitend naar huis (of naar mijn werk)? Wat heb ik dan bereikt? Welke kwaliteiten van mijzelf zet ik dan in?
- Wat vind ik een belangrijk succes uit de afgelopen tijd? Wat deed ik dat bijdroeg aan het succes? Wat was het effect daarvan? Wat zegt dit over wat ik goed kan?

Doordat persoonlijke doelen en talenten in deze stap nog niet gekoppeld zijn aan de inhoud van het werk, kunnen medewerkers in de stappen hierna scherp(er) benoemen waar zij, naar hun mening, hun grootste toegevoegde waarde kunnen creëren.

Stap 2

Met de afdelingsdoelen in de hand bepalen medewerkers gezamenlijk hoe zij hun talenten en kwaliteiten het best in kunnen zetten om deze doelen te realiseren. Gezamenlijk komen zij tot een voor allen passende oplossing. Als er gedurende het jaar nieuwe afdelingsdoelen worden geformuleerd, steken de medewerkers de koppen weer bij elkaar.

Omdat in deze stappen gebruik wordt gemaakt van de talenten van medewerkers is de kans groter dat zij de met hen afgesproken doelstellingen (moeiteloos) halen. En als alle medewerkers in hun kracht worden gezet, dan realiseert de leidinggevende zijn afdelingsdoelstellingen samen met plezier werkende en goed presterende medewerkers! Utopie? Misschien, want natuurlijk moeten de minder leuke werkzaamheden ook gedaan worden. Maar dat is geen reden om het niet na te streven en proefondervindelijk te gaan ervaren of deze aanpak werkt in de organisatie.

Stap 3

De overgebleven, minder leuke, taken ('de corvee-taken') worden eerlijk over het team verdeeld. Omdat al het werk verdeeld moet worden, stuurt de leidinggevende, hoewel hij meer dienend is en op de achtergrond aanwezig, (enigszins) deze verdeling.

Stap 4

De leidinggevende formuleert (lees: zet de punten op de i, medewerkers zijn onderling al akkoord) met iedere medewerker heldere werkgerelateerde doelstellingen en doelstellingen om de persoonlijke en professionele ontwikkeling van de medewerker te stimuleren en te richten.

In dit stappenplan maakt de 'top-down'-aanpak meer plaats voor de 'bottom-up'-aanpak. Natuurlijk zijn de, van de strategie van de organisatie afgeleide, afdelingsdoelstellingen 'opgelegd' en moeten misschien de rotklussen verdeeld of anders georganiseerd worden, maar medewerkers zijn meer in de *lead*. Allerlei tussenvarianten zijn natuurlijk ook mogelijk, het is een proces. Keulen en Aken zijn niet op één dag gebouwd en dat geldt natuurlijk ook voor het proces van 'Het Oude Beoordelen' naar 'Het Nieuwe Beoordelen'. Het gaat erom dat leidinggevenden een stapje terug doen en meer gebruikmaken van de *skills and will* van hun medewerkers om zelfstandig klussen te klaren en hen medeverantwoordelijk te maken voor het realiseren van de eigen doelstellingen. Dit 'intern ondernemerschap' leidt door de grotere autonomie tot een hogere motivatie en bevlogenheid, zeker als gebruik wordt gemaakt van de sterke punten van de medewerker. Met als einddoel betere prestaties en resultaten.

▸ Beoordelingssystemen duur en oneerlijk

'Gemotiveerd door autonomie, niet door een gesprek'

De jaarlijkse beoordelingsgesprekken kosten werkgevers minstens een miljard euro per jaar. Bovendien leveren de gesprekken heel veel frustraties op bij managers en werknemers.

Marleen Luijt
Rotterdam

▲ **Het beoordelingscircus leidt tot veel frustraties.** FOTO SHUTTERSTOCK

Dat zegt arbeidspsycholoog Kilian Wawoe van de Vrije Universiteit in Amsterdam. Hij kwam na een zevenjarige studie tot de conclusie dat er veel meer na- dan voordelen aan functioneringsgesprekken kleven. Wawoe begrijpt heel goed waarom verzekeraar Achmea heeft besloten om per 1 januari 2019 een punt achter het hele 'beoordelingscircus' te zetten.

Wawoe vindt het beoordelingsproces sowieso niet eerlijk: „Prestatiebeoordelingen hangen maar voor een heel klein deel samen met de prestatie. Dat klinkt paradoxaal, maar het blijkt dat als je één persoon laat beoordelen door verschillende mensen, de beoordelingen flink uit elkaar liggen."

Mannen, zo ontdekte Wawoe, worden over het algemeen beter beoordeeld dan vrouwen: „En mensen met een grotere mond krijgen ook een betere beoordeling. Een beoordeling zegt vaak meer over de beoordelaar dan over de beoordeelde."

Het afschaffen van het 'rammelende' beoordelingssysteem mag van daadkracht getuigen, er ontstaat wel degelijk een probleem: bij Achmea is er binnenkort geen verband meer tussen beoordeling en beloning. Iedere medewerker ontvangt jaarlijks dezelfde groeistap tot het maximum in de salarisschaal is bereikt. Ook als iemand heel goed gepresteerd heeft, of juist niet zo goed.

Egmond Borgdorff, directeur hr-beleid en arbeidsmarkt, denkt dat het Achmea-personeel geen traan zal laten om het verdwijnen van het beoordelingsgesprek. „Mensen in onze kennisorganisatie worden meer gemotiveerd als ze meer autonomie krijgen, zich meer kunnen ontwikkelen en weten wat hun toegevoegde waarde is", zegt hij. „Niet door een geldelijke beloning, die moet gewoon in orde zijn. Soms zullen we mensen met iets kleins belonen, een bos bloemen of een boek, bijvoorbeeld. En met feedback op dát moment, natuurlijk."

Ontwikkelen

En wat als mensen niet vooruit willen of niet goed presteren? „Ik ga ervan uit dat 95 procent van de mensen zich wel wil ontwikkelen", zegt de directeur. „Als iemand niet goed presteert, komt er zeker een gesprek. Maar we willen geen beleid maken voor die 5 procent die niet goed functioneert. Zo maak je het beoordelen voor iedereen tot last."

De vakbond en ondernemingsraad zijn op de hoogte van het besluit. „Achmea wil de nadruk gaan leggen op wat mensen goed doen, en niet op wat niet goed gaat. Dat juichen we alleen maar toe", zegt Inge de Vries, vakbondsbestuurder bij De Unie. Wel gaat de vakbond zich bij de komende cao-onderhandelingen hard maken voor een grotere jaarlijkse salarisstap. „Iedereen gaat er straks eenzelfde stap op vooruit, maar met de stapjes die werknemers nu zetten, zijn ze pas na twaalf jaar bij het maximum van hun salarisschaal. Dat moet naar zes jaar."

> **Een beoordeling zegt vaak meer over de beoordelaar dan over de beoordeelde**
>
> **– Onderzoeker Kilian Wawoe**

Ook maken ze zich zorgen over nieuwe beoordelingsmanieren die in pilots getest werden bij Achmea. „Een van de opties is dat mensen elkaar gaan beoordelen. Dat vergt nogal wat van jezelf, om het te vragen, en van je collega die jou moet beoordelen. Begeleiding is erg belangrijk, en dat gaat de leidinggevende veel tijd kosten."

▲ **Achmea-directeur Borgdorff.**

Achmea zegt het zelf een 'vooruitstrevende maatregel' te vinden. Het bedrijf wil geen top-downorganisatie zijn, maar een plek waar het draait om ontwikkeling en waar de medewerker meer de regie in eigen hand heeft. Zo mag iedere werknemer ook onbeperkt verlofuren kopen vanuit zijn of haar beschikbare budget. „Zo kan iemand met kinderen bijvoorbeeld de schoolvakanties vrij zijn en ontstaat er ruimte om werk en zorg te combineren", vertelt Borgdorff.

Voorlopers

In Amerika hebben onder meer het grote General Electric (330.000 werknemers), IBM, Microsoft en Netflix de afgelopen jaren al afscheid genomen van het traditionele beoordelingssysteem.

Bedrijven als Eneco, verzekeraar ASR, ING, Wolters Kluwer Nederland, Randstad en T-Mobile namen als grote spelers in Nederland al de beslissing om het anders te doen. Effectory, de Amsterdamse specialist in medewerkersfeedback, verliet zes jaar geleden al de hiërarchische structuur en ging over op zelfsturende teams. En bij adviesorganisatie PwC en advocatenkantoor Baker McKenzie wegen beoordelingen van collega's mee bij het bepalen van promotie en salaris van werknemers.

Om die onderlinge feedback makkelijker te maken, bestaan er feedbackapps als TruQu. „Er zijn ook bedrijven die beweren het systeem te hebben afgeschaft", aldus Wawoe. „Maar sommige daarvan hebben gewoon het ene systeem voor het andere ingeruild."

Aandachtspunt 3: soms moet je snoeien om te groeien

Veel leidinggevenden ontbreekt het aan lef om gedurende het jaar de medewerker Duidelijk, Open en Eerlijk (DOE) feedback te geven. Zij zien het beoordelingsgesprek als een beleefdheidsritueel en bedekken het slechte functioneren van hun medewerker met de mantel der liefde. Een hele kwalijke zaak. De medewerker hoort niets van zijn leidinggevende en denkt, onder het mom van 'geen bericht is goed bericht', dat hij goed functioneert. Omdat dit niet het geval is, wordt hem de kans ontnomen zijn presteren te verbeteren. Beter en ook eerlijker is het als de leidinggevende het onvoldoende functioneren (op een voor de functie belangrijke taak) benoemt, met de medewerker op zoek gaat naar de reden(en) en hier ontwikkelafspraken over maakt. Het kan dan zomaar zijn, dat bij de medewerker het kwartje valt en dat hij beter gaat presteren. Dit leidt tot een meer gemotiveerde medewerker die zijn leidinggevende waarschijnlijk nog eeuwig dankbaar (!) is. Een win-winsituatie.

Snoeien om te groeien en om te mogen blijven

De auteur van het boek *Het Nieuwe Belonen,* Kiliam Wawoe, spreekt ook over snoeien, maar dan snoeien om te blijven. Wawoe is voorstander van een tweepuntsschaal bij beoordelen: onvoldoende en voldoende. Hij maakt hier de vergelijking met het rijbewijsmodel. "Op je rijbewijs staat niet hoe goed je kunt rijden, maar je hebt het recht om te rijden. De overheid neemt het je weer af als je er een puinhoop van maakt. Afhankelijk of iemand voldoende of niet voldoende scoort, vindt er een ander soort gesprek plaats. In het ene geval gaat het om groeien om te bloeien en in het andere geval om groeien om te blijven. Dus er zal geïnvesteerd moeten worden in de groep die onderpresteert, maar ook in de andere groep om deze nog beter te laten worden."

Aandachtspunt 4: beoordelen doe je dagelijks

Steeds meer organisaties kennen een gesprekkencyclus die bestaat uit een plannings-, voortgangs- en beoordelingsgesprek. In het planningsgesprek (of doelstellingen- of afsprakengesprek) worden de doelstellingen geformuleerd voor de komende beoordelingsperiode. Informatiebronnen hiervoor zijn doelstellingen/afspraken uit het afdelingsplan, de functiebeschrijving, het competentieprofiel en/of de vorige beoordeling. In het beoordelingsgesprek wordt de mate van realisatie, van de in het planningsgesprek geformuleerde doelstellingen, beoordeeld. Tussentijds wordt de voortgang van deze doelstellingen gemonitord in het zogenoemde voortgangsgesprek (of functioneringsgesprek, zie hoofdstuk 7). In dit gesprek blikt de leidinggevende terug en toetst hij of de medewerker op schema ligt voor wat betreft de mate van realisatie van de afgesproken doelstellingen.

Planningsgesprek	Voortgangsgesprek	Beoordelingsgesprek
• tweerichtingsverkeer	• tweerichtingsverkeer	• eenrichtingsverkeer
• gericht op de toekomst	• gericht op verleden en heden	• gericht op het verleden en toekomst
• resulteert in doelstellingen en afspraken	• bewaking van de voortgang en, indien nodig, het formuleren van nieuwe doelstellingen en afspraken	• beoordeling van de mate van de realisatie van de doelstellingen en afspraken

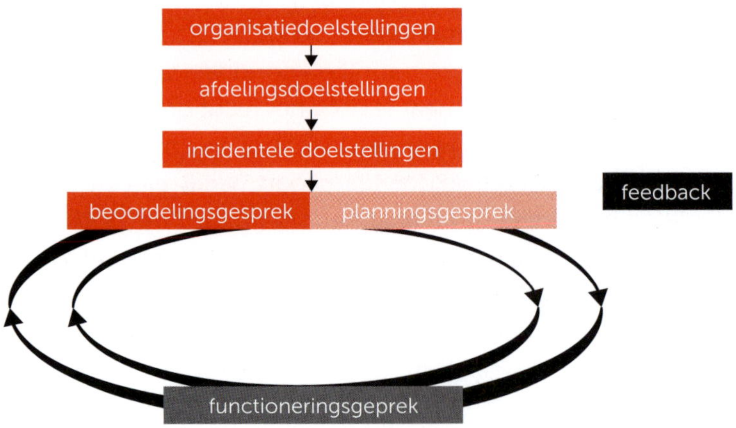

De gesprekkencyclus zou je als een wiel kunnen zien en een wiel wordt steviger met spaken. Terug naar beoordelen, hoe meer tussentijdse feedbackgesprekken ('spaken') hoe kleiner de kans op een onaangename verrassing voor de medewerker, hoe groter de kans op een objectieve beoordeling.

In de huidige literatuur wordt steeds vaker gepleit voor een informele benadering waarin het draait om het tijdig geven en ontvangen van feedback met duidelijke voorbeelden van gewenst en ongewenst gedrag. De nadruk ligt op de positieve elementen. Dagelijkse feedbackmomenten in plaats van twee of drie keer per jaar. Op deze manier leren medewerkers en leidinggevenden gezamenlijk verantwoordelijkheid te nemen. Ook spreken zij elkaar op een constructieve manier aan.

Bron: 'Heilige huisjes', column van Ido Shikma, vice president HR Centraal & Oost-Europa bij CGI. In *PW De Gids*, mei 2015

Zelfbeoordeling door de medewerker

Focus op talenten en een grote verantwoordelijk voor de eigen prestaties en de persoonlijke en professionele ontwikkeling zijn twee uitgangspunten van 'Het Nieuwe Beoordelen'. Een derde uitgangspunt is een continue dialoog. Bij medewerkers is er namelijk behoefte aan meer tussentijds contact over de voortgang van deze prestaties en ontwikkeling. Deze contact-/feedbackmomenten kunnen medewerkers zelf organiseren door 360-gradenfeedback op te halen bij projectleiders, collega's, interne en externe klanten, hun eigen leidinggevende en anderen die een goed beeld hebben over hun prestaties, gedrag en houding.

- De 360-gradenfeedback komt bijvoorbeeld van een opdrachtgever (de klant), projectmedewerkers of andere direct betrokkenen. Deze personen beantwoorden vragen als:
  - Waar moet de collega vooral mee doorgaan?
  - Wat moet de collega vaker laten zien?
  - Waarmee moet de collega stoppen?

Een andere variant is het geven van tops en tips:
- Geef jouw collega een top. 'Dat doe je goed. Dit waardeer ik in jouw gedrag en houding en zou je meer, vaker, langer, moeten doen.'
- Geef jouw collega een tip. 'Dit mis ik, dit duurt te lang, te kort. Dit is een verbeterpunt.'

In paragraaf 6.3 is bij vraag 1 een voorbeelduitnodiging opgenomen met daarin de vragen uit deze box.

6.2 HET VOEREN VAN EEN BEOORDELINGSGESPREK

Een gespreksmodel voor een beoordelingsgesprek

Het beoordelingsgesprek is eenzijdig en formeel van aard. De leidinggevende deelt aan het begin van het gesprek het eindoordeel mee en licht aan de hand van het formulier de beoordeling toe. Het gesprek bestaat uit de volgende stappen:
- Stap 1: opening
- Stap 2: eindoordeel
- Stap 3: toelichting op de beoordeling
- Stap 4: afronding

Stap 1: opening

De leidinggevende opent het gesprek met het DAT-principe (Doel, Agenda, Tijd). De agenda is kort: het eindoordeel en de toelichting hierop.

Tip: Laat het beoordelingsgesprek niet langer dan een uur duren!

Een beoordelingsgesprek duurt doorgaans niet langer dan één uur. Het is naast het geven van de beoordeling een toelichting op het functioneren. Dit is een optelsom van alle tussentijdse (feedback)gesprekken. Een uur is dus ruim voldoende. Als het gesprek gecombineerd wordt met een planningsgesprek kan anderhalf uur nodig zijn. Langer praten dan anderhalf uur is niet wenselijk. De concentratie wordt dan minder en dan is het verstandig een vervolgafspraak in te plannen.

Stap 2: eindoordeel

Direct na de opening deelt de leidinggevende het eindoordeel mee. Als het eindoordeel positief is, is de toon op een positieve manier gezet. Als het eindoordeel negatief is, is er voldoende tijd om reacties op te vangen. Het beoordelingsgesprek heeft dan het karakter van een slechtnieuwsgesprek (zie hoofdstuk 19, Het slechtnieuwsgesprek). Hoewel het nooit een verrassing is, kan de uitkomst van een beoordeling voor de medewerker wel een teleurstelling (slecht nieuws) zijn.

Stap 3: toelichting op de beoordeling

Aan de hand van de in het planningsgesprek geformuleerde doelstellingen en de gedragscriteria/competenties van de functie licht de leidinggevende de beoordeling toe. Hoewel het een min of meer eenzijdig gesprek is, is het zeker niet de bedoeling dat de medewerker alles zwijgend aanhoort. De leidinggevende blijft bij discussie of onenigheid echter bij zijn oordeel. Een beoordelingsgesprek is immers geen onderhandelingsgesprek.

Tip: Vul het beoordelingsformulier vóór het gesprek in!

Het beoordelingsformulier wordt vóór het gesprek ingevuld. Als de leidinggevende zijn medewerker in de achterliggende periode frequent feedback heeft gegeven op zijn functioneren, beoordelen doe je immers dagelijks, is een beoordeling niets meer dan een formele vastlegging van wat beiden al weten. Het beoordelingsgesprek is dan ook een toelichting op de beoordeling door de leidinggevende.

Stap 4: afronding

De leidinggevende rondt het gesprek af. Afhankelijk van de gekozen systematiek worden de doelstellingen voor de komende periode geformuleerd of wordt er een afspraak gemaakt voor het plannings-, doelstellingen- of contractgesprek.

Tip: Denk aan de 80-20 regel!

Ook bij het beoordelingsgesprek kan de 80-20 regel optreden, maar dan in negatieve zin. Waak ervoor dat je 80 procent van de gesprekstijd aan het praten bent over zaken die niet goed zijn gegaan. Draai het eens om!

Tip: Zet een handtekening 'Voor gezien'!

Op het beoordelingsformulier tekent de medewerker *Voor gezien* en de leidinggevende *Voor het opstellen*. De medewerker heeft de toelichting op de beoordeling gehoord en als hij op onderdelen het niet eens is met de beoordeling, kan hij op het beoordelingsformulier zijn reactie verwoorden.

Elenore viel bij aanvang van het beoordelingsgesprek met de deur in huis. "Ik ben ontevreden over jou, je hebt er een potje van gemaakt." Nog voordat zij haar beoordeling kon toelichten, viel Sophie uit. "Je hebt het hele jaar niets tegen mij gezegd en mij in de waan gelaten dat ik goed functioneerde. Je hebt mij de kans ontnomen om mijn functioneren te verbeteren. Dit is niet eerlijk." Elenore voelde meteen al dat Sophie's opmerking hout sneed. De uitkomst van een beoordeling, positief of negatief, mag nooit een verrassing zijn en dat was het voor Sophie dus wel. Het werd een heel lastig gesprek.

6.3 VEELGESTELDE VRAGEN OVER EEN BEOORDELINGSGESPREK

Vraag 1 Op welke wijze kan een medewerker zijn functioneren zelf evalueren?

In menig organisatie zijn medewerkers steeds meer zelf verantwoordelijk voor (het monitoren van) de eigen prestaties en persoonlijke- en professionele ontwikkeling. Het beoordelingsgesprek, maar ook het functioneringsgesprek, is een uitgelezen moment om deze onderwerpen te bespreken. Hierna een voorbeelduitnodiging met vele vragen aan de hand waarvan de medewerker een zelfbeoordeling op kan opstellen en feedback op kan halen bij personen die zicht hebben op zijn functioneren.

Het goede gesprek: een echte dialoog over lerend presteren

Beste ……

Op …… om …… uur in …… voeren wij ons jaarlijkse evaluatiegesprek (progress & evaluate). In deze uitnodiging vind je meer informatie over hoe je deze dialoog kunt voorbereiden.

Voortgang op de geformuleerde doelstellingen
……

In ons gesprek bespreken wij als eerste de geformuleerde doelstellingen (planning & goalsetting) uit ons gesprek (gedrag en resultaat). Mijn vraag is om zelf na te gaan of, en in welke mate jij voortgang boekt bij het realiseren van deze doelstellingen.

Concreet, kun jij:
- Op basis van meer 'harde informatie' (budgetten, deadlines, declarabele uren, et cetera) toelichten hoe jij vindt dat het gaat met het realiseren van de resultaatdoelstellingen (*wat*).
- Bij een aantal direct betrokkenen vragen in welke mate jij in je dagelijks werk vorm en inhoud geeft aan de waarden en functiecompetenties (*hoe*).

Hiervoor kun jij hen de onderstaande vragen voorleggen:
- Waar moet ik vooral mee doorgaan?
- Wat moet ik vaker laten zien?
- Waar moet ik mee stoppen?
- Wil je mij één top geven? 'Doe je goed, dit waardeer ik in jouw gedrag en houding en zou je meer, vaker en/of langer moeten doen.'
- Wil je mij één tip geven? 'Dit mis ik, dit duurt te lang, te kort. Dit is een verbeterpunt.'

Jezelf een spiegel voorhouden en de volgende vragen beantwoorden:

- Wat ging er de afgelopen tijd goed en waar blijkt dat uit?
- Tegen welke problemen ben ik aangelopen en hoe kwam dit?
- Wat waren mijn oplossingen voor de ervaren knelpunten?

Kun je een voorbeeld geven waaruit blijkt dat jij het afgelopen half jaar de verwachtingen hebt overtroffen voor:

- een collega
- een opdrachtgever
- de organisatie

Vraag 2 Hoe kun je het beste omgaan met een medewerker voor wie de beoordeling een teleurstelling is?

In een gesprek kunnen emoties, positief of negatief en in sterke of in minder sterke mate, gaan opspelen. Geef iemand altijd de ruimte en de tijd om deze emoties te uiten. Echter, de beoordelaar is NIET de aangewezen persoon om troost te bieden, integendeel zelfs. Het is niet erg om op dat moment even minder populair te zijn, dat is nu eenmaal de rol van een leidinggevende. Dus laat de medewerker zijn emoties (naar redelijkheid) delen en wacht tot de spanning er een beetje vanaf is. Zodra dat het geval is, kan het in het vervolggesprek besproken worden hoe je nu met elkaar verder kunt gaan. Een voor de medewerker teleurstellende beoordeling duidt op mogelijkheden voor verbetering en daar moet nu de focus op komen te liggen. Als de emotie eraf is, is de medewerker meestal wel ontvankelijk voor de goede bedoelingen en de verbeteringen.

Als de medewerker boos en/of teleurgesteld blijft, dan is het verstandig om eerst te analyseren waar deze emoties vandaan komen. Komt de onvoldoende beoordeling als een onaangename verrassing, dan is het begrijpelijk dat de medewerker emotioneel is en blijft. In de communicatie is tussen beiden iets (grondig) misgegaan en dat dient dan eerst opgelost te worden.

Vraag 3 Wat zijn horn- en halo-effecten?

Van het horn-effect is sprake als de beoordelaar één negatief punt laat uitstralen over alle andere te beoordelen criteria. Voorbeeld: 'Piet is niet klantgericht, dan zal de administratieve afhandeling van de orders ook wel niet goed zijn.' Dit in tegenstelling tot het halo-effect (stralenkrans). Daar is namelijk sprake van als de beoordelaar één positief aspect laat uitstralen over de andere beoordelingscriteria. Voorbeeld: 'Piet is goed in het schrijven van beleidsnota's, dus zal hij ook wel een goede presentatie kunnen geven.'

Vraag 4 Wat betekent bij beoordelen 'discrimineren'?

Om tot een zo objectief mogelijke beoordeling te komen is het belangrijk om naar meerdere aspecten (criteria) in het functioneren te kijken. Hierbij is het van belang om ieder criterium afzonderlijk te beoordelen. Zo is het beoordelingscriterium *kwaliteit* totaal iets anders dan het criterium *kwantiteit* en dat wordt met discrimineren bedoeld. Een medewerker die bijvoorbeeld topproducten levert, maar er wel lang over doet, zal een *uitstekende* beoordeling krijgen op het gebied van *kwaliteit,* maar een *'onvoldoende'* scoren op *kwantiteit*.

Vraag 5 Waarom beoordelen op output in plaats van input?

Hard werken en veel uren maken, is voor menig leidinggevende dé norm voor een goed functionerende medewerker. Maar dat is eerlijk gezegd onzin, hard werken is eerder een voorwaarde. Als je twee medewerkers hebt, die beiden een gelijkwaardige output leveren, waardeer je dan diegene die er meer uren voor nodig heeft hoger dan diegene die in een korte tijd de klus klaarde? De tweede heeft waarschijnlijk meer potentieel en kun je belonen met meer uitdaging of een breder werkterrein.

Daarnaast: hoe iemand de resultaten bereikt, is uiteindelijk minder relevant dan de resultaten zelf. Leidinggevenden sturen in Het Nieuwe Werken (HNW) meer op output en geven medewerkers de Vrijheid, de Verantwoordelijkheid en het Vertrouwen het werk naar eigen inzicht te verrichten: de drie vitamines V van Het Nieuwe Werken.

In HNW kunnen medewerkers plaats- en tijdonafhankelijk werken. Dit vereist een andere wijze van leidinggeven en beoordelen. Voor leidinggevenden betekent HNW sturing op output en niet meer op aanwezigheid. De leidinggevende moet erop vertrouwen dat de medewerker buiten zijn gezichtsveld de afgesproken werkzaamheden (geformuleerde doelstellingen) verricht.

In Het Nieuwe Werken werkt de medewerker waar en wanneer het hem uitkomt en wil afgerekend worden op de output van zijn inspanningen, niet op de input en throughput. Echter, menig leidinggevende is nog steeds een wantrouwende control freak die van minuut tot minuut controleert wat de medewerker doet en vooral ook laat.

Vraag 6 Wat zijn do's and don'ts van een beoordelingsgesprek?

Wel doen

Complimenten geven en laten geven

Natuurlijk worden ook topprestaties van een medewerker besproken en deze spaart een leidinggevende niet op voor een beoordelingsgesprek. Hij zet meteen zijn medewerker die met een gouden idee komt om kosten te besparen, een grote opdracht naar binnen heeft gehengeld of een nieuw concept heeft bedacht dat aanslaat, in het zonnetje. Meer over het geven van een compliment in hoofdstuk 5, Het feedbackgesprek. Maar het geven van complimenten is niet het alleen recht van de leidinggevende.

Een paar jaar geleden introduceerde de Kjaer Group (een Deens bedrijf dat auto's verkoopt in ontwikkelingslanden) de Orde van de Olifant. Dit is een enorme pluchen knuffelbeest dat medewerkers aan elkaar kunnen toekennen. Er hoort een uitleg bij over waarom je de orde verdiend hebt. Je mag de olifant een paar maanden op je bureau zetten. En niemand ziet hem over het hoofd, want hij is meer dan een halve meter hoog.

De collega's zien de olifant en vragen meteen: 'Hé, staat de olifant hier? Wat heb je gedaan?' Op deze manier worden de mooie verhalen en de beste tips opnieuw verteld.

Bron: boek *12 dingen die je moet weten over gelukkig werken,* 2016

Hogere functie, dan ook hogere normen

Het is fout als verwachtingen over een gepromoveerde medewerker op het 'oude niveau' blijven. De medewerker krijgt niet alleen meer salaris en misschien het woordje 'senior' op zijn visitekaartje, maar van hem wordt ook meer verwacht. Met het zwaarder worden van een functie, worden de beoordelingsnormen ook hoger. Moest de medewerker in zijn rol als junior bijvoorbeeld 1.000 uur declarabel zijn, dan is dat in zijn nieuwe functie als senior 1.250 uur. Als hij dan in de afgelopen beoordelingsperiode 1.100 uur declarabel is, dan is het oordeel over hem op dit criterium *onvoldoende.* Dus 1.100 uur is voor een junior *goed* en voor een senior *onvoldoende.*

Loslaten van oude beelden

Mensen nemen dingen gemakkelijk waar zoals zij die willen waarnemen of gewend zijn waar te nemen. Informatie die niet of minder past, werkt verstorend en wordt niet opgenomen. Zo hebben sommige medewerkers kruizen op hun voorhoofd en dit kan gebaseerd zijn op een voorval dat vele jaren geleden heeft plaatsgevonden. Als medewerkers na dit voorval hun leven hebben verbeterd, is het belangrijk deze oude beelden los te laten, het nieuwe gedrag te zien en in een beoordeling dit gedrag positief te beoordelen (misschien is waarderen een beter woord). In jargon wordt het niet (willen) zien en horen van dit nieuwe gedrag, de consistentiefout genoemd. Het spreekwoord 'eens een dief, altijd een dief' duidt deze fout op een treffende wijze.

Snoeien om te groeien

Een van de doelen van de gesprekkencyclus is het stimuleren van de persoonlijke- en professionele ontwikkeling van de medewerker. Voor deze ontwikkeling bewijzen de competenties hun waarde. Als blijkt dat een competentie in onvoldoende mate aanwezig is of dat dreigt te worden, dan stellen leidinggevende en medewerker dit vast in een beoordelingsgesprek. Het is natuurlijk beter dit mindere presteren in een voortgangsgesprek aan te snijden. Beiden gaan op zoek naar welke gedragsaspecten de medewerker minder in de vingers heeft. Aansluitend maken zij ontwikkelafspraken die ertoe leiden dat de medewerker over deze competentie gaat beschikken. Dus niet eromheen draaien of een voldoende beoordeling geven, maar vastleggen, bespreken en aanpakken.

Niet doen

Projectie

Een andere veelvoorkomende beoordelingsfout is projectie. Bij projectie verheft de beoordelaar zijn prestaties en gedrag tot de norm. Als de beoordelaar zelf 80 uur per week werkt, beoordeelt hij het beoordelingscriterium *Inzet* met een onvoldoende als medewerkers (met een arbeidscontract van 38 uur per week) 'slechts' 50 uur werken. Beoordelen is functiegebonden en hetgeen vooraf is afgesproken (helderheid vooraf voorkomt gekissebis achteraf) is de norm.

Van horen zeggen

Het beoordelingsgesprek is de toelichting van de beoordeling van de leidinggevende. Als de medewerker dan om feiten en voorbeelden vraagt en de leidinggevende gebruikt woorden en zinnen als 'ik heb de indruk, men zegt en ik heb gehoord', et cetera, dan krijgt de leidinggevende het lastig. Een beoordeling is gebaseerd op feiten en deze feiten heeft de leidinggevende de afgelopen beoordelingsperiode 'teruggegeven'. Beoordelen gebeurt dagelijks en daardoor kent een beoordelingsgesprek geen verrassingen, maar is het een optelsom van de uitkomsten van alle feedbackgesprekken.

Recente gebeurtenissen zwaarder mee laten wegen

Een recente gebeurtenis (positief of negatief) wordt door menig leidinggevende voor een onevenredig groot deel in het oordeel meegewogen. Dit is fout. Een beoordelingsperiode bestrijkt veelal een periode van twaalf maanden. Dus een voorval (positief of negatief) dat de laatste maand heeft plaatsgevonden, wordt afgezet tegen alle feiten die in de andere elf maanden van het beoordelingsjaar hebben plaatsgevonden. Op deze manier komt een afgewogen en evenwichtig oordeel tot stand.

INFORMATIEBRONNEN

Boeken

Berg, J. van den, *Het Nieuwe Beoordelen, focus op talenten*. Vakmedianet, 2017

Culbert, Samuel A., *Get Rid of the Performance Review*. Business Plus; Hachette Book Group, 2010

Peper, G., F. van der Meulen en M. Wolff, *12 dingen die je moet weten over gelukkig werken*. Het Happiness Bureau en Happy Office, 2016

Wawoe, K.W., *Het Nieuwe Belonen*. Performa, 2017

Artikelen

Berg, J. van den, Een spiegel voor laten houden, *HR Rendement*, 2017

Berg, J. van den, Het Nieuwe Beoordelen, focus op talenten, *PW De Gids*, 2016

Elbrink, L., F*ck het functioneringsgesprek, *MT*, 2018

Shikma, I., Heilige huisjes, *PW De Gids*, mei 2015

Woerkom, M. van, Puzzelen met sterke punten. *PW*, juni 2018

Blogs

Berg, J. van den, De sterke punten benadering, van een + een ++ maken, *HRbase*, 2017

Berg, J. van den, Beoordelen? We drinken een glas, doen een plas en alles bleef zoals het was, *Alles over HR*, 2014

Webinar

Beoordelingsgesprekken, Jacco van den Berg in samenwerking met SkillsTown

7 HET FUNCTIONERINGS-GESPREK

Jacco van den Berg

Weet jij wat het 'snap-dat-dan'-syndroom inhoudt? Het is een kwaaltje waar menig leidinggevende aan lijdt. Het is de leidinggevende die ervan uitgaat dat zijn medewerkers zelf wel weten wat er van hen wordt verwacht en hoe zij (moeten) functioneren. Helaas is dat niet zo. Niet voor niets is één van de vier aandachtspunten bij beoordelen: helderheid vooraf voorkomt gekissebis achteraf. Als verwachtingen worden ingelost, is dat voor de leidinggevende een moment voor een schouderklopje, en hij voert een goed gesprek als de prestaties van medewerkers achterblijven.

Omdat de waan van de dag regeert, vinden deze (feedback)gesprekken gehaast en tussen neus en lippen door plaats. Waarom niet één keer in het kwartaal als leidinggevende met medewerkers op een gestructureerde wijze functionerings-/voortgangsgesprekken voeren? Het geven van feedback en het voeren van deze gesprekken verkleint de kans dat de beoordeling voor de medewerker een onaangename verrassing is. Tussentijds kunnen bepaalde zaken besproken (en misschien zelfs uitgesproken) worden en de voortgang van de in het plannings- of doelstellingengesprek geformuleerde doelstellingen gemonitord worden. Medewerkers kunnen deze feedback ook zelf organiseren. In het vorige hoofdstuk is beschreven hoe.

R.K. Leefman kwam niet altijd op tijd bij klanten. Hij zag er dan ook nog onverzorgd uit (zo berichtte een klant) en ook kwam hij zijn afspraken niet op tijd na. De directie vroeg zich ook weleens af of Leefman een alcoholprobleem had. Bijkomend probleem was dat hij bij één van de directeuren een lening had die niet op tijd werd terugbetaald. Als klap op de vuurpijl was er ook al eens een deurwaarder op kantoor geweest. Eén van de directeuren besloot de onvrede die er heerste maar eens te bespreken.

In dit hoofdstuk worden de volgende vragen beantwoord:

- Hoe is werkgeluk in het functioneringsgesprek te bespreken?
- Wat is de 'sterke-punten'-benadering en hoe kan deze in het functioneringsgesprek ingezet worden?
- Hoe is de STARR-methodiek in te zetten bij een zelfevaluatie?

7.1 DE VOORBEREIDING OP EEN FUNCTIONERINGSGESPREK

Wat is een functioneringsgesprek?

De spraakverwarring over wat nu een functionerings- en beoordelingsgesprek is, is groot. In dit hoofdstuk wordt in de rubriek *Veelgestelde vragen* duidelijkheid gecreëerd. Ook in hoofdstuk 6, Het beoordelingsgesprek, wordt op het verschil en de relatie van deze twee gesprekken ingegaan.

Een definitie:

> **"Een functioneringsgesprek is een regelmatig terugkerend gesprek tussen de leidinggevende en zijn medewerkers over structurele punten 'in en om' het werk. Het doel is de kwaliteit van de Werkinhoud, Werkverhoudingen, Werkomstandigheden, Werkbelasting, Werkplezier en Werksfeer (zes W's) in de toekomst verder te verbeteren door het maken van afspraken."**

Hoewel in een functioneringsgesprek de oriëntatie op de toekomst ligt, wordt in het gesprek ook stilgestaan bij het heden en het verleden. Het is immers lastig om afspraken te maken over de toekomst zonder stil te staan bij het heden en het verleden. Zo kunnen er afspraken gemaakt worden over zaken die beter moeten, dit omdat prestaties en/of gedrags- of houdingsaspecten in het verleden onder de maat waren. Natuurlijk kunnen afspraken worden gemaakt om bepaalde sterke punten nog frequenter in te zetten of nog verder te ontwikkelen. Versterk wat werkt!

Versterk wat werkt!

In de voorbereiding op het functioneringsgesprek kunnen medewerkers en leidinggevenden zeker ook nadenken over hoe de sterke punten van medewerkers nog meer ingezet kunnen worden. Focus op hun talenten leidt tot meer werkplezier en betere prestaties. En daar spint de leidinggevende natuurlijk ook garen bij.
Als het gaat over leren en veranderen, wordt vaak gestart bij zwakke punten. Dat begint al op school, waar leerlingen bijles krijgen voor een vak waar zij een onvoldoende voor staan. Later, in hun werkzame leven, heeft een B-score in het beoordelingsgesprek ('behoeft verbetering') een coachingstraject als gevolg. Het idee is de kloof tussen de aanwezige en de vereiste competenties van het profiel te dichten. Deze tekortgerichte benadering is natuurlijk niet fout. Iemand die met een blindedarmontsteking in de operatiekamer ligt, hoopt dat de chirurg van dienst het in de vingers heeft om de ontstoken blindedarm vakbekwaam te verwijderen.

Versterken van je eigen kracht

Bij deze zogeheten deficiëntiebenadering besteden leidinggevenden weinig aandacht aan de sterke punten van een medewerker en dat is hen misschien niet eens kwalijk te nemen. Ook zij zijn kind geweest en kregen in hun jeugd straf als ze iets verkeerds deden en juist geen complimenten als ze iets goeds deden. Dit is in het werkzame leven niet altijd effectief. Gelukkig is de laatste jaren sprake van een omslag en komt het sterkteperspectief meer naar de voorgrond. Bij een sterkteperspectief zijn juist de talenten van medewerkers het vertrekpunt voor goede prestaties en persoonlijke en professionele ontwikkeling.

Een definitie:

> **"De 'sterke punten'-benadering is een perspectief op ontwikkeling waarbij de focus niet zozeer ligt op het verbeteren van de zwakke kanten van medewerkers, maar juist op het optimaliseren van hun talenten. Ofwel: aandacht voor zwakten verzwakken je, aandacht voor sterkten versterken je."**

Van een vijf naar een zes ... of van een zeven naar een acht?

Leren en ontwikkelen vanuit een tekort kost vaak energie en is hard werken. Om van een competentie of taak die gewaardeerd wordt met rapportcijfer *vijf* een *zes* te maken, is veel bloed, zweet en tranen nodig. In het ontwikkeltraject kan het werkplezier van de medewerker dalen en er is niet altijd garantie op succes.

Waarom niet van *'een zeven een acht'* maken? Leren en ontwikkelen vanuit overvloed, biedt ruimte en de mogelijkheid tot het ontdekken van nieuwe inzichten, aanpakken en ervaringen. Niet alleen leuk en uitdagend voor de medewerker, ook de leidinggevende spint er garen bij. De medewerker verricht nog meer werkzaamheden die hij leuk vindt en waarin hij goed is. Het werkplezier en de prestaties stijgen.

De 'sterke punten'-benadering biedt mogelijkheden om bij medewerkers talenten te ontdekken, te waarderen en om deze met bijvoorbeeld training, coaching en tijdens het werk verder te ontwikkelen tot echte sterktes. Bij deze benadering voelen medewerkers zich meer gezien. Bij de verdeling van de rollen, taken en werkzaamheden is er aansluiting bij hun talenten. Doordat zij dingen doen die zij leuk vinden en waarin zij goed zijn, worden zij daar vaak nog beter in.

Een bekend en aansprekend voorbeeld van focussen op sterke punten is het verhaal van hockeyinternational Sylvia Karres. Marc Lammers, haar toenmalige coach en bondscoach van het Nederlandse vrouwenhockeyteam, trainde eerst en alleen maar op haar zwakke backhand. Oefening baart immers kunst. Maar doordat ze hier niet goed in was, lukte het niet en raakte zowel zij als het team in een negatieve spiraal. De hockeycoach kwam tot het inzicht om te focussen op haar sterke punt; de tip-in. Tijdens de wedstrijden maakten haar medespeelsters graag gebruik van haar doorontwikkelde tip-in (kwaliteit). Sylvia Karres werd in het eerstvolgende toernooi topscorer.

Bekijk op YouTube het filmpje waarin Marc Lammers vertelt over het focussen op de sterke punten.

Bron: boek *Het Nieuwe Beoordelen, focus op talenten*, 2017

Tip: Focus op een goede aansluiting!

Wel moet er ook 'gewoon gewerkt' worden. In iedere functie zijn er werkzaamheden en rollen die misschien minder leuk zijn. Organisaties willen natuurlijk gelukkige medewerkers maar zijn geen geluksfabrieken. Een functie die voor 100 procent uit taken bestaat die alleen maar aansluiten bij de sterke punten is een utopie. Dit neemt niet weg dat het focussen op een goede aansluiting altijd rendeert.

De voorbereiding aan de hand van de vier A's

Gelijkwaardigheid, tweerichtingsverkeer en de oriëntatie op de toekomst zijn drie belangrijke kenmerken van een functioneringsgesprek. De leidinggevende, die hiërarchisch de meerdere van zijn medewerker is, verstaat in het gesprek de kunst om zich gelijkwaardig op te stellen.

De voorbereiding speelt hierin een cruciale rol en het volgende stappenplan bewijst hierin haar waarde:

- Stap 1: aankondiging
- Stap 2: afstemming
- Stap 3: afspraken
- Stap 4: actie

Stap 1: aankondiging

Twee weken voor het geplande functioneringsgesprek vraagt de leidinggevende zijn medewerker een lijstje met gesprekspunten op te stellen. De leidinggevende stelt zelf ook zo'n lijstje op.

Een functioneringsgesprek is een dialoog die wordt gevoerd op basis van gelijkwaardigheid. Daar past een inderhaast en eenzijdig ingeplande afspraak niet bij. Plan daarom ruim van tevoren het gesprek, nodig de medewerker uit en wissel van tevoren agendapunten uit. Het uitwisselen van agendapunten komt het tweerichtingsverkeer in het gesprek ten goede en is daarom een essentiële stap.

Beste ...

Binnenkort hebben wij een afspraak voor een functioneringsgesprek. Met deze e-mail geef ik je alvast informatie over de inhoud van en de voorbereiding op dat gesprek. Wij hebben afgesproken op ...... om ...... uur in ...... Als wij al eerder een functioneringsgesprek hebben gehouden, dan is dit gesprek een vervolg daarop. Dat betekent dat we zullen terugkijken op de onderwerpen en afspraken die de vorige keer besproken zijn.

Hoe kun jij je voorbereiden?

- Met welk rapportcijfer waardeer jij je werkinhoud, de werkomstandigheden en jouw werkplezier?
- Wat moet er volgens jou gebeuren om dit cijfer volgend jaar met 1 punt te verhogen?
- Wat gaat er goed in het werk en wat niet? Wat zijn jouw ideeën om hier een structurele verandering in aan te brengen?
- Welke van de voor jouw functie geprioriteerde competenties zijn naar jouw mening sterk en welke minder sterk? Wat zijn jouw ideeën om nog meer gebruik te maken van jouw sterke punten? Wat heb je nodig om je minder sterke competenties te ontwikkelen?
- Wat zijn jouw persoonlijke ambities/ontwikkelingswensen?

Uiteraard kunnen er ook allerlei vragen van jou aan de orde komen. Als je die nu al weet, zou ik die graag in het kort van je ontvangen, zodat ik mij daarop kan voorbereiden.

Tot binnenkort!

Bron: *uitnodigingsflyer van een scholengemeenschap*

Ontwikkelen door een zelfevaluatie met de STARR-methodiek

De STARR-methodiek bewijst niet alleen haar waarde bij het gedragsgerichte selectiegesprek maar ook bij een zelfevaluatie van het functioneren. De letters 'STARR' staan voor S = Situatie, T = Taak, A = Actie, R = Resultaat en R = Reflectie. Hoe kan een medewerker deze methodiek inzetten voor de eigen ontwikkeling?

Met behulp van de STARR-methodiek houdt een medewerker zichzelf een spiegel voor en blikt bijvoorbeeld terug op een project en evalueert zelf of een (ontwikkel)afspraak over een competentie (bijvoorbeeld meer resultaatgerichtheid en proactiever handelen) in het gedrag zichtbaar is geworden.

Een voorbeeld:

Een projectleider kan op basis van harde informatie (tijd en budget) en een klantbeoordeling in grote lijnen het Resultaat benoemen. Als geen ander kent hij de Situatie (het project met budgetten, deadlines, et cetera) en zijn Taak (verantwoordelijk en bevoegdheden). In een zelfevaluatie gaat hij op zoek naar de antwoorden op Actievragen als:

- Welke acties hebben (bijna) een-op-een tot het resultaat geleid?
- Wat zijn de redenen dat ik juist voor deze actie heb gekozen en wat waren mijn bijdragen aan het succes?
- In het begin was er een conflict met de opdrachtgever. Waar ging het conflict over en had ik dit kunnen voorkomen? Met welke actie loste ik dit conflict met de, nu uitermate tevreden, opdrachtgever op?
- Halverwege liep het project qua tijd en budget uit de pas. Met welke acties kreeg ik weer grip op het traject?
- Door een ruzie is er een projectmedewerker uit het team gezet. Had ik dit kunnen voorkomen? Wat waren de positieve en negatieve aspecten van deze toch wel rigoureuze beslissing?

Het is de projectleider die als het ware de film van een project terugkijkt en stapje voor stapje scènes bekijkt en scherp verwoordt welk gedrag effectief is geweest en welk gedrag minder of niet. Vervolgens kijkt hij vooruit en met de antwoorden op Reflectievragen trekt hij lessen voor de toekomst.

Reflectievragen voor de medewerker

- Aan welke talenten dank ik dat het project een succes is geworden?
- Welke competenties zou ik nog (meer) moeten ontwikkelen?
- Wat had achteraf beter/anders gekund?
- Welke ervaringen neem ik mee naar een volgend project?
- Waar was ik echt op dreef/in mijn element? Wat smaakte naar meer, wat zou ik vaker willen doen?

Met de STARR-methodiek kunnen medewerkers leren van hun successen en krijgen ze inzicht in zaken die in de toekomst beter moeten. In het functionerings-/voortgangsgesprek delen zij de uitkomsten van de zelfevaluatie en kunnen zij met hun leidinggevende afspraken maken over de verder te ontwikkelen competenties. Het idee achter deze zelfevaluatie is dat medewerkers zichzelf een spiegel voorhouden en zich (nog meer) bewust worden van zaken die hen goed en minder goed afgaan.

Stap 2: afstemming

Eén week voor het geplande gesprek wisselen de leidinggevende en de medewerker hun gesprekspunten uit en lichten deze kort toe. Beiden weten nu wat over een week in het gesprek besproken gaat worden en kunnen zich op elkaars punten voorbereiden. De voorbereiding bestaat onder meer uit het nadenken over mogelijke afspraken en/of oplossingen voor de gesprekspunten.

Gespreksonderwerpen

In een functioneringsgesprek kunnen onder meer de volgende onderwerpen besproken worden:

- functioneren van de medewerker
- wat gaat goed, vasthouden of nog verder verbeteren
- kennis- en/of ervaringstekorten
- contact tussen leidinggevende en medewerker
- sfeer tussen collega's
- verbetermogelijkheden of ervaren problemen in het werk
- werkomstandigheden (kou, tocht, et cetera)
- fysieke en mentale werkbelasting en werkbelastbaarheid
- belangstelling voor een opleiding of een volgende loopbaanstap
- motivatie (is de functie nog voldoende uitdagend en wat zijn de groeimogelijkheden in de functie?)

Een goed functioneringsgesprek is gelijkwaardig en open. Dat betekent dat de leidinggevende de normale hiërarchie tijdens het gesprek zoveel mogelijk loslaat. En dat betekent dat alle onderwerpen op tafel kunnen komen, ook eventueel kritiek op functioneren van de leidinggevende. Het is de uitdaging van de leidinggevende om kritiek als gratis advies te zien.

Tip: Gebruik geen overvaltechnieken!

Valkuil nummer één is om het functioneringsgesprek er even tussendoor te doen. Een slechte voorbereiding, weinig tijd en ondertussen ook nog wat telefoontjes afhandelen; niets is effectiever om de medewerker het (terechte) gevoel te geven dat hij niet serieus wordt genomen!

Tip: Laat een spiegel voorhouden!

Vraag als leidinggevende medewerkers tops ('dat gaat goed, zou je meer en vaker moeten doen') en tips ('dat gaat nog steeds niet goed, het moet beter en dat mis ik') te geven. Deze spiegel bevat tips en tools om het functioneren als leidinggevende verder te verbeteren.

Met stap 2 eindigt de voorbereiding. Stap 3 bestaat uit het gesprek zelf en dat resulteert in afspraken. Stap 4 gaat over het nakomen van afspraken.

Stap 3: afspraken

De in het functioneringsgesprek gemaakte afspraken voldoen aan het principe van de drie W's: *Wie,* doet *Wat* en *Wanneer?* Deze afspraken worden schriftelijk vastgelegd en beiden tekenen *Voor akkoord*. Hoewel een functioneringsgesprek minder formeel is dan een beoordelingsgesprek is het zeker geen vrijblijvend gesprek (afspraak = afspraak).

Bij functioneringsgesprekken ligt de oriëntatie op de toekomst en de gemaakte afspraken zijn gericht op de verbetering van bijvoorbeeld:

- de prestaties van de medewerker
- de motivatie van de medewerker
- de werkomstandigheden
- de ontwikkeling van de medewerker (meer gebruikmaken van de talenten)
- de balans tussen belasting en belastbaarheid van de medewerker
- het werkplezier

Stap 4: actie

Het nakomen van de gemaakte afspraken is een verantwoordelijkheid van zowel de leidinggevende als de medewerker. Als een leidinggevende verzuimt op tijd zijn afspraak na te komen, dan krijgt hij dit van zijn medewerker te horen (en omgekeerd). Het niet nakomen van afspraken betekent op termijn dat de belangstelling om deze gesprekken te voeren, afneemt. Wat heeft het immers voor zin als gemaakte afspraken niet resulteren in actie en resultaat?

Tip: Kom afspraken na!

Spreek bij het formuleren van de afspraken af wanneer een follow-up-gesprek wordt gevoerd. Maak verder als leidinggevende 'aantekeningen' (bijvoorbeeld in Outlook of een gesprekkenportal) en monitor wekelijks of de medewerker of uzelf de gemaakte afspraken nakomen.

7.2 HET VOEREN VAN EEN FUNCTIONERINGSGESPREK

Een gespreksmodel voor een functioneringsgesprek

Een functioneringsgesprek resulteert in afspraken. Over de opening en het middenstuk gaat deze paragraaf. Niet alleen een goede voorbereiding komt het tweerichtingsverkeer in het gesprek ten goede, ook de opbouw van het gesprek speelt hierin een belangrijke rol. Het gesprek kent de volgende vijf stappen:

- Stap 1: opening
- Stap 2: punten van de medewerker
- Stap 3: verhelderingsfase
- Stap 4: oplossingen
- Stap 5: afspraken

Stap 1: opening

De leidinggevende legt kort het **D**oel van het gesprek uit, geeft een opsomming van de **A**gendapunten en vertelt hoeveel **T**ijd hij voor dit gesprek gereserveerd heeft (het DAT-principe). De medewerker weet nu wat er wanneer en met welk doel besproken gaat worden en hoelang het gesprek duurt.

Stap 2: punten van de medewerker

Na de opening begint de leidinggevende met de punten van de medewerker. Hier zijn twee redenen voor:

- Als de medewerker met een onderwerp begint dat hijzelf heeft ingebracht, zit hij meteen op zijn praatstoel. Het is immers een gesprekspunt dat hij heeft voorbereid en hij kan dat dus goed toelichten. Ook heeft hij nagedacht over de alternatieven om tot verbetering te komen.
- De te bespreken gesprekspunten van de medewerker kunnen in het gedrang komen als de leidinggevende eerst met zijn eigen punten begint. Het enthousiasme van de medewerker om actief te participeren in het gesprek kan hierdoor dalen. Bij hem kan de indruk ontstaan dat het tweerichtingsverkeer in het gesprek alleen mooie woorden zijn ('eerst al de punten van mijn leidinggevende en in het laatste kwartiertje de mijne').

Nadat de gesprekspunten van de medewerker zijn besproken start de leidinggevende met zijn punten.

Tip: Voeg samen en prioriteer!

Omdat sommige punten een overlap met elkaar hebben, kan na ieder gesprekspunt van de medewerker in overleg besloten worden welk agendapunt er vervolgens aan bod komt. Hierbij is het soms praktisch om punten samen te pakken of in overleg de punten anders te prioriteren.

Stap 3: verhelderingsfase

In de verhelderingsfase (het hart van het gesprek) licht de medewerker zijn agendapunt toe en legt uit wat hij met het punt bedoelt. In deze fase wordt een beroep gedaan op de communicatieve vaardigheden van de leidinggevende, die open vragen stelt, luistert, doorvraagt en samenvat (LSD-principe).

Tip: Vat samen om helderheid te creëren!

Voordat over eventuele oplossingen gesproken wordt, checkt de leidinggevende met een samenvatting of hij de medewerker begrepen heeft.

Stap 4: oplossingen

De leidinggevende maakt in de oplossingsfase gebruik van de drietrapsraket: de jij-, wij- en ik-oplossing.

Jij-oplossing

Nadat (door een samenvatting) helderheid over het agendapunt is verkregen, vraagt de leidinggevende eerst aan zijn medewerker of hij een oplossing weet. Hier zijn drie redenen voor:

- Als voor de oplossing van de medewerker gekozen wordt, is het *zijn* oplossing. De kans is groot dat de afspraak het gewenste effect zal sorteren. Immers, hoe groter het draagvlak voor de oplossing, hoe groter het effect (Effect = Kwaliteit x Acceptatie).
- Van medewerkers mag verwacht worden dat zij zelf initiatieven nemen bij het aanpakken en oplossen van problemen. Zo ook in een functioneringsgesprek. De tijd dat medewerkers bij hun leidinggevende aanklopten en hem vroegen of hij hun problemen op wilde lossen, ligt ver achter ons.
- Zeker bij een door de medewerker ingebracht agendapunt is het legitiem ervan uit te gaan dat de medewerker over de oplossing heeft nagedacht. Maak hier dus als leidinggevende gebruik van!

Tip: Kaats terug!

Het is niet alleen belangrijk om in een functioneringsgesprek de medewerker zelf met een oplossing te laten komen, dat kan ook in de dagelijkse praktijk. Stel als leidinggevende dat medewerkers vanaf nu nooit meer met problemen mogen komen maar met drie oplossingen, en dat je vervolgens met hen hierover wilt sparren om tot de beste oplossing te komen. De zelfstandigheid, eigen verantwoordelijkheid en zelfsturendheid van medewerkers stijgt met sprongen!

Tips voor zelfsturing

- Vergroot het wederzijds vertrouwen.
- Leidinggevenden verstaan de kunst van het loslaten.
- De kaders (drie R's: Resultaat, Rollen en Randvoorwaarden) waarbinnen medewerkers hun werk verrichten zijn kristalhelder.
- De medewerker is 'eigenaar' en heeft regelvermogen om het proces te sturen.
- Houd de besluitvorming laag in de organisatie. Delegeer verantwoordelijkheden, maar ook bevoegdheden).

Wij-oplossing

De leidinggevende zoekt met de medewerker mee ('bekijk het eens op deze manier') als deze geen idee heeft in welke richting hij een oplossing moet zoeken. Hij geeft als het ware een voorzet die de medewerker kan inkoppen. Deze variant heeft dan uiteindelijk dezelfde voordelen als de jij-oplossing.

Ik-oplossing

Pas als de medewerker zelf geen oplossing weet, komt de leidinggevende met zijn oplossing. Van de ik-oplossing dient dus pas in het uiterste geval gebruikgemaakt te worden.

Stap 5: afspraken

De gemaakte afspraken voldoen aan het principe van de drie W's: *Wie* doet *Wat* en *Wanneer*. De praktijk leert dat vooral de laatste W nogal eens vergeten wordt.

Tip: Vat de afspraken samen!

Omdat leidinggevenden en medewerkers afspraken *Voor akkoord* ondertekenen, is het verstandig om deze afspraken hardop uit te spreken. Met een samenvatting checken beiden of de afspraken helder zijn. Ook hier geldt: helderheid vooraf voorkomt gekissebis achteraf.

Tip: Praat maximaal anderhalf uur!

Een functioneringsgesprek duurt maximaal één à anderhalf uur. Als het niet lukt binnen dit tijdsbestek alle punten te bespreken, is het verstandig een vervolgafspraak te maken. Langer praten dan anderhalf uur gaat ten koste van de concentratie en is van negatieve invloed op de kwaliteit van de te maken afspraken.

De directeur startte het functioneringsgesprek en paste de LSD (Luisteren, Samenvatten en Doorvragen) goed toe. Al snel kwam de aap uit de mouw en vertelde de medewerker over zijn privésores. Hij zat middenin een echtscheidingsprocedure en had (daardoor) een drankprobleem. De medewerker (h)erkende ruiterlijk dat het werk op het tweede plan was geraakt en schaamde zich hiervoor. Na begrip van de leidinggevende kreeg de medewerker wel de opdracht om binnen een week met een oplossing te komen. Het werk leed onder zijn privéproblemen en het was de medewerker die aan zet was.

7.3 VEELGESTELDE VRAGEN OVER EEN FUNCTIONERINGSGESPREK

Vraag 1 Hoe kan in een functioneringsgesprek werkgeluk besproken worden?

Het aantal organisaties dat ervan uitgaat dat gelukkige medewerkers ook gezonde en productieve medewerkers zijn, stijgt. Wellicht hebben zij zich laten inspireren door de grondlegger van de positieve psychologie, Martin Seligman. In zijn boek, *Gelukkig zijn kun je leren,* somt hij vele kenmerken van werkgeluk op. Het weer terugkrijgen of vergroten van het werkgeluk kan één van de gespreksPunten in een functioneringsgesprek zijn.

De positieve psychologie stelt zichzelf als doel het waardevoller maken van het normale leven. Als we kijken naar het werkzame leven dan worden het verbeteren van talent en het ontwikkelen van sterke punten ('wat maakt dat iemand ergens goed in is?') genoemd. Volgens Seligman dragen de volgende punten bij aan meer werkgeluk:

- positieve emotie (een goed gevoel hebben)
- flow (volledig opgaan in werkzaamheden)
- relaties (in de brede zin van het woord)
- betekenis (het gevoel op een positieve manier bij te dragen aan de wereld)
- vaardigheid (ontwikkeling van vaardigheden motiveert)

Seligman stelt dat je kunt leren gelukkig te zijn door juist je sterke punten, talenten en mogelijkheden te ontwikkelen om vervolgens een baan te boetseren waar je hart naar uitgaat. Meer hierover in hoofdstuk 11, Het jobcraftingsgesprek.

"Over je problemen praten, maakt je niet gelukkiger"

– Martin Seligman –

Filmpje werkgeluk

Bekijk dit filmpje van een steward van South-West airlines die de veiligheidsinstructies in het vliegtuig al rappend uitlegt: https://www.youtube.com/watch?v=pvdCFYLf_JI.

Zomeropdracht

In de onderstaande box staat een leuke opdracht om medewerkers na te laten denken over hoe zij het werkgeluk weer kunnen hervinden of vergroten.

Opdracht: Bucketlist werkgeluk

Ik daag je uit deze zomer een bucketlist op te stellen voor meer werkgeluk. Hierbij geef ik je een tip: je wordt niet écht gelukkig door te letten op jouw tekortkomingen en daar hard aan te gaan werken. Dat is de klassieke psychologie waarin altijd de nadruk wordt gelegd op het negatieve. Daar gaan mensen zich over het algemeen niet beter van voelen. Je kunt je wel beter gaan voelen door uit te zoeken wat jouw kwaliteiten zijn en die in te zetten voor iets wat groter is dan jezelf. Denk al mijmerend na over de antwoorden op de volgende vragen:

- Waar krijg ik energie van?
- Wat zou ik wel vaker willen doen?
- Waar wil ik eigenlijk mee stoppen?
- Welke verandering ga ik als eerste doorvoeren voor meer werkgeluk?

Als ik een vriend(in) die in mijn situatie zit advies zou geven, zou ik zeggen ......

Succes!

Vraag 2 Wat is feedask?

Jeroen Busscher vindt een feedbackcultuur flauwekul en pleit voor feedask. Feedask is het op een veilige manier bij andere (vertrouwde) mensen onderzoeken hoe het eigen handelen overkomt. Moedig mensen bijvoorbeeld aan om complimenten te bevragen. Complimenten worden volgens hem vaak afgedaan met zinnen als: 'ach, zo moeilijk was het niet' of 'nou, ik rommel ook maar wat aan'. Terwijl een compliment een goudmijn van informatie bevat. Het is een getuigenis van succesvol handelen. Bevraag daarom altijd een compliment. Waaróm vond je het dan goed? Wat maakte dat jij enthousiast werd? Zo leer je waar je werkelijk effectief bent. Zo leert de feedasker beter en mooier te worden.

Vraag 3 Wat is het verschil tussen functionerings- en beoordelingsgesprekken?

In een functioneringsgesprek wordt de voortgang van de met de medewerker gemaakte afspraken/geformuleerde doelstellingen besproken. Ook kunnen de zes W's (Werkinhoud, Werkverhoudingen, Werkomstandigheden, Werkbelasting, Werkplezier en Werksfeer) onderwerp van gesprek zijn. Het is een gesprek waarin over en weer feedback, positief en opbouwend, gegeven en ontvangen wordt en waarin de persoonlijke- en professionele ontwikkeling van de medewerker onderwerp van gesprek is. Het is een dialoog waarin de oriëntatie is gericht op de toekomst.
In een beoordelingsgesprek licht de leidinggevende zijn oordeel toe over het functioneren van de medewerker in de afgelopen periode (verleden). In het functioneringsgesprek is de leidinggevende een coach die ontwikkelt, in het beoordelingsgesprek is hij meer een rechter die oordeelt. Over de uitkomst is geen echte discussie (eenrichtingsverkeer) mogelijk. Vaak dienen beoordelingsgesprekken ter onderbouwing van een beheersmaatregel zoals een extra periodiek, een bonus of een promotie. Functioneringsgesprekken resulteren in afspraken die gericht zijn op verbetering.

Vraag 4 Bespreek je in een functioneringsgesprek het disfunctioneren van een medewerker?

Het is belangrijk het disfunctioneren van een medewerker bespreekbaar te maken op het moment dat het gesignaleerd wordt. Als er in een later stadium afscheid genomen moet worden van de medewerker vanwege disfunctioneren, moet hier een (ontslag)dossier aan ten grondslag liggen. Uit dit dossier moet blijken dat de medewerker al enige tijd niet goed functioneerde en dat hij hier herhaaldelijk op aangesproken is. Uit het dossier moet ook blijken dat de medewerker de kans heeft gekregen om zijn functioneren te verbeteren. Functioneringsgesprekken, maar zeker ook beoordelings- en feedbackgesprekken bewijzen in dit soort situaties hun waarde. Het zijn formele gesprekken waarin verbeteringsafspraken worden gemaakt.

Vraag 5 Hoe vaak vindt een functioneringsgesprek plaats?

Een functioneringsgesprek vindt zo vaak als nodig plaats, maar toch wel minimaal één keer per jaar. Het is raadzaam om met nieuwe medewerkers een hogere gespreksfrequentie af te spreken, bijvoorbeeld om de drie maanden. Zij moeten het vak nog leren, wennen aan de nieuwe werkomgeving, de collega's en aan de leidinggevende en dan bewijzen functioneringsgesprekken hun waarde. Overigens kan het initiatief voor zo'n gesprek ook van de medewerker komen.

Vraag 6 Wat zijn do's and don'ts van een functioneringsgesprek?

Wel doen

Wie schrijft die blijft

Houd tijdens het jaar aantekeningen bij over het functioneren van de medewerker, eventueel ondersteund door een voorbeeld. Op basis van deze aantekeningen is het dan gemakkelijk de gesprekspunten (de rode draden) voor het functioneringsgesprek te bepalen. Het is belangrijk om ook tussentijds het functioneren met de medewerker te bespreken. Het logboekje met de aantekeningen is geen vervanging voor regelmatige en constructieve feedback, die het best gegeven wordt op het moment van een observatie. Het mag zeker geen verzamelboekje met verrassingen worden. Indien er tussentijdse afspraken worden gemaakt, bijvoorbeeld naar aanleiding van een situatie die zich voordoet en er op basis daarvan feedback wordt gegeven, kan het ook goed zijn om de mondeling gemaakte afspraken nog even per e-mail te bevestigen. Dat helpt beide partijen in het nakomen van de afspraken.

Noteer afspraken

Leg gemaakte afspraken kort, bondig en eenduidig (SMART) schriftelijk vast; het liefst geschreven door de medewerker in zijn eigen woorden. Dit voorkomt verwarring en legt de basis voor het tot stand komen van verbeteringen en voor een volgend gesprek. Zowel de leidinggevende als de medewerker ondertekenen het verslag *Voor akkoord*. Dit verslag met afspraken vormt het startpunt voor het volgende functioneringsgesprek.

Een afspraak = een afspraak en afspreken = aanspreken!

Als afspraken blijven steken in goede voornemens en mooie woorden, dan zal het functioneringsgesprek nooit waardevol worden. Een functioneringsgesprek heeft dan ook alléén zin als beide partijen de afspraken nakomen. Geen woorden, maar daden en dat is de verantwoordelijkheid van zowel de leidinggevende als de medewerker.

Niet doen

Niet over arbeidsvoorwaarden

Wees duidelijk over de bedoeling van het functioneringsgesprek, bijvoorbeeld spreken over de persoonlijke- en professionele ontwikkeling van medewerkers, hun prestaties en over de werkinhoud, -verhoudingen, -omstandigheden, -belasting, -plezier en -sfeer. Arbeidsvoorwaarden horen dus niet thuis in het functioneringsgesprek maar in het beoordelingsgesprek.

Niet verwijten

Er is iets misgegaan en in een gesprek wordt de oorzaak besproken en een actie uitgezet om de plooien weer glad te strijken. Daarbij is er een levensgroot verschil tussen: 'wat kun je hier van leren?' en 'wat heb jij nou weer gedaan?'. De tweede vraag is verwijtend van toon. Het is maar de vraag of de dichtklappende medewerker helder krijgt wat de redenen zijn, laat staan dat hij in staat is een verbeteractie te bedenken. Als in een functioneringsgesprek open en beschouwend gekeken kan worden naar zaken die beter kunnen én er geluisterd wordt naar de ON-redenen (zie hoofdstuk 18, Het correctiegesprek), zal het aantal gemaakte fouten in de toekomst dalen.

Vraag 7 Wat zijn belangrijke aandachtspunten voor een functioneringsgesprek?
Laat de medewerker aan het woord en probeer deze persoon op de praatstoel te krijgen. Stel de medewerker op zijn gemak, stel open vragen, vat samen en durf te wachten op een antwoord. Zie een stilte niet als een probleem dat opgelost moet worden, bijvoorbeeld door het woord weer te nemen. Versta de kunst om de mond dicht te houden, te luisteren en gebruik te maken van de kracht van de stilte.

INFORMATIEBRONNEN

Boeken

Berg, J. van den, *Het Nieuwe Beoordelen, focus op talenten*. Vakmedianet, 2017

't Hart, Y., *Passie als werkgeluk*. Free Musketeers, 2014

Lee, R. van der en anderen, *Het coachingsalfabet*. De alfabetboeken, 2014

Artikelen

Berg, J. van den, Concentreer u op de competenties, *MT Rendement*, 2016

Berg, J. van den, Tussentijdsgesprek met de werknemer, *HR Rendement*, 2014

Berg, J. van den, Tussentijdsgesprek met de werknemer, *HR Rendement*, 2014

Busscher, J. Feedback cultuur is flauwekul, *HR Praktijk*, 10 oktober 2018

Elbrink, L., F*ck het functioneringsgesprek, *MT*, 2018

Verheijen, T., Goed gesprek, geen half werk HR, *Vakblad installatie en sanitair*, 2015

Blogs

Berg, J. van den, Toon moed, verlaat je comfortzone en ontwikkel jezelf, *HRbase*, 2018

Berg, J. van den, De sterke punten benadering, van een + een ++ maken, *HRbase*, 2017

Webinar

Functioneringsgesprekken, Jacco van den Berg in samenwerking met SkillsTown

8 HET POP-GESPREK

Jacco van den Berg

Het succes van een organisatie hangt steeds meer af van het vermogen om talentvolle medewerkers aan te trekken, ze in hun kracht te zetten en ze te behouden. In talloze polls staat tijd, ruimte en budget voor persoonlijke- en professionele ontwikkeling in de top 5 van redenen van medewerkers om voor een organisatie *te gaan* werken of om ervoor *te blijven* werken. Het investeren in talenten is voor organisaties een belangrijk 'bindmiddel' en een POP-gesprek bewijst hierin haar waarde. Ook op andere gebieden is voor organisaties deze investering renderend. Immers, een organisatie is zo weer- en wendbaar als de medewerkers die er werken en zij kan makkelijker pieken en drukte opvangen met hun goed presterende, gezonde en met plezier werkende talenten die van 'meerdere markten' thuis zijn. Een ander bindmiddel lijkt geld te worden ...

Geld als bindmiddel

Het UMCG in Groningen biedt gespecialiseerde verpleegkundigen en operatieassistenten 5.000 euro om er te blijven werken. De bindingspremie helpt de organisatie in deze krappe arbeidsmarkt, waarin zulke functies moeilijk te vervullen zijn.

De ondernemingsraad (or) van het UMCG in Groningen gaat akkoord met het voorstel om werknemers 5.000 euro bindingspremie te bieden. Daar staat tegenover dat gespecialiseerde verpleegkundigen en operatieassistenten nog drie jaar bij het UMCG blijven werken. De or is wel kritisch en noemt dit een noodoplossing. Voorzitter Hetty Timmer-Bosscha: "Dit is geen structurele oplossing voor het personeelstekort, maar we begrijpen dat een bijzondere situatie om bijzondere maatregelen vraagt."

Bron: *Xpert HR actueel*, 27 september 2018

De verhalen dat medewerkers naar 'de buurman' vertrekken omdat daar de arbeidsvoorwaarden beter zijn, zijn genoegzaam bekend. Het gras schijnt elders vaak groener te zijn. Echter, de grens is hierin wel bereikt. Als gekeken wordt naar het welvaartsniveau in ons land, dan kan gesteld worden dat een steeds groter wordende groep op de eerste trede bij Herzberg (primaire en secundaire arbeidsvoorwaarden) staat. De uitkomsten van exitgesprekken (zie hoofdstuk 13, Het exitgesprek) leert dat steeds vaker de volgende 'ON-redenen' worden genoemd als reden van vertrek:

- onvoldoende ontplooiings- en opleidingsmogelijkheden
- onbegrip en onvrede over het beleid
- onduidelijkheid over de eigen rol in de organisatie
- onvoldoende uitdagend werk
- onzinnig werk

Persoonlijke- en professionele ontwikkeling, ruimte om creatieve ideeën door te kunnen voeren, initiatieven nemen, verantwoordelijkheden en bevoegdheden, duurzaamheid en ondernemerschap zijn woorden die behoeften in en om het werkzame leven goed weergeven. In een POP-gesprek kunnen bovengenoemde zaken allemaal besproken worden.

Jos, leidinggevende van de afdeling Verkoop was van mening dat één van zijn medewerkers het in zich had om een leidinggevende te worden. Vakinhoudelijk wist deze persoon van de hoed en de rand. Ook begeleidde hij nieuwe medewerkers en nam de taken van zijn leidinggevende over als deze afwezig was. Het enige waar het deze medewerker aan ontbrak was de 'drive' om zich verder te ontwikkelen. Als voorbereiding op het POP-gesprek had deze medewerker op het voorbereidingsformulier dan ook ingevuld: 'Ik ben tevreden. Alles bij het oude houden s.v.p.!' Zijn leidinggevende vond dat merkwaardig voor een getalenteerde medewerker van pas 35 jaar oud.

Dit hoofdstuk beantwoordt de volgende vragen:

- Is iedereen een talent of heeft iedereen talent?
- Wat is de inhoud van een SWOT voor een medewerker?
- Hoe kun je in de verschillende levensfasen talenten optimaal inzetten?

8.1 DE VOORBEREIDING OP EEN POP-GESPREK

Wat is een POP?

In Nederland zijn er talloze benamingen voor gesprekken waarin de ontwikkeling van medewerkers wordt besproken. Zo voeren leidinggevenden en medewerkers loopbaan-, ontwikkel-, loopbaanevaluatie- en POP-gesprekken en leggen zij gemaakte afspraken vast in een PTP (Persoonlijk Talenten Plan), PDP (Personal Development Plan), PCP (Personal Commitment Program), PEP (Personal Employability Plan), COC (Competentie Ontwikkelcontract) of een IDP (Individual Development Plan). De gemene deler is dat afspraken over de persoonlijke en professionele ontwikkeling van de medewerker in een plan worden vastgelegd.

In het POP-gesprek maken medewerker en leidinggevende afspraken over de ontwikkeldoelstellingen van de medewerker en wat nodig is om deze doelstellingen te realiseren. Deze doelstellingen kunnen gaan over de ontwikkeling binnen de huidige functie en/of de richting waarin de medewerker zich met zijn loopbaan wil ontwikkelen. Hierbij is het de bedoeling de persoonlijke ontplooiing van medewerkers en het realiseren van organisatiedoelen op evenwichtige wijze te combineren.

POP-gesprek

Talent: *skills and will*

Een van de uitgangspunten van 'Het Nieuwe Beoordelen' is de focus op talenten. Het POP-gesprek is een uitgelezen moment om afspraken te maken over de ontwikkeling van de talenten van medewerkers.

Buckingham en Clifton definiëren een talent als: *elk zich herhalend patroon van denken, voelen of doen (gedrag) dat op een productieve manier kan worden ingezet.* Iemand met het talent 'analytisch vermogen' doorziet snel(ler) de hoofd- en de bijzaken van een probleem. En iemand met overtuigingskracht slaagt erin anderen te winnen voor zijn ideeën. Nu is het de vraag: kan iemand iets goed omdat hij het graag wil, of wil iemand iets omdat hij het goed kan? Het antwoord is eigenlijk allebei. Aan werkzaamheden of rollen waar een medewerker echt kwaliteiten voor heeft, beleeft hij vaak ook plezier. Hij doet het graag, krijgt van collega's en klanten complimenten voor zijn puike prestaties en als het even tegenzit, zet hij een tandje bij. Daarentegen is het zo dat als 'de wil' er niet meer is om een talent in te zetten, de prestaties (welke dan ook) niet goed zullen zijn. Neem bijvoorbeeld de medewerker die het na zeven jaar wel welletjes vindt en op de automatische piloot zijn werk verricht. De werkzaamheden kan hij als geen ander heel goed verrichten, maar hij wil het niet meer. Zie in paragraaf 9.2 een box met skills (vermogen) en will (bereidheid) aan de hand waarvan het gesprek voorbereid en gevoerd kan worden.

Definities over talent:

- "Iets met gemak doen wat anderen moeilijk vinden heet talent. Doen wat met enkel talent niet lukt, heet genialiteit." (Henri-Fréderíc Amiel)
- "Een roeping is iemands bestemming in het leven gegeven diens talenten. Talenten zijn cadeautjes die iedereen bij de geboorte meekrijgt."
- "Ieder mens heeft talenten en je bent een talent als je voor een organisatie bijdraagt aan strategische doelen." (Prof. Dr. Lidewey E.C. van der Sluis)
- "Talenten betreffen kennis, vaardigheden en attitude waarover een medewerker daadwerkelijk beschikt (latent of manifest). Talenten zijn verbonden aan een medewerker." (F. Kluytmans)

Hoe kun je nu een POP-gesprek voorbereiden dat resulteert in het nog meer gebruiken van de talenten van medewerkers?

Voorbereiding met de vier A's

Net zoals het functioneringsgesprek (zie hoofdstuk 7, Het functioneringsgesprek) is het POP-gesprek een dialoog en ligt de oriëntatie op de toekomst. De voorbereiding is dan bijna identiek aan die van het functioneringsgesprek.

- Stap 1: aankondiging
- Stap 2: afstemming
- Stap 3: afspraken
- Stap 4: actie

Stap 1: aankondiging

Onvoorbereid een POP-gesprek voeren is gedoemd tot mislukken. Ook hier geldt dat een goede voorbereiding het halve werk is. Beide gesprekspartners denken na over de eigen wensen en eisen, sterkten en zwakten, kansen en bedreigingen en die van de afdeling.

Voorbereiding van de medewerker

De leidinggevende kondigt twee weken van tevoren het POP-gesprek aan en vraagt zijn medewerker zich op het gesprek voor te bereiden. De medewerker kan digitaal een scan invullen die inzicht geeft in zijn talenten. Voorbeelden van talentenscans zijn Het Octogram, de TMA Talentanalyse en de Insight Discovery. Een andere voorbereiding is 'gewoon' na te denken over de antwoorden op vragen als:

- Wat is mijn talent?
- Wat vind ik het leukst aan mijn werk, waar krijg ik energie van en hoe kan ik daar in mijn huidige functie nog meer gebruik van maken?
- Wat zijn mijn te ontwikkelen punten en hoe zou ik daarin kunnen verbeteren?
- Waar liggen mijn ambities op de langere termijn?
- Wat zijn mijn grootste successen geweest in het afgelopen jaar?
- Wat kan mijn bijdrage zijn aan de realisatie van het afdelingsplan?
- Wat denk ik in de toekomst (extra) nodig te hebben om mijn werk goed te kunnen blijven doen?
- Welke functies spreken mij aan en waarom?
- Wat doe ik buiten mijn werk het liefst?

Hoe ontdek je waar je goed in bent?

Dat kan door jezelf de volgende twee vragen te stellen:

Waar erger je je bovenmatig aan?

Klinkt als een gekke eerste vraag, maar het kan wijzen op een vaardigheid die bij jou zo vanzelf gaat, dat het je frustreert wanneer een ander er niet zo goed in is.

Welke complimenten wuif je weg?

Als je ergens van nature heel goed in bent, ben je gauw geneigd het belang ervan af te zwakken. 'Oh, het was niks', klinkt het dan, en dat was het misschien ook voor jou. Maar die ander bedankt jou omdat het voor hem juist heel wat is. Let op die momenten, ze kunnen je wijzen op sterke punten die je zelf onderschat, maar die waardevol zijn voor anderen.

Bron: *Wat zijn jouw superkrachten?*, Kim van de Wetering, MT 11 mei 2018

Voorbereidingsvragen voor de leidinggevende over de medewerker

De leidinggevende denkt in zijn voorbereiding op het POP-gesprek na over de antwoorden op de volgende vragen:

- Over welke talenten beschikt de medewerker?
- Heeft de medewerker mogelijkheden om zijn talenten verder in te zetten, verder te groeien of zich te verbreden en is hier binnen de eigen functie/afdeling ruimte voor?
- Wat zijn de ambities en drijfveren van de medewerker? Wat geeft hem het meeste werkplezier?
- In hoeverre functioneert de medewerker in zijn huidige functie? Wat is de score op de competenties uit het competentieprofiel?
- Is er een ontwikkelnoodzaak? En zo ja, welke?
- Wat zijn voor de medewerker de mogelijkheden om binnen de functie andere werkzaamheden te verrichten?
- Wat zou de bijdrage van de medewerker aan het realiseren van het afdelingsplan kunnen zijn?

HR3P-matrix

De uitkomsten van de voorbereiding kan de leidinggevende verwerken in een zogenoemde HR3P (Human Resources Performance Potentieel Portfolio)-matrix. Deze methode richt zich op het analyseren van de combinaties van prestatie en groeimogelijkheden (potentieel) van medewerkers met als eindresultaat een matrix met daarin de namen van medewerkers en hun score op prestatie en groei.

		performance			
		performance	**bevredigend**	**goed**	**uitstekend**
potentieel	**potentiële grenzen bereikt**	Jan Claire	Berend Sander		Edwin
	groei binnen functie		Eugenie		
	promoveerbaar op lange termijn			Tanja Cora	
	promoveerbaar op korte termijn		Bert		

De HR3P kan bij een vlootschouw worden in gezet. Leidinggevenden geven hun medewerkers een score voor hun huidige functioneren en voor hun ontwikkelpotentieel waarna zij, in of na overleg met HR, gericht in het POP-gesprek met de medewerkers ontwikkelafspraken kunnen maken.

Voorbereidingsvragen voor de leidinggevende over (de doorstroommogelijkheden van) de afdeling

Verder denkt de leidinggevende na over de doorstroommogelijkheden binnen en buiten zijn afdeling. Hij zoekt en vindt antwoorden op vragen als:

- Hoe is de huidige personeelsbezetting in aantallen, leeftijd, lengte van het dienstverband, opleiding, ervaring, et cetera van mijn afdeling/sector/de organisatie?
- Wat zijn de te verwachten ontwikkelingen voor mijn afdeling, zowel intern als extern?
- Wat is daarvoor nodig aan formatie, capaciteit en kwaliteit?
- Wat zijn de zwakten van mijn afdeling en hoe kunnen daarin verbeteringen worden aangebracht?
- Welke kansen liggen er voor mijn afdeling in het verschiet?
- Welke bedreigingen komen op mijn afdeling/sector/de organisatie af?
- Wat is nodig om die bedreigingen het hoofd te bieden?
- Wat is het budget dat besteed kan worden aan opleidings- en andere loopbaanactiviteiten?

Met de antwoorden op deze vragen maakt de leidinggevende als het ware een foto van zijn organisatie/afdeling voor in bijvoorbeeld het jaar *2022* (de *soll-situatie*). Met dit toekomstplaatje wordt zichtbaar welke medewerkers nodig zijn (kwalitatief en kwantitatief) om organisatie/afdelingsdoelstellingen te realiseren. De medewerker krijgt hierdoor zicht op de stroommogelijkheden (bewegingsruimte) binnen de afdeling. Informatiebronnen voor het toekomstplaatje zijn onder andere: missie en strategie, kadernota's, een SWOT-analyse (zie hiernavolgende box), meerjarenbeleidsplannen van de eigen afdeling en de uitkomsten van bijvoorbeeld beoordelingsgespreksrondes.

SWOT-analyse
Een SWOT-analyse is een hulpmiddel dat in strategieformulering wordt gebruikt. Het kan helpen om de sterkte punten (Strenghts), de zwakheden (Weaknesses), de kansen (Opportunities) en de bedreigingen (Threats) van een bepaalde organisatie/afdeling te identificeren.

Sterkte-zwakteanalyse

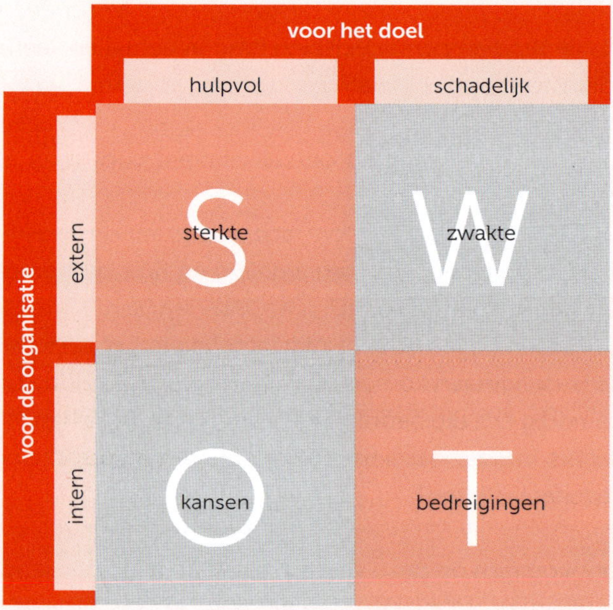

Het SWOT-diagram is een goed hulpmiddel om de (interne) sterke punten en zwakheden van een organisatie/afdeling en de (externe) kansen en bedreigingen in kaart te brengen. De volgende stap is te analyseren hoeveel medewerkers er in de toekomst nodig zijn en over welke competenties zij dienen te beschikken om de continuïteit van de organisatie/afdeling te waarborgen.

Stap 2: afstemming

Medewerker en leidinggevende
Eén week voor het POP-gesprek wisselen leidinggevende en medewerker hun gesprekspunten uit. Hierdoor weten beiden wat in het gesprek aan de orde komt (geen verrassingen). In ieder geval worden de doelstellingen en afspraken van het voorgaande POP-gesprek besproken. Beiden kunnen zich goed voorbereiden en zo nodig nog het één en ander uitzoeken. Een goede voorbereiding vergemakkelijkt het maken van concrete afspraken. Na de aankondiging en afstemming eindigt de (inhoudelijke) voorbereiding op het POP-gesprek.

8.2 HET VOEREN VAN EEN POP-GESPREK

Een gespreksmodel voor een POP-gesprek

Het komt regelmatig voor dat de ideeën van de leidinggevende en de medewerker over het *willen* en *kunnen* niet met elkaar stroken. Zoveel medewerkers, zoveel wensen en eisen, zoveel leidinggevenden, zoveel (afdelings)plannen! Zo kunnen medewerkers verschillen in hun *ontwikkelingsbereidheid/belangstelling/motivatie* voor persoonlijke ontwikkeling. 'Ik zit hier goed, laat mij maar zitten' en 'ik ben hard toe aan een volgende loopbaanstap', zijn hierbij twee uitersten. Zo heeft de leidinggevende verschillende verwachtingen met betrekking tot het *vermogen/potentieel* (groeimogelijkheden) van zijn medewerkers. Sommige medewerkers zitten aan hun plafond, zo is zijn inschatting, en sommige goudvinken zullen hem in de toekomst zeker voorbij streven. In de volgende tabel zijn de mogelijkheden (hoog – laag) opgenomen.

	Ontwikkelbereidheid, belangstelling, motivatie	
Vermogen, potentieel	**Laag**	**Hoog**
Laag	Voortgangsgesprek • laag vermogen • lage ontwikkel-bereidheid	Bijstuurgesprek • laag vermogen • hoge ontwikkel-bereidheid
Hoog	Motivatiegesprek • hoog vermogen • lage ontwikkel-bereidheid	Ontwikkelgesprek • hoog vermogen • hoge ontwikkel-bereidheid

Hierna per gespreksaanpak een korte toelichting.

Het voortgangsgesprek

De ontwikkelingsbereidheid van de medewerker is laag. De medewerker geeft te kennen dat hij zijn stek heeft gevonden en zijn functie voorlopig nog een tijdje wil blijven uitoefenen. Het is bijvoorbeeld een medewerker die niet meer de ambitie heeft om 'in de wind te staan' maar het leuker vindt om zijn kennis en ervaring met anderen te delen. Echte toekomstwensen heeft hij niet en de leidinggevende schat ook in dat de rek er bij deze medewerker wel uit is. Het is natuurlijk wel noodzaak dat de medewerker bijblijft in zijn vakgebied en dat hij ook in de toekomst met plezier goed blijft presteren. Daardoor wordt voorkomen dat hij allerlei veranderingen tegen gaat houden, de hakken in het zand zet of op termijn niet meer goed zal functioneren. Het is immers niet gezegd dat iemand na twintig jaar goed functioneren ook het eenentwintigste jaar goed functioneert! Het accent in het POP-gesprek ligt op het maken van afspraken over ontwikkeling in de *huidige* functie en niet zozeer per se in het veranderen van functie. Ook kunnen afspraken worden gemaakt over hoe deze medewerker zijn kennis en ervaring met anderen gaat delen.

Vraag: is het voor een oudere medewerker nog zinvol om een POP-gesprek te voeren?
Om kort te gaan: ja. Als de medewerker goed functioneert, met plezier werkt en het werk aan weinig verandering onderhevig is (op het gebied van wet- en regelgeving, methoden en technieken), dan wordt dit vastgesteld in het POP-gesprek. Afspraken kunnen achterwege blijven omdat de medewerker bijblijft in het vakgebied. Wellicht kunnen er afspraken gemaakt worden over hoe het werkplezier vast te houden of zelfs te vergroten is. Een hele andere insteek dus. Wel zouden er afspraken gemaakt kunnen worden over het begeleiden van jonge medewerkers (meester-gezelrelaties) of het stapje voor stapje overdragen van werkzaamheden aan de opvolger en deze hierbij begeleiden. Ook het aspect van opgebouwde expertise kan benoemd en benut worden. Zo zou een medewerker op basis van de werkervaring goede protocollen of werkprocessen kunnen beschrijven en krijgt de organisatie en het werk verankering.

Bron: handleiding *Het Talent Ontwikkelgesprek*, zorginstelling, 2018

Het bijstuurgesprek

Deze medewerker wil verder en verwacht van zijn leidinggevende ontwikkelingsruimte. Het is bijvoorbeeld de 'young man in a hurry' die met jeugdige bravoure vertelt dat hij niets meer hoeft te leren, alles al heeft meegemaakt en al na enkele maanden meent toe te zijn aan een volgende loopbaanstap. Zijn leidinggevende schat echter in dat de medewerker (bijna) aan zijn plafond zit of eerst nog maar eens een paar jaar werk- en levenservaring op moet doen. Doel van het POP-gesprek is de medewerker voorzichtig, maar niet omzichtig, duidelijk te maken dat het voor zijn eigen ontwikkeling beter is als hij nog een aantal jaren met de 'benen in de beek' blijft staan, zijn neus stoot en geconfronteerd wordt met de gevolgen van door hemzelf ingezette acties of ontwikkeld beleid. Deze ervaring maakt hem rijper en waardevoller voor een volgende functie.

Het motivatiegesprek

De ontwikkelingsbereidheid van de medewerker is laag, hij gelooft het allemaal wel. Zijn leidinggevende ziet echter volop potentieel en talenten bij deze medewerker. Een mogelijke verklaring voor het uitspreken van 'het niet willen', is dat de medewerker gewoonweg niet weet wat hij wil, zijn capaciteiten/kwaliteiten onderschat of onzeker is. Bij 'niet weten' kunnen testen/opdrachten een hulpmiddel zijn om het beeld van een mogelijke toekomstige functie scherper te krijgen. Bij zelfonderschatting is een 360-gradenfeedback een uitermate nuttig instrument. De ervaring leert dat een positiever beeld van de (werk)omgeving over een medewerker, meer dan het zelfbeeld van de medewerker, als een eyeopener werkt. Vaak is deze bewustwording een aanzet om medewerkers in beweging te krijgen. Deze gesprekken doen een beroep op de (loopbaan)coachingsvaardigheden van leidinggevenden en HR-professionals (zie hoofdstuk 9, Het coachingsgesprek en hoofdstuk 10, Het loopbaancoachingsgesprek).

Het ontwikkelingsgesprek

De medewerker is gemotiveerd en heeft uitgesproken wensen te hebben met betrekking tot persoonlijke ontwikkeling. Zijn leidinggevende schat in dat deze medewerker nog niet aan zijn plafond zit en ziet voor dit talent mogelijkheden voor doorgroei binnen zijn afdeling of daarbuiten. Een gesprek met een trainee over een langlopend management development-programma is een voorbeeld van een ontwikkelingsgesprek. De inhoud van dit traject en hoe de medewerker in de dagelijkse praktijk kan worden gecoacht, nemen in dit gesprek een belangrijke plaats in.

Een SWOT-analyse, ook voor medewerkers
Het POP-gesprek kan resulteren in een persoonlijke SWOT die voor de medewerker *de kansen en sterkten* en *bedreigingen en zwakten* in kaart brengt. Er worden afspraken gemaakt over hoe kansen en sterkten respectievelijk benut en ingezet kunnen worden, hoe een bedreiging het hoofd kan worden geboden en een zwakte kan worden omgebogen. Een persoonlijke SWOT-analyse is een vorm van zelfonderzoek waarbij de medewerker op zoek gaat naar de antwoorden op de volgende vragen:

- Wat zijn mijn sterke punten? Waarin onderscheid ik mij in positieve zin van mijn collega's op de interne en externe arbeidsmarkt?
- Wat zijn mijn zwakke/te ontwikkelen punten?
- Welke carrièrekansen doen zich voor op de interne en externe arbeidsmarkt?
- Welke bedreigingen dienen zich aan?

Bij *sterke of zwakke punten* kan gedacht worden aan:

- opleiding, werkervaring, resultaten, referenties gespecialiseerde vakkennis
- communicatieve-, sociale-, commerciële- en management-vaardigheden
- persoonlijkheid
- het werk doen dat ik echt leuk vind
- invloedrijke mensen in mijn interne of externe netwerk

Carrièrekansen op de interne en externe arbeidsmarkt kunnen bijvoorbeeld zijn:

- economische groei of personeelsschaarste op een bepaald gebied
- een waardevolle combinatie van kennis en vaardigheden waarover ik beschik
- een functie waarop ik een grotere kans maak dan anderen, bijvoorbeeld door gebruik te maken van mijn netwerk
- vertrek van getalenteerde collega's
- outsourcing, fusie, overname en/of reorganisatie

Bedreigingen op de arbeidsmarkt kunnen bijvoorbeeld zijn:
- economische recessie
- toenemende concurrentie door de aantrekkingskracht die een opleiding, bedrijfstak of beroep heeft
- nieuwe getalenteerde collega's
- veranderingen van kennis en vaardigheden die gevraagd worden voor mijn functie
- outsourcing, fusie, overname en reorganisatie
- strengere of zwaardere fysieke eisen die gesteld worden aan het vervullen van mijn functie (bijvoorbeeld fitheidstest politieagenten)

Ontwikkeling en salaris

Als medewerkers zich persoonlijk ontwikkelen, is het maar de vraag of zij meer salaris of een periodiek erbij krijgen. Ontwikkeling is vaak nodig om 'bij' te blijven in de huidige functie en dat hoeft dan niet te resulteren in meer salaris, een extra periodiek. In zijn voorbereiding zoekt de leidinggevende dit uit en is hier in het gesprek kristalhelder over.

In sommige organisaties is het POP gekoppeld aan de ontwikkeling van de organisatie en dan ligt een promotie in de vorm van een nieuwe functie met een hogere salarisschaal in het verschiet. Immers, beiden ontwikkelen zich in een gewenste richting en dat is letterlijk wat waard.

In het POP-gesprek kwam de aap uit de mouw. Diep in zijn hart wilde de medewerker wel leidinggevende worden, maar dan moest hij daar langzaam naartoe kunnen groeien. Bij zijn vorige werkgever was hij ook leidinggevende geweest, maar daar ging het te snel. Na zes maanden zat hij ziek thuis omdat hij niet goed met de spanning om kon gaan. De voedingsbodem voor het ontbreken aan 'drive' voor zijn ontwikkeling was dus onzekerheid.

Bij het bepalen van het ontwikkelingstraject naar een leidinggevende functie kregen naast de inhoud, de tijds- en procesaspecten veel aandacht. Zo was de stem van de medewerker doorslaggevend bij het bepalen van het tempo. Ook werd een hogere frequentie van voortgangsgesprekken afgesproken om tijdig te kunnen bijsturen. De medewerker voelde zich gesteund door deze afspraken en startte met hernieuwd enthousiasme aan zijn ontwikkelingstraject.

8.3 VEELGESTELDE VRAGEN OVER EEN POP-GESPREK

Vraag 1 Is iedereen een talent of heeft iedereen talent?

Nog steeds worden in organisaties medewerkers met de grootste doorgroeimogelijkheden als talenten bestempeld. Vaak zijn dit hoger opgeleiden die in aparte en exclusieve programma's worden klaargestoomd voor management of specialistische posities. Echter, steeds meer organisaties kiezen voor de zogenoemde inclusieve benadering. Zij stellen dat iedereen een talent is of heeft, dat ontdekt en ontwikkeld kan worden. Natuurlijk voor iedereen op zijn eigen niveau.

In het verlengde hiervan is ook een verschuiving in de verantwoordelijkheid voor het managen van het talent waarneembaar. Bij de exclusieve benadering was deze belegd bij de afdeling HRD of Management Development. Nu iedereen een talent is of heeft, is het de medewerker zelf en zijn leidinggevende die verantwoordelijk zijn voor het ontdekken en ontwikkelen van deze talenten. En deze verschuiving past goed bij het uitgangspunt 'focus op sterke punten' van 'Het Nieuwe Beoordelen'.

Bij een zorginstelling bespreken medewerkers en leidinggevenden in het 'Talent Ontwikkelingsgesprek' onder andere over talentontwikkeling. In de volgende box een passage uit de handleiding.

Het 'Talent Ontwikkelingsgesprek' is een dialoog tussen medewerker en leidinggevende over *ontwikkeling van competenties, duurzame inzetbaarheid* en *persoonlijke- en professionele ontwikkeling*.

In dit gesprek zijn de volgende uitgangspunten van 'Het Nieuwe Beoordelen' opgenomen:

- focus op de sterke punten van medewerkers
- medewerkers zijn meer verantwoordelijk voor de eigen prestaties en ontwikkeling
- continue dialoog

De inzet van het 'Talent Ontwikkelingsgesprek' is dat het bijdraagt aan:

- met plezier presterende en zich ontwikkelende medewerkers
- betere teamprestaties
- een prettig werkklimaat waarin zaken open en duidelijk worden besproken
- minder verzuim en conflicten
- draagvlak voor verandering
- inzicht in de sterke en zwakke kanten van een team of afdeling

Vraag 2 Hoe houd je rekening met talent in de verschillende levensfasen?

Het aantal jaren dat mensen moeten werken is flink opgerekt. De huidige voorwaarden van de studiebeurs staan niet toe te lang over een studie te doen, de AOW-leeftijd is inmiddels verhoogd naar 67 jaar en de VUT bestaat al lang niet meer. Laat staan dat je met je vijftigste jaar met pensioen gaat. Medewerkers zullen minstens vijfenveertig jaar actief op de arbeidsmarkt zijn en doorlopen gedurende hun werkzame leven (dus) verschillende levensfasen. In deze fasen verschillen de eisen en wensen die zij aan werk stellen alsook hun fysieke en mentale belastingbaarheid. In hoofdstuk 10, Het loopbaancoachingsgesprek, meer over de verschillende levensfasen.

Steady talenten

De fasen verschillen, maar wat gelijk blijft zijn de talenten van medewerkers. Als nu voor iedere levensfase de talenten van medewerkers geïdentificeerd worden, kan vervolgens onderzocht worden op welke plek zij voor welke werkzaamheden het beste ingezet kunnen worden. Want dat de (werk)omgeving een randvoorwaarde is om talenten tot wasdom te laten komen, wordt vaak vergeten.

Gebruikmaken van de talenten van medewerkers draagt bij aan het werkplezier van medewerkers. Door hier een dialoog over aan te gaan kan per fase bekeken worden welke talenten op welke wijze, wanneer het beste benut kunnen worden. Het beschikken over een specifiek talent betekent niet dat een medewerker deze tot in lengte van jaren wil inzetten. Zelfs voor een heel goed presterende salesmanager kan het ook weleens 'mooi geweest zijn' om jaar in jaar uit op de weg te zitten om salesgesprekken te voeren. Ook kunnen aanwezige talenten, door bijvoorbeeld een technologische ontwikkeling, minder waardevol zijn geworden.

Door hier jaarlijks over van gedachten te wisselen en, indien gewenst, hier afspraken over vast te leggen in bijvoorbeeld een persoonlijk talentenplan, wordt blijvend geïnvesteerd in de inzetbaarheid van medewerkers. Want medewerkers die met plezier lerend presteren, gaan langer mee!

Vraag 3 Waar staat de letter O voor in het woord POP?

Resulteert ieder POP-gesprek in een afspraak over het volgen van een opleiding? Neen. De letter O staat in het woord POP voor *Ontwikkeling* en niet voor *Opleiden*. Nog steeds zien medewerkers en leidinggevenden een POP als een persoonlijk *opleidings*plan en dat is niet correct. Centraal staat het ontwikkelen van de medewerker, en opleiden is één van de vele manieren om dat in gang te zetten. Het is belangrijk leidinggevenden hier nog meer bewust van te maken en dat geldt ook voor hoe mensen leren. Charles Jenning kwam met zijn zogenoemde 70-20-10-model dat het belang van informeel leren benadrukt:

- 70 procent van alle leerervaringen doen medewerkers op de werkvloer op, bijvoorbeeld door nieuwe opdrachten of uitdagende taken.
- 20 procent van alle leerervaringen ontstaat door feedback van collega's en door zelf te kijken naar voorbeeldgedrag van anderen.
- 10 procent van alle leerervaringen doet men op in 'formele' settings als trainingen, workshops en opleidingen.

Opleiden is dus één van de vele manieren om een persoonlijke ontwikkeling in gang te zetten. Hierna volgt een niet-uitputtende lijst met ontwikkelingsmogelijkheden.

Met een medewerker kunnen afspraken worden gemaakt over:

- training 'on the job'
- stages in de organisatie of daarbuiten
- beursbezoek of seminar
- mobiliteitsacties (een taak ruilen met een collega, het tijdelijk uitoefenen van een andere functie met een leeropdracht, definitief een andere functie)

- deelnemen of leiden van een project
- het krijgen van een speciale opdracht
- lezen van vakliteratuur over een thema en de bevindingen delen met anderen
- capaciteitenonderzoek
- bespreken van het eigen functioneren met een collega
- bezoek brengen aan een andere afdeling of school om werkwijzen uit te wisselen
- geleerde vaardigheden doorgeven aan anderen
- collegiale ondersteuning
- intervisie met collega's
- voorzitten van een vergadering
- meelopen met een collega
- het krijgen en/of nemen van tijd om iets onder de knie te krijgen
- het toegewezen krijgen van een mentor
- zelf een nieuwe collega coachen
- plaatsvervanger worden van een leidinggevende
- deelname aan een bestaande of nieuwe werkgroep
- het opzetten of leiden van een bepaald project

Vraag 4 Wat is het verschil tussen een POP- en een functioneringsgesprek?

De grootste verschillen tussen een POP- en een functioneringsgesprek zijn het *initiatief* en het *belang*. In een functioneringsgesprek staat vooral het *belang* van de organisatie en de leidinggevende voorop. Het goed functioneren van medewerkers is immers cruciaal voor de organisatie, de bedrijfsvoering, de resultaten, (het terugdringen van) het ziekteverzuim, de onderlinge verhouding en voor de werksfeer. Daarom zal een goede en actieve leidinggevende daaraan veel aandacht besteden en graag in een bepaalde cyclus (en mogelijk zelfs daarbuiten) het initiatief nemen voor het voeren van functioneringsgesprekken. Natuurlijk is er ook het belang van en voor de medewerker, want hij zal ook graag willen spreken over de eigen functie in relatie tot de organisatie en de collega's en de te stellen doelen. Zeker als er knelpunten zijn en zaken minder goed lopen, zal de medewerker bereid zijn energie te steken in het functioneringsgesprek. Dit gesprek is immers een mogelijkheid om zaken onder de aandacht te brengen van de leidinggevende en kan een start zijn tot verbetering ervan.

In een POP-gesprek ligt die focus anders. Hier heeft de medewerker vooral belang om de eigen ontwikkeling een impuls te geven; het *initiatief* ligt bij hem. De medewerker gaat na hoe anderen over hem denken, hoe de behaalde resultaten zich verhouden tot die van collega's, is benieuwd of de doelstellingen zijn gehaald (en wat dat aan bonus of periodiek oplevert), wil weten hoe de klanten over hem oordelen en is benieuwd naar het oordeel van de leidinggevende. Al die indicatoren helpen hem om te bepalen welke stappen noodzakelijk zijn in de eigen ontwikkeling. Een medewerker wil immers verder komen, plezier hebben in het werk en nieuwe ideeën ontwikkelen. En omdat hij een groot gedeelte van de dag met zijn collega's samenwerkt, wil hij ook graag een plezierig werkklimaat!

Het zou een misverstand zijn om te menen dat de leidinggevende hier geen belang bij zou hebben. Een medewerker die aan zelfreflectie doet, die probeert zichzelf te ontwikkelen, die in zijn dagelijks werk graag beter wil aansluiten bij wat de klanten van hem vragen, zo'n medewerker is van toegevoegde waarde. Bij het POP is er dus sprake van een wederzijds belang.

Vraag 5 Wat is jobcrafting?

Ook al start een medewerker met de baan van zijn leven, er komt een moment dat het allemaal minder leuk is en hij niet meer fluitend naar zijn werk gaat. Niet dat hij nu meteen driftig gaat solliciteren, maar hij denkt toch vaker en langer na over hoe hij het plezier en de uitdaging in het werk weer terug kan vinden. Jobcrafting, baanboetseren of taakknutselen kan hem in deze zoektocht ondersteunen.

Jobcrafting is een manier waarop een medewerker zijn *huidige werk* zelf herstructureert. *Door kleine wijzigingen* aan te brengen in taken, relaties, context en gedachten over zijn werk wordt de baan (weer) meer betekenisvol. Deze aanpassingen gebeuren door de medewerker zelf, zonder de bedrijfsdoelstellingen uit het oog te verliezen of collega's te benadelen.

Ook vanuit het perspectief van de organisatie is jobcrafting waardevol. Medewerkers moeten immers langer werken. En als het plezier in het werk nu al ontbreekt, dan is nòg vijf jaar werken al heel lang en vijftien jaar niet te overbruggen. Meer over jobcrafting in hoofdstuk 11, Het jobcraftingsgesprek.

Vraag 6 Wat zijn do's and don'ts van een POP-gesprek?

Wel doen

Ontwikkelen kan noodzakelijk zijn

Als een medewerker niet bereid is zichzelf te ontwikkelen, terwijl het zich eigen maken van nieuwe kennis en vaardigheden wel noodzakelijk is om de functie goed te kunnen uitoefenen, is hij de probleemhouder.

Allereerst zal de leidinggevende van deze medewerker achterhalen wat de reden is voor deze weigering. Is dit ONwil, ONzekerheid, ONwetendheid of een andere ON-reden (zie hoofdstuk 18, Het correctiegesprek)? Wellicht is het verstandig hier meerdere korte gesprekken aan te wijden. Als deze medewerker echt bij zijn standpunt blijft, is dat zijn keuze. *Je kunt het paard wel naar de beek leiden, maar drinken moet het beestje zelf!* Als in het verlengde van deze keuze de desbetreffende medewerker onder de norm gaat presteren (hij bezit niet over de meest recente kennis en vaardigheden om de functie goed te kunnen vervullen) dan wordt een beoordeling opgesteld waarin dit wordt vermeld. De persoon in kwestie wordt dus geconfronteerd met de gevolgen van zijn eigen keuze.

Geen POP, dan ook geen opleiding

Om het POP in de organisatie te verankeren, kiezen steeds meer organisaties ervoor een opleidingsvraag pas te honoreren als hier een POP aan ten grondslag ligt. Leidinggevenden en medewerkers denken beiden na *of* het volgen van een opleiding wel het meest effectieve ontwikkelingsinstrument is en zo ja, *welke* opleiding dat dan dient te zijn. Aansluitend kunnen in een POP-gesprek afspraken worden gemaakt over hoe het geleerde in de praktijk toe te passen is.

Benut de (nog niet zichtbare) talenten van medewerkers

Herman Wijffels, voormalig hoogleraar sociale innovatie, stelt dat we nog niet eens de helft van de talenten van de medewerkers benutten. Managementgoeroe Peter Drucker zei het nog niet zolang geleden als volgt: "De grootste verdienste van het management van de 20ste eeuw is de vijfvoudige verbetering van de productiviteit van de fabriekswerker. De uitdaging voor het management van de 21ste eeuw is om de productie van de kenniswerker op een gelijkwaardige wijze te verbeteren."

Nog steeds slepen vele medewerkers zich naar hun werk om na een dag aanwezigheid tot bloei te komen bij de oudercommissie, voetbalclub of de duivenmelkvereniging. Buiten de werkplek komt plotseling een enorme hoeveelheid creativiteit, zin en spirit te voorschijn! Wonderlijk eigenlijk als medewerkers circa 80.000 uur (!) van hun leven werken. En als zij dan niet met plezier naar hun werk gaan, dan zijn dat voor hen hele lange dagen en voor de werkgever vele gemiste kansen. Dus probeer in een POP-gesprek, of welk gesprek dan ook, te achterhalen waar medewerkers van in vuur en vlam raken, wat hun drijfveren zijn. Geef bijvoorbeeld meer ruimte aan jobcrafting!

Niet doen

Doen van toezeggingen over een nieuwe functie

Een leidinggevende kan zijn medewerker niet toezeggen dat deze over een jaar een nieuwe functie kan vervullen. Het is maar de vraag of hij bevoegd is om dit soort beslissingen te nemen en in een jaar kan er veel veranderen. Omdat belofte schuld maakt, is het niet verstandig om toezeggingen te doen. De insteek van een POP-traject, met daarin bijvoorbeeld afspraken over deelname aan projecten, stages en vervanging bij afwezigheid, is om deze persoon klaar te stomen voor de door hem geambieerde functie. Dus als deze functie vacant is, is deze persoon één van de kanshebbers. Geen garantie dus, maar het vergroten van kansen.

Geen POP als er niets te lopen valt

Als er in de organisatie 'niets te lopen' (bijvoorbeeld in platte organisaties) valt en/of de mogelijkheden voor interne, horizontale overplaatsingen ontbreken, dan is geen POP-gesprek voeren niet goed. Een gesprek over persoonlijke ontwikkeling voer je altijd. Het is een moment om aandacht te schenken aan de 'persoon', zijn prestaties en om over zaken als werkplezier en jobcraften te praten.

INFORMATIEBRONNEN

Boeken

Berg, J. van den en R. Jongsma, *Overspoeld door schaarste*. Vakmedianet, 2012

Backx, W. en J.H. Noordhof, *Effectieve gesprekken*. Business Contact, 2015

Haak, P. van der, *Een Goed gesprek!* P&A Talentontwikkeling, 2017

Artikelen

Berg, J. van den, *I-deals en jobcrafting, hypes of blijvertjes?, Alles over Het Nieuwe Leren en de lerende organisatie,* 2013

Wetering, K. van de, Wat zijn jouw superkrachten?, *MT* 11 mei 2018

Blog

Jobcrafting, een betere baan door niet weg te gaan. *HRbase*, 2016

Studie

Sleutelen aan je werk, Peeters, Demerouti en Van den Heuvel, 2017

9 HET COACHINGS-GESPREK

Jacco van den Berg

'Coaching' is een Engelse term die (te) gemakkelijk voor begeleidingsvormen als supervisie, mentoring, counseling, therapie en meester-gezelconstructie wordt gebruikt. De literatuur is niet eenduidig over een definitie voor coachen. Ook puilen de boekenkasten uit met managementliteratuur over wat nu een manager, leidinggevende of coach doet of laat. Zonder academisch te worden, volgt hier een definitie van coachen van Timothy Gallwey:

> **"Coachen is iemands potentiële kwaliteiten en talenten vrijmaken, zodat hij zo goed mogelijk presteert. Het is geen onderwijzen, maar leren bevorderen. Coachen vergroot het zelflerend vermogen van medewerkers en is gericht op de verdere ontwikkeling van het bewustzijn en de verantwoordelijkheid, zodat het aanwezige potentieel maximaal tot wasdom kan komen."**

Spelenderwijs leren ...
Vroeger gaf de onderwijzer op school toch wel een beetje 'belerend' les. De meester voor de klas was bijna almachtig en droeg aan de leerlingen zijn kennis over. Dat gebeurde veelal op een afhankelijke manier. Het vertrekpunt van het leerproces was de theorie, om van daaruit allerlei verschijnselen te verklaren.

De leerlingen leerden toen ongetwijfeld veel, maar deden zij dat op straat ook niet? Hebben zij niet eerst met en daarna zonder zijwieltjes leren fietsen? En zijn zij ook niet, toen vader hen niet meer bij het zadel vasthield, gevallen, opgestaan en weer doorgegaan? Iedere volwassene strikt nu toch zelfstandig zijn veters en daar is heus geen coachingstraject aan vooraf gegaan. Coachen is immers doelgericht en het vergroten van de eigen verantwoordelijkheid is de inzet. Zo heeft ieder spelenderwijs, met hier en daar een tip, leren lopen, tekenen, praten en veters strikken.

Dit hoofdstuk geeft antwoord op de volgende vragen:
- Wat is LEF bij coachen?
- Wat is het idee achter de 'sterke punten'-benadering?
- Hoe is het GROW-model in te zetten bij coachen?

9.1 DE VOORBEREIDING OP EEN COACHINGSGESPREK

Er zijn een aantal factoren die belangrijk zijn voor een succesvolle coaching. Hierna een korte toelichting op drie belangrijke succesfactoren.

Succesfactor 1: de klik

De gecoachte moet het gevoel hebben dat de coach zijn coachvraag begrijpt en hem kan ondersteunen in het beantwoorden ervan. Ook bij de coach moet 'het goede gevoel' aanwezig zijn. Deze vraagt zich af of hij de meest aangewezen persoon is om de gecoachte 'verder te brengen' in diens persoonlijke- en professionele ontwikkeling. In een kennismakingsgesprek wordt getoetst of de noodzakelijke klik aanwezig is.

Succesfactor 2: vertrouwen

In een coachingsgesprek is gelijkwaardigheid belangrijk. Dit schept vertrouwen waardoor de gecoachte zijn probleem in een veilige omgeving kan benoemen en zelf tot inzichten kan komen. Vertrouwen en gelijkwaardigheid worden gecreëerd door tijd te nemen om kennis te maken, 'iets' gemeenschappelijks op te zoeken en waardeoordelen weg te laten. Verder worden er vooraf kristalheldere afspraken gemaakt over bijvoorbeeld wat er wel en niet wordt teruggekoppeld (bijvoorbeeld: wel over het proces maar niet over de inhoud) aan een leidinggevende.

Bij coaching kunnen persoonlijke thema's aan de orde komen. Ook stelt de gecoachte zich kwetsbaar op door in alle open- en eerlijkheid te vertellen over zaken die hij niet weet, kan of durft. De gecoachte moet zich veilig voelen om alles wat zijn functioneren of ontwikkeling in de weg staat, op tafel te durven gooien. Vertrouwen is dan ook een succesfactor bij coachen.

Rapport
Een van de belangrijkste aspecten binnen coaching is rapport (spreek uit als rapoor).
Je kunt rapport omschrijven als 'invoelend' of 'begripvol'.

"Het is met rapport als met geld. Je beseft pas dat je een probleem hebt als je bijna zonder zit."
- Rijk Binnekamp -

Rapport is tweerichtingsverkeer. Je hebt rapport als er sprake is van wederzijds vertrouwen en respect, ongeacht de verschillen die er zijn. Dat betekent niet dat je de ander per se aardig moet vinden. Rapport bestaat uit drie elementen: wederzijdse aandacht, gemeenschappelijke positieve gevoelens en een goed gecoördineerd non-verbaal samenspel.

Bron: boek *Het coachingsalfabet*, 2014

Succesfactor 3: kennis over hoe mensen leren

Leren komt op verschillende manieren tot stand. Met vallen en opstaan, door te imiteren, met een opleiding, door personen 'in het diepe te gooien' of in een training 'on the job'. Hoe de medewerkers ook leren, bewustwording is de basis voor aan- of afleren.

Van *onbewust onbekwaam* naar *bewust bekwaam*
Toen Tom nog een Tommetje was, moest hij van zijn vader leren fietsen. Hij begon op een loopfiets. "Wat is dat voor ding, wat is fietsen en wat moet ik ermee?", vroeg hij (wist hij veel). Maar voordat hij er erg in had, zat hij al op het zadel. Tommetje wist niet precies wat de bedoeling was en of hij wat van hem verwacht werd wel kon. Tommetje was onbewust en onbekwaam.

Het lukte hem niet en hij viel om de haverklap. "Ik kan en wil niet fietsen", huilde hij. Tommetje was zich bewust van zijn onbekwaamheid. Hij moest echter blijven fietsen en met tegenzin begon hij zowaar zijn eerste meters te fietsen (loopfietsen is hier een beter woord).

Oefening baart kunst, hij keek hoe zijn oudere broer het deed en weldra kon hij goed rechtdoor fietsen. Bochten maken was een ander verhaal en hij viel dan ook de eerste keren. Maar dat kon de pret niet drukken. Zonder erom te vragen, oefende hij net zolang tot het wel lukte. Tommetje begon er lol in te krijgen. Met het klimmen der jaren werd hij steeds beter in fietsen, begon in Limburg bergen te beklimmen en won wedstrijden. Hij werd zich meer en meer bewust van zijn talent.

In de Giro van 2017 was hij op de toppen van zijn kunnen en won deze wedstrijd. Hij glunderde van oor tot oor en heel wielrennen-minded Nederland stond op zijn kop. Tom bleef de rust zelve, bleef presteren en is topfavoriet voor menig wedstrijd. Op fietsgebied is hij onbewust en bekwaam.

Bron: *Handboek Werving en Selectie, 2018*

Het oude vertrouwde

Iemand gaat pas leren als hij de stap van *onbewust onbekwaam* naar *bewust onbekwaam* zet en daar kun je zomaar ziek, zwak en misselijk van worden. Om iets nieuws in de vingers te krijgen moet, afhankelijk van de situatie, het oude vertrouwde losgelaten en de comfortzone verlaten worden. Dat proces kan met weerstand gepaard gaan ('dat geldt niet voor mij') en leiden tot stilstand ('ik werk al jaren zo'). Toch is het zo dat de meeste mensen niet bang zijn voor het nieuwe: zij zijn banger om het oude achter zich te laten. Een van de doelen van coachen is personen uit te dagen over hun eigen grenzen te kijken, te experimenteren met nieuw gedrag. Dus, haal eens de zijwieltjes weg en laat de medewerker onder begeleiding fietsen. Oftewel, weg met het ingeslopen gemak en gooi hen, onder begeleiding in de vorm van coaching, eens in het diepe!

Overschatters

Gecoachten die vol trots vertellen dat zij niets meer hoeven te leren, die zeggen alles al te hebben meegemaakt, blokkeren hun leerproces en vallen mogelijk in de groep van overschatters. Omdat zij zijn blijven steken in de fase van *onbewust onbekwaam*, zijn zij lastig te coachen. Veranderingen komen immers alleen via het bewustzijn tot stand. Menen dat je alles weet, is het voornaamste obstakel voor het verwerven van nieuwe kennis. Is het gestoeld op misplaatste trots, onnodige angst of het onvermogen om de eigen fouten of onhebbelijkheden onder ogen te zien? Het zou zomaar kunnen. Deze overschatters beseffen onvoldoende dat falen niet het einde is, maar juist de start van iets moois en nieuws kan zijn. Het is de uitdaging van de coach dat deze gecoachten de voorgehouden spiegels niet wegduwen, maar hen laat beseffen dat leren met vallen en opstaan gepaard gaat.

Bron: boek *Het coachingsalfabet*, 2014

9.2 HET VOEREN VAN EEN COACHINGSGESPREK

Een beproefde aanpak bij coachen is het GROW-model van John Whitmore (2010). GROW is een afkorting van *Goal, Reality, Options* en *What* en laat zien dat coachen resultaat- en actiegericht is en een beroep doet op de vraag- en luistervaardigheden van een coach.

Een andere effectieve insteek is de 'sterke punten'-benadering. Een focus op talenten (versterkt wat werkt!) is een krachtige bron voor de persoonlijke- en professionele ontwikkeling van medewerkers. Meer hierover in hoofdstuk 2, 6 en 7, respectievelijk Het selectie-, beoordelings- en functioneringsgesprek.

Coachen: vragen stellen en luisteren

De belangrijkste vaardigheden van een coach zijn *luisteren* en *vragen stellen*. De coach maakt met zijn vragen op een constructieve wijze de hiaten in kennis, het ontbreken van bepaalde competenties en het gemis in ervaring zichtbaar. Hij valt met zijn vragen onbewezen waarheden aan, confronteert de gecoachte met verkeerde aannames en keuzes en legt de tegenstellingen in aanpakken en denktrends haarfijn bloot. Dit allemaal om de gecoachte bewust te maken van waar het fout is gegaan, om hem *bewust onbekwaam* te maken.
Coaches stellen vragen zonder te antwoorden, verstaan de kunst van luisteren en zijn alert op woorden als *keuze, alternatieven, meeste, beste* en *op dat moment*. Aan dit soort woorden gaat immers een denkproces vooraf. Vragen hierover brengt de gecoachte weer terug in dit proces, hij beleeft het als het ware opnieuw en wordt zich bewust van zijn doen en laten. Het GROW-model is een praktisch, richtinggevend en resultaatgericht stappenplan om deze vragen te structureren.

Groeien met GROW

De coach stelt zijn vragen niet voor de vuist weg maar gestructureerd met het GROW-model van John Whitmore. GROW staat voor:

- Fase 1: **G**oals (doelen)
- Fase 2: **R**eality (realiteit)
- Fase 3: **O**ptions (opties)
- Fase 4: **W**hat (actieplan)

GROW in een notendop:

Goal: 'Ik wil leren fietsen en wel helemaal alleen.'

Reality: 'Nu lukt mij dat niet. Ik kan mijn evenwicht niet houden en val keer op keer.'

Options: 'Als ik nu eerst begin met een loopfiets om vervolgens over te stappen op een kleine fiets moet het gaan lukken. Zeker als mijn vader in het begin achter mij gaat lopen. Zijwieltjes zijn natuurlijk ook een goede (tussen)oplossing.'

What: 'Het worden de zijwieltjes. Ik wil immers alleen fietsen.'

Fase 1: goals

Eén van de leerlessen uit het boek *The 7 habits of highly effective people* van Stephen Covey is te beginnen met het einde in gedachten ('vision what you want in the future so that you know concretely what to make a reality'). Hij stelt dat als je het eindresultaat goed voor ogen hebt, je in staat bent goede beslissingen te nemen terwijl je nog onderweg bent en een lange weg te gaan hebt. Volgens hem kun je dan pas focus blijven houden en weet je het hoofd te bieden aan storingen, verleidingen en tegenslagen en ga je al doende leren.

Coachen is resultaatgericht en kent een focus. Ieder traject, maar ook ieder gesprek, start met het formuleren van het gewenste resultaat. Een duidelijke doelstelling is noodzakelijk om richting te geven aan de gesprekken en om aan het einde het resultaat te kunnen meten. Door de gecoachte zelf het doel te laten formuleren, legt de leidinggevende de verantwoordelijkheid daar waar het hoort. Het is immers de gecoachte die verantwoordelijk is voor zijn eigen ontwikkeling.

Hulpvragen om het doel van het coachingstraject en -gesprek scherp te krijgen zijn:

- Wat zou u graag met deze sessie willen bereiken?
- Ik heb een half uur beschikbaar, hoe ver zou u in die tijd willen komen?
- Waar zou u het meeste van op willen steken in deze sessie?
- Wat zou u willen dat er gebeurt wat nu niet gebeurt?
- Kunt u dat doel bereiken in de tijd die we tot onze beschikking hebben?

Fase 2: reality

Wat is werkelijkheid en wat is waarheid? Wie het weet mag het zeggen. Echter, de coach neemt de werkelijkheid van de gecoachte als vertrekpunt. In het coachingsgesprek laat hij de gecoachte vertellen over de situatie, hij luistert en vraagt door naar de redenen waarom de ander iets (nog) niet (helemaal) kan of weet. De coach draait samen met de gecoachte 'de film terug' en analyseert stapje voor stapje iedere scène. Door de vragen van de coach krijgt de gecoachte een helder zicht op de verschillende (niet) genomen stappen, (niet of te laat) doorgehakte knopen of (niet) in gang gezette acties die aan zijn coachvraag ten grondslag liggen. De eigen antwoorden op de vragen maken de gecoachte bewust van wat er nu verkeerd is gegaan, wat hij mist, et cetera en bevatten aanwijzingen over hoe hij in de toekomst bepaalde zaken beter aan kan pakken.

In het gesprek komt de gecoachte door de vragen van zijn coach erachter waarom hij:

- de verkeerde beslissingen neemt;
- onjuist organiseert;
- het overzicht kwijtraakt;
- vastloopt;
- verkeerde inschattingen maakt;
- over onjuiste informatie beschikt;
- te laat of te vroeg actie onderneemt;
- zich onder laat sneeuwen;
- zich ingraaft;
- niet luistert;
- bang is voor;
- verkeerd handelt;
- confrontaties uit de weg gaat;
- in de communicatie tekortschiet;
- de verkeerde methoden en technieken hanteert;
- het (politieke) spel niet meespeelt;
- te ruim of te strak plant;
- onvoldoende overtuigend optreedt.

Hulpvragen om de medewerkers bewust te maken van hun handelen zijn:

- Wat is de huidige situatie (wat, wanneer, waar, hoe vaak)?
- Wie zijn de betrokken partijen (direct en indirect)?
- Wat zijn de consequenties voor u en/of betrokkenen, als de zaken op dit punt verkeerd lopen?
- Wat heeft u al gedaan en welke resultaten heeft dat opgeleverd?
- Wat zijn de belangrijkste belemmeringen om verder te komen?
- Waar liggen de valkuilen?
- Welke andere mensen zijn hierbij betrokken?
- Hoe zien directbetrokkenen de situatie?

Moed

De antwoorden op hiervoor genoemde realiteitsvragen maken de gecoachte bewust(er) van zijn doen of laten, van zijn afwachtende houding of van zijn te snelle besluiten, et cetera. De vragen van de doorvragende coach plaatsen de problemen, uitdagingen van de gecoachte in een breder kader waardoor deze de oplossingsrichtingen niet vanzelf maar vanuit zichzelf gaat zien. Om deze (confronterende) vragen te durven stellen, is moed nodig. Het is best moeilijk om een begripvolle spreekwoordelijke hand op de schouder van de gecoachte te leggen als deze wegkijkt en met horten en stoten en misschien een snik de vragen beantwoordt. Het vraagt ook moed van de gecoachte. Want je eigen zwakheden onder ogen zien en vertellen waar je niet goed in bent, is niet voor iedereen weggelegd. Je kunt als medewerker er altijd voor kiezen je niet te laten coachen, om aansluitend maar te zien waar het schip strandt.

Fase 3: options

Als de gecoachte door de vragen van de coach bewust is gemaakt van waar de schoen wringt (het gebrek aan kennis, het ontbreken van bepaalde competenties, een gemis aan ervaring), begeleidt de coach de gecoachte om op zoek te gaan naar mogelijkheden die tot het gewenste doel leiden. In deze fase van het coachingsgesprek stimuleert de coach de gecoachte om zelf na te denken over mogelijke oplossingen en om aansluitend er één of meerdere te kiezen. Het enige wat de coach in feite doet, is het stellen van vragen. Deze vragen stimuleren de gecoachte om na te denken over effectieve oplossingen.

GROW-model, vele wegen naar Rome

Hulpvragen die tot oplossingen leiden:

- Welke opties zijn er allemaal (in principe) denkbaar?
- Is er iets of iemand aan wie u advies zou kunnen vragen? Hoe zou dat advies luiden?
- Als u geen enkele beperking (een oneindig budget en een zee aan tijd) zou ervaren, wat zou u dan doen?
- Als u helemaal opnieuw kon beginnen, wat zou u dan anders doen?
- Wat zijn de voor- en nadelen van elke optie?
- Wat zou u doen als die hindernis er niet was?
- Wilt u een score geven tussen de één en tien aan ieder van deze opties over de aantrekkelijkheid en de praktische uitvoerbaarheid?

Fase 4: what

In de laatste fase worden afspraken gemaakt die bij realisatie de gecoachte dichter bij zijn doel brengen. De dialoog over de opties resulteert in een concreet actieplan.

Hulpvragen om de gecoachte in de DOE-modus te krijgen:

- Welke optie heeft u gekozen? Wat gaat u concreet doen?
- Wanneer gaat u het doen? Wanneer precies begint en eindigt elke actie?
- Op welke wijze draagt de actie bij aan het realiseren van het coachdoel?
- Welke hindernissen zou u onderweg kunnen tegenkomen en hoe gaat u die overwinnen?
- Wie moet worden geïnformeerd?
- Welke ondersteuning heeft u nodig en hoe gaat u die mobiliseren?
- Scoor op de schaal van één tot tien uw motivatie om aan de slag te gaan met de actie(s). Geen tien? Wat moet er (door wie) gebeuren om uw motivatie richting tien te laten opschuiven?

Tip: Moedig aan, nieuwsgierigheid is het begin van wijsheid!

Vaak zijn er vele wegen die de gecoachte dichter bij zijn coachdoel brengen. Maar ook gecoachten zijn gewoontedieren en kiezen vaak voor het oude vertrouwde. Ook bij hen ontbreekt het soms aan moed om uit de comfortzone te stappen. Maar nu zij door de vragen van hun coach bewust(er) zijn gemaakt dat zij uit een ander vaatje moeten tappen, is het bewandelen van een platgetreden pad geen optie meer. Loslaten van 'het oude' en 'het nieuwe' omarmen, je moet het maar kunnen en durven. Het is niet voor iedereen weggelegd om (op tijd) zijn comfortzone te stretchen of er zelfs uit te stappen.

"Want de allermooiste bloemen groeien vaak langs het ravijn. En om die te kunnen plukken moet je durven bang te zijn."

Bron: lied *Ravijn* van Veldhuis en Kemper

Coachen met een growth-mindset

In 'Het Nieuwe Beoordelen' zijn medewerkers (meer) verantwoordelijk voor hun persoonlijke en professionele ontwikkeling. Maar leidinggevenden blijven op dat gebied in de continue dialogen waardevolle coaches. In deze feedback-, (loopbaan)coach-, jobcrafings- en/of POP-gesprekken is het wenselijk dat leidinggevenden over een zogenoemde *growth-mindset* beschikken en erin geloven dat mensen zich persoonlijk en professioneel kunnen ontwikkelen. Zij stimuleren deze ontwikkeling en merken een eventuele vooruitgang beter op waardoor zij talentvolle medewerkers eerder spotten. Deze positieve insteek met betrekking tot ontwikkeling geldt natuurlijk ook voor medewerkers! Medewerkers met een growth-mindset kiezen vaker voor iets nieuws, verlaten hun comfortzone en gaan als het ware het avontuur aan.

What kind of Mindset Do You Have?

I can learn anything I want to.
When I'm frustrated, I persevere.
I want to challenge myself.
When I fail, I learn.
Tell me I try hard.
If you succeed, I'm inspired.
My effort and attitude determine everything.

I'm either good at it, or I'm not.
When I'm frustrated, I give up.
I don't like to be challenged.
When I fail, I'm no good.
Tell me I'm smart.
If you succeed, I feel threatened.
My abilitites determine everything.

Leidinggevenden met een *fixed mindset* stellen dat mensen zijn zoals ze zijn. Deze 'fixed denkers', en dat kunnen ook medewerkers zijn, kiezen eerder voor werk dat aantoont dat zij al iets kunnen. Voor hen is fouten maken geen optie: het resultaat telt, niet de kans om iets te leren. Tot slot toont onderzoek aan dat leidinggevenden met een fixed mindset minder initiatief nemen om hun medewerkers te coachen. Ook nemen ze sneller het roer over als het fout gaat.

The rain in Spain falls mainly on the plain
In het beroemde toneelstuk *Pygmalion* van George Bernard Shaw had professor Henry Higgins hoge verwachtingen over de ontwikkeling van Eliza Doolittle, het 'plat pratende' bloemenmeisje uit een achterstandswijk. "Ik laat haar binnen drie maanden spreken als een hertogin", sprak hij uit. Het meisje glom en zijn omstanders lachten allen in hun vuistje. Echter, na drie maanden, had het bloemenmeisje zich ontwikkeld tot een welbeschaafde en welbespraakte jongedame die, getooid met een mooie hoed, de paardenraces van Ascot bezocht.

U kent ongetwijfeld het fenomeen van de selffulfilling prophecy. Onderzoek leert dat men daar nauwelijks 'gebruik' van maakt. Wist u dat personen slechts de helft aanspreken van hetgeen zij werkelijk in hun mars hebben? Henry Higgins had hoge verwachtingen van het bloemenmeisje. De verwachting die hij van de *ander* had, staat bekend als het *pygmalion-effect*. Op haar beurt ging het meisje in zichzelf geloven en sprak, bij haarzelf onbekende, talenten aan. Een intens geloof in *zichzelf*, haar *eigen zelfverwachting*, was uiteindelijk de drijfveer die haar in staat stelde de hoogste adellijke toppen te bereiken (het *Galatea-effect*). Dit voorbeeld maakt duidelijk dat beide effecten elkaar kunnen versterken.

Creëren van een veilig leerklimaat

'Fixed denkers' denken dus dat zij zijn zoals ze zijn en zich niet kunnen ontwikkelen. Maar dat klopt niet. Iedereen kan zichzelf continu verbeteren. De bereidheid om te groeien stijgt als de angst voor het falen daalt. Wat voor medewerkers helpt, is een rolmodel (een leidinggevende en/of coach) die zij vertrouwen en hen ondersteunt om zich, in een veilige omgeving, te ontwikkelen. Medewerkers die bang zijn te falen hebben volgens organisatiepsycholoog George Kohlrieser nooit geleerd zich veilig te voelen. Volgens hem zorgt een veilige basis voor minder of geen angst voor het nieuwe en onbekende, en het zorgt er tevens voor dat medewerkers niet opgeven.

"Learn from yesterday, live for today, hope for tomorrow. The important thing is not to stop questioning."

– Albert Einstein –

9.3 VEELGESTELDE VRAGEN OVER EEN COACHINGSGESPREK

Vraag 1 Wat is het verschil tussen managen, leidinggeven en coachen?

In de inleiding van dit hoofdstuk staat de definitie van coachen. Nu volgen die van managen en leidinggeven:

"Management (letterlijk: beheer) is het opstellen en uitvoeren van een plan om aansluitend te controleren of het plan is gerealiseerd. Tot slot wordt geëvalueerd of het in het vervolg beter of anders kan. Dus: Plan, Do, Check en Act."

"Leidinggeven is een proces waarbij het gedrag van een individu of groep wordt beïnvloed om zo doelen te bereiken. Leiderschap heeft vooral betrekking op het aansturen, motiveren, enthousiasmeren, stimuleren en ontwikkelen van mensen."

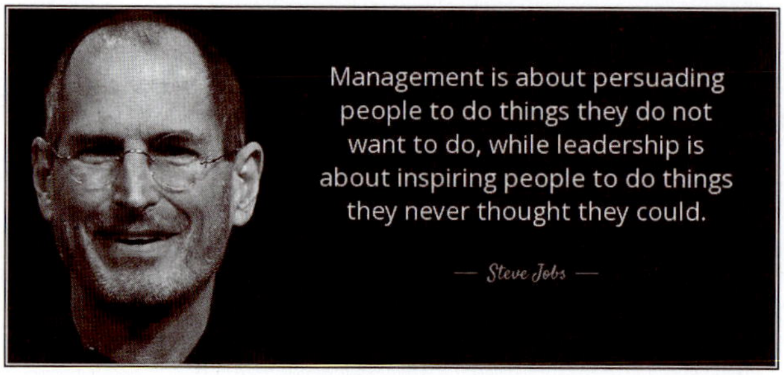

Als managen *de dingen goed doen* is, dan is leidinggeven *de goede dingen doen*. Coachen ligt dan ook dichter bij leidinggeven dan bij managen. Het is ook medewerker- en mensgeoriënteerd en gericht op (het stimuleren van) de persoonlijke- en professionele ontwikkeling van medewerkers.

Vraag 2 Waarom moet een coach niet te snel cadeaus geven?

Als een leidinggevende coacht, is deze vaak geneigd om in te grijpen, antwoorden te geven en de juiste weg te wijzen. Hij heeft immers wel die ervaring en misschien 'haast'. Maar leren en ontwikkelen blijft de verantwoordelijkheid van de gecoachten. Alleen vragen zijn al voldoende om te leren en dat is 'slechts' de verantwoordelijkheid van 'de luie' coach. Juist als gecoachten nadenken, betekent dat deze verantwoordelijkheid wordt gestimuleerd. Hierdoor zien zij de oplossingsrichtingen niet vanzelf, maar uiteindelijk vanuit zichzelf. Door de verantwoordelijkheid bij de medewerker te houden, komt deze niet in een afhankelijke rol en gaat hij (vanzelf) leren.

Vraag 3 Wat is LEF bij coachen?

In het boek *Fouten maken moet* (2014), breekt Remko van der Drift een lans om een klimaat te creëren waarin medewerkers fouten als leermomenten (kunnen) zien. Gecoachten hebben niet de angst om afgerekend te worden, maar prijzen zich gelukkig met een coach of een coachende leidinggevende die blij is als zij zeggen iets niet te weten en/of te kunnen en daardoor iets niet goed hebben gedaan. En daar is van beide kanten LEF voor nodig en dat staat voor:

- *Laat de ander schitteren*
  Zet het leerproces van medewerkers in de spotlights. Laat zien dat zowel fouten als successen aanknopingspunten bevatten om te leren. Fouten maken mag dus.

- *'En' in plaats van 'maar'*
  Accepteer en benut situaties die fout gaan. 'Ja' zeggen tegen wat er gebeurt én dit zien als een mogelijkheid om nieuwe dingen uit te proberen. Het mag dus misgaan.

- *Faalplezier*
  Gun medewerkers de mogelijkheid om met plezier nieuwe dingen uit te proberen en daarvan te leren. Fouten maken mag, er is een cultuur van veilig falen.

Het is misschien een tegeltjeswijsheid, maar wel eentje die gecoachten vaak aan het denken zet:

Dimmers	***D**enken **I**n **M**ogelijkheden en dat resulteert in beweging*
Dippers	***D**enken **I**n **P**roblemen en dat leidt tot stilstand*

Vraag 4 Waarom moet een coach blij zijn met een excuus of 'sorry, het is niet gelukt'?

> *"Ever tried. Ever failed. No matter. Try Again. Fail again. Fail better."*
>
> - Samuel Beckett -

'Sorry seems to be the hardest word', een klassieker van Elton John. 'Sorry' is een moeilijk woord om uit te spreken. Toegeven dat je een fout hebt gemaakt, is voor een medewerker niet makkelijk, laat staan tegenover een leidinggevende. Angst voor diens zuchtende reactie is voor een medewerker vaak aanleiding om bijvoorbeeld een fout onder het tapijt te moffelen. Immers, wat niet weet wat niet deert. Een gemiste kans: weer niets geleerd en dat weet de medewerker drommels goed.

> "You never fail until you stop trying."

De smoezentrommel gaat alweer open. Over de tafel rolt de uitleg waarom deadlines niet zijn gehaald en het product niet voor 100 procent aan de eisen voldoet. En daar moet je als leidinggevende blij mee zijn? Ja! Omdat een welles-nietesdiscussie niet productief is en zeker niet leidt tot een proces waarin van fouten geleerd wordt. Hij weet ook dat als hij zich als een betweter opstelt, de gecoachte een volgende keer zich niet meer zo kwetsbaar durft op te stellen.

Dé waarheid bestaat niet

Wat is werkelijkheid en wat is waarheid? Iedereen meent het immers te weten en draagt dat ook uit. Wie het weet mag het zeggen. Ieder excuus is dus subjectief. Daarom neemt een coach de werkelijkheid van de gecoachte als het vertrekpunt in de coaching en laat hem vertellen over de situatie en vraagt door naar de redenen waarom de ander iets nog niet helemaal kan of weet. Net zoals de gecoachte is de coach nieuwsgierig. Nieuwsgierigheid is namelijk het begin van wijsheid.

Het is maar de vraag of er een verdiepend coachingsgesprek ontstaat als de coach een grote zucht had geslaakt bij het aansnijden van het onderwerp. Bij coachen is vertrouwen één van de kritieke succesfactoren. De gecoachte moet zich veilig voelen om alles wat zijn functioneren of ontwikkeling in de weg staat op tafel te durven gooien. Blijdschap bij de coach over een excuus draagt bij aan deze veiligheid.

Vraag 5 Wat is een meester-gezelrelatie?

Het is niet per se de leidinggevende die altijd of alleen de nieuwe medewerker in zijn ontwikkeling dient te begeleiden. Ook *meesters* of *oude rotten* kunnen hiervoor worden ingeschakeld.

Leren is veelal nog klassikaal georganiseerd. In deze zogenoemde horizontale leermethoden doen mensen gelijktijdig, vaak dezelfde ervaring op. Naast horizontale leervormen zijn ook verticale manieren van leren mogelijk. Een voorbeeld hiervan is de meester-gezelrelatie. Twee personen die niet gelijk zijn wat betreft ervaring en expertise leren samen en doen gezamenlijk nieuwe, maar andere, inzichten en ervaringen op. In een meester-gezelrelatie wordt een niet-expert aan een expert gekoppeld. De expert, meester, en de niet-expert (bijvoorbeeld een nieuwe medewerker) trekken samen op. De niet-expert komt op plaatsen en in situaties waar hij normaal (nog) niet terecht zou zijn gekomen en leert door zaken te doen en leert van 'zijn meester'. De expert weet dat er vreemde ogen op hem gericht zijn en dit kan bij hem leiden tot nieuw ideeën en een frisse, andere blik op zaken. De ontwikkeling van de nieuwe medewerker kan door verticaal leren versneld en meer spelenderwijs plaatsvinden en het leren vindt bij twee personen tegelijk plaats, want ook de meester leert.

Vraag 6 Wat zijn do's and don'ts van een coachingsgesprek?

Wel doen

Stiltes laten vallen

Voor menig coach is het laten vallen van een stilte lastig. Hij ziet de gecoachte peinzen, denken en zijn gedachten op een rij zetten, maar als een antwoord op een vraag uitblijft en de stiltes misschien pijnlijk worden, neemt hij het gesprek bijna reflexmatig over. Door bijvoorbeeld een door hemzelf gestelde vraag te beantwoorden of een oplossing aan te dragen. Vaak is de reactie weerstand. Gun als coach de gecoachte denktijd en houd je mond. Ook bij coachen geldt; eerst begrijpen om daarna begrepen te worden.

Het socratisch gesprek
Toen coachen nog geen bestaand woord was, droeg de aartsvader van de westerse filosofie, Socrates, op zijn manier kennis over. Hij vertelde niets en gaf geen antwoorden op aan hem gestelde vragen. Hij ging in alle rust met vragenstellers een dialoog aan en stuurde met vragen deze dialoog. Het resultaat was dat zij zelf nadachten en zelf tot oplossingen kwamen. Het leek alsof Socrates zijn vragen spontaan stelde en dat daardoor de dialoog zich spontaan en onvoorspelbaar ontvouwde. Niets is minder waar. Hij stelde zijn vragen niet voor de vuist weg, maar gebruikte ze om structuur aan te brengen om daarmee het doel van de dialoog te bereiken. Want hoewel hij een onwetende houding aannam, is duidelijk te herkennen dat hij over alle thema's nadacht.

De inhoudelijke kennis gebruikte hij bewust om de dialoog te sturen. Hij probeerde anderen te begrijpen in plaats van hen te overtuigen. Hij opponeerde niet, maar luisterde en stelde vragen.

Leer van successen!
Ook in het leven van de gecoachte strijdt iedere beslissing om voorrang en krijgt hij (of gunt hij zichzelf) niet altijd de tijd om te reflecteren op en te leren van zijn successen. Het is daarom ook als coach belangrijk zeker ook die acties 'naar boven te halen' die succesvol waren en te onderzoeken aan welke sterke punten dit succes te danken is. Het gesprek krijgt hiermee een positieve lading, de gecoachte leert van zijn successen en kan verkennen hoe hij deze sterke punten nog meer in zal zetten.

Zonder waardeoordelen
Het is belangrijk dat de coach waardeoordelen achterwege laat. Doet hij dit niet, dan kan de gecoachte ervoor kiezen niet alles te vertellen waardoor het inzicht in overwegingen, werkwijzen en aanpakken onvolledig is. Het is dan maar de vraag of de gekozen oplossingen en acties een duurzaam effect hebben. Tijdens het coachingstraject moeten beiden zich vrij

voelen om zaken in alle openheid te benoemen en uit te spreken. Dit lukt alleen wanneer er vertrouwen is en beiden overtuigd zijn van de goede bedoeling van de ander. Laat als coach de gecoachte dus ongedwongen zijn verhaal doen.

Niet doen

Niet te snel cadeaus geven

Als iets niet goed is gedaan, zijn coaches geneigd om in te grijpen, antwoorden te geven en de juiste weg te wijzen. Het is echter belangrijk tot tien te tellen en de gecoachte aan het woord te laten. Juist als deze diep nadenkt, betekent dit dat de eigen verantwoordelijkheid gestimuleerd wordt. Als een gehaaste leidinggevende gaat coachen en 'de rol van de redder' op zich neemt en oplossingen aanreikt, verstoort hij dit proces. Door de verantwoordelijkheid bij de gecoachte te houden, komt hij niet in een afhankelijke rol en gaat hij (vanzelf) leren.

Een goede coach is lui

Als verwachtingen over bijvoorbeeld een project of traject niet zijn uitgekomen en de coach hierover vragen stelt, ziet hij zijn medewerker/gecoachte zweten en kleiner worden. Dat het niet lekker liep wist de gecoachte wellicht ook wel, maar de vragen brachten voor hem wel ondubbelzinnig de pijnpunten aan de oppervlakte. Hoe nu verder, hoe nu een gecoachte te laten leren van zijn fouten?

De coach trapt nu niet in de valkuil door de helpende hand te bieden en te vertellen hoe het dan wel moet. Hoewel 'voorzeggen' vele malen makkelijker en sneller is, is één ding zeker: de gecoachte heeft niets geleerd en komt de volgende keer weer met een hulpvraag.

Een goede coach is lui, leunt achterover en zet, ook in deze fase van het coachingsgesprek, de gecoachte met vragen aan het werk. Hij ziet fouten als leermomenten en met vragen zet hij hem op een spoor voor effectiever gedrag. Deze vragen leggen vingers op zere plekken, plaatsen 'problemen' in een breder kader en brengen de medewerker op een spoor.

Bron: boek *Professioneel coachen*, 2013

Te grote stappen

Leren door 'vallen en opstaan' is effectief, maar als de gecoachte verder gaat springen dan zijn polsstok lang is, kan hij met zijn gedrag zichzelf en zijn omgeving schade toebrengen. Doordat hij fouten maakt, kan zijn (zelf) vertrouwen een dermate grote knauw oplopen dat hij in zijn schulp kruipt, uitvalt en zelfs vertrekt. In alle gevallen stopt hij met leren. Een goede coach beschermt zijn gecoachte hiervoor. Natuurlijk daagt hij zijn gecoachte uit om uit zijn comfortzone te stappen, maar met mate. Vele kleine stapjes vormen in deze vaak een hele grote stap.

> "De vijand van goed is *beter*.
> *Altijd* streven naar beter kan iemand over de kling jagen."
>
> Bron: opmerking van een deelnemer aan de training *Essenties van leidinggeven*, 2018

Niet over de inhoud

Als de leidinggevende niet de coach is, worden tussen de coach, de gecoachte en de leidinggevende van de gecoachte afspraken gemaakt over wat wel en niet aan laatstgenoemde wordt gecommuniceerd. Omdat vertrouwen een kritieke succesfactor is, wordt de leidinggevende niet over de inhoud van de coachingsgesprekken geïnformeerd maar wel globaal over de voortgang van het coachtraject (het proces). Als de coach de leidinggevende van de coach over de inhoud informeert, is het maar de vraag of de gecoachte alles vertelt wat nodig is voor zijn ontwikkeling of wat deze ontwikkeling in de weg staat.

Er omheen draaien

Een coach die aardig gevonden wil worden, laat confronterende vragen achterwege en gaat de gecoachte redden door zelf de oplossingen aan te reiken. Weinig professioneel en ook bij coaches is het zo dat 'zachte heelmeesters stinkende wonden maken'. Coachen is soms best wel een harde bezigheid waarin een goede coach met vragen de vinger op de zere plek durft te leggen. Echter, als het 'hogere doel' van de coaching, het vergroten van de eigen verantwoordelijkheid om tot effectiever gedrag te komen, helder is, is er niet zoveel aan de hand. De gecoachte weet dat 'na het zuur het zoet komt'.

INFORMATIEBRONNEN

Boeken

Berg, J. van den, *Het Nieuwe Beoordelen, focus op talenten*. Vakmedianet, 2017

Drift, R. van der, *Fouten maken moet*. Van Duuren Management, 2014

Lee, R. van der en anderen, *Het coachingsalfabet*. De Alfabetboeken, 2014

Rooy, A. de, *Vierkante meter moed. De missing link in leiderschap*. Van Duuren Management, 2016

Whitmore, J., *Succesvol coachen*. Boom Uitgevers Amsterdam, 2018

Wijchers, L., J. van den Berg en A. de Rooy, *Professioneel Coachen*. Medem Publishing, 2014

Wijnen, T., *Coachend leiderschap*. Politeia, 2014

Artikel

Berg, J. van den, Vragen stellen en niet antwoorden, *HR Rendement*, 2015

Blog

Berg, J. van den, Gun als leidinggevende uw medewerkers faalplezier, Alles over Het Nieuwe Leren en de lerende organisatie, 2015

10 HET LOOPBAAN-COACHINGSGESPREK

Jacco van den Berg

In Nederland behoren medewerkers gemiddeld zo'n 45 tot 50 jaar tot de beroepsbevolking. In hun werkzame leven doorlopen zij verschillende levensfasen. In deze fasen maken zij keuzes die bijdragen aan hun persoonlijke- en professionele ontwikkeling en die passen binnen de mogelijkheden die de werkgever hen biedt. Mooie woorden die de ideale situatie duiden, de praktijk is echter weerbarstiger.

Zo kan een medewerker gedurende zijn loopbaan op verschillende momenten geconfronteerd worden met interne of externe gebeurtenissen die, op dat moment, een te grote uitdaging vormen. Bij een interne oorsprong ervaart de medewerker zelf vraagstukken over de eigen professionele ontwikkeling zoals *'is dit wat ik echt wil?'*. Wanneer de medewerker vanuit de organisatie aangemoedigd of gedwongen wordt om te bewegen, bijvoorbeeld door een reorganisatie die tot boventalligheid leidt, ligt de oorsprong extern.

Uitdagingen binnen de professionele ontwikkeling zijn dus van alle (leef) tijden en kunnen verschillende aanleidingen hebben. Deze uitdagingen liggen aan de basis van loopbaanvraagstukken die kunnen leiden tot de behoefte aan het evalueren van de huidige werksituatie en een zoektocht naar antwoorden op vragen als:

- Heb ik hier nu al die jaren voor gestudeerd?
- Is dit het?
- Ik heb leuk werk maar er kriebelt iets, hoe kan ik mijzelf verder ontwikkelen?

- Wil ik deze functie de komende jaren nog wel uitoefenen?
- Ik wil iets anders, maar wat dan?
- Ik word binnenkort boventallig, wat nu?
- Fysiek en mentaal kan ik mijn huidige functie niet meer aan, wat zou wel bij mij passen?

Bovengenoemde vragen zijn niet voor iedereen even gemakkelijk te beantwoorden. Vragen als *Wat kan ik? Wie ben ik?* en *Wat wil ik?* zijn voor veel mensen geen dagelijks gespreksonderwerp. Ook gunnen medewerkers zich, door de haast van alledag, niet altijd voldoende tijd om te reflecteren op hun (loop)baan. Iemand deint vaak mee met de ontwikkelingen binnen zijn werkomgeving, zonder erbij stil te staan of dit nog wel aansluit op de persoonlijke behoeften. De minder leuke ontwikkelingen worden vaak afgedaan met zinnen als: *'dit hoort nu eenmaal bij mijn werk'* of *'in deze tijd mag ik blij zijn dat ik een baan heb'*. Totdat er een punt komt waarop zij zich niet meer lekker voelen in hun functie. Daarnaast kunnen ook individuele behoeftes, interesses of capaciteiten dermate veranderen dat deze niet meer bij de huidige organisatie of functie passen. De klik die er was, is er niet meer. Wat nu? Tijd voor iets anders? Als deze vragen opspelen en overgaan in piekeren en peinzen, kan het verstandig zijn hier met een professional over te praten.

Pascalle Vennema (37 jaar) is vijftien jaar geleden na haar hbo-studie Transport & Logistiek in dienst gekomen bij een internationaal transportbedrijf als planner. Inmiddels is zij sinds drie jaar leidinggevende van deze afdeling. Sinds het afgelopen jaar heeft zij een nieuwe leidinggevende en zijn haar taken en rollen niet in positieve zin veranderd. Sindsdien heeft zij het minder naar haar zin. Inmiddels heeft Pascalle op LinkedIn haar profiel aangescherpt en zoekt zij op internet naar interessante vacatures. Na verschillende gesprekken met haar leidinggevende en met de HR-functionaris is zij tot de conclusie gekomen dat haar functie niet meer bij haar past. Pascalle is tijdelijk herplaatst naar de afdeling Inkoop, maar ook in dit werkveld is zij niet gelukkig.

Pascalle voelt zich onzeker over haar capaciteiten. Zij wil graag antwoord op vragen als: 'waar ben ik goed in?', 'wat vind ik leuk?', 'welke functies hebben deze elementen in zich en welke functies passen het beste bij mijn persoonlijkheid?'. Haar zelf-vertrouwen is aangetast en zij twijfelt of het beroepenveld en de branche nog bij haar passen. Zij stort zich steeds meer in het organiseren en ondernemen van activiteiten in haar privéleven. Hier kan zij haar passie in kwijt. Zij weet niet meer wat zij wil en wat zij nu moet doen. In overleg met haar werkgever besluit zij een loopbaantraject te volgen.

Dit hoofdstuk geeft antwoord op de volgende vragen:

- Hoe kan de STARR-methodiek bij loopbaancoaching ingezet worden?
- Uit welke onderdelen bestaat een loopbaancoachingstraject?
- Wanneer kan de wondervraag gesteld worden?

10.1 DE VOORBEREIDING OP EEN LOOPBAANCOACHINGSGESPREK

Voordat concreet wordt ingegaan op hoe loopbaancoaches zich kunnen voorbereiden, start deze paragraaf met een inleiding over een interne of externe overplaatsing, vrijwillige of gedwongen mobiliteit en over levens-fasegericht diversiteitsbeleid. Deze onderwerpen spelen namelijk een rol in de voorbereiding op een loopbaancoachingsgesprek.

Interne of externe overplaatsing

Loopbaancoaching kan gericht zijn op het intern dan wel extern her- of verplaatsen van medewerkers. Om zich verder te bekwamen gaat de medewerker op zoek naar een functie binnen de organisatie. Deze ver-plaatsing is vaak vrijwillig, de medewerker is toe aan iets nieuws en maakt graag gebruik van de professionaliteit van een loopbaancoach om de richting van zijn zoektocht naar een baan binnen de organisatie aan te scherpen.

Als deze functie niet intern gevonden kan worden of de medewerker is toe aan een nieuwe werkomgeving, dan moet de zoektocht buiten de organisatie voortgezet worden. Ook hierbij kunnen loopbaancoaches hun diensten bewijzen.

Vrijwillige of gedwongen mobiliteit

Wanneer er sprake is van vrijwillige mobiliteit ligt de nadruk van de coaching op het identificeren van de intrinsieke motivatie van de medewerker. Hierbij houdt de loopbaancoach rekening met de levensfase waarin de medewerker zich bevindt. Wat maakt dat de medewerker juist nu de loopbaan een nieuwe impuls wil geven? Deze intrinsieke motivatie zal vaak leidend zijn voor de richting van de te nemen vervolgstappen en is daarnaast essentieel voor het optimaliseren van de slagingskansen van het traject. Om dit goed in kaart te kunnen brengen, zal de loopbaancoach zich richten op het identificeren van de individuele behoeften en het vaststellen van de knelpunten die de medewerker ervaart ten aanzien van de huidige functie en ontwikkelmogelijkheden. Hierbij faciliteert de loopbaancoach de medewerker bij het herkennen van deze behoeften en knelpunten. De loopbaancoach stelt centraal wat de medewerker al wel weet en wat de medewerker nodig heeft om vragen als *Wat kan ik? Wie ben ik? Wat wil ik wel? Wat wil ik niet?* te kunnen beantwoorden.

Daarnaast kunnen medewerkers ook gedwongen worden hun heil ergens anders te gaan zoeken, in dit geval spreken we van gedwongen mobiliteit. Bij gedwongen mobiliteit is er sprake van een extrinsieke motivatie van de medewerker. Deze wordt vaak overschaduwd door emoties die een reactie vormen op de opgelegde beweging. Het vertrekpunt van de loopbaancoaching is anders en in dit geval is het belangrijk om eerst aandacht te besteden aan emoties als boosheid en verdriet.

Blijf arbeidsmarktfit!

De behoefte aan 'bewegen' kan ook vanuit de kant van de organisatie gestimuleerd worden. Voor de continuïteit van een organisatie is het belangrijk dat zij medewerkers in dienst heeft die weer- en wendbaar zijn en zich continu willen ontwikkelen, de zogeheten duurzaam inzetbare medewerker.

In Nederland worden verschillende namen gebruikt om het beleid te duiden dat gericht is op de optimale en duurzame inzetbaarheid van medewerkers, waarbij rekening wordt gehouden met de individuele behoeften en ambities van de medewerker en de doelen en wensen van de organisatie. Hierna een opsomming die zeker niet uitputtend is: leeftijdsbewust personeelsbeleid, diversiteitsbeleid, levensfasebewust HR-beleid, levensfasegericht diversiteitsbeleid en generatiemanagement.

Bij vrijwel alle termen wordt ingezet op woorden als: duurzaam, optimale inzetbaarheid, actuele levensfasen, et cetera. Het betreft hier op medewerkers gerichte woorden, prima dus, want de medewerker moet 'gezond' blijven. Maar het beleid moet tevens bijdragen aan het realiseren van organisatiedoelstellingen, nu en in de toekomst, want ook de organisatie moet 'gezond' blijven.

Gezonde medewerker	Gezonde organisatie
De gezonde medewerker kan zich binnen de organisatie aansluitend op de persoonlijke levensfases en bijbehorende behoeften professioneel ontwikkelen en voelt zich energiek en intrinsiek gemotiveerd om een bijdrage te leveren aan de organisatie.	De gezonde organisatie is in staat om zich aan te passen aan de continu veranderende vraag van haar omgeving. Dit betekent dat zij blijvend in staat is om haar organisatiedoelstellingen te bereiken met medewerkers die zich continu (moeten) blijven ontwikkelen.

Om gezonde medewerkers en organisaties te bereiken moeten zowel de organisatie als de medewerker zich dus kunnen blijven ontwikkelen. Voor deze ontwikkeling hebben zij elkaar nodig. Zeker in een tijd van vergrijzing en het oprekken van de pensioengerechtigde leeftijd is het van groot belang om de huidige medewerkerspopulatie te koesteren. Dat hierbij per levensfase accenten in het beleid worden geplaatst, is dan ook niet meer dan logisch. HRM staat immers voor Human Resource Management (of Matching, Maatwerk) en speelt bij het koppelen van behoeften van de organisatie en de medewerker dan ook een cruciale rol.

Een veelgebruikte verdeling voor belangrijke levensfases binnen de loopbaan staat in de hiernavolgende box beschreven.

Starters
Positief ingesteld, zoeken uitdaging in nieuwe dingen, zijn fysiek vitaal en hebben thuis weinig verplichtingen maar hebben ook weinig ervaring.

Spitsuur van het leven
Weten vaak wat hun mogelijkheden zijn, zijn gericht op alle fronten om zoveel mogelijk uit het leven te halen, willen zich ontwikkelen, carrière maken en verantwoordelijkheid dragen, daarnaast nemen vaak de verplichtingen in de privésfeer (starten van gezin) toe.

Stabilisatie
Meer structuur en stabilisatie, regiogebonden, mantelzorgverplichtingen, overdenken vaak hun persoonlijke situatie, zowel werk en privé redelijk op de rails en vaak op het hoogtepunt van de baan, geneigd veel na te denken over hun leven en maken soms radicale keuzes in werk en privé.

Deskundige senior
Veel werk en levenservaring, betekenen vaak veel voor de organisatie, werk en privé redelijk in balans, carrièretop, de mantelzorgverplichting neemt toe.

Leidinggevenden kunnen met hun medewerkers in de daarvoor geëigende gesprekken (POP-, jobcraftings- en functioneringsgesprekken) bespreken op welke wijze de medewerker gezond en duurzaam en met plezier blijft werken en zich blijft ontwikkelen. Beiden denken na over de antwoorden op de onderstaande vragen:

- Wat zijn de belangrijkste krachten/talenten, behoeften, aandachtspunten/zwakten van de groep medewerkers per levensfase?
- Welke kansen zijn er voor onze organisatie als medewerkers uit de vier verschillende fasen optimaal worden ingezet? En wat moet er gebeuren om deze kansen te benutten?

Als de gesprekken om wat voor redenen dan ook niet tot het gewenste resultaat leiden, dan kan een beroep worden gedaan op een loopbaancoach. Naast externe loopbaancoaches vervullen HR-professionals in steeds meer organisaties de rol van loopbaancoach, en coachen zij medewerkers richting een volgende stap in hun loopbaan. Deze volgende stap kan zowel vrijwillig als gedwongen zijn. Met beide vraagstukken moet een loopbaancoach uit de voeten kunnen, maar de vertrekpunten zijn totaal anders.

De emoties van een verandering

Wanneer er sprake is van een *gedwongen verandering* is het belangrijk om in de voorbereiding, maar zeker ook in het gesprek zelf, eerst aan de emoties aandacht te schenken.

Een verandering is het proces dat zich in de organisatie afspeelt en dit kan vanuit de leiding of een projectgroep gestuurd worden. Een voorbeeld hiervan is een reorganisatie met gedwongen ontslagen. Er zijn doelstellingen, er is een tijdpad met op elkaar volgende fasen, een sociaal plan, een procesorganisatie bestaande uit stuurgroepen en werkgroepen, et cetera. Bij medewerkers die zo'n verandering mee- en doormaken is vanaf de buitenkant vaak niet zichtbaar wat zij innerlijk doormaken. Deze niet-direct zichtbare processen zijn niet regelbaar, stuurbaar en in de tijd planbaar. Kennis van dit innerlijk proces en het doorzien van de consequenties is van grote invloed op de loopbaancoaching. De verschillende fasen van het proces worden door ieder individu op een eigen wijze en in een eigen tempo doorlopen. Het is aan de loopbaancoach om aan te sluiten op de beleving en het tempo van de medewerker, met aandacht voor het stimuleren van het nemen van positieve stappen binnen dit proces. In het volgende plaatje de *Verandercurve* van Kübler-Ross. Deze curve kent de afscheidsfase (de fase tot het dal) waarna de overgangsfase (het dieptepunt) volgt. Na het dieptepunt volgt de fase van het nieuwe begin (*the only way is up).*

De Veranderkurve van Kübler-Ross

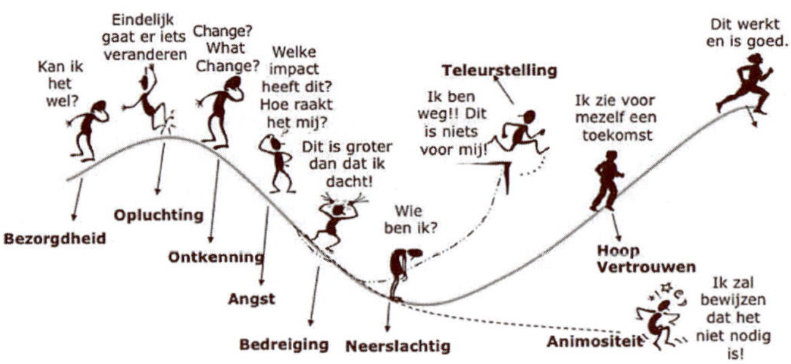

Fase 1: afscheidsfase

In de afscheidsfase is de medewerker vooral nog gericht op het verleden. Emoties die in deze fase vaak de boventoon voeren zijn: de schok, de ontkenning en het bagatelliseren. Uitgesproken zinnen zijn: 'het valt allemaal wel mee, zo erg is het niet, ik kan nog wel terug, het is toch niet waar, er is een fout gemaakt en misschien komt het nog goed'.

Fase 2: overgangsfase

In de overgangsfase zijn vooral emoties als woede, schuld, schaamte, wantrouwen, marchanderen en verdriet aan de orde. Medewerkers komen dan in de put te zitten. Zinnen die medewerkers in deze fase vaak uitspreken zijn: 'het is mijn schuld niet, jullie hebben mij dit aangedaan, ik ga wraak nemen, zij moeten maar met een oplossing komen, zo makkelijk komen jullie niet van mij af, wat erg dat dit mij overkomt, ik ben niks meer waard en ik ben alles kwijt'. Daarnaast komt steeds meer het besef dat er geen weg terug is. Er komt verdriet om het verlies van het vertrouwde en de oude zekerheid. Maar wat dan? Er is nog geen zicht op een nieuwe toekomst. Angst voor het onbekende kan zorgen dat iemand berust maar ook in de put blijft. De medewerker kan zich dan gaan afsluiten van alles en iedereen en wil met niemand meer iets te maken hebben.

Tip: Stem continu af!

Het is als loopbaancoach belangrijk om continu het gehele traject met de medewerker af te stemmen in welke fase van het transitieproces hij zit en wat hem kan helpen om verder te komen. Zo heeft het bijvoorbeeld weinig zin met de zelfanalyse (zie paragraaf 10.2, stap 3) te starten als de medewerker nog vol zit met boosheid.

Fase 3: fase van het nieuwe begin

De laatste fase wordt bereikt als de medewerker het verleden kan loslaten en zich langzaam richt op een nieuwe situatie. Deze fase kenmerkt zich door accepteren van de realiteit, experimenteren, grenzen verleggen, herwaarderen, reflecteren, beslissingen nemen en integreren. Nieuwe ideeën ontstaan en de medewerker is bereid, en het lukt hem ook, om met andere ogen naar de situatie te kijken. Hij ziet de situatie steeds meer als een nieuwe kans en ziet mogelijkheden.

10.2 HET VOEREN VAN EEN LOOPBAANCOACHINGSGESPREK

Een schets van het traject

Loopbaantrajecten bestaan uit een aantal stappen die uiteindelijk de aanleiding kunnen zijn voor het kiezen van een nieuwe baan binnen of buiten de eigen afdeling of buiten de organisatie. Deze stappen zijn:

- Stap 1: het oriëntatiegesprek
- Stap 2: het intakegesprek
- Stap 3: de zelfanalyse (*wie ben ik, wat wil ik* en *wat kan ik*?)
- Stap 4: de arbeidsmarktanalyse
- Stap 5: de arbeidsmarktbenadering

Het traject bestaat uit twee hoofdfasen; de interne en externe fase. De interne fase bestaat uit omgaan met veranderingen en de zelfanalyse. Hierbij zijn de acties gericht op de persoon en op zelfonderzoek. De externe fase bestaat uit onderzoek en acties die gericht zijn op de arbeidsmarkt en het sollicitatieproces.

Stap 1: het oriëntatiegesprek

Net zoals bij gewone coaching is bij loopbaancoaching de klik belangrijk. De medewerker krijgt dan ook de gelegenheid om met een aantal loopbaancoaches, waaronder die van de afdeling HR, een kennismakingsgesprek te voeren en te kiezen. In dit gesprek wordt getoetst of de loopbaancoach aansluit bij de medewerker en diens loopbaanvraag. In het vrijblijvende oriëntatiegesprek gaat de loopbaancoach kort in op de vraag van de medewerker en vertelt hij over zijn aanpak en werkwijze. Dit gesprek eindigt met een afspraak over de termijn (meestal een week) waarbinnen een reactie, een go of een no go, volgt.

Tip: Koppel terug!

Het is in het oriëntatiegesprek belangrijk duidelijk te zijn over de wijze waarop (telefonisch of schriftelijk) en wat (globale aandachtspunten en een eerste verwachting van de duur van het traject) er wordt teruggekoppeld aan de leidinggevende van de medewerker. Zo weet de medewerker precies wat er aan zijn leidinggevende verteld wordt en waar hij aan toe is.

De adviseur spreekt ook heel duidelijk uit dat de specifieke inhoud van het gesprek en de persoonlijke informatie vertrouwelijk blijft. De (voortgang)rapportages worden eerst met de medewerker besproken voordat deze naar de leidinggevende gaan. Dit alles is belangrijk voor een goede vertrouwensrelatie tussen adviseur en gecoachte.

Stap 2: het intakegesprek

Het loopbaantraject start met het intakegesprek waarin de loopbaancoach specifieker en dieper ingaat op de loopbaanvraag en de huidige situatie van de medewerker. Al vragend verzamelt hij alle gegevens (persoonlijke gegevens, factoren, opleiding, werkervaring en de wensen en verwachtingen) die van belang zijn voor het zoeken naar de intrinsieke motivatie, het hernieuwde werkplezier, nieuw werk en een ander perspectief. Het eindresultaat van dit gesprek is een persoonlijk plan van aanpak.

Tip: Check hoe de medewerker erin zit!

In het intakegesprek is het van groot belang de aard van de mobiliteit vast te stellen. Is er sprake van gedwongen mobiliteit dan is het zaak goed inzicht te krijgen in welke emotionele fase van het transitieproces de medewerker zit. Zo is menig medewerker zich onvoldoende bewust van de emotionele impact van een eventuele baanverandering en zal de emotionele reactie eerst aandacht verdienen voordat de medewerker voldoende ruimte ervaart om verder te kijken. Vanuit fase 3, de fase van het nieuwe begin, lukt het de medewerker zich te richten op de eigen behoeften en intrinsieke motivatie. Vanaf dit punt zal het loopbaancoachingstraject vergelijkbaar zijn voor de gecoachten, ongeacht het vertrekpunt.

Tip: Check hoe de medewerker erin zit!

Op basis van het intakegesprek bepaalt de loopbaancoach de accenten van het loopbaantraject en welke onderdelen en activiteiten het meest passend zijn om in het traject in te zetten. Zo zal bij de ene medewerker de zelfanalyse uit meerdere gesprekken bestaan omdat hij echt niet weet wat hij wil en kan. Bij een ander kan deze stap overgeslagen worden en wil hij alleen maar geadviseerd worden bij het opstellen van een ondernemingsplan of een cv.

Stap 3: de zelfanalyse

In de zelfanalyse gaan medewerker en loopbaancoach op zoek naar antwoorden op de volgende vragen:

- Wat kan ik?
- Wie ben ik?
- Wat wil ik?

De zelfanalyse is het hart van de begeleiding. Het doel is het vaststellen van iemands talenten, vaardigheden, ambities en drijfveren, speciale belangstellingen, kennis en kwaliteiten. Maar ook iemands persoonlijke waarden en werkstijlvoorkeuren. Kortom, wat wil en kan een medewerker, waar is hij goed in en waardoor raakt hij geïnspireerd? Door het maken van opdrachten en testen en het voeren van verdiepende gesprekken met de loopbaancoach, krijgt de medewerker inzicht in zijn sterke kanten, te ontwikkelen kanten, talenten, drijfveren en mogelijkheden.

De volgende instrumenten kunnen onder andere ingezet worden bij deze zelfanalyse. Deze lijst is een indicatie van instrumenten en is niet volledig:

- persoonlijke successen-analyse met de STARR-methodiek (zie paragraaf 10.3)
- opdracht bucketlist werkgeluk (zie paragraaf 7.3)
- kernkwaliteiten
- 360-gradenfeedback
- loopbaanwaarden

- carrière-ankers van Edgar Schein
- vragenlijst *'Krijg zicht op en ontwikkel je eigen talent'* (zie verderop)
- levensloopbiografie
- de wondervraag (zie paragraaf 10.3)
- de ideale baan (zie hiernavolgende box)

Opdracht 'De ideale baan'

Beschrijf je ideale baan alsof het om een toneelstuk gaat. Geef veel details. Beantwoord elke vraag in een aantal zinnen.

1. Hoe ziet de werkplek er precies uit?
2. Wat doe je? Wat kun je goed?
3. Om welk product gaat het? Wat maak je?
4. Wie zijn je collega's en waar zijn ze mee bezig?
5. Hoeveel tijd ben je op je werkplek en hoeveel ben je erbuiten?
6. Wat geeft je voldoening in deze baan?
7. Wanneer ga je tevreden naar huis?
8. Wie is je baas?
9. Hoe sluit je baan aan op de rest van je leven (vrienden, gezin)?
10. Wat betekent deze baan voor je?

Ontwikkelen van talenten

Een methode om zicht te krijgen op de talenten is het hanteren van de vragenlijst *'Krijg zicht op en ontwikkel je eigen talent'*. Het ontwikkelen van de talenten/sterke punten leidt tot meer werkplezier, motivatie en betere prestaties en het is dan ook een prachtig en krachtig instrument in loopbaancoaching.

Vragenlijst *'Krijg zicht op en ontwikkel je eigen talent'*
Wat zijn eigenlijk jouw talenten? En belangrijker nog: benut je ze optimaal? Of weet je het eigenlijk niet echt goed? Wellicht kunnen de volgende vragen je op weg helpen.

- Welke dingen doe je de laatste jaren graag? Welke dingen deed je als kind met een schaterlach? De kans is groot dat je daar goed in bent.
- Wat is de reden dat je deze zaken opschrijft? Wat vind je er leuk aan? Waarom zijn dit voor jou de krenten in de pap? Verzamel met de waaromvraag de bouwstenen die bijdragen aan jouw (werk)plezier.
- Wat vinden mensen uit jouw directe (werk)omgeving sterk aan jou? Wat zijn volgens hen jouw sterke kanten?
- Hoe voelt het om in alle rust de antwoorden op de bovenstaande vragen op te schrijven en na te lezen? Dat moet namelijk goed voelen!
- Hoe kun jij vandaag een actie uitzetten waarin een beroep wordt gedaan op jouw talenten? Onderneem een actie, doe elke dag iets waardoor jij je talent benut. Bedenk daarbij dat het zetten van veel kleine stappen uiteindelijk het meeste effect geeft. Te grote ambities kunnen ervoor zorgen dat je stilvalt.
- Hoe kunnen wij als team zicht krijgen op elkaars talenten? Waar is mijn collega sterk in en hoe kunnen wij als team deze kwaliteit nog beter benutten?

Vrij naar de blog *Waarom het ontwikkelen van je talent belangrijker is dan het ontwikkelen van je zwakke kanten?* van Evelien Hennevelt, LinkedIn.

Check het zelfbeeld

Het kan voorkomen dat een verandering binnen de loopbaan een negatief effect heeft op het zelfvertrouwen van de medewerker. Vaak is dit het geval bij gedwongen mobiliteit waarbij de boventallige medewerker ook nog eens 'fijntjes' te horen heeft gekregen dat gekeken is naar de kwaliteiten van iedere medewerker. Hij hoort nu voor het eerst dat daar blijkbaar iets mis mee is. Wanneer de loopbaancoach een aangetast zelfbeeld herkent, is het verstandig hier aandacht aan te besteden. Een van de opdrachten die hier goed op aansluit is de autobiografie. Dit is een waardevol en nuttig instrument om een ingedeukt zelfbeeld om te buigen naar een positief zelfbeeld. Doordat de gecoachte op een gestructureerde wijze alle ervaringen (privé en in het werkzame leven) op een rijtje zet, wordt hij zich er weer bewust van gemaakt wel degelijk iets in zijn mars te hebben.

Het eindresultaat van de zelfanalyse is een persoonsprofiel met daarin de antwoorden op de vragen *Wat kan ik? Wie ben ik?* en *Wat wil ik?* Dit persoonsprofiel vormt het uitgangspunt bij de arbeidsmarktanalyse.

PERSOONSPROFIEL

Naam: ......

Waarden
Voor mij is/zijn ...... belangrijk

Drijfveren
Ik zoek ......

Kwaliteiten
Mijn persoonlijke kwaliteiten zijn ......

Ontwikkelpunten
Mijn ontwikkelpunten zijn ......

Gewenste/noodzakelijke werkomstandigheden
Ik werk graag in ......

Werksoort
Het soort werk waar mijn hart naar uitgaat is ......

Werkgebieden
Passende werkgebieden zijn ......

Stap 4: de arbeidsmarktanalyse

In de arbeidsmarktanalyse zet de medewerker met behulp van opdrachten, oefeningen en aan de hand van zijn persoonsprofiel op een rijtje welke kennis, ervaringen, persoonskenmerken en kwaliteiten hij wil inzetten en verder wil ontwikkelen in zijn toekomstige functie. Waar het persoonsprofiel gericht is op kennis uit het verleden en het heden ('ik kan en ik ben'), is het zoekprofiel toekomst- en functiegericht. Het zoekprofiel geeft een overzicht van wat de medewerker te bieden heeft en wat hij zoekt ('ik wil') en inzicht in welke baan, rol en/of organisatie bij hem past. In deze fase scherpt de gecoachte zijn wensen en mogelijkheden met betrekking tot functie, organisatie, branche, salaris en geografische mobiliteit aan.

De volgende instrumenten kunnen ingezet worden bij de arbeidsmarktanalyse, de laatste wordt kort toegelicht:

- vacature-analyse
- arbeidsmarktscan
- de ideale kandidaat
- inventarisatie persoonlijke verkooppunten
- vacature top 10
- bedrijven top 10
- telefonisch informatie inwinnen
- netwerken
- snuffelstage/werkervaring opdoen
- inventarisatie opleidingsbehoefte
- persoonlijk actieplan
- de ideale vacature

De ideale vacature

In de opdracht 'de ideale vacature' wordt de meest ideale vacature opgesteld, waarvan de gecoachte denkt dat deze helemaal bij hem past (wensberoep). Het doel van de oefening is dat de medewerker ontdekt wat hij nog moet ontwikkelen wil hij succesvol functioneren in zijn wensberoep. De ideale vacature wordt opgesteld als een vacaturetekst en bestaat uit het concreet beschrijven van functie, branche en type organisatie, werkzaamheden, persoonlijke kwaliteiten, betekenis, werkomgeving, werksfeer, opleiding en kennis, arbeidsvoorwaarden en secundaire arbeidsvoorwaarden. Vervolgens verzamelt de medewerker vacatures die hier het meest bij aansluiten en kijkt waar de overeenkomsten en verschillen in zitten. Op deze manier wordt inzicht verkregen in wat voor de arbeidsmarkt de ideale kandidaat is. Zo ontdekt hij of datgene wat hij zoekt ook inderdaad gevraagd wordt op de arbeidsmarkt en in hoeverre zijn wensberoep realistisch en haalbaar is, of dat er misschien meer scholing en/of werkervaring nodig is. Aan de hand van deze uitkomsten kan de medewerker zijn plan van aanpak opstellen en het zoekprofiel verder concretiseren.

Tip: Breng wensen maar ook randvoorwaarden in kaart!

Het is als loopbaancoach belangrijk om in deze fase naast de wensen ook de randvoorwaarden met de medewerker in kaart te brengen. Deze randvoorwaarden kunnen onder andere bestaan uit werktijden, reisafstand en reistijd, primaire-, secundaire en tertiaire arbeidsvoorwaarden.

Stap 5: de arbeidsmarktbenadering

In de arbeidsmarktbenadering ligt de nadruk van de begeleiding op het opdoen van sollicitatievaardigheden. De medewerker gaat met zijn cv en sollicitatiebrief aan de slag en oefent bijvoorbeeld met het voeren van sollicitatie- en netwerkgesprekken. Ook leert hij om te gaan met afwijzingen. Een ander belangrijk aspect is gebruik leren maken van andere wegen (sociale media zoals LinkedIn, solliciteren via Skype en speeddaten) die kunnen leiden naar een nieuwe baan. De medewerker leert zo proactief de arbeidsmarkt te benaderen naast het reageren op vacatures via de bekende wegen.

De volgende instrumenten kunnen ingezet worden in de arbeidsmarktbenadering:

- vacaturemarkt-analyse
- telefoonscript
- netwerken
- training sollicitatievaardigheden (gericht op brief, cv, gesprek, presentatie)
- ervaringsgericht interview (zie hoofdstuk 2, Het selectiegesprek)
- effectief onderhandelen
- arbeidsvoorwaardengesprek (zie hoofdstuk 3, Het arbeidsvoorwaardengesprek)

Pascalle heeft via haar interne netwerkacties een vacature achterhaald in een andere stad en bij een ander onderdeel van de organisatie waar zij werkzaam is. De loopbaancoach en medewerker bereiden een telefonisch netwerkgesprek voor. Zij oefenen dit gesprek voordat Pascalle gaat bellen voor meer informatie over de functie. Vervolgens worden haar cv en brief aangepast zodat deze helemaal aansluiten bij haar nieuw verworven inzichten en de belangrijke harde en zachte gestelde functie-eisen. De uitkomsten uit de zelfanalyse komen hierbij goed van pas. Zij is de enige kandidaat voor de vacature. Pascalle mag komen voor een kennismakingsgesprek en vervolgens voor een sollicitatiegesprek. Zowel het kennismakingsgesprek als het sollicitatiegesprek wordt goed voorbereid. Voor het sollicitatiegesprek wordt een oefengesprek gehouden aan de hand van de STARR-methodiek en wordt extra aandacht besteed aan de moeilijke vragen. Pascalle krijgt uiteindelijk de baan aangeboden als warehouse manager. Deze baan voldoet aan al haar eisen en sluit naadloos aan bij haar kennis, ervaring, interesses, kwaliteiten en haar ambities voor de toekomst. Datgene wat zij miste in haar functie vindt zij in haar nieuwe functie terug: persoonlijk contact met vervoerders, direct resultaat en het organiseren en coördineren van de logistieke processen. Zij hoeft niet uit dienst te treden want dit is uiteindelijk een interne herplaatsing, ook al gaat zij iets totaal anders doen en gaat zij op een andere vestiging werken.
Samengevat: Pascalle gaat weer met plezier een nieuwe uitdaging aan en blijft als talentvolle medewerkster voor de organisatie behouden. Een win-winsituatie voor medewerkster en de organisatie.

10.3 VEELGESTELDE VRAGEN OVER EEN LOOPBAANCOACHINGSGESPREK

Vraag 1 Hoe kun je de STARR-methodiek inzetten bij loopbaancoaching?

Met een persoonlijke successenanalyse kan de gecoachte achterhalen aan welke kennis, vaardigheden en persoonseigenschappen ('kennen, kunnen en zijn') hij een succes te danken heeft. Bij deze opdracht beschrijft de gecoachte aan de hand van de letters S-T-A-R-R vijf persoonlijke successen die hij in zijn werkzame en privéleven heeft behaald. Het inzetten van de STARR-methodiek bij loopbaancoaching is goed voor het zelfvertrouwen van de kandidaat en geeft hem meteen doorleefde voorbeelden waarmee hij in sollicitatiegesprekken kan aantonen dat hij iets weet, kan en is.

Vervolgens beschrijft de gecoachte deze succeservaringen aan de hand van de volgende vragen:

- Wat was de **S**ituatie (waar, wanneer, wat was er aan de hand)?
- Wat was je **T**aak, **A**ctie, wat deed je concreet, hoe?
- Wat was het **R**esultaat?
- Als je **R**eflecteert, aan welke kennis, vaardigheden en persoonseigenschappen dank jij dit succes?

Doordat de gecoachte een aantal persoonlijke successen benoemt en deze aan de hand van de STARR-methodiek (S = Situatie, T = Taak, A = Actie, R = Resultaat en R = Reflectie) analyseert, wordt de gecoachte bewust van zijn aanwezige kennis, vaardigheden en persoonseigenschappen. Dit is goed voor het zelfvertrouwen en biedt meteen voorbeelden die hij eventueel later in sollicitatiegesprekken kan gebruiken.

Persoonlijke successen

Vraag 2 Kan ik in mijn coaching ook de expert-pet opzetten?

De kern van de loopbaancoaching is de zelfanalyse waarin de gecoachte zelf de antwoorden geeft op de vragen *Wat kan ik? Wat wil ik?* en *Wie ben ik?* De coach stelt vragen en reikt opdrachten uit om het beantwoorden van deze vragen te faciliteren. Daarnaast kan de loopbaancoach confronterend zijn door de gecoachte een spiegel voor te houden om de zelfreflectie te stimuleren. Hierbij is de loopbaancoach terughoudend met concrete adviezen en ligt de nadruk op stimuleren en begeleiden bij het zelf in kaart brengen van de inhoud van het eigen persoonsprofiel. Als de medewerker het eigen persoonsprofiel helder heeft, is een mogelijke conclusie dat zijn droombaan niet bij zijn huidige werkgever te vinden is. In dat geval zal hij moeten gaan solliciteren en hierbij kan de coach (als expert) adviseren via welke kanalen de gecoachte duidelijk kan maken dat hij op zoek is naar een baan. Ook kan advies uitgebracht worden over de wijze waarop interessante organisaties en vacatures te vinden zijn. Tevens is er niets mis mee als de loopbaancoach adviseert bij het opstellen van een cv en feedback geeft in rollenspellen waarin netwerk- en sollicitatiegesprekken geoefend worden. Bij dit soort vraagstukken wisselt de loopbaancoach de terughoudendheid die zo nodig is bij de zelfanalyse in voor het gevraagd en ongevraagd geven van inhoudelijke en concrete adviezen.

Vraag 3 Hoe ga je om met persoonlijke vraagstukken?

De loopbaancoach wordt uiteraard ingezet voor arbeidsgerelateerde vraagstukken. Het komt echter vaak voor dat er parallel aan arbeidsgerelateerde vraagstukken sprake is van persoonlijke vraagstukken. Wees als coach niet bang om deze persoonlijke punten bespreekbaar te maken. Het volledig gescheiden houden van privé en zakelijk is bijna onmogelijk. Geef de gecoachte de ruimte en het vertrouwen om overal open over te zijn. Wanneer je inschat dat er complexere problematiek speelt, en er bijvoorbeeld sprake lijkt van belemmerende angst- en/of stemmingsklachten, is het raadzaam om hier niet zelf aan te sleutelen. Maak dit bespreekbaar en stel een doorverwijzing naar de best passende specialist voor. Dit hoeft niet te betekenen dat de loopbaancoaching ophoudt, dit verschilt per casus.

Vraag 4 Hoe krijg ik medewerkers die niet willen toch in beweging?

Het blijft een uitdaging om mensen die niet willen maar wel moeten bewegen in de doe-modus te krijgen. En dat is lang niet altijd makkelijk. Menig gecoachte blijft hangen in het verleden en denkt in problemen ('dat lukt toch nooit, denk je nu echt dat ik dat kan?'). Het doel is om hem zover te krijgen dat de focus op de toekomst komt te liggen en dat hij gaat denken in mogelijkheden.

Bij zo'n 'taaie' gecoachte stel ik de wondervraag:

'Stel nu, dat je straks een week naar een paradijselijk eiland gaat en je de boel de boel laat. Eenmaal op het eiland denk je nog even aan wat allemaal gebeurd is en waar je middenin zit. Je krijgt er zowaar weer een beetje hoofdpijn van, maar naarmate de tijd vordert kun jij je meer ontspannen. De avond voor je terugkeer naar het vaste land voltrekt zich een 'wonder'. Een wonder waardoor al de problemen weg zijn en de beren op de weg het bos inschieten. Waar werk je, wat doe je en waar zou je aan merken dat dit wonder zich voltrokken heeft?'

De wondervraag is bedacht door Insoo Kim Berg en was haar antwoord op reacties van gecoachten die vertelden dat hun problemen alleen maar met een wonder zouden worden opgelost. In mijn (loopbaan)coachingsgesprekken stelt menig gecoachte zich afwachtend en lijdzaam op. Nu is niet alles op te lossen, zeker niet in één handomdraai, maar bij de pakken neer gaan zitten, is het andere uiterste. Bekend is het filmpje op YouTube waarin de roltrap door een storing stopt en twee mensen vertwijfelend om hulp roepen. Een stilstaande roltrap, je kunt het als een probleem zien en je alléén richten op de oplossing van het probleem; een weer draaiende roltrap. Letterlijk en figuurlijk leidt dit tot stilstand en chagrijnigheid. Effectiever is om na te denken over hoe je op de plek van bestemming kan komen. Daarvoor heb je de roltrap niet nodig, het is een kwestie van gaan lopen.

Bekijk het filmpje *Stuck On An Escalator – Take Action* op https://www.youtube.com/watch?v=VrSUe_m19FY.

Vraag 5 Wat is dilemmacoaching?

Het kan voorkomen dat de medewerker twee gelijkwaardige keuzes heeft en niet kan kiezen tussen bijvoorbeeld twee aangeboden functies. Door middel van dilemmacoaching krijgt hij helder wat de verschillende keuzes voor hem betekenen. Per mogelijkheid inventariseert de medewerker 'de opbrengsten', bijvoorbeeld geld, status, vrijheid, vrije tijd, kennis, ontwikkeling, et cetera. Daartegenover zet hij 'de kosten' op een rijtje. De loopbaancoach schrijft deze allemaal op en de medewerker classificeert deze. Als van beide situaties alle associaties en de voor- en nadelen opgeschreven zijn, geeft de medewerker een waarde en wegingsfactor aan elk voor- en nadeel. Uiteindelijk rollen er cijfers uit en dus een hoogste score. Deze aanpak stelt de gecoachte in staat helder te krijgen wat belangrijke en doorslaggevende factoren zijn (zowel materieel als immaterieel) waardoor hij een weloverwogen beslissing kan nemen.

Dilemmacoaching kan ook ingezet worden voor een medewerker die moet kiezen tussen twee andere gelijkwaardige mogelijkheden zoals een begeleidingstraject of een ruime afkoopregeling, het volgen van een fulltime opleiding of het kiezen voor een baan of blijven bij de huidige werkgever of kiezen voor een baan bij een andere werkgever.

Vraag 6 Wat zijn do's and don'ts van een loopbaancoachingsgesprek?

Wel doen

Een rustige omgeving en duidelijkheid

Het is vanzelfsprekend dat een coachingsgesprek plaatsvindt in een rustige ruimte waar geen afleiding is door externe geluiden of andere storende factoren. Start het gesprek met het bespreken van een 'gespreksagenda'. De gespreksagenda geeft in het kort aan hoelang het gesprek zal duren en vormt de leidraad voor de thema's die binnen de sessie aan bod zullen komen. Geef hierbij aan dat je als coach verantwoordelijkheid neemt voor het bewaken van de tijd en de agenda. Dit geeft de gecoachte een duidelijk overzicht van hetgeen hij kan verwachten. Daarnaast stelt het de coach in staat om in te grijpen wanneer de gecoachte afdwaalt of onnodig uitweidt over minder relevante zaken.

Luister, vat samen en vraag door

In een (loopbaan)coachingsgesprek stelt de coach vooral open vragen. De antwoorden op open vragen bieden de gelegenheid om gericht door te vragen (bijvoorbeeld naar specifieke voorbeelden) waardoor het gesprek de noodzakelijke diepgang krijgt. Door tijdens het gesprek regelmatig samen te vatten, laat je als coach merken dat je luistert en breng je structuur aan in het gesprek. Ook kun je op deze manier meteen toetsen of je de antwoorden goed begrepen hebt en/of de gecoachte zich ook daadwerkelijk begrepen voelt.

Vind uit waar iemand vroeg zijn bed voor uit komt

Naast het samen met de medewerker in kaart brengen van zijn kennis en ervaring is het ook belangrijk om uit te vinden wat iemand echt beweegt, waar zijn passie en persoonlijke uitdagingen liggen en wat dus zijn intrinsieke motivatie vormt. De optimale vervolgstap in iemands carrière is een combinatie van kennis, ervaring en passie!

Sluit aan bij de belevingswereld van de gecoachte

Om iemand te kunnen begeleiden bij het vinden van antwoorden op zeer persoonlijke vragen, is het belangrijk dat de coach aansluit bij de belevingswereld van de gecoachte. Als coach hoef je het lang niet altijd eens te zijn met de beleving of overtuigingen van je gesprekspartner. Het gaat er namelijk niet om wat je als coach ergens van vindt, maar wat de gecoachte vindt en voelt.

Maak heldere vervolgafspraken

Ieder coachingsgesprek eindigt met heldere afspraken over het vervolg. Dit kan een opdracht zijn, het opstellen van een cv of een gesprek met een oude collega over kwaliteiten en aandachtspunten. Op deze wijze is de coaching resultaatgericht en komt het uiteindelijke doel van het traject steeds dichterbij. Een gesprek eindigen met 'tot de volgende keer en dan kijken we wel verder', is dan ook niet aan te raden.

Niet doen

Niet mee blijven hangen in het verleden
Natuurlijk blikt de coach samen met zijn gecoachte terug op het verleden. Echter, nooit met als doel om bijvoorbeeld het verleden over te doen of om schuldvragen te beantwoorden. Wel om patronen te ontdekken die duidelijk maken wat de gecoachte echt goed kan en/of leuk vindt. De oriëntatie van een coachingsgesprek ligt dan ook op de toekomst. Blijf als coach niet te veel met de gecoachte in het verleden hangen, maar verschuif de focus steeds naar het heden en de toekomst.

Niet zelf de vragen beantwoorden
In een coachingsgesprek is het de gecoachte die op zoek gaat naar de antwoorden op vragen als *Wie ben ik? Wat kan ik?* en *Wat wil ik*? De coach stelt alleen maar vragen, daagt uit en prikkelt. Hij stapt niet in de valkuil door zelf deze vragen voor de gecoachte te beantwoorden of te vertellen wat goed zou zijn voor de gecoachte. Een goede loopbaancoach stuurt erop aan dat de gecoachte dat zelf doet, zonder woorden of keuzes in zijn mond te leggen.

Geen oordelen!
Binnen een coachingsgesprek gaat het niet om wat de coach zelf ergens van vindt. Hoe irrationeel de gedachten of ideeën van de gecoachte ook lijken te zijn, deze verwerp je nooit met een eigen oordeel. Wanneer je het als coach belangrijk acht invloed uit te oefenen op de ideeën of overtuigingen van de gecoachte, kies dan voor een constructieve confrontatie door zelfreflectie te stimuleren en gericht door te vragen in plaats van het opstarten van een discussie door het inbrengen van eigen oordelen en meningen.

Niet meehuilen!
Wanneer de gecoachte zeer emotioneel, verdrietig, en/of boos is, kan het verleidelijk zijn bevestiging te willen geven als reactie op uitingen van dergelijke gevoelens. Het is prima om bevestigend te zijn en aan te geven dat je je kunt voorstellen dat iemand bepaalde gevoelens ervaart. Het gaat echter wat ver om als coach mee te gaan in de emotie van de ander. Probeer dus te vermijden om erg boos te worden (hoe slecht de gecoachte

ook behandeld lijkt) of mee te huilen (hoe schrijnend de situatie ook is). Dit werkt alleen maar versterkend op andermans emoties en het vertroebelt het zicht op positieve veranderingen en nieuwe mogelijkheden.

Neem niet de verantwoordelijkheid voor het welzijn van de gecoachte
In sommige situaties zal je als loopbaancoach merken dat de gecoachte geneigd kan zijn zich volledig over te geven aan de coach en de antwoorden op actuele vragen liever laat beantwoorden dan zelf beantwoord. Hij ziet de coach als de professional die hulp biedt en 'm aan het handje meeneemt. Bij loopbaancoaching is het belangrijk dat de coach de verantwoordelijkheid voor het welzijn van de gecoachte niet overneemt, maar hem ondersteunt en stimuleert zelf vervolgstappen te nemen.

INFORMATIEBRONNEN

Boeken

Berg, J. van den en R. Jongsma, *Overspoeld door schaarste*. Vakmedianet, 2012

Bolles, R.N., *Welke kleur heeft jouw parachute?* Nieuwezijds, 2018

Dols, D., *Professionele loopbaancoaching*. Van Duuren management, 2015

Seligman, P., *Gelukkig zijn kun je leren*. Spectrum, 2014

Van der Lee, R. en anderen, *Het Coachingsalfabet*. De Alfabetboeken, 2014

Blogs

Berg, J. van den, Levensfasegericht HRbeleid is gewoon HRbeleid, Website Alles over Het Nieuwe Leren en de lerende organisatie, 2014

Berg, J. van den, De wondervraag, Website Alles over Het Nieuwe Leren en de lerende organisatie, 2014

Webinar

Loopbaancoachingsgesprekken, Jacco van den Berg in samenwerking met SkillsTown

11 HET JOBCRAFTINGSGESPREK

Mecheline Klijs

De Nederlandse beroepsbevolking vergrijst en medewerkers die nu op de arbeidsmarkt actief zijn moeten misschien wel tot hun 67ste werken. Ook volgen de veranderingen die op organisaties afkomen elkaar in een steeds hoger tempo op. Deze 'constante' doet een beroep op het aanpassingsvermogen en de innovatiekracht van organisaties en dus van haar medewerkers. Twee redenen waarom HR-thema's als vitaliteit, duurzame inzetbaarheid en werkgeluk momenteel actueel zijn.

Hoe zijn nu medewerkers te stimuleren (zelfsturing) om te investeren in de eigen inzetbaarheid en vitaliteit, zodat zij tot hun 67ste met plezier blijven presteren? Eén van de mogelijkheden om de inzetbaarheid van de zittende medewerkers te vergroten, is jobcrafting.

Tijdens het werkoverleg zei Bart (60 jaar) bezorgd dat er de laatste tijd toch veel veranderd was. Hij sprak het uit als een boer met kiespijn. Bart was vroeger HR-adviseur maar is sinds drie jaar hoofd van de opleidingsunit. Zijn directeur heeft de opdracht gegeven dat iedereen een nieuw takenpakket krijgt om de zoveelste verandering door te kunnen voeren. De directeur probeerde in eerste instantie zelf voorstellen te formuleren. Maar dit wordt hem niet in dank afgenomen. Er was flink wat weerstand bij heel veel collega's en ook bij Bart. Uiteindelijk wordt er beslist om op een andere manier te gaan werken, via jobcrafting.

Dit hoofdstuk geeft antwoord op de volgende vragen:
- Wat is jobcrafting?
- Hoe zijn energiebronnen in te zetten bij jobcrafting?
- Wat zijn voor de organisatie de opbrengsten van jobcrafting?

11.1 DE VOORBEREIDING OP EEN JOBCRAFTINGSGESPREK

Wat is jobcrafting?

In hun boek *Aan de slag met jobcrafting* definiëren Spruyt en Dekker jobcrafting als volgt:

> **"Het op eigen initiatief doen van aanpassingen in je werk, waardoor het werk beter aansluit bij wie je bent, wat je wilt en wat je kan."**

Een belangrijk kenmerk van jobcrafting is de zelfsturing van medewerkers. Zij kijken niet vanaf de zijlijn toe ('de werkgever moet zorgen voor mijn inzetbaarheid en werkplezier'), maar denken en doen actief mee in hoe zij blijvend toegevoegde waarde kunnen bieden (organisatiebelang) en wel met plezier en in een juiste balans tussen belasting en belastbaarheid (eigen belang).

Maak aanpassingen in je werk (baanboetseren) waardoor je hart sneller gaat kloppen

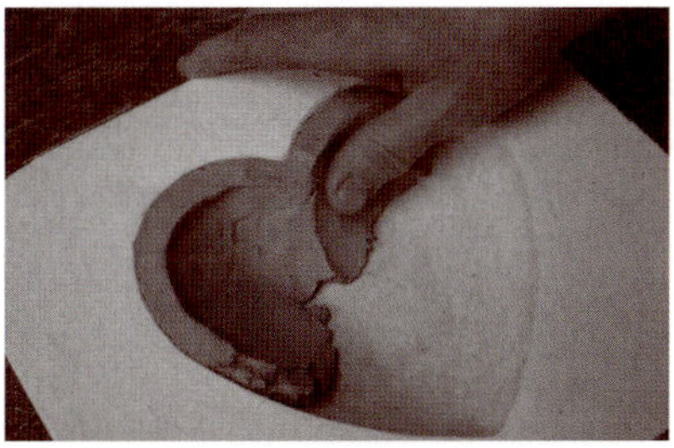

Uit gecombineerd onderzoek van de Universiteit van Utrecht, Amsterdam en Eindhoven (2017) blijkt dat medewerkers die deelnamen aan een jobcraftingstraining, zelfstandig meer uitdagingen in hun werk zoeken, actief hulpbronnen benaderden, meer ontwikkelingsmogelijkheden en autonomie ervaren en zich meer bewust zijn van hun werkomgeving en werkbeleving. Ook bleek jobcrafting bij te dragen aan het welzijn op het werk.

Bron: Peeters, Van den Heuvel en Demerouti, Sleutelen aan je werk, *Tijdschrift voor HRM*, 2017

Wat zijn aandachtspunten bij het starten met jobcrafting?

Bij 'het craften van zijn job' gaat de medewerker in gesprekken en/of in een groepstraining op zoek naar antwoorden op de volgende vragen:

- Welke uitdagingen en taken vind ik interessant?
- Bij welke taken en rollen verlies ik energie?
- Welke hulpbronnen zijn in mijn functie, of in de omgeving van mijn functie, beschikbaar?

In de zoektocht naar de antwoorden op deze vragen is het belangrijk aandacht te schenken aan:

Werkervaring

Een voorwaarde om te starten met jobcrafting is dat medewerkers voldoende ervaring hebben met het uitvoeren van de taken (Niessen, 2016).

Organisatiedoelen en managementstijl

De uitkomsten van jobcrafting moeten passen in de organisatiedoelen en het idee van jobcrafting vraag om ondersteuning (empowerment) van het management door een passende stijl van leidinggeven (Petrou, 2012).

Werkbelasting

Jobcrafting mag niet leiden tot extreme taakverzwaring of een te licht takenpakket (Weseler, 2016).

Extreme vormen van jobcrafting kunnen leiden tot rolonduidelijkheid, oneerlijkheid en verstoorde groepsdynamiek of managementsturing en dat is onwenselijk (Petrou, 2012).

De beoordeling en perceptie van jobcrafting

Taakverlichting of demotie heeft nog steeds een negatief imago binnen organisaties ('onze collega kan het niet meer aan, het is te veel voor hem'). Het verminderen van de taakeisen wordt als minderwaardig beschouwd ten opzichte van het verzwaren van de taakeisen. Dit kan een signaal zijn dat medewerkers niet op hun prestatie worden beoordeeld maar op hun jobcraftingsgedrag (Weseler, 2016).

Uit welke stappen bestaat een jobcraftingstraject?

Een jobcraftingtraject kent de volgende stappen:

- Stap 1: uitleg over jobcrafting en toelichting op de spelregels
- Stap 2: zelfstandig voorbereiden van de taakanalyse door de medewerker
- Stap 3: het taakanalysegesprek

Stap 1: uitleg over jobcrafting en toelichting op de spelregels

Deelnemers aan een jobcraftingstraining krijgen voorafgaand aan het jobcraftingsgesprek uitleg over wat jobcrafting inhoudt, bijvoorbeeld een toelichting op het Job Demands-Resources model (JD-R model) (Demerouteri et al., 2001). Ook worden met hen de spelregels van jobcrafting gedeeld.

In het JD-R model worden de kenmerken van iedere baan ondergebracht in:

- de taakeisen (job demands): wat vraagt het werk van jou?
- de werkgerelateerde hulpbronnen (job resources): wat geeft jou energie in je werk, wat motiveert jou?

Het model gaat uit van de veronderstelling dat hoge taakeisen (job demands) leiden tot stressreacties en ongezondheid (uitputting) en dat het beschikken over hulpbronnen (job resources) bijdraagt aan een hogere motivatie en productiviteit.

Job Demands-Resources model

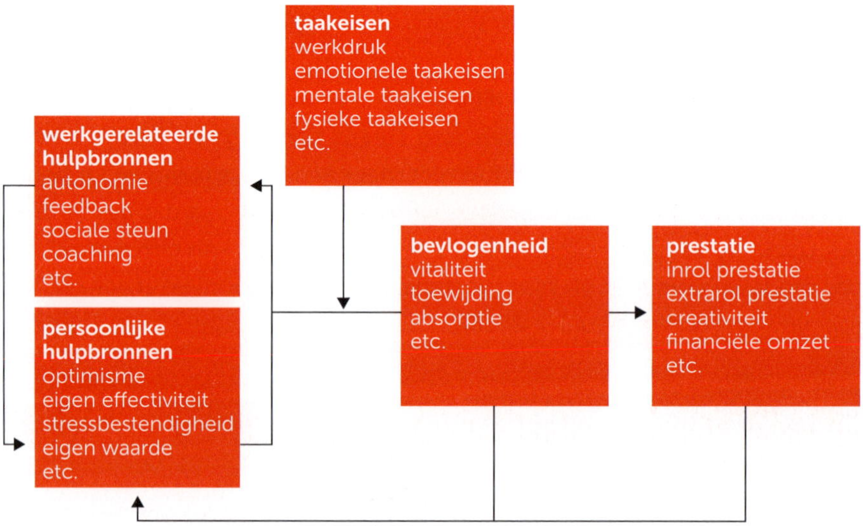

Bron: A. Bakker en E. Demerouti, 2007

Spelregels

- Het moet gaan om kleine aanpassingen in het werk waarvoor een leidinggevende in principe geen toestemming hoeft te geven.
- Jobcrafting gaat uit van het initiatief van de medewerker ('bottom-up'-benadering)
- Jobcrafting mag geen nadelige gevolgen hebben voor collega's en belangrijke taken kunnen niet zomaar geschrapt worden.

Stap 2: zelfstandig voorbereiden van de taakanalyse door de medewerker

Voorafgaand aan het jobcraftingsgesprek analyseert de medewerker zijn huidige baan en benoemt de verschillende deeltaken en hulpbronnen.

Naast het benoemen van deze taken, geeft hij aan welke taken belangrijk zijn en welke minder belangrijk.

Hij rondt zijn voorbereiding af door aan te geven hoe hij staat ten opzichte van de verschillende taken. Van welke taken krijgt hij energie en welke taken kosten hem veel energie? Wie of wat zijn hulpbronnen in zijn functie?

Deze voorbereiding geeft de medewerker inzicht en overzicht in zijn takenpakket, hoe hij ten opzichte van de verschillende taken staat en van wie of wat hij welke steun ervaart. Deze voorbereiding neemt hij mee naar het taakanalysegesprek.

Tip: Maak een splitsing in persoonlijke- en werkhulpbronnen!

De hulpbronnen kunnen worden opgesplitst in persoonlijke- en werkhulpbronnen. Persoonlijke hulpbronnen ondersteunen de medewerker bij het omgaan met stress en onzekerheid. Voorbeelden hiervan zijn: timemanagement, assertiviteit en optimisme. Werkhulpbronnen zijn aspecten van een functie die medewerkers kunnen motiveren. Voorbeelden hiervan zijn: autonomie, feedback van tevreden klanten, coaching van zijn leidinggevende, et cetera.

Tip: Maak gebruik van een digitale vragenlijst!

Het zelfstandig voorbereiden van de taakanalyse kan ook worden vervangen door het afnemen van een digitale vragenlijst. De deelnemers krijgen dan voorafgaand aan het taakanalysegesprek een persoonlijk feedbackrapport.

Stap 3: het taakanalysegesprek

In het taakanalysegesprek analyseert de medewerker onder begeleiding zijn huidige takenpakket en doorloopt hierbij de volgende zes fasen:

- Fase 1: inventarisatie van de tien belangrijkste taken
- Fase 2: visualisatie van de taken
- Fase 3: toelichting van de medewerker op de taken en hulpbronnen
- Fase 4: indeling in categorieën
- Fase 5: dialoog over opvallende zaken
- Fase 6: inventarisatie van de hulpbronnen door de medewerker

Fase 1: inventarisatie van de tien belangrijkste taken

De medewerker noteert zijn tien belangrijkste taken. Vervolgens geeft hij per taak de tijdsbesteding aan (hoeveel procent maakt deze taak uit van het totaal aan taken?). Tot slot wordt de medewerker gevraagd om aan te geven of de tijdsbesteding aan deze taak ten opzichte van bijvoorbeeld twee jaar geleden:

- toegenomen is (+)
- afgenomen is (–)
- gelijk gebleven is (=)
- nieuw is (N)

Tip: Deel de taken niet op in projecten!

Let erop dat de taken niet opgedeeld zijn in projecten. Ze zijn opgedeeld in wat de taak inhoudt (uitvoering, administratie, overleg, et cetera).

Huidige takenpakket van Loek, hoofd opleidingsunit:	
aansturen van mensen	(–) (20%)
optimaliseren van de procesflow volgens de leanprincipes	(+) (20%)
acquisitie van nieuwe opdrachtgevers	(–) (15%)
schrijven van opleidingsvoorstellen	(–) (10%)
rapportages en verslagen maken voor de directie	(+) (10%)
verzorgen van trainingen als collega's ziek worden	(–) (5%)
inkoop van hulpmaterialen	(–) (5%)
coaching	(+) (5%)
klachtenbehandeling van klanten	(+) (5%)
vergaderingen met werkgroepen	(+) (5%)

Fase 2: visualisatie van de taken

De medewerker visualiseert zijn taken op een groot vel papier en maakt met behulp van post-its zijn taken, werkhulpbronnen en persoonlijke hulpbronnen inzichtelijk.

De taaktypering

Fase 3: toelichting van de medewerker op de taken en hulpbronnen

Vervolgens licht de medewerker alle taken en hulpbronnen die hij per post-it heeft opgeplakt inhoudelijk toe. De begeleider stelt aan het einde van de toelichting de vraag: 'wat valt je op als je uitzoomt en naar je taken kijkt?'. Na het antwoord van de medewerker deelt de begeleider zijn observaties.

Mogelijke observaties:

- de taken zijn gelijk gebleven (stabiel werk)
- de taken zijn vooral toegenomen (uitdagend werk)
- de taken zijn nieuw (veranderlijk werk)

Tip: Wacht met het trekken van conclusies!

In deze fase trekt de begeleider nog geen conclusies en geeft geen oordelen. Hij geeft weer wat hij gezien en gehoord heeft; de observaties. Bijvoorbeeld bij veel toegenomen taken:

Observatie: 'ik zie dat veel taken zijn toegenomen', en niet:
Oordeel: 'jij zult wel veel stress hebben met al die toegenomen taken'.

Fase 4: indeling in categorieën

In deze stap, de taaktypering, deelt de medewerker in de volgende categorieën zijn taken in:

- taken die je het leukste vindt
- taken die je niet graag doet
- taken waar je neutraal tegenover staat
- taken waarbij je niet hoeft na te denken (leeg hoofd)
- taken die nu niet in je takenpakket zitten, maar die heel goed bij een aanwezige competentie of talent passen waar nu geen gebruik van wordt gemaakt

In deze fase wordt gebruikgemaakt van een nieuw blad met daarin de hiervoorgenoemde velden. De medewerker plakt elke taak in die zone die zijn gevoelens en gedachten over deze taak het beste duiden.

Fase 5: dialoog over opvallende zaken

Nu alle taken zijn ingedeeld vraagt de begeleider opnieuw aan de medewerker: 'wat valt je op als je uitzoomt?'.

Tip: Help de medewerker dieper na te denken!

Luister aandachtig en durf deze vraag minstens nog twee keer te stellen. Het helpt de medewerker om dieper na te denken.

Het was voor Bart niet moeilijk om aan te geven welke taken hij het leukste vindt om te doen. Dat is het 'aansturen van mensen', het 'uitvoeren van coaching' en het 'schrijven van opleidings-voorstellen'. Deze werkzaamheden bevatten in totaal 35 procent van het werk. De minder leuke taken hebben vooral te maken met administratieve routines. Hij vond het wel confronterend om dat nu op zo'n blad te zien staan.

Fase 6: inventarisatie van de hulpbronnen door de medewerker

Zoals eerder aangegeven kunnen de hulpbronnen worden opgesplitst in persoonlijke- en werkhulpbronnen. Persoonlijke hulpbronnen zijn ontwikkelbaar en kunnen de medewerker ondersteunen bij het omgaan met stress en/of onzekerheid. Werkhulpbronnen zijn aspecten binnen de functie die medewerkers motiveren. Bijvoorbeeld: een tevreden klant, een fijne werkplek, een goede leidinggevende en een mooi eindproduct.

Tip: Geef concrete voorbeelden!

Geef een aantal concrete voorbeelden zodat het voor de medewerker duidelijk is wat met de hulpbronnen wordt bedoeld.

Tip: Vraag door!

Taken kunnen verschillen in de mate waarin deze andere kennis of vaardigheden vereisen, ze alleen of in teamverband verricht kunnen worden, ze meer of minder zichtbaar voor anderen zijn, ze formeel tot het werk behoren of eerder extra zijn, et cetera. Het doorvragen op dergelijke aspecten kan nieuwe en interessante invalshoeken opleveren voor medewerkers die in de beschrijving van hun taken vastzitten.

De medewerker sluit het taakanalysegesprek met een samenvatting af. Vervolgens wordt een afspraak voor de jobcraftingsgesprekken gemaakt.

Bart heeft de afgelopen dagen zitten piekeren hoe hij meer werkplezier kan krijgen en dan vooral over zijn minder motiverende taken. Hij weet dat administratieve procedures onderdeel zijn van zijn werk en dat die verplicht doorlopen moeten worden, maar daarmee vindt hij ze nog niet leuk. Deze taken niet doen is ook geen oplossing, maar wat dan wel?

11.2 HET VOEREN VAN EEN JOBCRAFTINGSGESPREK

Het jobcraftingsgesprek

Het doel van de jobcraftingsgesprekken is te verkennen hoe het werk aangepast kan worden zodat de medewerker weer meer gemotiveerd is. Het jobcraftingsgesprek is eigenlijk een reeks van gesprekken over een periode van 4 tot 6 weken. In deze gesprekken kijkt de medewerker naar zowel zijn taakinhoud als naar zijn hulpbronnen.

Om de verwachting goed te managen is het belangrijk om het doel van het jobcraftingsgesprek helder te hebben. En dat doel is dat de medewerker zelf aanpassingen bedenkt en doorvoert om het werkplezier en de uitdaging in de functie terug te krijgen.

De medewerker geeft met de uitkomsten/inzichten van het taakanalysegesprek aan welke aspecten (rollen, taken, contacten, et cetera) van de functie anders kunnen zodat de functie voor hem weer aantrekkelijk wordt en hij het werkplezier weer terugkrijgt. Doordat de medewerker eerst het proces van taakanalyse heeft doorlopen, is voor hem meer helder welke taken hij verricht en hoe dat eventueel anders georganiseerd kan worden.

In hun boek *Aan de slag met jobcrafting* onderscheiden Spruyt en Dekker de volgende vier invalshoeken van het jobcraftingsgesprek:

- Invalshoek 1: taakcraften ('welke taken geven wel en welke geven geen energie?')
- Invalshoek 2: contextcraften ('in welke werkomstandigheden werkt de medewerker het prettigst?')
- Invalshoek 3: relatiecraften ('met wie werkt de medewerker het fijnste samen?')
- Invalshoek 4: mentalcrafting ('wat in het werk past het beste bij de persoon(skenmerken) van de medewerker?')

Deze invalshoeken worden door de medewerker in een periode van 4 tot 6 weken besproken en uitgewerkt. Dit geeft de medewerker de mogelijkheid tot reflectie en actie.

Invalshoek 1: taakcraften

De medewerker start met zijn taakinhoud. Bij taakcraften staat de volgende vraag centraal: welke van de genoemde taken geven de medewerker wel energie en welke niet?
Bij het beantwoorden van deze vraag, gaat de medewerker op zoek naar de taakeisen die verlaagd moeten worden (de taken die te veel energie vragen) en naar de taakeisen die verhoogd mogen worden (taken die energie geven).

Voor de taakeisen die verlaagd zouden moeten worden, stelt de begeleider vragen als:

- Welke taken kosten veel energie?
- Hoe zou je deze taak via een andere werkwijze (simpeler en eenvoudiger) kunnen uitvoeren zodat deze minder energie vraagt? Welke taken zou je efficiënter kunnen aanpakken? Door bijvoorbeeld een andere methode van werken of de tijd anders in te delen?
- Wat heb je zelf nodig aan coaching, opleiding of training om een taak beter te kunnen uitvoeren?
- Is het mogelijk om de taken die veel energie vragen te delegeren of te ruilen met een collega?

Voor de taakeisen die verhoogd mogen worden, kan de begeleider de volgende vragen stellen:

- Welke onderdelen in je werk zou je veel meer willen doen? Denk hierbij aan zaken waar je misschien te weinig aan toe komt maar die je veel energie geven. Formuleer dit als een uitdaging.
- Welke werkzaamheden heb je verricht als je fluitend naar huis gaat?
- Naar welke taken kijk je uit om ze weer te mogen doen?

Tip: Laat een reflectieverslag schrijven!

Laat de medewerker een reflectieverslag schrijven over wat hij gaat veranderen, tot welke inzichten hij is gekomen en wat nog open eindjes zijn.

Invalshoek 2: contextcraften

Vervolgens gaat de medewerker aan de slag met zijn werkcontext. Welke werkomstandigheden zijn voor de medewerker ideaal? Krijgt hij energie van collega's om zich heen of werkt hij liever in stilte alleen? Contextcraften is het bewust kiezen of aanpassen van de werkomstandigheden zodat de medewerker weer meer werkplezier en motivatie krijgt. Voorbeelden hiervan zijn: vaker buiten kantoor werken, een gezellige kantoorplant aanschaffen, frequenter een pauzewandeling in de buitenlucht maken, het variëren van werktijden of een uurtje eerder of juist later starten.

Voor het contextcraften kan de begeleider de volgende vragen stellen:

- Werk je graag met collega's om je heen of liever alleen?
- Op welk moment van de dag ben jij het meest productief?
- Hoe ziet jouw ideale werkomgeving eruit?
- Wat mis je nog op deze ideale werkplek?

Invalshoek 3: relatiecraften

Bij relatiecrafting gaat de medewerker actief aan de slag met zijn relaties op het werk. Met wie werkt de medewerker fijn samen? Met wie gaat het wat moeizamer? Wie of wat mist hij in de samenwerking? Medewerkers zijn gedurende een werkweek meer samen met collega's dan met hun partner en dan is een prettige werkrelatie wel zo fijn.

Hulpvragen die de begeleider kan stellen zijn:

- Met wie zou je meer willen samenwerken? Hoe kun je deze medewerker(s) betrekken in je werk?
- Met wie zou je minder willen samen werken? Wat is hiervan de reden en hoe zou je dit kunnen organiseren?
- Welke aspecten van de samenwerking zou je willen verbeteren?
- Hoe is de medezeggenschap en besluitvorming georganiseerd? En wat kun je hier zelf aan veranderen zodat het jou meer energie geeft?
- Welke andere activiteiten zou je kunnen ondernemen om de relatie met je collega's te verbeteren?

Invalshoek 4: mentalcrafting

De laatste manier van craften heeft een sterk verband met de persoonlijke hulpbronnen, de ontwikkelbare aspecten die een persoon helpen om te gaan met stress of onzekerheid. Denk hierbij aan persoonlijke effectiviteit, optimisme, eigenwaarde en zingeving (Peeters, Van den Heuvel en Demerouti, 2017).

De invalshoeken worden tijdens meerdere jobcraftingsgesprekken besproken. Na afloop van ieder gesprek maakt de medewerker een reflectieverslag en geeft hij antwoord op de onderstaande reflectievragen:

- Wat ging er de afgelopen periode beter in jouw functie?
- Waar ben je tevreden over? Heb je een compliment gekregen en/of zelf feedback gevraagd?
- Welke sterke kanten van jezelf heb je beter leren kennen en meer ingezet?
- Wat heeft je gemotiveerd in de afgelopen periode?

Hoe een medewerker naar zijn werk kijkt, is een persoonlijke keuze die direct van invloed is op zijn (werk)geluk. Wat hem hierbij zal helpen is positief denken. Door meer mentale aandacht te geven aan de dingen die een medewerker leuk vindt aan zijn baan, krijgen deze meer gewicht en dat is van positieve invloed op zijn werkgeluk.

Jobcrafting is een aanpak om de medewerker zelf zijn plezier in zijn werk weer terug te laten krijgen. Door zelf de genoemde stappen te zetten, kan hij zijn werkplezier weer terugkrijgen en meer gemotiveerd aan het werk gaan.

De oplossing voor Bart's minder motiverende taken is geen mirakeloplossing maar het geeft hem wel het gevoel dat er vooruitgang is.

Eén van de collega's, Freek, die nu vooral trainingen uitvoert, is wel administratief sterk maar niet handig met het administratieve softwaresysteem. Hij kan bepaalde routinetaken overnemen van Bart. Vanaf volgende maand gaan ze samen proberen hoe hij ingeschakeld kan worden en daarbij heeft Freek zelf nu ook een leerdoel om zijn kennis van het administratieve pakket te verbeteren.

"Ik heb door deze oefening ook wel beter leren accepteren dat voor een goede bedrijfsvoering deze routinetaken nodig zijn", aldus Bart. "Ik merk dat ik minder negatief ben in het benoemen van die taken want door ze als afstompend te benoemen, lijkt het alsof ze ook niet leuk zijn. Ik ben me ervan bewust dat mensen in hun werk baat hebben bij het volgen van bepaalde routines. Daarmee zijn ze voor mij wat meer *tweeledige taken* geworden. Ik zal sommige routinetaken toch nooit kunnen doorgeven."

11.3 VEELGESTELDE VRAGEN OVER EEN JOBCRAFTINGSGESPREK

Vraag 1 Wat is de kern van jobcrafting?

Jobcrafting is een manier om zelf de werkomgeving op een andere wijze in te richten zodat deze beter aansluit bij de eigen kwaliteiten en inzichten. Deze aanpak leidt tot meer plezier en motivatie in het werk. Kernwoorden bij jobcrafting zijn: zelfreflectie en actie door de medewerker zelf.

Vraag 2 Wat is de relatie naar zelfsturing?

Het idee achter jobcrafting is dat de medewerker zelf actie onderneemt om zijn eigen functie zinvoller te maken. De medewerker zit dus duidelijk zelf aan het stuur.

Vraag 3 Wie is aan zet bij jobcraften?

Jobcrafting gaat niet vanzelf. Het mag duidelijk zijn dat als een medewerker jarenlang heeft geluisterd naar 'wat de baas zegt', hij niet ineens zelfsturend zal zijn. Medewerkers moeten hierbij worden ondersteund en getraind. Daarnaast is de rol van het management heel belangrijk. De manager moet in staat zijn om verantwoordelijkheden lager in de organisatie neer te leggen. Dit vraagt om een meer coachende en faciliterende stijl van leidinggeven en dit is ook voor de managers vaak een leerproces. Is een manager hier niet toe in staat dan zal de zelfsturendheid van medewerkers ook niet van de grond komen.

Jobcraften wordt ook wel 'baanboetseren' en 'functiekunstelen' genoemd. Het betreft dus zelfsturing of sleutelen aan je eigen werk en dat maakt meteen duidelijk dat jobcraften niet vanzelf gaat.

Vraag 4 Waar is een burn-out aan te herkennen en hoe is het te voorkomen?

Een manier om een burn-out te voorkomen is aan de slag te gaan met jobcrafting.

Bij een burn-out is er sprake van een gevoel van opgebrand, op en leeg zijn. Dit uit zich in concentratieproblemen, vermoeidheid, futloosheid, soms huilbuien en chaotisch denken. Ook ziet men vaak overal tegenop. Wel zin hebben om dingen te gaan doen, maar niet de fut hebben. Ook de waarneming van de buitenwereld kan verstoord zijn: niet meer goed horen wat mensen om je heen zeggen, niet meer zien en oppikken wat er precies om je heen gebeurt.

Ook is het mogelijk dat iemand overgevoelig wordt voor licht of geluid. Tijdens sociale contacten kan iemand zich opeens erg ongemakkelijk voelen en hem of haar het zweet letterlijk uitbreken. Ook kunnen mensen zichzelf gaan afsluiten van de omgeving.

Vaak ook is iemand met een burn-out teleurgesteld. 'Hoe kan mij dit nou overkomen' en 'het werk is toch altijd leuk geweest' zijn veelgehoorde kreten. Het is zaak om niet te verzanden in depressieve buien en al te grote teleurstelling in zichzelf. Het kan namelijk iedereen overkomen. Teleurstelling uit zich vaak in faalangst, moeheid, allerlei lichamelijke klachten en uiteindelijk in volledige uitputting. Dan is een medewerker nog verder van huis.

Klachten bij een burn-out:

- ernstige uitputting (psychisch en lichamelijk)
- vervreemding (van jezelf en twijfels over je kwaliteiten)
- cynisme (meer afstand tot het werk en de sociale omgeving)

Daarnaast zijn er een tal van andere klachten:

Fysiek	Emotioneel	Denken	Gedrag
• Slecht slapen • Opgejaagd gevoel • Hartkloppingen • Drukkend gevoel op de borst • Hoofdpijn • Buikpijn • Duizelig • Spierpijn • Zwetende handen • Minder weerstand • Hyperventilatie	• Stemmingswisselingen • Neerslachtig • Snel huilen, brok in de keel • Sneller geïrriteerd	• Minder flexibel • Minder betrokken voelen • Vergeetachtig • Slechte concentratie • Piekeren • Angsten • Paniekaanvallen	• Besluitloosheid • Onzeker • Onrustig • Snel bazig en boos • Inefficiëntie • Meer roken, drinken, medicatie • Lusteloos • Meer terugtrekken • Weinig of veel eten • Geen zin in seks

Vraag 5 Welke risico's zijn verbonden aan jobcrafting?

"Als jobcrafting vertaald wordt als 'laat maar vallen wat je niet leuk vindt', leidt dit tot problemen voor de collega's en voor het bedrijf", aldus onderzoekster Maria Tims van de Vrije Universiteit Amsterdam. "Het kan leiden tot een hogere werkdruk en zelfs tot burn-out bij collega's."

Bij het verlagen van taakeisen, zoals bij jobcrafting vaak het geval is, kan er een negatieve spiraal ontstaan. Als een medewerker zelf op eigen houtje zijn taken gaat aanpassen, kunnen collega's het drukker krijgen omdat zij taken van hem of haar overnemen. Die zijn het daar natuurlijk niet altijd mee eens. Collega's kunnen denken dat hij de kantjes er vanaf loopt, of dat hij de rotklusjes van zich afschuift. Zo'n situatie zorgt ervoor dat niemand zich goed voelt, ook de jobcrafter niet.

Uit het onderzoek bleek ook dat wanneer een medewerker zijn taakeisen verlaagde, zowel hijzelf als zijn collega een conflict rapporteerden. Wat de medewerker dus doet, heeft direct invloed op zijn collega's. Dan wordt de collega 'het slachtoffer van de jobcrafting'. Soms zelfs met een burn-out als gevolg. Doordat *werkdruk* en *conflict* voorspellers zijn van burn-out, scoorden de mensen die hogere werkdruk en conflict rapporteerden ook hoger op burn-out.

De gouden tip hierbij is dat HR moet zorgen voor meer informatie naar medewerkers toe. Zorg dat mensen het niet op eigen houtje gaan doen. Dat wanneer iemand ermee aan de slag wil, er richtlijnen zijn vanuit de organisatie. En: zorg dat er een dialoog ontstaat tussen medewerkers over het uitruilen van taken, in plaats van het afschuiven ervan. Uiteindelijk moet het gedragen worden door alle collega's.

Vraag 6 Welke vragenlijsten zijn behulpzaam bij het inventariseren van het jobcraftingsgedrag van de medewerker?

Er is een aantal instrumenten ontwikkeld die behulpzaam zijn bij de bewustwording van het jobcraftingsgedrag en bevlogenheid in het werk. Zo is de 'Job Crafting Schaal', van Tims, Bakker en Derks (2011) beschikbaar en kan, via de site https://www.innovatiefinwerk.nl/jobcrafting, het feedbackinstrument van (Bakker) ingevuld worden. Medewerkers vullen deze laatste vragenlijst zelf in en krijgen feedback op welke gebieden het beste actie kan worden ondernomen. Na verloop van tijd kan de vragenlijst opnieuw worden ingevuld om te kijken of er inderdaad verandering is opgetreden.

Vraag 7 Wat zijn do's and don'ts van een jobcrafingsgesprek?

Wel doen

Medewerkers coachen bij het jobcraften

Ondanks het feit dat jobcraften een methodiek is die appelleert aan de zelfsturing van medewerkers, betekent dit niet dat de medewerker dit dan ook maar in zijn eentje moet oppakken. Een goede begeleiding waarin bewust gecoacht wordt op actie en reflectie is nodig om dit proces goed te laten verlopen.

'The proof of the pudding is in the eating.' Ga zelf eerst aan de slag met jobcrafting.

Als begeleider is het verstandig om zelf de taakanalyse en jobcraftingsoefening te doen en het liefst met een ervaren coach. Door zelf een keer de taakanalyse te doen en te ervaren, begrijp je de vragen van de medewerker beter, kun je deze in een context plaatsen en begrijp je zijn worsteling.

Niet doen

De verwachtingen van alle jobcrafters op één lijn stellen

Deelnemers aan jobcraftingsgesprekken hebben uiteenlopende redenen om hiermee te starten. Dit kan zijn omdat iemand tegen een overspannenheid aan zit of net terugkomt van een burn-out. Deze medewerkers hebben andere behoeften en verwachten van jobcrafting dan de medewerkers die op zoek zijn naar meer uitdaging in het werk. De uitkomsten van beide groepen medewerkers zullen dus ook heel anders zijn. Als er meer medewerkers deelnemen aan een jobcraftingsgesprek, dan is het verstandig om goed te letten op de samenstelling van de groep.

Het niet betrekken van de leidinggevende bij het jobcraftingstraject

Hoewel een van de spelregels is dat de functie van de jobcrafter aangepast kan worden zonder dat dit toestemming vraagt van de leidinggevende, is het onverstandig om een leidinggevende niet te betrekken in dit traject. Een bepaalde vorm van positieve ondersteuning of coaching zal de medewerker helpen in zijn traject. Daarnaast vraagt zelfsturing ook om een andere rol van de leidinggevende. Hij zal hierin ook gecoacht moeten worden.

De taakanalyse en jobcraftingsgesprekken in één gesprek stoppen

Begeleiders en jobcrafters hebben het over het algemeen druk. In het kader van efficiënt werken zou een keuze gemaakt kunnen worden om alles even snel te bespreken. Dit komt het traject niet ten goede. Een van de uitgangspunten van jobcrafting is reflectie gecombineerd met actie. Door tijd en ruimte te nemen voor de reflectie en te leren van de genomen acties zal dit de kwaliteit en de diepgang van de jobcrafting alleen maar ten goede komen.

INFORMATIEBRONNEN

Boek

Spruyt, M. en M. Dekker, Aan de slag met Jobcrafting. Kessels & Smit Publishers B.V., 2014

Artikelen

Peeters, M., M. van den Heuvel en E. Demerouti, Sleutelen aan je werk, *Tijdschrift voor HRM*, 2017

Schaufeli, W. en T. Taris, Het Job Demands-Resources model: overzicht en kritische beschouwing, *Gedrag & Organisatie*, 2013

Tims, M., A.B. Bakker en D. Derks, Development and validation of the Job Crafting Scale, *Journal of Vocational Behavior*, 2011

Tims, M., Job crafting: hype of nieuw HR-instrument? *Tijdschrift voor HRM*, 2013

Presentatie

Peeters, M., M. van den Heuvel en E. Demerouti, *Succesvol Job Craften door middel van een groepstraining,* https://www.innovatiefinwerk.nl/sites/innovatiefinwerk.nl/files/field/bijlage/vandenheuvel-methodiek_0.pdf

Websites

https://www.innovatiefinwerk.nl/jobcrafting – link naar de vragenlijst van Bakker

https://www.innovatiefinwerk.nl/sites/innovatiefinwerk.nl/files/field/bijlage/de_job_crafting_schaal_arnold_bakker.pdf – link naar de vragenlijst van Tims, Bakker en Derks

12 HET DEMOTIEGESPREK

Jacco van den Berg

Met dank aan Benny Schulte van Thexton Armstrong Schulte.

Het aantal jaren dat mensen moeten werken is flink opgerekt. De huidige voorwaarden van de studiebeurs staan niet toe te lang over een studie te doen, de AOW-leeftijd is inmiddels verhoogd naar 67 jaar en de VUT bestaat al lang niet meer. Laat staan dat je met je vijftigste jaar met pensioen gaat. Medewerkers zullen minstens vijfenveertig jaar actief op de arbeidsmarkt zijn. Iedere medewerker zal ook de stabilisatie- en seniorfase (40/45 jaar en verder) van het leven werkend doorkomen. Een ander feit is dat de *fysieke* belastbaarheid met het klimmen van de jaren afneemt. In een voortdurend veranderende werkomgeving kan ook de verhouding tussen de *mentale* belastbaarheid en -belasting voor medewerkers, die jarenlang dezelfde functie hebben vervuld en zich onvoldoende persoonlijk en professioneel hebben ontwikkeld, in disbalans raken.

Door de veranderende eisen die aan het werk worden gesteld en door de meer persoonlijke ontwikkelingen die iedereen doormaakt, zullen er perioden zijn dat medewerkers toe zijn aan een functie met meer verantwoordelijkheden en bevoegdheden of een pas op de plaats (spitsuur in het leven), het volgen van een opleiding, een buitenlands avontuur, een rol van mentor, et cetera. Demotie staat niet in deze opsomming, terwijl er zeker perioden zijn dat medewerkers toe zijn aan een stapje terug op het werk.

Laurens, productiemedewerker in een papierfabriek, is inmiddels opa en heeft er al 33 jaar op zitten. Het werk bevalt hem uitstekend al is het klaverjassen in de lunchpauze met zijn maten het hoogtepunt. Wel loopt hij op zijn laatste benen. Als hij in de avondploeg heeft gedraaid, is hij de dag erna bekaf. Leuk is anders op opadag. Ook het verslepen van de dozen kost hem veel moeite. Vroeger lukte dat met vijf tegelijk, nu zijn twee dozen al te veel. Het liefst wil hij ander, minder fysiek zwaar, werk gaan verrichten. Maar ja, dan mist hij zijn ploegentoeslag.

Dit hoofdstuk geeft antwoord op de volgende vragen:

- Wanneer wordt demotie ingezet?
- Wat is een kruispuntgesprek?
- Wat is remotie?

12.1 DE VOORBEREIDING OP EEN DEMOTIEGESPREK

Organisaties en functies veranderen continu en dat geldt in zekere mate ook voor de behoeften, interesses of capaciteiten van medewerkers. Dan kan het voorkomen dat de medewerker zich niet meer senang voelt in zijn functie. De 'klik' die er jarenlang was, is er niet meer. Ook kan het zijn dat de medewerker niet meer die toegevoegde waarde biedt, die van de functiehouder wordt verwacht. Tijd voor iets anders en wellicht tijd voor demotie.

Wat is demotie?

Volgens de Dikke van Dale is demotie *verlaging, terugzetting in rang, verplaatsing uit een hogere functie naar een lagere*.

In 2014 verscheen het boek *Demotie, het laatste taboe doorbroken* waarin demotie als volgt wordt gedefinieerd:

"Er is sprake van demotie als een medewerker vanuit een hiërarchisch hoger ingeschaalde functie, vrijwillig of gedwongen vanuit een organisatie, een lager ingeschaalde functie gaat vervullen met bijbehorende taken, bevoegdheden en verantwoordelijkheden, met gevolgen voor arbeidsvoorwaarden, status, invloed en aanzien."

Een medewerker doet dus een stapje terug op de carrièreladder door een andere, lagere en minder zware functie te bekleden die fysiek en mentaal beter past. Demotie is daarmee het omgekeerde van promotie. Een aanpassing van het functieniveau kan het gevolg zijn van een vrijwillige beslissing van de medewerker die graag een stapje terug wil doen. Maar het kan ook een opgelegde beslissing als gevolg van een reorganisatie, een fusie of overname, een ontslagronde of naar aanleiding van disfunctioneren zijn. Organisaties met een demotiebeleid stellen dat productiviteit afneemt met leeftijd, en demotie is dan een instrument om de medewerker een functie aan te bieden die past bij de (verwachte) productiviteit.

Reorganisatie, fusie, overname of een ontslagronde

Een demotie als gevolg van een opgelegde beslissing kan verschillende aanleidingen hebben. Bij een reorganisatie, fusie, overname of een ontslagronde is het in juridische zin niet mogelijk om eenzijdig vanuit de werkgever een demotie (lees: een lager ingeschaalde functie) op te leggen. Maar in de praktijk komt het (steeds) vaker voor dat medewerkers zo'n demotie aangeboden krijgen zonder dat zij erom vragen. De aanleiding hiervoor kan een reorganisatie, fusie, overname of een ontslagronde zijn. De medewerker voelt, vanuit zijn perspectief, een bepaalde vorm van dwang. Want bij het niet accepteren van deze lager ingeschaalde functie is een ontslagtraject een weinig lonkend alternatief. Veel medewerkers verkiezen dan ook demotie boven ontslag. De banen liggen immers niet voor iedereen voor het oprapen en het is vaak makkelijker om vanuit een dienstbetrekking te solliciteren dan vanaf de bank.

Disfunctioneren

Als een medewerker al een tijd zijn functie niet goed uitoefent, is een 'lagere' functie een optie. De leidinggevende moet dit dan wel, bijvoorbeeld met beoordelingsgesprekken, goed kunnen motiveren en de nieuwe functie moet passend zijn. De functiewijziging bij disfunctioneren kan in goed overleg met de medewerker of eenzijdig doorgevoerd worden. De eerste variant geniet de voorkeur en misschien is de medewerker zelfs opgelucht met deze mogelijkheid. Hij loopt fysiek en mentaal wellicht op zijn laatste benen, ziet zelf ook wel dat zijn functie niet meer bij hem past, maar er is schroom om dit aan te kaarten.

Tip: Leg schriftelijk vast!

Als partijen eruit komen, worden de gemaakte afspraken schriftelijk in een brief of in een gewijzigde arbeidsovereenkomst vastgelegd.

Echter, niet iedere medewerker zal welwillend ten opzichte van de functiewijziging staan. Een lager salaris en bijvoorbeeld geen auto van de zaak, zijn weinig lonkende perspectieven. Ook staat voor hem demotie gelijk aan gezichtsverlies. Als de medewerker niet met een demotie instemt, is er sprake van een eenzijdige functiewijziging en dat gaat vaak niet zonder slag of stoot. De leidinggevende moet kunnen aantonen dat de medewerker disfunctioneert, dat hij de medewerker hier herhaaldelijk op gewezen heeft en deze in de gelegenheid heeft gesteld om zijn functioneren te verbeteren (een verbetertraject). Ook dient een redelijk voorstel tot wijziging van de functie gedaan te zijn, waar redelijkerwijs van de medewerker verlangd mag worden dat hij instemt met de wijziging.

De eisen om een functiewijziging door te voeren, zijn eigenlijk net zo streng als bij ontslag. De impact van deze wijziging en de veranderingen in de arbeidsvoorwaarden zullen een belangrijke rol spelen bij de toetsing door de rechter. Als de medewerker blijft weigeren de passende functie uit te oefenen, dan is ontslag de te volgen weg en is wederom een goed opgebouwd dossier belangrijk.

Demotie toegestaan na een lang verbetertraject
Een werknemer werkte ruim dertig jaar bij een supermarkt als assistent-supermarktmanager. Nadat in januari 2010 met hem was besproken dat hij op essentiële onderdelen matig scoorde en daar verbetering in moest komen, bleek dit in februari 2011 nog niet te zijn gebeurd. De werkgever startte daarop een verbetertraject. Hij stelde samen met de werknemer een Persoonlijk Ontwikkelingsplan (POP) op, waarin concrete afspraken voor verbetering van het functioneren werden gemaakt. In het POP stond dat de werknemer bij een onvoldoende beoordeling zou worden gedegradeerd met aanpassing van zijn loon. Na anderhalf jaar eindigde het verbetertraject. De werknemer bleek niet over de capaciteiten te beschikken voor de functie, waardoor de werkgever een demotie tot afdelingsmanager doorvoerde. De werknemer verzette zich niet tegen de andere functie, maar wel tegen de loondaling.

Redelijk
De kantonrechter oordeelde dat het duidelijk was dat de werknemer niet voldeed aan de redelijke eisen die de werkgever stelde. Nu de supermarkt voldoende begeleiding had geboden bij de verbetering van het functioneren, maar die desondanks was uitgebleven, oordeelde de rechter dat de demotie en de verlaging van het loon – geoorloofd was.

Bron: kantonrechter Almere, 24 april 2013, *JAR*: 2013/128

Wet werk en zekerheid

Sinds 1 juli 2015 is met de Wet werk en zekerheid het nieuwe ontslagrecht ingrijpend gewijzigd. Het bijhouden van een goed onderbouwd ontslagdossier (zie verder hoofdstuk 18, Het correctiegesprek) is door deze wet nog belangrijker geworden. De kantonrechter of het UWV moet aan de hand van dit dossier kunnen zien wat de werkgever heeft gedaan om het functioneren van de medewerker te verbeteren. Het is dus nog meer noodzaak geworden om met gespreks-, functionerings- en beoordelingsverslagen en waarschuwingen aan te kunnen tonen dat de organisatie het disfunctioneren van de medewerker heeft op- en aangepakt.

Vrijwillige demotie

Naast gedwongen demotie (zie hiervoor) is het ook goed mogelijk dat de medewerker er vrijwillig voor kiest niet meer als leidinggevende 'in de wind te willen staan' en het weer heerlijk vindt om op de werkvloer te gaan werken. Het is bijvoorbeeld de directeur van een adviesbureau die geen vergaderingen meer wil leiden, geen beoordelingsgesprekken meer wil voeren en geen verantwoording meer wil afleggen aan de raad van commissarissen. Hij wil 'lekker' adviseren. Anders geformuleerd; hij zoekt het werkplezier in een andere omgeving, met andere collega's en in een andere functie. Dat het salaris lager is, gaat de pret niet drukken. Vrijwillige demotie in optima forma!

Wanneer Nederlandse oudere werknemers zelf worden gevraagd naar hun mening, blijken zij 'demotie' paradoxaal genoeg te zien als een kans om werktevredenheid te herwinnen, om het rustiger aan te doen in hun late beroepsloopbaan of om de overgang van werk naar pensioen soepeler te laten verlopen. Een studie toont aan dat 60 procent van de ouderen zich kan voorstellen een lager betaalde functie te aanvaarden. Hoger opgeleide ouderen geven veelal aan dat een minder stressvolle baan aantrekkelijk zou zijn, terwijl hun lager opgeleide collega's vaker reductie van de werklast als reden opgeven.

Bron: artikel *Neerwaartse beroepsmobiliteit en arbeidsduurvermindering onder ouderen*, 2017

Bij een vrijwillige demotie verlopen de gesprekken hierover makkelijker dan bij een gedwongen demotie. Zeker indien beleid ontwikkeld is over hoe de organisatie omgaat met gewaardeerde medewerkers die iets anders, en wel op een lager niveau, willen.

12.2 HET VOEREN VAN EEN DEMOTIEGESPREK

Verlies van werk is voor veel mensen een traumatische gebeurtenis en staat in de top 5 van de meest emotionele gebeurtenissen in een mensenleven. Op nummer 1 staat overlijden van de partner. Bij een eenzijdig door de werkgever opgelegde demotie mogen medewerkers voor de organisatie blijven werken, maar leuk is voor hen waarschijnlijk anders. Verder geeft werk naast (inkomens)zekerheid ook veiligheid, status, zekerheid, zelfvertrouwen, et cetera. Dit alles krijgt bij een gedwongen demotie een knauw.

De verwerkingsfasen bij een gedwongen demotie

Medewerkers die te horen krijgen dat zij in aanmerking komen voor een gedwongen demotie doorlopen de volgende vijf fasen van slecht nieuws:

- Fase 1: schok en ontkenning
- Fase 2: emoties
- Fase 3: onderhandelen
- Fase 4: teleurstelling
- Fase 5: aanvaarding

In hoofdstuk 19, Het slechtnieuwsgesprek, is meer te lezen over de verwerkingsfasen, een gespreksmodel en de do's and don'ts van het slechtnieuwsgesprek.

Uit- en aanspreken

Bij een gedwongen demotie vanwege disfunctioneren is bij het aanleggen van het dossier communicatie de spil. Het draait om het *uit*spreken van verwachtingen over het functioneren (resultaten, gedrag) en het *aan*spreken op het functioneren, zowel in de vorm van complimenten als opbouwende kritiek. Dit alles wordt schriftelijk vastgelegd.

Veel leidinggevenden lijden aan het 'snap-dat-dan'-syndroom. Zij gaan er gemakshalve vanuit dat medewerkers (die al jarenlang voor hen werken) hun gedachten kunnen lezen en dat zij dan ook weten wat van hen wordt verwacht. Vaak is dat niet het geval. Het is daarom belangrijk messcherp de verwachtingen over het functioneren van de medewerker (resultaten en gedrag) uit te spreken en als hij deze verwachtingen niet inlost, dan wordt hij erop aangesproken. Dat kan in diverse gesprekken die qua impact en zwaarte oplopen. De gesprekken uit de escalatieladder bestaan uit feedback-, functionerings-, beoordelings- en correctiegesprekken. Zie hiervoor de hoofdstukken 5, 6, 7 en 18.

Bij een slechtnieuwsgesprek wordt de boodschap direct en concreet weergegeven. Voor nazorg kunnen vervolggesprekken volgen. In een demotie*traject* (het woord zegt het al) zullen diverse gesprekken elkaar opvolgen en de afspraken worden op papier vastgelegd. Deze gesprekken vloeien bij disfunctioneren voort uit de gesprekken over het verbeteringsplan. Bij de start van een verbetertraject dienen de gevolgen van niet-verbeterd functioneren besproken te worden. Gaandeweg het traject kan dit herhaald worden. Bij afronding van het verbetertraject is voor zowel de medewerker als de leidinggevende de overgang naar een demotietraject eenvoudiger geworden.

Het ging echt niet meer met Laurens. Hij meldde zich frequenter ziek en ging steeds meer fouten maken. Zijn leidinggevende ging met hem in gesprek en al snel was het een echt gesprek waarin alles op tafel kwam. Laurens wilde iets anders doen en had gehoord over de bedrijfsschool die zijn werkgever ging oprichten. Het leek hem leuk om die jonge gasten het vak te leren. Ook geen ploegendiensten meer. Hij ging weliswaar minder verdienen maar de gemaakte afspraken hierover stemde hem tot tevredenheid. Iedereen was blij met de uitkomst van de gesprekken en hoogstwaarschijnlijk is een toekomstige arbeidsongeschiktheid van Laurens voorkomen.

12.3 VEELGESTELDE VRAGEN OVER EEN DEMOTIEGESPREK

Vraag 1 Wat zijn de belangrijkste zaken om aan te denken in de voorbereiding op het demotiegesprek?

De motivatie voor een demotie moet ongeacht de aanleiding helder zijn. Zo heeft de medewerker bij *disfunctioneren* al een verbetertraject doorlopen of deze bevindt zich in de afrondende fase. Demotie moet in alle redelijkheid een oplossing zijn. Als er geen vertrouwen is dat de medewerker goed gaat functioneren in de voorgestelde functie, dan dient demotie niet eens overwogen te worden. Er resteert dan slechts een exitprocedure. Belangrijk is om ook stil te staan bij het beeld dat elders in de organisatie heerst van deze medewerker. Er dient draagvlak te zijn voor de medewerker in de nieuwe functie.

Bij een *reorganisatie, fusie, overname* of een *ontslagronde* is het verstandig om de mogelijkheid van een demotie te schetsen. In het gesprek waarin concreet op de demotie ingegaan wordt, dient alle aandacht op de terugplaatsing te zijn gericht. Nog een keer praten over de aanleiding van de reorganisatie, fusie of overname of een ontslagronde leidt alleen maar af. Zeker als deze emotioneel zeer beladen is. Omdat een demotie ook met emoties gepaard gaat, dienen de emoties van de aanleiding al een plek gekregen te hebben.

Nadat aansluitend op de beweegredenen de demotie besproken is, dient de medewerker de gelegenheid te krijgen na te denken over de nieuwe functie. In een vervolggesprek is zijn antwoord onderwerp van gesprek. Mogelijk zijn meerdere gesprekken gewenst, zeker als wijzigingen in de arbeidsvoorwaarden doorgevoerd zullen worden.

Vraag 2 Is bij een professionele ontwikkeling een promotie het geijkte pad?

Vaak wordt ontwikkeling 'verticaal' ingezet. De junior medewerker krijgt meer verantwoordelijkheden, bevoegdheden en trajecten met een groter afbreukrisico. Als beloning krijgt hij meer salaris en mag hij zich eerst medior en later senior noemen. Een ander voorbeeld van een verticale ontwikkeling is een medewerker die teamcoördinator, afdelingshoofd of leidinggevende wordt.

Horizontaal wordt steeds normaler

In menig organisatie is het beleid dat als een medewerker een stapje omhoog wil maken, hij eerst op hetzelfde niveau een andere functie moet gaan vervullen. Deze zijstap stoomt de medewerker klaar voor zijn hogere, door hem of haar geambieerde, functie en doet zijn weer- en wendbaarheid stijgen. Een ander voorbeeld van een horizontale verplaatsing is dat een lijnmedewerker, staffunctionaris wordt. Verder is er in veel organisaties sprake van een 'verplatting' van de organisatiestructuur. Managementlagen verdwijnen en de teams worden meer zelfsturend. Binnen deze tendens past een focus op de horizontale ontwikkeling.

Verticaal naar beneden, nog niet (echt)

Het boek *Demotie, het laatste taboe doorbroken* breekt een lans voor verticaal naar beneden. Vanuit het oogpunt van langer doorwerken, duurzame inzetbaarheid en het principe van een beloning die in overeenstemming is met het geleverde werk, is demotie volgens de auteur van het boek, Richard Jongsma, een logisch instrument. Het woord demotie roept volgens hem bij velen negatieve emoties op. Hij stelt dat het de hoogste tijd is om demotie meer vanuit kansen en mogelijkheden voor medewerkers en organisatie te bezien.

Vraag 3 Geen promotie zonder demotie?

Promotie en demotie zijn twee kanten van dezelfde medaille. Als aan het *kennen (weten)*, *kunnen* of *willen* van een medewerker iets verandert (het wordt meer of minder), dan heeft dat effect op zijn productiviteit, flexibiliteit en/of de bijdrage aan de organisatie. *Kennen* heeft te maken met het vakmanschap van de medewerker, zijn kwalitatieve inzetbaarheid op verschillende functies en taken. Het *kunnen* is gekoppeld aan zijn mogelijkheden: fysiek, mentaal en privé. Het *willen* is de bereidheid om wisselende functies en taken op wisselende tijden met wisselende collega's op wisselende locaties te verrichten.

Als bij een medewerker het kennen, kunnen of willen verandert, heeft dat effect. Bij een promotie is het kennen en kunnen toegenomen. De medewerker krijgt, als hij dat wil, een promotie en een daarbij behorend hoger salaris. Het wordt lastiger als kennen, kunnen of willen afnemen. In de praktijk is het vaak een sluipend proces dat zowel door de medewerker als leidinggevende niet of nauwelijks wordt benoemd, laat staan op een goede en zorgvuldige manier wordt besproken. In menig organisatie zijn beoordelingsgesprekken rituele dansen waarin leidinggevenden om de hete brij heen draaien. Als doekje voor het bloeden wordt demotie vaak gekoppeld aan een reorganisatie zodat het maar niet aan de afnemende bijdrage van de medewerker ligt. Een gemiste kans, zie ook vraag 1.

Vraag 4 Welke aspecten mogen niet worden vergeten in het demotiegesprek?

Een demotie gaat voor de medewerker over het algemeen gepaard met gezichtsverlies, verlies van status, et cetera. De demotie hoeft weliswaar niet mooier voorgespiegeld te worden, maar de medewerker dient wel verleid te worden om de nieuwe functie te accepteren. Geef aan dat zijn kennis en ervaring goed van pas komen en dat hij daarom binnen de organisatie gewaardeerd wordt. De medewerker krijgt daarmee een stukje eigenwaarde terug. Focus in dit gesprek vooral op de toekomst. Kijk vooruit en benadruk de kwaliteiten van de medewerker in plaats van te focussen op de aanleiding van de demotie. Indien een aanpassing van de arbeidsvoorwaarden gepaard gaat met deze demotie is het van nog groter belang dat de medewerker zich happy gaat voelen in de nieuwe functie.

Vraag 5 Wat is een kruispuntgesprek?

Een kruispuntgesprek is een mooi woord voor een gesprek dat Piet Vessies van de werkgeversvereniging AWVN ooit gebruikte voor een gesprek dat gaat over wat de medewerker weet, kan en wil en over wat de werkgever nodig heeft. In het (POP-achtig) gesprek gaat het om de langere termijn en daarom past een kruispuntgesprek niet automatisch in de functionerings- en beoordelingscyclus waarbij het gaat over het functioneren van het afgelopen jaar en over de werkafspraken en planning voor het komend jaar. Met zijn woordkeuze wil hij benadrukken dat een andere weg ingeslagen kan of moet worden.

Medewerker en leidinggevende staan stil bij de vraag: wat moet ik nu doen voor later? Meer specifiek: het verbeteren van de huidige praktijk, een periode van consolidatie invoeren, verder specialiseren binnen het vakgebied of juist verbreden naar andere taken of werkgebieden? Is een functie-switch mogelijk of noodzakelijk en moet dit dan binnen de eigen organisatie gebeuren of kan het ook elders? Het lijkt zo vanzelfsprekend maar in de praktijk vindt dit gesprek mét de bijbehorende impact nauwelijks plaats.

Vraag 6 Kan het initiatief voor demotie ook vanuit de medewerker plaatsvinden?

Jazeker! Het is de medewerker die bijvoorbeeld jarenlang 'de kar heeft getrokken' en nu meer behoefte heeft aan minder verantwoordelijkheden, bevoegdheden en stress. Een medewerker die niet meer (ellenlang) in het buitenland wil werken of na een staffunctie weer teruggaat in de lijn of op de werkvloer. Belangrijk nevendoel voor deze keuze kan meer tijd voor privé zijn. Zo'n demotie wordt dan vaak besproken en verder in gang gezet in bijvoorbeeld een POP-, functionerings- of loopbaangesprek.

Vraag 7 Wat zijn do's and don'ts van een demotiegesprek?

Wel doen

Levensloop

Is een stapje terug voor oudere medewerkers niet één van de manieren om mensen langer gezond te laten doorwerken? Moeten we niet af van het idee dat een carrière altijd in een rechte lijn omhoog dient te lopen? Het rapport *Doorwerken en gezondheid* van de RVZ (Raad voor de Volksgezondheid en Zorg) breekt een lans om het gesprek over langer werken te benaderen vanuit de levensloop. Zij stelt dat werkenden op verschillende momenten in hun leven verschillende soorten ondersteuning nodig hebben.

In dat licht is een stap terug in functie en salaris een optie. Bekeken vanuit het perspectief van iemands levensloop is demotie niet alleen maar negatief. Waarom zou je niet aan het eind van je loopbaan langzaam gaan afbouwen in plaats van in één keer van alles naar niets te gaan?

Duurzame inzetbaarheid dient expliciet op de agenda te staan van het overleg tussen werkgever en werknemer. Waar nodig dient de ondersteunende (zorg)professional bij dit overleg te worden betrokken. Binnen een organisatie kan dit gesprek gekoppeld worden aan de HR-cyclus. In dit gesprek moet aandacht zijn voor vragen over gezondheid, employability, arbeidsomstandigheden en de combinatie van werk en privé, nu en in de toekomst. Als basis voor deze dialoog kunnen instrumenten ingezet worden die partijen bewustmaken van risico's rond arbeidsomstandigheden (RI&E), gezondheid (PMO) en de combinatie van werk en privé.

Bron: rapport *Doorwerken en gezondheid*, Raad voor de gezondheid, 2015

Wat kun je wel

Waarom wordt met 'oudere' medewerkers niet vrijwillig gesproken over de mogelijkheden voor een andere functie aan het einde van de loopbaan? Daarbij moet niet uitgegaan worden van wat de medewerker níet meer kan, maar juist waar hij goed in is en waarin hij jongere collega's kan aanvullen. Die kwaliteiten liggen vaak op het vlak van sociale vaardigheden en geschiktheid voor mentorschap. Investeren in doorontwikkeling, loopbaanombuiging en functieroulatie van oudere medewerkers biedt meer kansen voor goede en kosteneffectieve inzetbaarheid van oudere medewerkers.

Communiceer successen

In sommige organisaties is het woord *remotie* gemeengoed. Als daar iemand een stap omlaag doet, is dat een stap vooruit. De persoon in kwestie ervaart meer levenskwaliteit, minder zorgen, et cetera en krijgt binnen de organisatie een podium om dat aan de collega's mede te delen. Promotie of remotie, stijgen of dalen, het is maar hoe je het bekijkt.

Niet doen

Mentaal afscheid

Er zijn organisaties die vooraf aankondigen dat als een verbetertraject voor een disfunctionerende medewerker niet het beoogde resultaat heeft, er een demotie volgt. Voor deze medewerker ligt dan een andere, lager ingeschaalde, functie in het verschiet en de keuze is aan hem. Weigering zal leiden tot een aanvraag voor ontslag.

Het is maar de vraag of demotie als sluitstuk van een verbetertraject 'gaat werken'. Immers, de werkgever heeft mentaal al afscheid van de medewerker genomen en dat geldt misschien ook al voor de medewerker in kwestie. De *selffulfilling prophecy* doet dan vaak 'haar werk'.

In zo'n geval dient demotie niet overwogen te worden. Dus óf ontslag óf demotie en niet op twee paarden wedden.

Eenzijdig

Een werkgever kan niet eenzijdig de arbeidsvoorwaarden wijzigen en dus niet zomaar het salaris naar beneden aanpassen. Wat kan de werkgever wel voorstellen als hij vindt dat een medewerker niet waarmaakt wat hij verdient?

Het voorstel voor een aanpassing van de werkgever moet redelijk zijn en omvat vaak een afbouwregeling, waarbij het salaris in stappen over een langere periode wordt teruggebracht.

Geen lager pensioen

Gaat demotie gepaard met versobering van de arbeidsvoorwaarden, dan is dat mogelijk nadelig voor de pensioenaanspraak van de medewerker. Fiscaal is het toegestaan om de pensioenopbouw ook na de demotie te baseren op het oude en dus hogere loon. Deze regeling is mogelijk in de laatste tien jaren voor de ingangsdatum van het pensioen. Dat geldt zowel voor de situatie van functieverlaging, alsook voor de situatie waarbij de medewerker minder uren gaat werken, echter minimaal 50 procent van een fulltimebaan.

INFORMATIEBRONNEN

Boeken

Jongsma, R., *Demotie, het laatste taboe doorbroken*. Vakmedianet, 2014

Verheijen. T. en B. Vermeir, *Remotie. Een stap terug is een stap vooruit*. Wolters Kluwer België, 2012

Artikelen

Leijten, G. en L. de Jong, Demotie bij disfunctioneren, *HR Rendement*, nr. 1, 2015

Leupen, J. en S. Olsthoorn, Geef demotie een rol in langer gezond werken, *FD*, 14 april 2015

Redactie *HR Rendement*, Moet werknemer een demotie accepteren?, 25 april 2017

Visser, M., M. Gesthuizen, G. Kraaykamp en Maarten. H. J. Wolbers, Neerwaartse beroepsmobiliteit en arbeidsduurvermindering onder ouderen, *Tijdschrift voor Arbeidsvraagstukken*, 2017

Rapport

Doorwerken en gezondheid, *Raad voor de gezondheid*, 2015

AFSLUITING DEEL 2

HET (ZELF LATEN) STUREN VAN PRESTATIES EN ONTWIKKELEN VAN MEDEWERKERS

Oud of nieuw beoordelen? Onveranderd blijft dat een systeem, portals, formulieren, apps, et cetera middelen zijn en geen doelen. Het gaat erom hoe leidinggevenden en medewerkers ze inzetten om goed presteren, persoonlijke- en professionele ontwikkeling, leren en werkplezier hand in hand te laten gaan. De 'sterke punten'-benadering, een continue dialoog, dienend leiderschap, medewerkers die verantwoordelijk zijn voor de eigen prestaties en ontwikkeling, een leerklimaat met LEF, werkgeluk en de *growth-mindset* zijn zeven van de vele ingrediënten van 'Het Nieuwe Beoordelen'. Met deze ingrediënten kunnen systematieken ontwikkeld worden die passen bij (de ontwikkelingsfase van) de organisatie, haar gesprekkencultuur, de stijl van leidinggeven en het verantwoordelijkheidsbesef van medewerkers voor de eigen prestaties en ontwikkeling. Het nut en de noodzaak om prestaties van medewerkers en hun ontwikkeling te bespreken is dus gebleven en dat geldt dan ook voor de gesprekken hierover. Maar deze gesprekken sluiten aan bij de huidige wijze van (samen) werken en op de wijze waarop medewerkers aangestuurd willen worden. Geen rituele beoordelingsdansen meer, maar echte dialogen die bijdragen aan het met plezier lerend presteren bij medewerkers. Meer over de andere wijze van gesprekken voeren vindt u in het boek *Het Nieuwe Beoordelen, focus op talenten.*

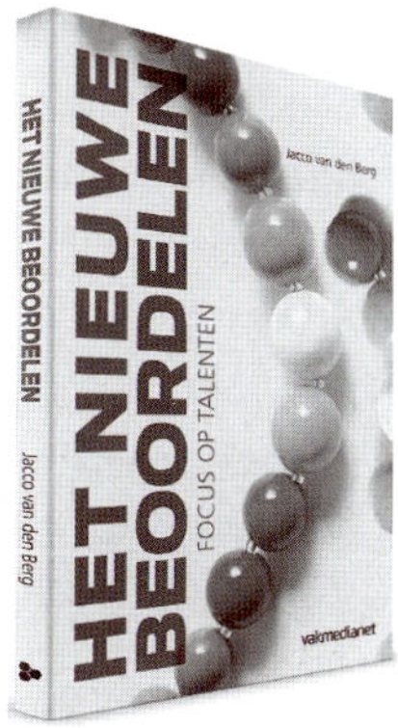

Op de cover van het boek staat een kralensnoer. Een snoer en geen ketting, een ketting is namelijk rond. Want laten prestaties en ontwikkeling van medewerkers zich plannen in een beoordelingscyclus (planning-, voorgangs- en beoordelingsgesprek) van precies een jaar? Is het niet de praktijk dat medewerkers bijvoorbeeld drie projecten per jaar hebben of juist één project van drie jaar? Is het dan ook niet waardevoller om het gesprekkenritme op de praktijk en behoeften af te stemmen? Dat kan met een snoer zonder einde. Een snoer als metafoor voor de prestaties en ontwikkeling waar continu kralen aan geregen worden.

Steeds meer organisaties die 'Het Nieuwe Beoordelen' omarmen, werken het idee achter een kralensnoer uit. Zij zien de eerste kraal als een soort planningsgesprek waarin werkafspraken over de prestaties en ontwikkeling van medewerkers worden gemaakt. De volgende kralen worden naar het inzicht van medewerkers zelf 'geregen'. Voorbeelden hiervan zijn: zelfreflecties, belangrijke milestones van projecten en feedbackgesprekken met collega's, klanten en/of een projectleider. De vaste kralen zijn bijvoorbeeld wat leidinggevenden en medewerkers hierover afspreken, de tweewekelijkse gesprekken over de voortgang van de werkafspraken. De andere kralen kunnen themagesprekken zijn over vitaliteit, loopbaan en werkplezier. Eén van die kralen kan ook een beoordeling (misschien is waardering een beter woord) zijn. Na deze eindevaluatie volgt een nieuwe doelstellingenkraal.

In 'Het Nieuwe Beoordelen' is de werkrelatie meer evenwaardig, in evenwicht en gelijkwaardig geworden. De in beton gegoten systeemafspraken uit cao's en beoordelingsreglementen maken plaats voor verschillende contactmomenten over *met plezier lerend* presteren. Wat ook de namen van de gesprekken mogen zijn of worden (Het Goede Gesprek, Een Continue Dialoog), waar het in wezen om gaat is dat medewerkers met plezier presteren én zich ontwikkelen én dat de schoorsteen van de organisatie rookt, nu en in de toekomst. Hier met medewerkers over in gesprek gaan, blijft. De functionerings-, POP- en/of beoordelingsgesprekken worden dus niet afgeschaft, de namen van deze gesprekken en de insteek is anders (geworden).

DEEL 3 UITSTROOM: GOED AFSCHEID NEMEN EN LEREN VAN VERTREKKENDE MEDEWERKERS

De medewerkersreis eindigt op de laatste werkdag, maar dan begint de reis van de 'oud medewerker'. Afhankelijk van de vertrekreden is het streven de medewerker met een glimlach en door de voordeur te laten vertrekken en ervoor te zorgen dat hij in zijn netwerk lovend praat (exitgesprek als instrument van arbeidsmarktcommunicatie) over de organisatie. Wellicht kruisen de wegen zich in de toekomst en een goed exitgesprek draagt daaraan bij. Ook kan de informatie gebruikt worden om de selectiecriteria aan te scherpen, het inwerk- en ontwikkelprogramma te verbeteren en/of andere vertrekredenen weg te nemen. Hiermee kan het ongewenste verloop ingedamd worden.

13 HET EXITGESPREK

Jacco van den Berg

Het is als dweilen met de kraan open wanneer met moeite aangetrokken medewerkers kort na hun indiensttreding door de achterdeur de organisatie verlaten. Dit ongewenste verloop kan door organisaties beperkt worden door medewerkers bijvoorbeeld ontwikkelruimte, -tijd en -budget te geven. Verder zetten organisaties de uitkomsten van medewerkersbetrokkenheidsonderzoeken om in acties die het werkplezier van hun medewerkers verder vergroten. Een andere bron van informatie om het ongewenste verloop verder in te dammen, is het exitgesprek. Een exitgesprek draagt niet alleen bij aan een fatsoenlijke afsluiting van een dienstverband, het levert vaak ook waardevolle informatie op over de redenen van een vertrek. Hierdoor kunnen maatregelen genomen worden om de vertrekredenen (bronnen van onvrede) voor andere medewerkers weg te nemen. De kosten van het ongewenste personeelsverloop zullen dalen en negatieve publiciteit over de organisatie op sociale media wordt wellicht voorkomen als de vertrekkende medewerker de gelegenheid krijgt om zijn hart te luchten. Hij kan zelfs een ambassadeur op de arbeidsmarkt worden als hij ziet dat zijn eerlijkheid over zijn vertrekredenen tot acties leiden om deze redenen weg te nemen. Beter laat dan nooit, zal hij denken.

E. Tienne kwam na een gesprek met zijn directeur van LB BV altijd uithuilen bij de dames van het secretariaat. "Ik ga weg, ik kan niet er niet meer tegen", jammerde hij dan. Hij werd altijd liefdevol door de dames getroost die wel meteen zeiden dat ze niet begrepen dat hij hier nog werkte. Tienne raapte al zijn moed bijeen en diende zijn ontslag in. Kort daarna had hij een exitgesprek met LB, de directeur die hij al jarenlang vervloekte.

Dit hoofdstuk geeft antwoord op de volgende vragen:
- Wat zijn de opbrengsten van een exitgesprek?
- Wat is een stay-interview?
- Wat wordt er in een exitgesprek besproken?

13.1 DE VOORBEREIDING OP EEN EXITGESPREK

Een exitgesprek wordt gevoerd met medewerkers die op het punt staan te vertrekken. Met hun input kan voorkomen worden dat er nog meer medewerkers het voor gezien houden. Hoewel een bepaald percentage verloop gewenst (vers bloed en nieuwe ideeën) is, is een te hoog percentage niet wenselijk. Met het vertrek van een medewerker vertrekken immers ook zijn kennis, ervaring en persoonlijke contacten. Niet ingeloste verwachtingen met betrekking tot de loopbaan, niet of onvoldoende kunnen toepassen van kennis, te hoge werkdruk, te lange reisafstand of een gebrek aan kinderopvang zijn voorbeelden van redenen waarom medewerkers hun heil elders zoeken. De informatie uit exitgesprekken kan gebruikt worden om:
- bronnen van onvrede aan te pakken;
- selectiecriteria bij te stellen;
- het inwerkprogramma te verbeteren;
- de stijl van leidinggeven aan te passen.

Omdat de vertrekkende medewerker 'weinig te verliezen heeft', stelt deze zich tijdens het gesprek over het algemeen makkelijker op dan anders het geval is. Dit is dan ook de reden dat deze gesprekken vaak waardevolle informatie opleveren over bronnen van onrust, irritatie, niet ingeloste verwachtingen, et cetera. Een exitgesprek is vrijwillig. Als het gesprek verplicht is, is de kans groot dat de informatie fors gekleurd is of niet op waarheid berust. Als deze lijn wordt doorgetrokken, betekent dat ook dat de vertrekkende medewerker kan weigeren bepaalde vragen te beantwoorden.

Wie, wat en wanneer?

Om de verkregen informatie structureel te kunnen gebruiken, is een gestandaardiseerd interview volgens een vastgestelde agenda noodzakelijk. De meest aangewezen persoon om dit soort gesprekken te voeren, is een neutrale persoon. Dit kan de HR-professional zijn maar ook een vertrouwenspersoon of een leidinggevende van een andere afdeling. Belangrijk is de neutraliteit van deze professional. Meer hierover in paragraaf 13.3.

Het exitgesprek vindt plaats in de laatste week voor het vertrek. De leidinggevende van de vertrekkende medewerker is natuurlijk nieuwsgierig naar de inhoud van het gesprek. De informatie uit het gesprek is echter waardevoller en eerlijker als de medewerker in kwestie weet dat pikante informatie na zijn vertrek met belanghebbenden wordt gedeeld en niet tijdens zijn opzegtermijn. Voorkomen dient te worden dat de medewerker in zijn laatste week gestraft wordt voor zijn eerlijkheid en bijvoorbeeld door zijn leidinggevende het leven zuur wordt gemaakt. Ook is de afspraak dat in vertrouwen overgebrachte informatie niet wordt doorgegeven. Geef de medewerker ook de gelegenheid om het interviewverslag na te lezen en te checken of de informatie goed geïnterpreteerd en verwoord is.

Tip: Geef een getuigschrift mee!

Als de medewerker erom vraagt, krijgt hij natuurlijk een getuigschrift. Organisaties zijn hiertoe verplicht en dienen aan te geven in welke periode de medewerker actief was en welke functie(s) hij heeft vervuld. Meer hoeft niet. Maar bij tevredenheid over het functioneren, de samenwerking, de collegialiteit, de inzet en het enthousiasme, kan dit vermeld worden in het getuigschrift. De medewerker zal verguld zijn met de lovende passages over zijn functioneren in het getuigschrift en wellicht als ex-medewerker een ambassadeur voor de organisatie worden.

Draagvlak

Het is belangrijk draagvlak bij leidinggevenden en medewerkers te creëren voor het exitgesprek. De leidinggevende moet duidelijk worden gemaakt waarom niet hij, maar een ander het gesprek voert. De reden hiervoor is het verkrijgen van meer en meer objectieve informatie en zeker niet het uitreiken van een brevet van onvermogen richting de leidinggevende. Ook de medewerker zelf dient over het hoe, wat en waarom van de exitgesprekken geïnformeerd te worden. Als hij weet waarvoor de informatie wordt gebruikt, hoe deze wordt geanonimiseerd en wie zijn ontboezemingen allemaal leest, is hij eerder geneigd te gaan vertellen dan wanneer hij dit allemaal niet weet.

13.2 HET VOEREN VAN EEN EXITGESPREK

Tijdens het exitgesprek staan de volgende vragen centraal:

- Hoe heeft de medewerker zijn tijd bij de organisatie ervaren?
- Welke zaken kunnen verbeterd worden?
- Wat is de reden van vertrek?

Het is de uitdaging om de vertrekkende medewerker vrij over de redenen van zijn vertrek te laten praten, zonder in een welles-nietesdiscussie te verzanden. Onderwerpen die aan bod kunnen komen zijn:

- arbeidsinhoud (takenpakket, variatie werkzaamheden)
- arbeidsomstandigheden (lawaai op de werkvloer, werkdruk)
- arbeidsverhoudingen (samenwerking met leidinggevende en collega's)
- arbeidsvoorwaarden (werktijden, primaire, secundaire en tertiaire arbeidsvoorwaarden)
- arbeidssfeer (plezier in het werk)

In een gestandaardiseerd exitgesprek wordt aan iedere medewerker dezelfde vragen gesteld. Deze aanpak geeft inzicht (in trends) in vertrekredenen. In de bijlage van dit hoofdstuk is een voorbeeld van zo'n checklist opgenomen.

De opbouw van het gesprek

Het exitgesprek begint met een kop koffie en een praatje over koetjes en kalfjes. Het is belangrijk dat de vertrekkende medewerker zich op zijn gemak voelt. Vervolgens geeft de neutrale gespreksleider de structuur aan:

- het doel van het gesprek
- wat er met de informatie gebeurt (met wie de informatie wordt gedeeld)
- hoelang de verstrekte informatie bewaard blijft
- dat alles wat de medewerker vertelt vertrouwelijk is
- hoelang het gesprek ongeveer gaat duren

Als het bovenstaande voor de medewerker helder is, is de kans groter dat hij het achterste van zijn tong laat zien waardoor de informatie over zijn redenen voor vertrek waardevoller wordt.

Vrije gedeelte van het gesprek

In het eerste gedeelte van het exitgesprek is het de uitdaging om de medewerker op zijn praatstoel te krijgen en hem in alle rust en openheid te laten vertellen over de redenen van het vertrek. In dit vrije gedeelte van het interview start de gespreksleider met de open vraag: 'wat zijn de redenen van uw vertrek?'. De checklist wordt dus niet gebruikt als een lijst met vragen die aan de vertrekkende medewerker wordt voorgelegd. Het is juist de medewerker zelf die bepaalt wanneer en hoe diep de onderwerpen aan bod komen. Deze fase eindigt met de vraag: 'zijn er nog andere redenen waarom u weggaat?'. Als de medewerker dan zegt dat hij alles heeft verteld, pakt de interviewer de lijst en stelt de vragen die nog niet aan bod gekomen zijn (het *gesloten gedeelte van het gesprek*). De vragen uit de checklist worden doorlopen en in de rapportage is het belangrijk te melden dat het hier antwoorden betreft uit het gesloten gedeelte van het gesprek. De waarde van deze antwoorden hebben een ander gewicht dan de antwoorden uit het vrije gedeelte.

Tip: Wie goed doet, goed ontmoet!

Probeer een afscheid met een exitgesprek in te luiden. Een laatste vraag zou bijvoorbeeld kunnen zijn: 'waar denkt u positief aan terug?'. Goed afscheid nemen van een medewerker is belangrijk, helemaal wanneer het iemand is van wie het vertrek wordt betreurd. Zorg ervoor dat deze medewerker weet dat zijn inzet is gewaardeerd, spreek die waardering uit en verras hem met een afscheidsborrel en/of cadeau. Immers, 'wie goed doet, goed ontmoet'.

Groot was de verbazing toen een maand na zijn vertrek LB tijdens een lunch vertelde dat Tienne was vertrokken omdat de uitdaging in zijn werk ontbrak. De medewerkers lachten besmuikt. Of de directeur sprak niet helemaal de waarheid over wat hij had gehoord. Of Tienne, een met alle winden meewaai-ende allemansvriend die altijd van alles wilde maar als puntje bij paaltje kwam nooit iets voor elkaar kreeg, had zoals zo vaak weer niet de waarheid tegen LB verteld en om de hete brij heen gedraaid. Een aantal maanden na zijn vertrek zat Tienne tijdens een diner naast zijn andere directeur. Zij voerden een soort post-exitinterview en toen kwam de aap uit de mouw. Tienne biechtte zijn hele verhaal op en vond dat LB hem altijd afkraakte en hem te dicht op de huid zat. Ook vond hij LB altijd te pessimistisch. "Bij mij is de fles half vol en niet half leeg", zei hij nippend aan zijn Italiaanse wijntje. "En met jou kan ik tenminste praten en met LB is mij dat nooit gelukt."

De lessen:

- Laat nooit een direct leidinggevende de exitgesprekken voeren.
- Voer een post-exitinterview (zie paragraaf 13.3) om de consistentie in het verhaal te toetsen.

13.3 VEELGESTELDE VRAGEN OVER EEN EXITGESPREK

Vraag 1 Is een exitgesprek een renderende investering?

Een cijfervoorbeeld

Een middelgrote organisatie kent veel personeelsverloop en houdt zo'n vijftig exitgesprekken per jaar. Uitgaande van 1.000 euro kosten voor een gesprek, bedragen de jaarkosten 50.000 euro. De schattingen over gemiddelde vertrekkosten, dat wil zeggen van het moment dat iemand opzegt tot het moment dat zijn leidinggevende diep ademhaalt en zegt dat de nieuweling weer redelijk op eigen benen kan staan, lopen tussen de 15.000 en 75.000 euro. Als het gemiddelde wordt genomen, bedragen de vertrekkosten 45.000 euro.

De uit deze exitgesprekken verkregen informatie wordt in beleid omgezet dat een veel genoemde vertrekreden wegneemt waardoor het vroegtijdige en ongewenste verloop van medewerkers wordt tegengegaan. Stel nu dat er één medewerker is die, door een beleidsaanpassing, besluit om de organisatie niet te verlaten, dan speelt de organisatie gemiddeld bezien al quitte. Blijven er twee of meerdere medewerkers bij de organisatie, dan stijgt het Rendement Op Investering (ROI) van het exitgesprek. Dit rendement is waarschijnlijk nog hoger omdat, door de beleidsverandering, het werkklimaat voor de zittende medewerkers beter wordt en zij dus productiever worden. Kortom, het voeren van exitgesprekken loont financieel. Natuurlijk zijn er kosten verbonden aan het aanpassen van het beleid om ongewenst vertrek tegen te gaan en is bij bovengenoemd voorbeeld de hoogte van het salaris bepalend voor de uitkomst van de som, maar het gaat meer om de wijze van denken.

In het e-book *Retentiemanagement – een ROI benadering* legt Lodi Planting, meer uitgebreid dan in bovenstaand voorbeeld, uit hoe het rendement van een exitgesprek berekend kan worden.

Vraag 2 Op welke wijze kunnen exitgesprekken bijdragen aan een goed werkgeversimago?

Naast het binden van talent- en waardevolle medewerkers bewijzen exitgesprekken ook hun waarde op het gebied van *employer branding.* Zo kan er rancune ontstaan als een vertrekkende medewerker aan zijn lot wordt overgelaten en behandeld wordt alsof hij er al niet meer is. Het is beter een exitgesprek te voeren waarin hij (misschien) zijn hart kan luchten of waarin de goede relatie prettig wordt afgerond. En is het niet zo dat een medewerker die met een goed gevoel afscheid neemt, zich positief uitlaat over de organisatie waarvoor hij gewerkt heeft? Misschien wordt hij wel een goede ambassadeur op de arbeidsmarkt als hij ziet dat bepaalde zaken bij zijn vorige werkgever ten goede zijn gekeerd.

Met de inhoud van exitgesprekken kan de organisatie vertrekredenen wegnemen en dat is een goed signaal naar de 'achterblijvers'. Ook hiermee versterkt de organisatie haar imago op de arbeidsmarkt. Het laat zien dat zij niet alleen kritiek kan verdragen, maar er ook iets mee doet. Dit is meteen een uitnodiging aan de medewerkers eerder de knelpunten te bespreken.

Daarnaast is met een goede afronding van het dienstverband de kans groter dat een medewerker ooit nog een keer terugkeert bij zijn oude werkgever, het zogenoemde boemerangeffect. Win-win, want de medewerker keert met een gerust hart terug naar een werkomgeving die al bekend is en de organisatie krijgt een medewerker terug die elders waardevolle ervaringen heeft opgedaan.

Vraag 3 Wat is een stay-interview?

Niet iedereen is overtuigd van het nut van exitinterviews. Zo gelooft Jacque Vilet niet dat vertrekkende medewerkers zinvolle of nuttige antwoorden geven en het achterste van hun tong laten zien. Het laatste wat zij willen is hun professionele relatie op het spel zetten. Volgens Vilet kijken zij wel uit om zich kritisch uit te laten over relaties waarvan zij in de toekomst misschien weer afhankelijk zijn. "Vertrekkers blazen geen bruggen op en voeren makkelijke en voor de hand liggende redenen aan voor hun vertrek. Bijvoorbeeld dat ze bij hun nieuwe werkgever meer geld kunnen verdienen", aldus Vilet.

Zij ziet daarom meer in een 'stay-interview' waarin medewerkers ongedwongen vragen beantwoorden als:

- Wat zijn de redenen dat jij nog steeds voor ons werkt?
- Als je door een headhunter benaderd bent, waarom ging je dan niet op zijn voorstel in?
- Welke zaken vind je in jouw werk het meeste attractief?
- Als wij als organisatie dingen beter kunnen doen, welke zaken betreffen het dan?

Stay-interviews leveren waardevolle informatie op en wel van medewerkers die nog voor je actief zijn. Vilet hierover:

> *"It's easier to identify good things and make them better than identifying bad things after-the-fact when no one cares."*

De inhoud van stay-interviews kan gebruikt worden om 'welgevallige' aspecten van een functie verder te verrijken en zo het werkplezier van medewerkers verder te vergroten. Een volgende stap is om dit aan de arbeidsmarkt te communiceren (employer branding). En met de aangescherpte selectiecriteria wordt voorkomen dat met moeite aangetrokken medewerkers na aan aantal maanden teleurgesteld vertrekken omdat voorgehouden verwachtingen (totaal) niet worden ingelost. Verder kunnen de antwoorden op de eerste bullet gebruikt worden voor een wervende vacaturetekst en in een wervend selectiegesprek.

Als exitgesprekken en stay-interviews bijdragen aan het terugdringen van het ongewenste verloop, dan voer je toch beide gesprekken?!

Vraag 4 Wat zijn, in het kader van herhaald werkgeverschap, de voordelen van een groots afscheid?

In een aantal marktsectoren bedraagt het gemiddeld aantal dienstjaren bij medewerkers onder de dertig, twee tot drie jaar. Dit betekent dat er een grote kans bestaat op een herhaald werkgeverschap. Medewerkers zullen bij dezelfde werkgever meerdere keren in- en uittreden en de voordelen hiervan zijn; hun snelle inzetbaarheid en het hebben van een goed netwerk met de klanten en de collega's van de organisatie. Ook hoeft de medewerker niet ingewerkt ('onboarding'-proces) te worden zoals dat gebeurt bij echte nieuwkomers en dat bespaart de organisatie kosten en levert tijd op.

Als het exittraject (het 'offboarding'-proces) een administratief en onpersoonlijk exercitie (een rituele dans dus) is waarin de nadruk ligt op het overdragen van werkzaamheden en het inleveren van het mobieltje, de laptop en de leaseauto, is het maar de vraag of de medewerker met een goed en warm gevoel op deze werkperiode terugblikt. Omdat ook bij een vertrek vaak de laatste indruk bepalend is, zouden organisaties meer tijd en aandacht kunnen besteden aan het 'offboarding'-proces. Een mooi, persoonlijk afscheid vergroot de kans op herhaald werkgeverschap met alle genoemde voordelen. Niet minder belangrijk is de reputatie van de organisatie op de steeds krapper wordende arbeidsmarkt. Goede ambassadeurs dragen bij aan het creëren en behouden van een positief imago op de arbeidsmarkt. Tegelijkertijd vermindert zo de behoefte aan en afhankelijkheid van arbeidsmarktcommunicatie en dalen de bijhorende kosten.

Vraag 5 Wat is een post-exitgesprek?

Steeds meer organisaties voeren een zogenoemd post-exitgesprek. Dit is een interview met een, inmiddels, ex-medewerker. Deze ontvangt een half jaar na zijn vertrek een brief waarin hij wordt uitgenodigd voor een interview op een locatie die hijzelf mag uitkiezen. De reden voor een post-exitgesprek is dat de vertrokken medewerker in het exitgesprek wellicht nog onvoldoende afstand had genomen of nog te emotioneel verbonden was met de organisatie en daardoor met gekleurde informatie kwam. Dan kan het gebeuren dat er een vertekend beeld ontstaat van de redenen van het vertrek, waardoor de waarde van het gesprek afneemt. De onderwerpen die besproken worden zijn hetzelfde als die van het exitgesprek, alleen zijn de vragen vaak doorspekt met 'als u terugkijkt naar ...'. Om te voorkomen dat de ex-medewerker neigt de antwoorden van destijds te herhalen (om bijvoorbeeld consequent over te komen) is het beter een andere medewerker dan die van het exitgesprek, het post-exitgesprek af te laten nemen.

Ervaringen met post-exitinterviews leren dat er nogal wat antwoorden komen die niet stroken met de reacties die in het exitinterview zijn gegeven. Een vertrokken medewerker kijkt na een half jaar vaak anders, meer genuanceerder, tegen zaken aan. Juist dat laatste is de toegevoegde waarde van het post-exitinterview. Met de 'echte' antwoorden kan de organisatie nog meer leren over wat zij kan verbeteren aan haar HR-beleid, waaronder het aanscherpen van de selectiecriteria.

De voordelen van het post-exitgesprek:

- checken van het verhaal op consistentie
- verkrijgen van nog meer (eerlijke) informatie
- aanhalen van oude contacten en een vorm van rekruteren ('wie goed doet, goed ontmoet')

Vraag 6 Wat zijn do's and don'ts van een exitgesprek?

Wel doen

Door een neutraal persoon

Een exitinterview levert meer waardevolle informatie op als het door een neutrale collega wordt afgenomen en niet door een directe collega of de leidinggevende van de vertrekker. Het is immers nog maar de vraag of de vertrekker aan zijn leidinggevende vertelt dat *hij* de voornaamste reden is van het vertrek. En als hij dat wel durft, of de leidinggevende dit wel eerlijk communiceert naar bijvoorbeeld de afdeling HR of andere belanghebbenden. Die kans is niet groot. Verder is een medewerker eerlijker tegen een neutrale collega dan tegen zijn leidinggevende. Ook hij geeft zijn leidinggevende niet graag persoonlijk nog een trap na.

Plan tijdig

Door het opnemen van een batterij aan vakantiedagen laat een afspraak zich niet altijd makkelijk in de laatste werkweek plannen. Zet dus ruim van tevoren de datum voor een exitgesprek in de agenda.

Probeer altijd positief af te sluiten

Het kan zijn dat een dienstverband niet zo rooskleurig is verlopen of dat alleen de negatieve aspecten overheersen. Toch is het belangrijk om te proberen positief af te sluiten omdat ook ex-medewerkers een visitekaartje van de organisatie zijn. Als zij positief zijn over de organisatie dan is dat gratis promotie! Sluit het gesprek goed af door de medewerker te bedanken voor het gesprek, zijn inzet gedurende het dienstverband en overhandig eventueel nog een bedankje in de vorm van een presentje of aandenken aan het bedrijf.

Vraag door

Vraag door en wees constant nieuwsgierig. Nieuwsgierig gedrag voorkomt het doen van aannames die misschien helemaal niet kloppen. Gebruik hiervoor in alle gesprekken het ezelsbruggetje NIVEA. Dit staat voor: Niet Invullen Voor Een Ander.

Niet doen

Niet voor beoordeling

Gebruik nooit de gegevens uit exitgesprekken bij de beoordeling van andere medewerkers. Het waardevolle instrument wordt dan gewantrouwd en degenen die later geïnterviewd worden, worden terughoudender. Een gemiste kans om achter de redenen van het vertrek te komen. Ook is het ethisch niet juist. Houd dus wat in vertrouwen is gezegd, vertrouwelijk.

Niet bij ontslag

Wanneer er sprake is van ontslag, is het minder gebruikelijk om een exitgesprek te voeren. Hoewel ook in dat geval waardevolle informatie naar boven kan komen.

Weg is weg

Het doel mag nooit zijn medewerkers alsnog te overtuigen om te blijven en hun vertrek terug te draaien. Het doel is het ongewenste verloop zo laag mogelijk te houden.

Toon geen boosheid

Laat geen boosheid blijken over het vertrek van een (waardevolle) medewerker. Het lucht misschien op, maar op de lange termijn is het beter om met een glimlach van elkaar afscheid te nemen. Hoe moeilijk dat misschien ook is, bedank vertrekkende medewerkers voor hun bijdrage aan het bedrijf en wens hen veel succes in hun nieuwe baan. Bedenk altijd dat de wereld klein is en partijen elkaar over en weer kunnen tegenkomen.

Geen dwang

Wanneer een medewerker gedwongen wordt om feedback op zijn leidinggevende en de organisatie te geven, dan zal hij niet alles vertellen en bij wat hij vertelt, kunnen vraagtekens gezet worden. Het is juist belangrijk een open en ontspannen sfeer te creëren, waarin medewerkers alles vertellen over waar zij tegenaan zijn gelopen en waarover zij juist zeer te spreken zijn.

INFORMATIEBRONNEN

Boeken

Planting, L., *Retentiemanagement, een ROI-benadering*. Retentie-management.com (e-book), 2013

Wijchers, L., J. van den Berg en A. Stel, *Handboek Werving en Selectie*. Vakmedianet, 2018

Artikelen

Luijkx, S., UMCG in Groningen geeft bindingspremies van 5000 euro, *Xpert HR actueel*, 27 september 2018

Shikma, I., Investeer in vertrekkers, *PW De Gids*, 2015

Blog

Berg, J. van den, Wordt het een exitgesprek? Of een stay-interview?, Over duurzame inzetbaarheid, 2015

CHECKLIST EXITGESPREK

Arbeidsinhoud		
1.	Waren jouw taken (te) makkelijk of (te) moeilijk?	moeilijk – prima – makkelijk
2.	Waardoor kwam dat?	....
3.	Waren jouw taken stressvol?	nooit – soms – vaak
4.	Hoe gevarieerd vond je de werkzaamheden?	slecht – voldoende – goed
5.	Welke verandering of verbetering zou je in de arbeidsinhoud wenselijk vinden?	....
Arbeidsomstandigheden		
1.	Hoe was de omgeving waarin je werkte voor wat betreft:	
	* geluid/ lawaai	slecht – voldoende – goed
	* verlichting	slecht – voldoende – goed
	* temperatuur, luchtvochtigheid, mogelijkheid tot ventilatie	slecht – voldoende – goed
2.	Welke verandering of verbetering zou je in de arbeidsomstandigheden wenselijk vinden?	....
Arbeidsverhoudingen		
1.	Hoe was de relatie met jouw directe chef?	slecht – voldoende – goed
2.	Wat vond je van hem?	slecht – voldoende – goed
3.	Hoe was de relatie met jouw collega's?	slecht – voldoende – goed
4.	Hoe was de communicatie/samenwerking binnen jouw afdeling?	slecht – voldoende – goed
5.	Hoe was de communicatie/samenwerking met andere afdelingen?	slecht – voldoende – goed
6.	Bestond er duidelijkheid over taken en verantwoordelijkheden?	slecht – voldoende – goed
7.	Hoe was de begeleiding en ondersteuning?	slecht – voldoende – goed

Arbeidsinhoud		
1.	Wat zou er aan de arbeidsverhoudingen veranderd of verbeterd moeten worden?	....
Arbeidsvoorwaarden		
1.	Wat vond je van de werktijden?	slecht – voldoende – goed
2.	Wat vond je van de primaire arbeidsvoor-waarden?	slecht – voldoende – goed
3.	Wat vond je van de secundaire arbeids-voorwaarden?	slecht – voldoende – goed
4.	Wat vond je van de toekomstperspectie-ven?	slecht – voldoende – goed
5.	Wat zou je willen veranderen of verbeteren met betrekking tot de arbeidsvoorwaar-den?	....
Motieven voor vertrek		
1.	Welke van de volgende motieven spelen een rol bij jouw vertrek: * negatieve kanten van de functie * aantrekkelijkheid van de nieuwe functie * persoonlijke omstandigheden als woon-/ werksituatie, gezondheid	....
2.	Kun je jouw motief toelichten?	....
3.	Wat zijn de verschillen tussen jouw oude en jouw nieuwe functie?	....
4.	Heb je zelf nog iets dat je kwijt zou willen?	....
Positieve afsluiting		
1.	Waaraan denk je met plezier nog eens terug?	....

DEEL 4 ALGEMENE GESPREKSVAARDIGHEDEN

In dit deel komen de overige gesprekken aan bod die binnen de organisatie worden gevoerd: het advies-, conflictoplossend-, onderhandelings-, correctie- en slechtnieuwsgesprek. Deze algemene gespreksvaardigheden komen in tal van situaties binnen de organisatiecontext voor en horen in het gespreksrepertoire van zowel de leidinggevende als de (HR-)adviseur.

14 HET ADVIESGESPREK

Mecheline Klijs

"Een adviseur is iemand die in de positie zit om invloed uit te oefenen op een individu, een groep of een organisatie, maar die geen directe invloed heeft om veranderingen door te voeren of programma's te implementeren."

– Peter Block –

Bron: boek Feilloos adviseren, 2016

Marleen is HR Business Partner bij een middelgroot metaalbedrijf. In haar functie is ze verantwoordelijk voor de HR-ondersteuning van drie managers. Marleen is erg gedreven en wil graag haar klanten zo goed mogelijk ondersteunen en adviseren. In haar praktijk loopt ze aan tegen het feit dat één van de managers telkens haar 'uitstekende adviezen' naast zich neerlegt en toch zijn eigen weg bewandelt. Dit frustreert haar enorm. Waar ligt het toch aan dat een overduidelijk goed advies gewoonweg wordt genegeerd?

Een effectieve adviseur beschikt over specifieke vaardigheden, persoonseigenschappen en kennis om zijn kwalitatief goede adviezen geaccepteerd te krijgen. Dit vraagt om gevoel en inzicht in het adviesproces, het vermogen om een relatie op te bouwen, intensief te kunnen samenwerken en te communiceren en stijlflexibiliteit.

Dit hoofdstuk geeft antwoord op de volgende vragen:

- Welke rol kan de adviseur vervullen tijdens het adviesgesprek?
- Welke gespreksmodellen zijn toepasbaar in een adviesgesprek?
- Uit welke fasen bestaat een adviesgesprek?

14.1 DE VOORBEREIDING OP EEN ADVIESGESPREK

Ken de klant en zijn vraagstuk

In het proces van adviseren spelen de volgende elementen een rol:

- de klant
- het type probleem
- de adviseur
- de omgeving

Zelfs bij een ervaren adviseur komt het voor, dat een kwalitatief goed advies niet wordt overgenomen. Dat hoort erbij, maar iedere zichzelf respecterende adviseur gaat op zoek naar het antwoord op de vraag: 'wat is de reden dat mijn advies niet wordt overgenomen?'. Hij gaat op zoek naar lessen voor de toekomst. Want adviseren is te leren en gaat met vallen en opstaan.

Klant

- *Welke kennis en ervaring heeft de klant?*
  Met een beeld van het kennis- en ervaringsniveau van de klant weet de adviseur in hoeverre de klant aan de hand moet worden genomen bij het beantwoorden van het vraagstuk.

- *Welke persoonlijkheid heeft de klant?*
  Past de persoonlijkheid van de klant bij de adviseur en in hoeverre is er sprake van wederzijdse allergieën? Een inschatting van de persoonskenmerken van de klant geeft aanknopingspunten over hoe de adviseur de samenwerking effectief kan laten verlopen.

- *Wat verwacht de klant dat de adviseur gaat doen?*
  Antwoorden op deze vraag geeft zicht op het adviesgedrag dat de klant verwacht. Als de verwachtingen over en weer niet hetzelfde zijn, dan is dit een onderwerp van het intakegesprek.

- *Hoeveel tijd heeft de klant beschikbaar voor het gesprek?*
  De hoeveelheid tijd die een klant wil reserveren voor een gesprek kan een indicatie geven over het belang dat de klant hecht aan het adviesgesprek. Bijvoorbeeld: is dit slechts 5 minuten voordat een andere belangrijke MT-meeting begint of reserveert de klant ruim 1,5 uur?

- *Welke reden geeft de klant aan om het adviesgesprek te voeren?*
  Met de antwoorden op de onderstaande (voorbeeld)vragen krijgt de adviseur een beeld over hoe de klant 'in het gesprek zit':
  - Hoe hoog is het afbreukrisico voor de klant?
  - Wenst de klant een advies over de toepassing van een bepaalde bedrijfsregeling of wil hij (eerst) verkennend sparren over een wijziging van de organisatiestructuur?

- *Welke tegenwerpingen kan de adviseur verwachten tijdens het gesprek met de klant?*
  Door voorafgaand aan het gesprek na te denken over mogelijke obstakels die de klant in het adviesproces ziet, kan de adviseur zich goed voorbereiden op hoe hij de klant het beste kan benaderen. Dit maakt hem meer zelfverzekerd en professioneler.

Type probleem

- *Waarover wil de klant een gesprek voeren?*
  In zijn vooronderzoek denkt de adviseur na over de antwoorden op vragen als:
  - Waar gaat het vraagstuk over?
  - Wat weet ik over het vraagstuk en waar is aanvullende informatie te vinden?
  - Wie is betrokken?

- *Waar en wanneer gaat het gesprek plaatsvinden?*
  De locatie van een adviesgesprek kan informatie geven over de mate van vertrouwelijkheid van het vraagstuk. Het tijdsbestek waarop een afspraak wordt ingepland geeft informatie over de mate van urgentie van het vraagstuk.

Adviseur

- *Wat heeft de adviseur in de aanbieding?*
  Ieder vraagstuk vraagt om specifieke inhoudelijke kennis en vaardigheden. Heeft de adviseur de kennis in huis om op correcte wijze bij deze klant over dit specifieke vraagstuk te adviseren? Het antwoord op deze vraag geeft inzicht of de klant wel geholpen is met de adviseur of dat de adviseur er beter aan doet de opdracht terug te geven of een collega in te schakelen.

- *Hoe is de samenwerkingsrelatie tussen de adviseur en de klant?*
  De kwaliteit van de adviesrelatie neemt toe als een adviseur en de klant frequent(er) overleg voeren en intensiever samenwerken.

- *In welke mate heeft de adviseur een vertrouwensrelatie met de klant?*
  Een 'meer vertrouwde' werkrelatie tussen klant en adviseur vergroot de kwaliteit en de acceptatie van het advies.

- *Welke vaardigheden en persoonseigenschappen bevorderen de adviesrelatie?*
  Voor een goede adviesrelatie is het van belang dat de adviseur weloverwogen woorden en zinnen kiest die passen bij de klant. Met zijn analytisch vermogen doorgrond hij snel en op de juiste wijze het vraagstuk van de klant.

  Volgens Hulsbos (2009) zijn dit de persoonseigenschappen:
  - rust
  - oprechtheid
  - positieve insteek
  - integriteit
  - eerlijkheid

- *Wat wil de adviseur van de klant?*
  Wat zijn de eisen en wensen van de adviseur? Kan en wil de adviseur wel voldoen aan de vraag van de klant en zijn de randvoorwaarden als tijd, geld en mandaat geregeld? Biedt het vraagstuk van de klant wel voldoende uitdaging voor de adviseur? De antwoorden op deze vragen geven de adviseur een beeld van de mogelijke belemmeringen en valkuilen van deze adviesvraag.

Omgeving

- *Wie zijn bij het gesprek aanwezig?*
  Het antwoord op deze vraag geeft inzicht in de breedte en de belangrijkheid van het vraagstuk. Wie heeft raakvlakken met en is betrokken bij het vraagstuk? Interessant hierbij is ook de vraag wie, tegen de verwachting van de adviseur in, niet bij het gesprek aanwezig is.

- *Welke invloed heeft de organisatiecultuur?*
  Een organisatiecultuur is van invloed op het adviesgedrag van een adviseur. Zo kan bijvoorbeeld in een no-nonsense cultuur een mooi ingekleed en beeldend geschreven advies van twintig pagina's helemaal verkeerd vallen.

- *Hoe ziet het 'speelveld' rond de klant en het vraagstuk eruit?*
  De adviseur doet er goed aan zich te verdiepen in zowel de formele alsook de informele netwerken rondom de klant en het vraagstuk. Deze netwerken geven overzicht van het krachtenveld dat van invloed is op het adviesvraagstuk en geven de adviseur aanknopingspunten om zo goed mogelijk te adviseren. Een hulpmiddel om inzicht te krijgen in deze formele en informele netwerken is het uitvoeren van een stakeholderanalyse.

Speelveld

Bron: www.jaapboonstra.nl

De antwoorden op voorgaande vragen geven de adviseur een beeld van de klant, het probleem, de context van het probleem en de omgeving. Ze geven bovendien inzicht in de adviesrol die van de adviseur verwacht wordt.

Stakeholderanalyse

Het doel van het maken van een stakeholderanalyse (ook wel actorenanalyse genoemd) is het snel overzichtelijk maken van het krachtenveld dat van invloed is op het adviesvraagstuk. In het krachtenveld krijgen de actoren en/of stakeholders een plaats. Hun betrokkenheid, de mate van invloed en hoe de onderlinge relaties zijn, worden hierin zichtbaar.

De stappen van een stakeholderanalyse

Stap 1

Maak een lijst van de belangrijkste interne en externe spelers die betrokken zijn bij het vraagstuk. Neem hiervoor personen 'van vlees en bloed', geen 'algemene functieaanduidingen' zoals 'productiemedewerkers' of 'inkopers'. De adviseur is zelf ook één van de spelers.

Stap 2

Geef van elke speler aan wat zijn functie is en wat de basishouding is ten opzichte van het adviesvraagstuk. Maak hierbij gebruik van de volgende kleuren:

- groen (positief)
- blauw (neutraal)
- rood (negatief)

Om hier inzicht in te krijgen kan de volgende vraag gesteld worden: 'zal deze persoon zich extra gaan inzetten als het adviesvraagstuk spannend gaat worden of hoopt deze persoon dat het vraagstuk een stille dood sterft?'.

Stap 3

Teken een grote cirkel en geef alle spelers een plek in het krachtenveld. Zet spelers die 'logisch bij elkaar horen' ook in hetzelfde segment van de cirkel. Het vraagstuk en de klant vormen het centrale middelpunt. De plaats in de cirkel wordt verder bepaald door:

Betrokkenheid

Hoe hoger de betrokkenheid van de speler, hoe dichter deze bij het middelpunt van de cirkel staat. Betrokkenheid wordt bepaald door de energie en de tijd die iemand in het vraagstuk stopt. Let op: Als een persoon veel tijd investeert in weerstand bieden en tegenwerken, dan is er sprake van een hoge betrokkenheid!

Invloed

Hoe hoger de invloed/macht van iemand op het vraagstuk, hoe dikker de lijn die hem met het middelpunt van de cirkel verbindt. Invloed/macht is dus wat anders dan betrokkenheid. Iemand kan slechts één uur in de maand besteden aan het vraagstuk maar wel de macht bezitten om het vraagstuk om zeep helpen. Dat plaatst hem of haar dus aan de buitenrand van de cirkel, maar met een dikke verbinding met het middelpunt.

Stap 4

Als alle spelers een plaats hebben, worden de volgende vragen beantwoord:

- Wat valt op?
- Welke spelers vormen een risico voor het vraagstuk?
- Welke spelers helpen mee?

Geef vervolgens de belangrijkste relaties aan tussen de spelers:

- vriendschappelijk en versterkend (groen)
- neutraal en strikt zakelijk (blauw)
- verstoord of vijandig (rood)

Conclusie

Na het maken van de schematische weergave is het trekken van conclusies belangrijk. Hierbij kunnen de volgende vragen worden gesteld:

- Wat valt je op?
- Waar en bij wie zit de tegenstand bij het vraagstuk?
- Waar en bij wie zitten de medestanders in het vraagstuk?
- Wat moet verder worden uitgezocht?

Bepaal tot slot welke personen voor het vraagstuk het meest belangrijk zijn om te beïnvloeden en bepaal hoe dit moet gaan gebeuren.

Welke rollen kan de adviseur aannemen?

In een adviesgesprek kan de adviseur verschillende rollen vervullen. Edgar Schein (1999) onderscheidt drie wijzen waarop een adviseur met de klant kan samenwerken. Deze rollen zijn:

- Rol 1: handlanger- of uitvoerderrol
- Rol 2: expertrol
- Rol 3: partnerrol

Rol 1: handlanger- of uitvoerderrol

De handlanger- of uitvoerderrol is een rol waarbij de adviseur de werkzaamheden in opdracht van de klant uitvoert. De klant heeft voldoende kennis en ervaring over het vraagstuk. De probleemanalyse, het bedenken van alternatieven en de keuze voor een oplossing zijn trajecten die door de klant zelfstandig uitgevoerd kunnen worden. De klant is eindverantwoordelijk voor het gehele traject. Een voorbeeld van een dergelijk advies is het opstellen van een vacaturetekst voor een nieuwe functie.

'Wat moet ik doen als adviseur?'

Rol 2: expertrol

In de expertrol beschikt de adviseur over alle relevante kennis, ervaring en vaardigheid om het vraagstuk van de klant te beantwoorden. Hij analyseert het probleem, bedenkt zelf oplossingen en maakt een keuze voor het beste alternatief. De adviseur beschikt over *die* specialistische kennis waar de klant behoefte aan heeft en zet deze in het adviesproces op de juiste wijze in. De klant kijkt bij dit soort adviestrajecten min of meer passief toe. Een voorbeeld hiervan is het opleggen van een 'juridisch doorspekte' disciplinaire maatregel.

'Wat moet u als klant doen?'

Rol 3: partnerrol

De adviseur in een partnerrol stuurt sterk op samenwerking met de klant. De specialistische kennis van de adviseur wordt gecombineerd met de kennis en ervaring van de klant. Samen met de klant wordt het probleem verkend, worden alternatieven afgewogen en een keuze gemaakt voor een oplossing. Het oplossen van het vraagstuk is dus een gezamenlijke actie. Een voorbeeld hiervan is het gezamenlijk bedenken van een nieuw inrichtingsplan van een afdeling waarbij medewerkers een nieuwe functie krijgen.

'Hoe kunnen wij samen dit probleem oppakken?'

Taakvolwassenheid van de klant en de adviseur

De keuze voor een type rol is afhankelijk van het vraagstuk, de expertise en voorkeur van de adviseur en de voorkeur en ervaring van de klant. Ook de taakvolwassenheid van de klant en de adviseur is bepalend bij de keuze van de meest effectieve rol.

Taakvolwassenheid is de mate waarin de adviseur of de klant bereid en in staat is om de verlangde taak zelfstandig uit te voeren. Er is geen sprake van goed of fout bij een bepaalde rol. Afhankelijk van de situatie kan een rol meer of minder passend zijn. Een goede adviseur is in staat om op het juiste moment te wisselen tussen de verschillende rollen. In de praktijk heeft iedere adviseur één of meerdere voorkeursrol(len).

Om te achterhalen wat de eigen voorkeursrol is, is een reflectie op de eigen adviespraktijk nodig.

Onderstaande vragen zijn behulpzaam om dit te achterhalen:
- Wie voert de analyse uit?
- Wie heeft de inhoudelijke kennis?
- Wie heeft de eindverantwoordelijkheid?
- Wie is betrokken bij de analysefase?
- Wie bedenkt de alternatieven?
- Wie bedenkt de oplossing?
- Wie verzorgt de eindpresentatie van de oplossing?
- Wie geeft de instructie om een gespecificeerde opdracht uit te voeren?

14.2 HET VOEREN VAN EEN ADVIESGESPREK

Acceptatie is net zo belangrijk als kwaliteit

Het voorbeeld uit de inleidende casus maakt duidelijk dat gelijk hebben één is en gelijk krijgen twee. Overigens geldt dat een niet-overgenomen advies de klant toch aan het denken kan zetten. Desondanks is de acceptatie van het advies een belangrijk onderdeel van het adviesproces. De Wet van Maier maakt dit zichtbaar.

De Wet van Maier

Een kwalitatief uitstekend advies heeft geen effect als de klant het niet accepteert. Maar ook het omgekeerde geldt, een volledig geaccepteerd advies is niet effectief als de kwaliteit ervan beneden peil is. Deze waarheid staat bekend als de Wet van Maier:

E = K x A (Effect = Kwaliteit x Acceptatie)

Effect is de mate waarin de klant daadwerkelijk het advies in de praktijk implementeert en laat werken.

Kwaliteit is de mate waarin het advies voldoet aan de eisen, behoeften en specificaties.

Acceptatie is de mate waarin de klant zich mede-eigenaar voelt van het advies.

De Wet van Maier geeft aan dat het effect van een advies groter is naarmate de kwaliteit en de acceptatie van het advies groter zijn. Dit betekent voor een HR-professional dat hij naast het leveren van een goede advieskwaliteit ook tijd en energie moet steken in de acceptatie van zijn advies.

De kans op acceptatie is groter als de adviseur de klant actief betrekt bij het formuleren van het probleem en het bedenken van oplossingen. Soms betekent dit dat het eindadvies een compromis is tussen de klant en de adviseur. Het resultaat is dan inhoudelijk misschien niet de beste, maar wel de meest geaccepteerde oplossing.

Gespreksmodellen voor het adviesgesprek

Adviesgesprekken kennen de volgende twee varianten:

- Gespreksmodel 1: het diagnose-receptmodel
- Gespreksmodel 2: het participatiemodel

Gespreksmodel 1: het diagnose-receptmodel

Bij het diagnose-receptmodel verzamelt de adviseur informatie, stelt op basis van deze informatie een diagnose, gaat zelf aan de slag en komt terug met de oplossing in de vorm van een advies.
Goede voorbeelden van de toepassing van een dergelijk gespreksmodel zijn arbeidsrechtelijke vraagstukken. De adviseur treedt op als expert (zie paragraaf 14.1) en de klant leunt op de kennis en ervaring van de adviseur. De klant kan het probleem niet zelf oplossen omdat de noodzakelijke kennis ontbreekt. De kwaliteit van het advies is dus afhankelijk van de mate van deskundigheid van de adviseur.

Stap 1: diagnose	Adviseur achterhaalt met open en gesloten vragen wat het probleem is. De diagnose wordt afgesloten met een samenvatting van de adviseur.
Stap 2: recept (oplossing)	De adviseur komt tot zijn oplossing op basis van expertise en ervaring. De adviseur presenteert zijn advies.
Stap 3: implementatie	De adviseur en klant bespreken de invoering van de oplossing.
Stap 4: evaluatie	De adviseur vraagt aan de klant hoe het advies in de praktijk heeft gewerkt en/of er nog punten zijn ter verbetering voor een volgend adviestraject.

Het gebruik van dit model kan de acceptatie van het advies door de opdrachtgever verkleinen. Dit risico kan worden verminderd door in dit type adviestrajecten aandacht te besteden aan de informatieoverdracht naar de klant.

Tip: Kijk goed of het diagnose-receptmodel passend is!

Een adviseur die het diagnose-receptmodel toepast in een casus waarbij interactie en draagvlak nodig is, vergroot het risico dat de klant het advies naast zich neerlegt. Laatstgenoemde voelt zich niet begrepen en is naar zijn mening onvoldoende gekend in het proces. De adviseur die op deze wijze te werk gaat, raakt gefrustreerd omdat de klant zijn goede raad niet opvolgt.

Gespreksmodel 2: het participatiemodel

In het participatiemodel denkt en doet de klant mee. Hij heeft een actieve inbreng bij de analyse van de casus, het op een rijtje zetten van oplossingen en het bepalen van het uiteindelijke advies. Dit model is goed toepasbaar bij de partnerrol.

Voor samenwerking is vertrouwen nodig. Hoe de adviseur een vertrouwensrelatie kan opbouwen, wordt in onderstaande box beschreven.

In dit model is het mogelijk dat de adviseur zelf een beter advies zou kunnen geven dan waar hij met de klant op uitkomt. Echter, het grote voordeel van het samen zoeken naar de oplossing is dat het advies door de klant wordt aanvaard en de kans groter is dat het advies derhalve ook overgenomen wordt.

Fase 1: verkennen probleemstelling	Samen met de klant scherpt de adviseur de doelstelling aan. Hiervoor wordt gebruikgemaakt van open en gesloten vragen en van samenvattingen. In deze fase is het de belangrijkste taak van de adviseur de klant te ondersteunen met het helder krijgen van de probleemstelling. Soms is het noodzakelijk dat nader onderzoek wordt uitgevoerd.
Fase 2: vaststellen probleemstelling	In deze fase is het van belang dat zowel de adviseur als de klant overeenstemming krijgen over het daadwerkelijke probleem. De adviseur kan hier behulpzaam zijn door aan het einde van deze fase de volgende vraag aan de klant te stellen: 'wat is volgens u de kern van het probleem?'. De adviseur en de klant sluiten deze fase af met een gemeenschappelijk beeld over het werkelijke probleem.
Fase 3: probleem-oplossing	Door het stellen van vragen probeert de adviseur samen met de klant alternatieven te bedenken en te komen tot een passende en acceptabele oplossing.
Fase 4: invoering	De adviseur maakt afspraken met de klant over de invoering van de oplossing.
Fase 5: evaluatie	Na afloop van het adviesproces kijkt de adviseur samen met de klant terug naar gezamenlijke leerpunten.

Het gespreksmodel als keurslijf: een nuance

Het diagnose-receptmodel en het participatiemodel beschrijven een tweetal ogenschijnlijk losstaande modellen die doorlopen moeten worden om te komen tot een goed advies.

In de praktijk verlopen gesprekken niet altijd zo rigide en lopen de modellen soms door elkaar heen. Zo kan bijvoorbeeld een gesprek starten met het participatiemodel waarbij bij één van de onderdelen blijkt dat dit volledig opgepakt en uitgewerkt gaat worden door de adviseur (diagnose-receptmodel). Omgekeerd kan tijdens het diagnose-receptmodelgesprek blijken dat de klant volledig wil deelnemen aan het onderzoek, het benoemen van alternatieven en het vinden van een oplossing (participatiemodel). Zowel voor het diagnose-receptmodel als voor het participatiemodel geldt dat dit niet in één gesprek hoeft plaats te vinden maar dat het meerdere gesprekken kan omvatten.

De vier fasen in een adviesgesprek

Onafhankelijk van het gespreksmodel kent ieder adviestraject vier fasen en meestal zijn er meerdere gesprekken nodig om al deze vier fasen te doorlopen. Deze vier fasen zijn:

- Fase 1: inleiding
- Fase 2: onderzoeksfase en probleemanalyse
- Fase 3: presentatie van het advies
- Fase 4: afsluiting

Fase 1: inleiding

Openen

Ieder gesprek start met een opening waarin gesprekspartners elkaar begroeten. Vervolgens zoekt de adviseur aansluiting bij de klant.

Aansluiten

De klant staat meer open voor het adviesgesprek wanneer hij het gevoel heeft dat de adviseur op zijn golflengte zit, levelt en zich heeft ingeleefd in zijn belevingswereld. Bij het aansluiten kan de adviseur gebruikmaken van:

- *Oogcontact*
  De adviseur kijkt de klant goed aan. Dat wil zeggen: voldoende oogcontact maar niet gaan zitten staren.

- *Ooghoogte*
  De adviseur spreekt op dezelfde ooghoogte. Dit geeft gelijkwaardigheid aan.

- *Taal*
  De adviseur past zijn taalgebruik aan dat van de klant aan (bijvoorbeeld een meer formeel of informeel taalgebruik).

- *Sleutelwoorden*
  In het gesprek maakt de adviseur van exact dezelfde woorden gebruik als de klant.

- *Spreeksnelheid*
  De adviseur spreekt op een rustig tempo dat goed is te volgen.

- *Stemvolume*
  De adviseur spreekt niet te luid maar ook niet te zacht.

- *Inhoud*
  De adviseur geeft blijk van kennis die hij heeft over de inhoud. Dit kan door het stellen van gerichte vragen.

- *Gebaren*
  De adviseur maakt gebruik van handgebaren om zijn verhaal kracht bij te zetten en let er op om dit niet te veel of te weinig te doen.

- *Lichaamshouding*
  De adviseur neemt een open gesprekshouding aan.

- *Kleding*
  De adviseur stemt zijn kleding af op de dresscode van de klant.

- *Culturele kenmerken*
  De adviseur houdt rekening met eventuele culturele verschillen die bestaan tussen hem en de klant.

- *Emotionele toestand*
  De adviseur stelt zich op de hoogte van de emotionele toestand van de klant. Is een klant bijvoorbeeld erg boos en emotioneel dan zal hij hem eerst uit moeten laten razen voordat het gesprek inhoudelijk verder kan. Dit geldt ook voor de gemoedstoestand van de adviseur zelf.

Vertrouwen wekken

Heeft de adviseur aansluiting met de klant dan moet hij diens vertrouwen winnen. De adviseur dient de klant te overtuigen dat hij over de juiste kwaliteiten beschikt om zijn vraagstuk op te lossen. Heeft de klant al een goede ervaring met de adviseur dan is dat vertrouwen al aanwezig. Heeft de klant geen ervaringen met de adviseur dan kan deze vertellen over zijn eerdere ervaringen bij andere klanten of organisaties. Verder kan hij met het stellen van gerichte vragen en met het etaleren van feiten (kennis) het vertrouwen winnen.

Afstemmen wederzijdse verwachtingen

Een ander belangrijk onderdeel in deze fase is het afstemmen van de wederzijdse verwachtingen. Beiden gaan op zoek naar de antwoorden op de volgende vragen: Wat verwacht de klant? Wat zijn de wensen, verwachtingen en randvoorwaarden van de adviseur? Welke rol verwacht de klant van de adviseur? Wat verwacht de adviseur van de klant?

Tip: Zorg voor helderheid over rollen, resultaten en randvoorwaarden!

Om teleurstellingen, verrassingen of verwijten voor te zijn, is het belangrijk om in het begin van het traject duidelijkheid te verschaffen over rollen, resultaten en randvoorwaarden.

Fase 2: onderzoeksfase en probleemanalyse

Belangrijk is tijd te nemen voor de onderzoekfase en de probleemanalyse. In situaties waarbij vraagstukken op elkaar lijken, ligt de fout op de loer om deze fase te snel te doorlopen. Het is juist in deze fase dat kwaliteit wordt toegevoegd aan het advies door zorgvuldig alle aspecten te onderzoeken die bij het vraagstuk horen.

Tip: Neem de tijd voor de onderzoeksfase!

Voorkom *jumping to conclusions* door ruim tijd te nemen voor het onderzoek en de probleemanalyse.

Het doel is helderheid te krijgen over het probleem. Naast feiten en cijfers verzamelen, vraagt de adviseur naar de persoonlijke visie en de beleving van de klant. Hierbij kan de adviseur gebruikmaken van de verschillende vraagtechnieken die in hoofdstuk 1, Communicatie, aan bod zijn gekomen.

In het kader van het onderzoek kan het nodig zijn om regelmatig naar de opdrachtgever terug te gaan voor het verzamelen van aanvullende gegevens. Zijn er voldoende gegevens verzameld, dan is het verstandig de gegevens te ordenen en te analyseren.

Afhankelijk van het gekozen gespreksmodel (diagnose-recept- of het participatiemodel) is de klant meer of minder betrokken in deze fase. Bij het diagnose-receptmodel zal dit minder zijn dan bij het participatiemodel. Desondanks is het ook bij het diagnose-receptmodel van belang om de klant zoveel mogelijk te informeren. Deze fase wordt afgesloten met een terugkoppeling van de probleemstelling naar de opdrachtgever. Het uiteindelijke doel hier is dat de klant en de adviseur op één lijn komen voor wat betreft het werkelijke probleem.

Fase 3: presentatie van het advies

Bij de presentatie licht de adviseur zijn advies toe en beargumenteert zijn analyse en advies met argumenten.

Voorbeelden:

- Uw uitgangspunt is ..., daarom adviseer ik u ...
- Gezien de achtergrond van de vraagstelling die u aangaf ...
- Dit voorstel bevat twee scenario's: ...
- Beide scenario's hebben de volgende voor- en nadelen: ...
- Gezien uw situatie adviseer ik u scenario ..., omdat ...

Goede onderbouwing

Naast een heldere en gedoseerde onderbouwing en argumentatie (niet elk detail is voor de klant interessant), is het belangrijk te kijken naar hoe de klant reageert. Dat kan tussentijds door het stellen van controlevragen ('herkent u wat ik vertel?' of 'ben ik voldoende duidelijk op dit punt?'). Na afronding van de presentatie probeert de adviseur een beeld te krijgen van de indrukken en eventuele vragen die bij de klant leven.

Controlevragen zijn vragen die bedoeld zijn om te kijken of het advies goed bij de klant is overgekomen. Daarnaast geven ze inzicht in de mate van acceptatie van het advies.

Controlevragen:
- Wat is voor u het belangrijkste winstpunt?
- Welk onderdeel van het voorstel spreekt u het meeste aan?
- Welk onderdeel zou beter kunnen?
- Welke vragen staan nog open?
- Wat is uw meest brandende vraag?

Vorm

Bij de presentatie van het advies is het goed om ook rekening te houden met de gebruiken in een organisatie. In organisatie A is een advies pas compleet als er een uitgebreid rapport van tientallen pagina's onderligt. In organisatie B mag een advies maximaal één A4'tje beslaan.

Tip: Let op non-verbaal gedrag van de klant!

Het non-verbale gedrag (zie hoofdstuk 1, Communicatie) van de klant geeft een signaal over hoe de klant ten opzichte van het advies staat. Als de klant vaak op zijn horloge kijkt of ongedurig door een rapport bladert, controleer dan of er voldoende vaart zit in de presentatie ('blijf ik te lang bij dit punt stilstaan?' of 'vindt u het prettiger als ik wat sneller ga?').

Geef reactieruimte

Tijdens en na afloop van de presentatie is het goed om de klant de ruimte te geven om te reageren op het advies. Afhankelijk van het gekozen model is de rol en de reactie van de klant anders.

Bij het diagnose-receptmodel is het advies voor de klant vaak nieuw. Als de klant op onderdelen bezwaren heeft, worden deze geanalyseerd. Vraag door en stimuleer de klant te zoeken naar oplossingen. Zo wordt het een advies op maat en is de acceptatiegraad bij de klant hoger.

Bij het participatiemodel levert de klant een veel actievere bijdrage bij de totstandkoming van het advies. Het advies is niet nieuw voor de klant en bevat, als het goed is, weinig nieuwe onderdelen.

Fase 4: afsluiting

Als alle vragen zijn beantwoord, onduidelijkheden zijn weggenomen en bezwaren zijn weerlegd, ligt het definitieve advies op tafel. De adviseur beëindigt het gesprek met een samenvatting van het advies. Dit is een laatste check of partijen elkaar goed begrepen hebben. Als de klant het met het advies eens is, worden afspraken gemaakt over de uitvoering en implementatie van het advies.

Tip: De adviseur adviseert, de klant voert uit!

Tijdens de afsluiting is het verstandig om afspraken te maken over wie welke rol gaat vervullen bij de implementatie van het advies. Een veel gesignaleerde valkuil is dat de adviseur zich, buiten de gemaakte afspraken om, laat verleiden om veel van de uitvoering op zich te nemen. Hij zal dan zo professioneel moeten zijn om de uitvoering van het advies over laten aan de klant.

Drie keer is scheepsrecht
Na de derde keer een advies te hebben gegeven aan haar manager dat voor de derde keer weer in de la verdween, besloot Marleen tot een andere aanpak.
Zij vroeg een gesprek aan met haar manager waarin zij het probleem van de niet-gebruikte adviezen op tafel heeft gelegd.

Marleen heeft dit gesprek op een rustige niet-verwijtende toon gevoerd en geprobeerd om niet direct naar de manager te wijzen als schuldige voor het niet toepassen van de adviezen. Een van de eerste vragen in het gesprek was: 'hoe komt het dat de adviezen niet gebruikt worden?'. De vervolgvraag die Marleen daarbij gesteld heeft was: 'wat moet ik veranderen in mijn adviesaanpak zodat mijn adviezen wel geïmplementeerd worden?'. Uit dit gesprek bleek dat de manager de adviezen te theoretisch en dus te weinig toepasbaar vond in zijn eigen praktijk. Zij spraken af dat Marleen de manager meer zou gebruiken als klankbord tijdens de onderzoek- en oplossingsfase. Beiden zijn alert op het vergroten van de praktische toepasbaarheid van het advies.

14.3 VEELGESTELDE VRAGEN OVER EEN ADVIESGESPREK

Vraag 1 Wat is het verschil tussen een 'gewone' en een 'excellente' adviseur?

Het verschil tussen een 'gewone' en 'excellente' adviseur zit vaak niet in de inhoudelijke kennis en vaardigheid maar vooral in de persoonseigenschappen van de adviseur die deze inzet. Adviezen en interventies zijn op zich niet effectief maar krijgen kracht door de signatuur van de adviseur die ze inzet en zijn beïnvloedingsvermogen. Daarnaast zijn persoonseigenschappen als integriteit en oprechtheid erg belangrijk in de adviesrelatie (Hulsbos, 2009).

Vraag 2 Wat betekent contracteren in een adviesrelatie?

Dit betekent dat er tussen de klant en de adviseur afspraken zijn gemaakt over wat zij binnen de adviesrelatie van elkaar kunnen verwachten. De afspraken zijn wederzijds en zorgen voor duidelijkheid over de rolverdeling, de tijdbelasting, de afbakening van de advisering, de middelen die ermee gemoeid zijn, het tijdsbestek waarbinnen het advies klaar moet zijn, et cetera. Het contracteren kan mondeling of schriftelijk gebeuren en kan voorkomen dat er op enig moment verschil van mening ontstaat tussen de klant en de adviseur over de wijze waarop met de adviesaanvraag of het advies wordt omgegaan. Bij grotere en complexere projecten zal dit contracteren in de meeste gevallen schriftelijk gaan, voor reguliere kleine opdrachten is dit vaak mondeling. Het contracteren begint bij aanvang van de opdracht, maar vaak is het nodig om tussentijds te 'hercontracteren' omdat er bijvoorbeeld omstandigheden zijn gewijzigd.

Vraag 3 Is het mogelijk om van adviesrol te wisselen bij dezelfde opdrachtgever tijdens een opdracht?

Ja, dit is heel goed mogelijk. Een opdracht kan starten met een expertvraag (expertrol) en zich later ontwikkelen naar een vraagstuk dat gezamenlijk opgepakt gaat worden (partnerrol). Hoe meer ervaring een adviseur heeft, hoe gemakkelijker het wordt om, afhankelijk van de situatie of de omstandigheden, van rol te wisselen. Voor de opdrachtgever is het van belang om op de hoogte te zijn van de adviesrol die de adviseur aanneemt. Maak hierover afspraken, zodat de verwachtingen helder zijn.

Vraag 4 Hoe gaat een adviseur om met weerstand in de adviesrelatie?

Weerstand hoort erbij. Het is een natuurlijke reactie en komt vaak voort uit onzekerheid en betrokkenheid. Door een goede inschatting te maken van de mate van weerstand kan de adviseur hier zijn communicatie- en beïnvloedingsstijlen op aanpassen (zie schema hierna). Accepteer dat weerstand erbij hoort en neem de tijd om dingen uit te leggen, toe te lichten en door te vragen. Zet kleine stappen en probeer niet te snel te gaan. 'Gras groeit niet sneller door er hard aan te trekken.'

Omgaan met weerstand

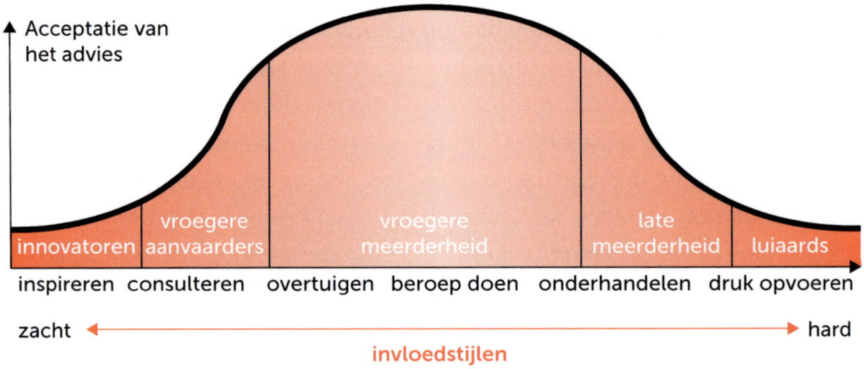

Vraag 6 Wat zijn do's and don'ts van een adviesgesprek?

Wel doen

Adviseer onafhankelijk

Een adviseur is professional op het eigen vakgebied. Sta open voor de inbreng en de feedback op het gegeven advies, maar zorg ervoor dat het advies onafhankelijk blijft. Met name in een politiek bestuurlijke omgeving wordt vaak druk uitgeoefend op de adviseur om de inhoud van het advies aan te passen. Ga hier niet in mee als dit professioneel niet te onderbouwen is. Laat de klant in dit geval een beslissing nemen die afwijkt van het gegeven advies. Hiermee behoudt de adviseur zijn onafhankelijkheid.

Relativeer en zorg voor humor op zijn tijd

Een adviseur krijgt te maken met verschillende problemen en vraagstukken die soms een flinke impact kunnen hebben. Vaak wordt gewerkt met tijdsdruk. Op een adviseur komt heel wat af. Zeker voor een betrokken adviseur kan dit een stevige druk leggen en flink wat emoties oproepen. Door hierover te praten en voor voldoende ontspanning en plezier te zorgen, blijft het werk behapbaar.

Maak gebruik van je netwerk

Vaak werkt een adviseur alleen bij een klant. De klant heeft vertrouwen in de adviseur en heeft de neiging om alle type vraagstukken bij de adviseur neer te leggen. Maar een goede adviseur is niet op ieder gebied een specialist. Wees dus alert op vragen die buiten het expertiseveld vallen en schakel tijdig collega's in.

Blijf neutraal en werk actief aan de relatie

Ga gesprekken open en zonder vooroordelen aan. Blijf nieuwsgierig en stel veel vragen. Neem niet zomaar genoegen met een antwoord, maar luister en vraag door. Toon interesse in de mens achter de klant en in de dingen die hem bezighouden. Een klant zal meer aannemen van een adviseur waarbij hij zich veilig voelt en met wie hij een vertrouwensrelatie heeft.

Blijf op de hoogte van actuele ontwikkelingen op het vakgebied

Vakkennis is belangrijk voor iedere adviseur. Het bijhouden van deze kennis is mogelijk op verschillende manieren. Formeel door het volgen van een opleiding of training, maar ook door zelf actief ontwikkelingen te volgen via relevante publicaties of internet. Informeel door eens mee te kijken met een collega of door samen een nieuwe opdracht aan te nemen.

Onbevangen waarnemen

Bij het onbevangen waarnemen worden oordelen uitgesteld. Belangrijk als adviseur is om niet direct in oplossingen te denken. Een adviseur moet de vaardigheid en rust hebben het vraagstuk eerst vanuit meerdere kanten, zonder vooroordelen te kunnen bekijken. Vaak helpt het om samen met de opdrachtgever en andere betrokkenen te kijken en te herkennen van wat er gaande is en wat mogelijke oplossingen zijn. Het kijken, analyseren en delen van bevindingen is dus niet meer uitsluitend een activiteit van de adviseur maar een gezamenlijk zoekproces.

Niet doen

Te weinig aandacht voor de relatie met de klant

Een adviseur is vaak druk bezet. Dit kan betekenen dat contactmomenten met de klant schaars zijn. De mate waarin de klant geneigd is om een advies over te nemen is afhankelijk van de relatie tussen de adviseur en de klant. Een intensieve relatie versterkt de adviesrelatie. Dit zit aan de ene kant in de frequentie waarin de adviseur en de klant elkaar zien en aan de andere kant in de zichtbaarheid van de adviseur.

Denken in beperkingen in plaats van in oplossingen

Een adviseur heeft vaak te maken met probleemsituaties. Bij problemen is de neiging aanwezig om het probleem te benaderen vanuit de onmogelijkheden. Een adviseur met positieve houding helpt de klant weer te denken in mogelijkheden en brengt energie terug in schijnbaar onoplosbare zaken.

Bang zijn om out of the box te denken

Vaak wordt bij het beantwoorden van vragen of het oplossen van problemen gekozen voor de geijkte antwoorden of oplossingen. Een adviseur wil zo weinig mogelijk fouten maken en gaat voor zekerheid. Het is goed om zo nu en dan voor iets nieuws te kiezen, een andere aanpak. Met het kiezen van een nieuwe creatieve invalshoek komen nieuwe innovatieve ideeën tot stand. Wees hierbij niet bang om fouten te maken.

Discussies en weerstand uit de weg gaan

Als een adviseur het niet eens is met de klant bestaat de neiging om te sussen. Dit is een natuurlijke reactie. De meeste mensen zijn gericht op harmonie en het voelt ongemakkelijk om het ergens niet mee eens te zijn. Deze drang naar consensus draagt niet altijd bij tot het beste resultaat. Een goede dialoog, waarin oprecht wordt geluisterd naar elkaars argumenten, levert vaak meer op en draagt bij aan de creativiteit in het zoeken naar nieuwe mogelijkheden.

Op de automatische piloot vliegen

Een ervaren adviseur adviseert vanuit de kennis die hij heeft opgedaan in eerdere adviesopdrachten. Dit is aan de ene kant prima, want het brengt snelheid in het adviestraject. Aan de andere kant bestaat het risico dat de adviseur te veel op de automatische piloot gaat vliegen en dat er voor suboptimale oplossingen wordt gekozen. Iedere situatie kan anders zijn en vragen om een eigen unieke aanpak. Een manier om dit te voorkomen, is actief op zoek te gaan naar feedback. Bijvoorbeeld door op basis van het vier-ogenprincipe te adviseren. Dit betekent dat er bij het adviestraject altijd een schaduwadviseur is betrokken die kritisch meekijkt over de schouder van de betrokken adviseur.

INFORMATIEBRONNEN

Boeken

Block, P., *Feilloos adviseren*. Academic Service, 2016

Mars, A., *Hoe krijg je ze mee?* Van Gorcum, 2016

Feltmann, E. en anderen, *Denkadviseren*. Mediawerf, 2010

Nathans, H., *Adviseren als tweede beroep*. Vakmedianet, 2015

Schein, E., *Procesadvisering*. Academic Service, 2005

Weggeman, M., *Provocatief adviseren*. Scriptum, 2003

Publicaties

Boonstra, J., Ambachtsman en wijs man, www.jaapboonstra.nl, 2007

Hulsbos, F., Succesvol adviseren door jezelf in te zetten, UvA Masterscriptie, 2009

15 HET ONDERHANDELINGS-GESPREK

Mecheline Klijs

In het sociale verkeer is onderhandelen dagelijkse kost, zo ook in het werkveld van de HR-professional. Partijen hebben verschillende meningen, er zijn meerdere belangen in het spel en visies stroken niet met elkaar. De HR-professional onderhandelt wellicht meer dan hij in eerste instantie denkt. Zo onderhandelt hij bijvoorbeeld met opleidingsbureaus over het aantal dagdelen, het uurtarief van een interim-manager en met een sollicitant over de hoogte van een salaris. De hoogte van het opleidingsbudget is onderwerp van het (onderhandelings)gesprek met het MT en met de leden van de vakbonden wordt in het cao-overleg gesproken over het aantal verlofdagen en het levensfasebewust HR-beleid van de organisatie.

Olivier is hoofd van de afdeling HRM. Vorige maand heeft hij de opdracht gekregen om 10 procent te bezuinigen op de post 'inhuur derden'. De bezuinigingen zijn vrij eenvoudig door te voeren door de tarieven van externen met 10 procent te verlagen. Een tariefsverlaging of een vermindering van uren bespreekbaar maken, vindt hij een lastige klus. De externe adviseurs hebben hier, in een krimpende markt, absoluut geen behoefte aan. Volgende week dinsdag heeft Olivier een gesprek met het opleidingsbureau dat het management development-traject verzorgt. Hij ziet best tegen dit gesprek op.

Dit hoofdstuk geeft antwoord op de volgende vragen:
- Wat is principieel onderhandelen volgens de Harvard-methode?
- Wat is een BAZO?
- Wat is een goede methode van bieden en tegenbieden?

15.1 DE VOORBEREIDING OP EEN ONDERHANDELINGSGESPREK

Volgens Forsyth (2012) is een onderhandeling een proces waarbij twee of meer mensen met verschillende inzichten bijeenkomen om te proberen over een bepaald onderwerp tot overeenstemming te komen. Het is een strategie om in situaties waarin belangen verschillen, er samen uit te komen.

Volgens Mastenbroek (2012) is onderhandelen te leren, maar vraagt het om competenties die op het eerste gezicht tegenstrijdig zijn. Zo moet een onderhandelaar vasthoudend zijn (zeker in het begin), maar ook flexibiliteit kunnen betrachten en water bij de wijn kunnen doen. Ook dient een effectief onderhandelaar op een zakelijke en gedisciplineerde wijze zijn standpunten toe te kunnen lichten, maar ook om kunnen gaan met emoties van de ander, zoals boosheid.

Samenwerken, onderhandelen en vechten?

Samenwerken

Samenwerken is een juiste aanpak als partijen van elkaar afhankelijk zijn voor het behalen van een resultaat. Vaak komen belangen en doelen overeen en kunnen partijen gaan voor een win-winuitkomst. De uitkomst is voor beide partijen positief.

Onderhandelen

Onderhandelen is een vorm van interactie die zich tussen samenwerken en vechten bevindt. Het is een geschikte strategie bij tegenstrijdige belangen die er tegelijkertijd voor zorgt dat er voor beide partijen voordelen aan de oplossing vastzitten. In dergelijke situaties hebben partijen elkaar nodig en denken zij hun voordeel met een overeenkomst te kunnen doen. Ook hebben zij baat bij een goede relatie en zijn er mogelijkheden voor een win-winuitkomst.

Vechten

Vechten is een veelvoorkomende strategie als de belangen tegenstrijdig zijn. In situaties waarbij één van de partijen het idee heeft dat er (meer) voordeel valt te behalen door te gaan vechten, zal zij dat niet laten. De vechtende partij denkt in termen als: winnen of verliezen, erop of eronder en wij of zij. De vechtende partij hecht weinig tot geen belang aan continuïteit in de relatie en overschrijdt als het moet de grenzen van 'fair-play'. De uitkomst van de onderhandeling is er een van win-loose (alles of niks). Eén van de partijen komt als winnaar uit de bus en heeft de gehele opbrengst.

De uitkomst van een onderhandeling kan ook een loose-loose-uitkomst zijn. Beide partijen behalen hun doelen niet en wellicht is de relatie geschaad. De oorzaak hiervan kan zijn dat partijen zich erg vastbijten in hun standpunten en zich ingraven. Er ontstaat een strijd met als enig doel: winnen. Het wordt een principezaak waarbij er feitelijk alleen verliezers zijn.

Een goede voorbereiding is het halve werk

Een goede voorbereiding op het onderhandelingsgesprek geeft een voorsprong, zekerheid en rust. Daarnaast geven partijen die zich goed hebben voorbereid het signaal af dat zij de zaak belangrijk vinden en scherp zijn. Dit versterkt hun startpositie. Met de antwoorden op de onderstaande tien vragen kan het onderhandelingsgesprek met meer (zelf)vertrouwen ingegaan worden:

- Vraag 1 : welke informatie is relevant?
- Vraag 2 : welke doelen zijn voor jezelf belangrijk en waarom?
- Vraag 3 : wat wil de ander bereiken en waarom?
- Vraag 4 : wat is het einddoel waarnaar wordt gestreefd?
- Vraag 5 : wat is de eigen onderhandelingsruimte?
- Vraag 6 : hoe hoog is het openingsbod?
- Vraag 7 : hoe onderbouw je het (openings)bod?
- Vraag 8 : wat is de eigen onderhandelingsstijl en die van de ander?
- Vraag 9 : welke alternatieven zijn er voorhanden?
- Vraag 10 : hoe start je het onderhandelingsgesprek in een goede sfeer?

Vraag 1: welke informatie is relevant?

Met de antwoorden op de onderstaande vragen beschikt de onderhandelaar over die informatie die relevant is voor het komende onderhandelingsgesprek.

- Welke stukken en dossiers zijn van belang?
- Hoe is de voorgeschiedenis?
- Welke informatie en kennis is er over het onderwerp voorhanden?

Olivier zette in de voorbereiding op zijn gesprek met de directeur van het opleidingsbureau het aantal trainingen van het afgelopen jaar op een rijtje. Het betrof drie trainingen Fundamentals of Leadership van acht dagdelen en zeven keer een ééndaagse training Timemanagement. Met het bureau wordt al vijf jaar zaken gedaan. De uitkomsten van de evaluaties van het laatste jaar zijn beduidend minder positief dan de jaren ervoor.

Vraag 2: welke doelen zijn voor jezelf belangrijk en waarom?

De antwoorden op de onderstaande vragen brengen scherpte in de doelstellingen:

- Waar liggen de eigen belangen en motieven?
- Waarom moet dit doel bereikt worden?

Links- of rechtsom, iedere stafafdeling moet van het MT 10 procent minder uitgeven dan het jaar ervoor. Zo ook de afdeling HRM. Lukt dit niet dan wordt de kostprijs te hoog en wordt er marktaandeel verloren. De afdeling HRM wordt door velen toch al gezien als een enorme kostenpost. Olivier is het hier niet mee eens. Hij wil zichzelf en zijn afdeling graag profileren binnen het MT. Hij wil laten zien dat de afdeling HRM een wezenlijke bijdrage levert aan het primaire proces door het leveren van uitstekende diensten en door aan de budgetdoelstellingen te voldoen. Hij wil dus gaan onderhandelen.

Vraag 3: wat wil de ander bereiken en waarom?

De onderhandelaar achterhaalt wat de maximale en minimale doelen en belangen van de ander zijn. Ook probeert hij uit te vinden voor welke argumenten de ander gevoelig is.

Uit eerdere gesprekken met de directeur van het opleidingsbureau blijkt dat deze veel waarde hecht aan de continuering van de relatie en graag contracten van drie jaar wil afsluiten. Begrijpelijk geniet een tariefsverlaging niet zijn voorkeur, maar er valt wel te praten over een staffelkorting.

Vraag 4: wat is het einddoel waarnaar wordt gestreefd?
Ook bepaalt de onderhandelaar waar de lat ligt en wanneer de vlag uitgaat.

> Het einddoel voor Olivier is het behalen van de 10 procent vermindering op de kosten voor training en opleiding. Daarnaast heeft Oliver de intentie om de relatie met het trainingsbureau goed te houden en wenst hij een verbetering van de kwaliteit.

Vraag 5: wat is de eigen onderhandelingsruimte?
De onderhandelaar denkt na over wat maximaal en minimaal (absolute ondergrens) haalbaar is.

> Een belrondje onder collega HRM'ers leverde Olivier de informatie op dat het dagdeeltarief van het opleidingsbureau hoog is. Op basis van deze gegevens en een onderzoek van de CEDEO naar tarieven van opleidingsbureaus, is een bezuiniging van 20 procent maximaal haalbaar. Een tariefsverlaging van 10 procent zou dus moeten kunnen lukken. De ondergrens is 10 procent. Dit is het bedrag dat hij heeft afgesproken met het MT.

Vraag 6: hoe hoog is het openingsbod?
De onderhandelaar denkt na over het openingsbod dat gedaan moet worden. Dit kan het hoogst verdedigbare bod, het eindbod of een open bod zijn.

Hoogst verdedigbare bod
Starten bij het hoogst verdedigbare bod is het meest gangbaar en wordt gebruikt in situaties waarbij de wensen goed onderbouwd zijn en de onderhandelingsruimte maximaal is. Onderhandelingsruimte is de ruimte tussen de hoogste bovengrens en de minimale ondergrens.

Definitief eindbod

Als de biedende partij alle touwtjes in handen heeft, kan deze starten met het definitieve eindbod. Dit is bijvoorbeeld het geval als die de enige aanbieder is en als de afnemende partij gedwongen is bij deze partij in te kopen. Omdat de biedende partij over meer macht beschikt (en deze misschien misbruikt), kan de andere partij zich in een hoek gedrukt voelen. In zo'n situatie wordt de relatie op scherp gezet. Deze aanpak heeft succes als de biedende partij een goed beeld heeft van de absolute ondergrens van de andere partij.

Open bod

Een open bod komt voor in situaties waarbij de minimumeisen van de andere partij niet bekend zijn. De ander wordt in dat geval uitgenodigd om te beginnen. Een open bod moet niet te ver afliggen van het hoogst verdedigbare bod. Als dat wel het geval is, kan de andere partij zich niet serieus genomen voelen. En dat is niet bevorderlijk voor de relatie.

Olivier besluit te starten met het hoogst verdedigbare bod. De dagdeeltarieven zouden met 20 procent naar beneden moeten.

Vraag 7: hoe onderbouw je het (openings)bod?

Het is belangrijk om het (openings)bod met reële en verdedigbare argumenten te onderbouwen. Een greep uit de lucht komt ongeloofwaardig over en verzwakt de onderhandelingspositie. Reële argumenten kunnen door de andere partij niet weerlegd worden. Als het een feit is dat de dagdeeltarieven aan de hoge kant zijn en de evaluaties laag of dalende zijn, dan moet de onderhandelaar andere argumenten zoeken om vast te houden aan zijn dagdeeltarief. Het is nog maar de vraag of dat zal lukken.

Als belangrijkste argument grijpt Olivier de marktwerking aan. Hierdoor zijn de marges binnen zijn organisatie onder druk komen te staan. Ook toont hij aan dat de dagdeeltarieven van het opleidingsbureau aan de hoge kant zijn.

Vraag 8: wat is de eigen onderhandelingsstijl en die van de ander?

Een goede onderhandelaar verdiept zich in de persoon waar hij de onderhandeling mee gaat voeren. Het levert hem informatie op over hoe de onderhandelaar het gesprek in zal gaan.

Ook denkt hij na over de eigen rol tijdens de onderhandelingen. Een goed hulpmiddel voor het ontdekken van een eigen stijl is het *conflict mode instrument* van Kenneth W. Thomas and Ralph H. Kilmann, beter bekend als het Thomas-Kilmann-model (zie verder hoofdstuk 16, Het conflictoplossend gesprek). De persoonlijke onderhandelingsstijl vormt zich in de loop der jaren en wordt beïnvloed door aanleg, opvoeding, scholing, cultuur, werkervaring en nog vele andere elementen. Bewustwording van de onderhandelingsstijl en de bijbehorende eigen sterke en zwakke punten en die van de ander, zijn van waarde bij het kiezen van een passende onderhandelingsstrategie.

Olivier is iemand die de voorkeur geeft aan samenwerken. Uit de eerdere gesprekken met de directeur van het opleidingsbureau bleek zijn onbuigzame houding. Tot irritatie van Olivier vertelde de directeur destijds dat klanten bij hem in de rij stonden, het was dus graag of niet. Echter, de tijden zijn veranderd. Ook bij de opleidingsbureaus staan de marges onder druk.

Vraag 9: welke alternatieven zijn er voorhanden?

Als de onderhandelingen op niets uitlopen, is het verstandig alternatieven achter de hand te hebben. In de voorbereiding op het onderhandelingsgesprek zijn de onder- en bovengrenzen gesteld. Als de uitkomst van de onderhandeling onder het minimum zit, is het de vraag of de onderhandelingen door moeten gaan. Maar wat dan? Het is dan ook belangrijk om in de voorbereiding de Beste Optie Zonder Overeenkomst (BAZO) uit te werken.

Vragen die behulpzaam zijn bij het vaststellen wanneer over te gaan op de BAZO zijn:

- Welk gedeelte van de onderhandelingen wil ik heel graag binnenhalen?
- Wat heb ik nodig om door te gaan en wanneer is het beter om te stoppen?

Mochten de onderhandelingen op niets uitlopen dan heeft Olivier de volgende alternatieven:

- op zoek naar nieuwe externen (BAZO-oplossing)
- interne trainer aanstellen (BAZO-oplossing)
- staffelkortingen voorstellen
- prestatiebeloning (bij een lage evaluatie een lagere dagdeelvergoeding)
- minder uren inhuren en de tarieven hetzelfde houden

Vraag 10: hoe start je het onderhandelingsgesprek in een goede sfeer?

Tijdens onderhandelingen is het belangrijk om de relatie tussen de onderhandelaars goed te houden. Een goede relatie leidt namelijk tot constructievere onderhandelingen. In een slechte sfeer benaderen de onderhandelaars elkaar veel negatiever met mindere onderhandelingsuitkomsten als gevolg. Het is dus belangrijk om te anticiperen als een slechte sfeer wordt verwacht. Dit zou kunnen door voorafgaand aan het gesprek te investeren in de sfeer, bijvoorbeeld door het maken van een informele lunchafspraak.

Tip: Wees geloofwaardig!

Geloofwaardigheid tijdens een onderhandeling vraagt om betrouwbaar gedrag. Betrouwbare personen komen hun beloftes na en zijn plichtsgetrouw.

15.2 HET VOEREN VAN EEN ONDERHANDELINGSGESPREK

In vijf stappen naar een goed resultaat

Het model voor het onderhandelingsgesprek bestaat uit vijf stappen:

- Stap 1: inleiden en aftasten
- Stap 2: onderzoeken
- Stap 3: onderhandelen, alternatieven bespreken en compromissen sluiten
- Stap 4: besluiten
- Stap 5: afronden

Stap 1: inleiden en aftasten

Om de onderhandelingen gestructureerd te laten verlopen, is het verstandig dat de gespreksleider hier aan het begin van het gesprek afspraken over maakt. Deze afspraken gaan bijvoorbeeld over het doel van het gesprek, de tijdsbesteding en de procedure die gevolgd wordt.

Informatie uitwisselen

Het doel van deze fase is het achterhalen van wederzijdse doelen en belangen. Het informatieve aspect in deze fase heeft twee functies, namelijk:

- het verzamelen van informatie (om het doel en de belangen van de ander te achterhalen)
- het geven van tactische informatie (om wensen, eisen of visies te verduidelijken en met argumenten te onderbouwen)

Richten op de belangen achter de standpunten en niet op de standpunten

Het innemen van standpunten wekt de schijn van onverzettelijkheid. Het is daarom beter om zienswijzen toe te lichten, dan te veel aan stelligheden (standpunten) op tafel te leggen. Standpunten geven geen onderhandelingsruimte, belangen wel. Dit sluit ook aan bij de Harvard-methode van Ury (zie verderop in dit hoofdstuk).

Met de antwoorden op de volgende vragen kunnen de achterliggende standpunten achterhaald worden:

- Wat is het achterliggende belang?
- Wat is de drijfveer voor deze doelstelling?
- Waar komt de interesse in dit onderwerp vandaan?
- Wat is de reden van een ingenomen standpunt?

Tip: Houd rekening met teleurstelling!

Bij de uitwisseling van informatie kunnen zich teleurstellingen voordoen. Bijvoorbeeld als blijkt dat aan de wens van de ander geen invulling kan worden gegeven. Houd rekening met teleurstelling bij de ander en de verwerking ervan.

Tip: Creëer een goede en constructieve sfeer!

Actief luisteren naar het verhaal van de onderhandelingspartner geeft interesse aan.

Het start met het tonen van empathie; inzicht en begrip krijgen voor de standpunten en belangen van de ander. Vervolgens met het maken van 'rapport'. Rapport is connectie: de energie die is gecreëerd tussen mensen als ze gezien, gehoord en gewaardeerd worden. Als ze kunnen geven en ontvangen, zonder oordeel. Dit is het moment dat de onderhandelingspartner vertrouwen krijgt en er een goede sfeer ontstaat. Zodra er vertrouwen is opgebouwd, is de ander bereid om samen te kijken naar een goede oplossing voor het gezamenlijke vraagstuk.

Stap 2: onderzoeken

Tijdens de onderzoeksfase in het onderhandelingsgesprek is het moment aangebroken om ballonnetjes op te laten en om concessies voor te stellen. Hierbij is creativiteit in het taalgebruik een aandachtspunt. De woorden als ... en dan ... vormen de kern van de aanpak in de onderzoeksfase.

Hierna een aantal voorbeelden:

- 'Als ik hiertoe bereid zou zijn, wat is dan het tegenvoorstel?'
- 'Als ik twee in plaats van één ..., is er dan ...?'
- 'Wanneer is het acceptabel?'
- 'Onder welke voorwaarden kunnen we een akkoord bereiken?'

Bij het doen van de voorstellen is het belangrijk om tactisch en toch heel duidelijk te zijn. Tactisch door in het taalgebruik geen woorden te gebruiken als: moeten, eisen, grenzen en afrekenen. Duidelijk door eenduidig taalgebruik. De ontvanger kan de boodschap maar op één manier uitleggen.

Tip: Geef niet te veel argumenten!

Argumenten vormen de onderbouwing van het voorstel en het is belangrijk om er niet te veel te geven. Beter één of twee krachtig en goed onderbouwde argumenten dan vijf waarvan er drie halfzacht zijn. De tegenpartij zal zich focussen op de zwakke argumenten en het voorstel onderuithalen. Bied deze mogelijkheid niet!

Impasse

Tijdens de onderzoeksfase is er een redelijke kans op een impasse. Bij een impasse valt een stilte en beide partijen willen of kunnen niet meer toegeven. Wees niet bang voor een impasse, dit hoort bij de onderhandeling. Durf stil te blijven. Door de kracht van de stilte zal de ander met een voorstel komen. Het is een soort test voor de vasthoudendheid van de ander. Een impasse kan ook gebruikt worden als moment om nieuwe informatie of alternatieven te genereren.

Tip: Reageer niet emotioneel!

Verwoord belangen op een zakelijke manier en reageer zakelijk en gepast op het voorstel van de ander. Word niet persoonlijk, speel de bal en niet de man. Als er dan toch irritaties hoor- en voelbaar zijn, is het belangrijk deze te benoemen en weg te nemen door vragen te stellen als:

- 'Ik merk dat u boos bent, kunt u uitleggen waarom?'
- 'Ik krijg het gevoel dat ik bij u irritaties oproep, hoe komt dat?'
- 'Kunt u het probleem los zien van de persoon en onderbouwen met feiten?'

Stap 3: onderhandelen, alternatieven bespreken en compromissen sluiten

Om goede overeenkomsten te kunnen sluiten, is het belangrijk dat er diverse alternatieven besproken zijn en dat er een goed beeld bestaat over de bijbehorende voor- en nadelen. Overeenkomsten waarin de verschillende belangen van de partijen zijn geïntegreerd, leiden niet alleen tot grotere tevredenheid, maar blijken in de praktijk ook het beste te werken.

Wanneer de alternatieven voldoende onderzocht zijn, is het tijd om te gaan onderhandelen. In deze fase moeten partijen (wellicht) water bij de wijn doen om er samen uit te komen.

Tip: Doe concessies!

- Doe vooral kleine concessies. Grote concessies geven de indruk dat er meer te halen valt.
- Verlang voor elke concessie iets terug. Tracht zaken terug te krijgen die voor de andere partij weinig waarde hebben, maar die voor de concessiegever waardevol zijn.
- Start altijd met concessies op minder belangrijke punten en laat de andere partij als eerste een concessie doen op een belangrijke zaak.
- Geef niet te snel toe. Als heel snel concessies worden gedaan, krijgt de andere partij de indruk dat ze van geen of weinig waarde zijn.
- Vergroot de concessie in de hoop geen andere te hoeven doen.
- Doe niet te veel concessies, dit is niet goed voor de geloofwaardigheid.

Inzet van alternatieve middelen

Als het onderhandelen niet lukt en de absolute ondergrens is bereikt, kunnen afhankelijk van de machtspositie van de onderhandelaar de volgende middelen worden ingezet:

- verwijs terug naar de opdrachtgever (voor toestemming omdat het voorstel niet binnen de grenzen van het mandaat valt)
- schors
- stel een tijdslimiet in
- loop weg
- pak een klein onderdeel eruit en wordt het daar wel over eens
- verzoek om bemiddeling van een derde partij

Tip: Wees respectvol, ongedwongen en geloofwaardig!

Respectvol omgaan met de belangen en argumenten van de ander is een voorwaarde om de sfeer in het gesprek goed te houden.

Tip: Schaad de relatie niet!

Hoewel het soms moeilijk is, is het van groot belang om niet verwijtend te worden en ervoor te zorgen dat de relatie niet geschaad wordt.

Het Ackerman-model:
Dit is een methode van bieden en tegenbieden. Het bestaat uit een aantal eenvoudige basisstappen:

- Bepaal de beoogde prijs (het doel).
- Zet het eerste bod op 65 procent van uw beoogde prijs.
- Bereken drie verhogingen die afnemen in grootte (naar 85, 95 en 100 procent).
- Gebruik veel empathie en andere manieren om 'nee' te zeggen om de ander een tegenbod te ontlokken voordat u uw bod verhoogt.
- Gebruik bij het berekenen van het definitieve bedrag precieze, geen ronde getallen, bijvoorbeeld 24.597 en niet 25.000. Dit vergroot de geloofwaardigheid en gewicht van uw voorstel.
- Breng bij uw laatste bod een niet-financieel onderdeel in de onderhandeling (waar de ander wellicht geen behoefte aan heeft) om aan te geven dat u uw uiterste grens heeft bereikt.

Bron: boek *Deel nooit het verschil* van Chris Voss, blz. 205 (2018)

Stap 4: besluiten

Wanneer de onderhandelingen in de afrondende fase zijn beland en de besluiten genomen zijn, is het verstandig voor de afsluiting van het gesprek de definitieve onderhandelingsresultaten samen te vatten en ze zo nodig vast te leggen. Het kan maar beter duidelijk zijn.

Stap 5: afronden

In de afronding van het gesprek kan de ander gecomplimenteerd worden met het behaalde resultaat. Hierbij kunnen zinnen gebruikt worden als: 'naar mijn mening zijn we beiden een stuk verder' of 'ik denk dat we nu tot een goed plan van aanpak zijn gekomen'. Met een afsluitend compliment krijgt de ander een gevoel van tevredenheid over het behaalde onderhandelingsresultaat.

Olivier heeft de onderhandelingen gevoerd en ze zijn tot een voor beide partijen acceptabele oplossing gekomen.
In de overeenkomst staan de volgende afspraken:

- Een staffelkorting als de omzet boven de 50.000 euro stijgt.
- Het inbouwen van een prestatiebeloning. Concreet: een korting bij een slechte evaluatie.
- Het opzetten van een interne trainerspool om de externe inhuur van trainers te verminderen.
- De huidige externe trainers krijgen een rol in de ontwikkeling van deze pool.

De Harvard-methode: principieel onderhandelen

De Harvard-methode gaat uit van het principieel onderhandelen en kan door iedereen in alle situaties worden toegepast. Bij deze methode van principieel onderhandelen zijn beide partijen probleemoplosser. De nadruk wordt gelegd op de belangen en mogelijkheden die voor beide partijen op basis van redelijke en feitelijke normen acceptabel zijn. Het resultaat is een verstandige overeenstemming. Het is geen kwestie van winnen of verliezen, maar het doel is om te komen tot een gezamenlijke overeenstemming.

De Harvard-methode gaat uit van vier basisregels:

- Mensen : scheid de mensen van het probleem
- Belangen : focus op belangen, niet op posities
- Keuzes : bedenk meerdere oplossingen voordat een besluit wordt genomen
- Criteria : baseer het resultaat op een objectieve norm

Basisregel 1: scheid de mensen van het probleem

Mensen hebben emoties en gevoelens die meespelen in de onderhandeling. Het zijn geen computers waardoor in een onderhandeling de emotie van de onderhandelaars en het probleem door elkaar heen kunnen lopen. Beter is dat de onderhandelingspartners samen, zij aan zij, optrekken om gezamenlijk het probleem op te lossen, in plaats van elkaar het leven zuur te maken.

Basisregel 2: focus op belangen, niet op posities

Bij het positioneel onderhandelen wordt gedacht vanuit de eigen positie en hier ontstaat een groot risico voor inflexibiliteit. Beter is het om de belangen te onderzoeken en boven water te krijgen. Deze belangen geven een beter beeld van de behoeften die aan de basis liggen van de ingenomen positie.

> Vic Leemans is commercieel medewerker bij een IT-bedrijf. Dit bedrijf wordt overgenomen door een buitenlands bedrijf. Tijdens de gesprekken over een nieuwe positie in dit bedrijf stelt hij zich negatief op. Hij is tegen de overname van dit buitenlandse bedrijf en hij ziet zichzelf hier niet werken.
>
> In werkelijkheid is hij niet tegen de uitbreiding van de bedrijfsactiviteiten naar het buitenland, maar hij is bang dat hij hierdoor meer van huis zal zijn en onvoldoende zijn rol als mantelzorger voor zijn zieke moeder kan vervullen. Zijn belang is dus het zorgen voor zijn moeder. Dit belang zal alleen boven tafel komen als in het gesprek voldoende tijd wordt ingelast om dit te onderzoeken.

Een onderhandelingspositie geeft vaak niet het echte belang aan. Een compromis tussen posities levert nooit de overeenstemming op die optimaal rekening houdt met de menselijke behoeften die aan de basis lagen van de positie. In feite ben je niet het probleem aan het oplossen maar een uiting van het probleem.

Basisregel 3: bedenk meerdere oplossingen voordat een besluit wordt genomen

Het is lastig om na te denken over de optimale oplossing als je onder druk staat. In het gesprek zelf is vaak geen tijd om goed en rustig na te denken over allerlei creatieve oplossingen die het gezamenlijk belang dienen. Een onderhandelingsgesprek is vaak spannend en dit remt de creativiteit. Het is beter om, voordat je een oplossing gaat kiezen, voorafgaand aan het gesprek na te denken over meerdere oplossingen die in beider belang zijn. Kijk ook naar de BAZO, dit staat voor het Beste Alternatief Zonder Onderhandelingsresultaat (zie paragraaf 15.1).

Basisregel 4: baseer het resultaat op een objectieve norm

Een onderhandelaar kan op persoonlijke kracht, bijvoorbeeld door dominant en koppig te zijn, soms ook een goed resultaat voor zichzelf behalen. Deze methode heeft als nadeel dat de resultaten niet tot volle tevredenheid van beide partijen leiden. Dit kan worden ondervangen door tegenwicht te bieden aan een dergelijke onderhandelaar door aan te geven dat een persoonlijk standpunt niet voldoende is. Een standpunt krijgt meer kracht als het in overeenstemming is met een objectieve norm, bijvoorbeeld de marktwaarde, de mening van een expert, gewoonte of wet. Als beide partijen samen deze criteria of norm vinden, hoeft geen van de partijen toe te geven aan de ander. Dit versnelt het komen tot een resultaat dat door beide partijen wordt geaccepteerd.

15.3 VEELGESTELDE VRAGEN OVER EEN ONDERHANDELINGSGESPREK

Vraag 1 Welke vaardigheden zijn van belang voor een onderhandelaar?

Voor een onderhandelaar zijn de volgende vaardigheden van belang:

Inlevingsvermogen

Hoe beter een onderhandelaar zich kan inleven in de standpunten en belangen van de andere partij, des te beter hij zich een beeld kan vormen van de overtuigingen en belemmeringen van de ander. Dit gebeurt door middel van het stellen van vragen, luisteren en ander aandachtgevend gedrag. Hoe beter het beeld is dat de onderhandelaar heeft van de onderhandelingspartner, des te gemakkelijker is het om te voorspellen hoe deze zich in de onderhandelingen gaat opstellen.

Respect

Het respectvol omgaan met elkaar is goed voor de relatie met de onderhandelingspartner. Een goede relatie maakt dat partijen elkaar gemakkelijker iets gunnen, en denken en handelen vanuit het principe: geven en nemen.

Geduld

Geduld is één van de meest krachtige wapens voor een onderhandelaar. Hoe meer tijd en geduld een onderhandelaar heeft, hoe beter alternatieven onderzocht en afgewogen kunnen worden.

Flexibiliteit

Het bezitten van de flexibiliteit om te switchen tussen mogelijke alternatieve oplossingen geeft beide onderhandelaars ruimte in de onderhandelingen. Deze ruimte in de onderhandeling is een mogelijkheid om te zorgen dat de doelen en behoeften van de onderhandelaar aansluiten bij de doelen en behoeften van de andere partij.

Zelfdiscipline

Zelfdiscipline maakt dat een onderhandelaar zijn zaken serieus aanpakt. Bij onderhandelingen staat vaak veel op het spel en zelfdiscipline maakt dat de onderhandelaar een goed voorbereid plan heeft en dat hij het bereiken van doelen als een serieuze zaak ziet.

Communicatieve vaardigheden

Het speelveld van de onderhandelaar bestaat uit de verbale en non-verbale communicatie tijdens het onderhandelingsproces. Een goed onderhandelingsresultaat komt alleen tot stand als subtiele onderhuidse signalen worden opgepakt; door te visualiseren en te beïnvloeden wat zich onder de oppervlakte afspeelt. Dit betekent: actief luisteren, stiltes kunnen laten vallen, samenvatten, het kunnen labelen (het benoemen van angsten, onuitgesproken wensen en behoeften), spiegelen en parafraseren. Dit zijn allemaal kernvaardigheden van een goede onderhandelaar.

Vraag 2 Welke invloed heeft macht in een onderhandeling?

De wijze waarop onderhandelingen verlopen, hangt samen met de machtsverhoudingen en afhankelijkheid tussen de verschillende partijen. Als de machtsverhouding tussen de partijen ongelijk is verdeeld, zal de meer machtige partij een meer dwingende houding laten zien. De minder machtige partij wordt hierdoor in een meer onderdanige en meegaande rol geduwd. De meer machtige partij kan gemakkelijker een inhoudelijk goed resultaat behalen, maar het is dan maar de vraag of de relatie goed blijft.

Vraag 3 Welke bronnen van macht kan een onderhandelaar inzetten?

De volgende bronnen kunnen onderscheiden worden:

Bezit van het product

Een dienst of product waar de ander belangstelling voor heeft dat schaars is of zich onderscheidt van de concurrentie.

Voorkennis en deskundigheid

De mate waarin een onderhandelaar de beschikking heeft over gegevens, feiten en cijfers die de ander niet kent. Dit geeft een voorsprong.

Hiërarchische positie

De formele positie die iemand vervult. Bijvoorbeeld een leidinggevende of iemand die de macht heeft om een ander te straffen of te belonen.

Tijd

Heeft de onderhandelaar haast of alle tijd van de wereld? Tijd is een factor van belang in onderhandelingen. Een onderhandeling voeren over een kapot onderdeel van een machine waardoor deze nu stilstaat en er niet geproduceerd kan worden, is beduidend korter dan een onderhandeling met de onderdelenleverancier over een algemene inkoopovereenkomst.

Vraag 4 Hoe om te gaan met emotionele manipulatie?

Emotioneel manipuleren is iemand overhalen om iets te doen wat hij eigenlijk niet wil doen. Dit kan door te gaan dreigen met gevolgen of misbruik te maken van emoties of frustraties van de andere partij. Voorbeelden hiervan zijn:

- het werken op schuld- of verantwoordelijkheidsgevoel
- het stopzetten van de relatie
- op de man/vrouw spelen
- de ander slecht of egoïstisch noemen

Onderhandelaars die emotioneel manipuleren gebruiken zinnen als:

- 'U bent de enige die mij kan helpen ...'
- 'Na alles wat ik voor u gedaan heb ....'
- 'Wij hebben toch ook heel veel concessies gedaan voor u ...'
- 'Als u dit aan mij zou vragen zou ik het wel voor u doen ...'
- 'Toen u mij nodig had stond ik ook voor u klaar ...'
- 'Noemt u dit een goede zakelijke relatie? Ik ga wel naar een ander ...'
- 'Dit vind ik nu een typisch vrouwelijke reactie!'

Emotioneel manipuleren tijdens onderhandelingen heeft tot doel de machtsverhouding in het gesprek te beïnvloeden. Een oplossing tegen het manipuleren is voet bij stuk houden; het stellen van grenzen en het aangeven van de eigen irritatie.

Vraag 5 Is er een beste onderhandelingstechniek?

Dé onderhandelingstechniek bestaat niet. Flexibiliteit, het kunnen wisselen van onderhandelingsstijl als de situatie daarom vraagt, is belangrijk voor een goed onderhandelingsresultaat. Wie tijdig weet in te spelen op wendingen in het gesprek en de manoeuvres van de ander heeft een voorsprong.

Vraag 6 Wat zijn do's and don'ts van een onderhandelingsgesprek?

Wel doen

Wees niet bang om iets te vragen

Vertel de andere partij wat uw wensen zijn. Als wensen niet kenbaar gemaakt zijn, zullen ze ook nooit ingevuld worden. Dit lijkt een eenvoudige stelling, maar veel mensen vinden het heel lastig om hun behoeften en wensen uit te spreken.
In gedachten worden de volgende stappen gezet: 'ik krijg toch niet wat ik graag wil hebben, het heeft dus geen zin om het te vragen'. Een dergelijke gedachtegang zorgt ervoor dat u al 'nee' hebt gezegd voor de tegenpartij.

Het niet uiten van een wens betekent ook dat de mogelijkheid uitgesloten is dat de tegenpartij 'ja' kan zeggen. Of dat zij misschien na het horen van uw wens met een compromis komt dat voor u even wenselijk is.

Samenvattend: geef uiting aan de eigen wensen en laat de andere partij zelf de keuze maken om 'nee' te zeggen.

Wees vasthoudend maar ook tactvol

Vasthoudendheid is belangrijk om de eigen grenzen te bewaken. Tact is nodig om de relatie met de onderhandelingspartner goed te houden.

Verwacht het onverwachte tijdens onderhandelingen

Ervaring is goed, maar maak nooit de fout dat de uitkomst hoe dan ook voorspelbaar is. Houd altijd rekening met het onverwachte tijdens het onderhandelingsproces. Blijf scherp, ook bij onderhandelingspartners waar al jaren zaken mee worden gedaan.

Wees niet bang voor een 'nee' tijdens de onderhandelingen

Een 'nee' tijdens de onderhandelingen biedt aanknopingspunten om te onderzoeken en te verhelderen wat een onderhandelaar echt wil. De 'nee' tijdens een onderhandeling is meestal een, tijdelijk, besluit om de status quo te handhaven, het is dus geen afwijzing.

Het beste is om een 'nee' te laten volgen door:
- Welk onderdeel van het voorstel werkt voor u niet?
- Wat zou u nodig hebben om het wel te laten werken?
- Het lijkt erop dat 'iets' de onderhandelingen blokkeert, zou u hier iets meer over willen vertellen?

Let op het stemgebruik
Het is de 'toon die de muziek maakt'. Dit geldt ook voor het onderhandelingsgesprek. Hersenen verwerken niet alleen de woorden en handelingen van de ander, maar ook de bedoeling en de emoties en de sociale betekenis van gedrag. Dit gebeurt op een onbewust niveau.

Niet doen

Onderhandeling zien als een persoonlijke strijd die gewonnen moet worden
Als een onderhandelaar met weinig ervaring en een teveel aan emotie de onderhandelingen ingaat met een partij die daar hetzelfde in zit, kan dit ontaarden in een bittere strijd tussen ego's. Als beide partijen niet wensen toe te geven, dan kunnen de onderhandelingen muurvast komen te zitten met twee verliezers als gevolg.

Vermijd het oprakelen van persoonlijke negatieve ervaringen
Iedere onderhandelaar brengt een persoonlijke geschiedenis mee. In het verleden kan een nare ervaring zijn opgedaan met een bepaalde onderhandelaar. Deze persoonlijke ervaring kan belemmerend werken op het onderhandelingsproces.

Wees dus extra alert op persoonlijke verborgen bedoelingen, zowel aan uw kant als aan die van de andere partij. Rakel het verleden niet op, u bent *nu* bezig met onderhandelingen. Als de andere partij dat doet, kunt u die erop wijzen dat het duiken in het verleden de kans vermindert op het vinden van een win-winoplossing in het heden.

Te snel reageren
Onderhandelingen roepen soms emoties op die kunnen leiden tot een impulsieve reactie. Een adviseur kan verontwaardigd en boos reageren als hij voor, een in zijn ogen uitstekende dienst, een onfatsoenlijk lage prijs

aangeboden krijgt. Immers, actie roept reactie op. Een 'tegenaanval' en het stoppen met de onderhandeling is niet bevorderlijk voor het behalen van de win-win voor beide partijen. Beter is het om op dit soort momenten even afstand te nemen. Probeer als een buitenstaander te kijken naar wat er is gebeurd en probeer het voorval vanuit de positie van de andere partij te bekijken. Als dit lastig is om dit tijdens het gesprek te doen, vraag dan om een time-out. Dit kan in de vorm van:

- 'Ik moet dit overleggen, kan ik even bellen?'
- 'Ik heb behoefte aan een korte pauze' of 'ik wil even naar het toilet, zou u mij willen excuseren?'

Gedurende de time-out kan de adviseur zijn evenwicht terugvinden en nadenken over de volgende stap. Ook kan een vertragingstactiek worden toegepast, bijvoorbeeld door te vragen of de andere partij een stuk wil herhalen omdat de uitleg toch niet helemaal begrepen is. Het is verstandig geen belangrijke beslissingen te nemen als er sprake is van opgelegde druk.

INFORMATIEBRONNEN

Boeken

Blankestijn, S., *Onderhandelen in 90 minuten*. Boom Nelissen, 2013

Fisher, R. en W. Ury, *Excellent onderhandelen*. Business Contact, 2007

Forsight, F., *De Onderhandelaar*, Zwarte Beertjes, 2012

Gramsbergen, Y.H., H.H. Blom en H.T. van der Molen, *Conflicten in organisaties*. Noordhoff Uitgevers, 2011

Mastenbroek, W.F.G. en R. van der Meij, *Onderhandelen*. Het Spectrum, 2012

Ury, W., *Onderhandelen met lastige mensen*. Business Contact, 2010

Voss, C., *Deel nooit het verschil: onderhandelen op het scherpst van de snede*. Scriptum, 2018

Website

http://www.leren.nl/cursus/professionele-vaardigheden/onderhandelen

16 HET CONFLICT-OPLOSSEND GESPREK

Mecheline Klijs

Conflicten zijn er in alle soorten en maten. Zo kan er een dispuut zijn tussen twee medewerkers, tussen afdelingen en organisaties. Ook kan een persoon met zichzelf in conflict raken. Er is zelfs een tv-programma waarin een rechter ruziënde buren probeert bij elkaar te brengen. Conflicten horen bij het (werkzame) leven en kunnen niet altijd voorkomen worden. Wel kunnen en moeten ze opgelost worden. Vaak is er tijdens het oplossingsproces wrijving. Maar ook hier geldt: 'waar wrijving is, ontstaat glans.'

Jan is accountmanager bij Vermeer Internationale transporten. Bij deze organisatie is hij verantwoordelijk voor het relatiebeheer en de acquisitie van nieuwe klanten. Rianne is bij ditzelfde bedrijf medewerkster binnendienst en één van haar taken is het inplannen van de opdrachten van de klanten van Jan.
Twee maanden geleden is het misgegaan bij één van de grootste klanten van Jan. Rianne is vergeten een grote order bij deze klant in te plannen. Zij was zo bang voor Jans reactie dat ze het hem niet durfde te vertellen. Ontdekking kon niet uitblijven. Jan moest op het matje komen en kreeg van de klant de wind van voren.
Jan liet dit niet op zich zitten en kwam schreeuwend het kantoor binnen. "Dat schaap van een Rianne! Kan ze nu nooit eens iets goed doen en een keer fatsoenlijk leren communiceren?"

Hij liet zich ten overstaan van alle collega's bijzonder negatief uit en Rianne trok het zich erg aan. Vanaf die tijd lijkt het alleen maar erger te worden. Alle kleine foutjes worden door Jan uitvergroot en Rianne ziet in alle acties van Jan een poging om haar onderuit te halen.

Kortom, de sfeer is om te snijden! Zowel Jan als Rianne vinden de ontstane situatie niet prettig, maar zijn van mening dat de ander de eerste stap moet zetten om tot een oplossing van dit conflict te komen.

Dit hoofdstuk geeft antwoord op de volgende vragen:

- Op welke vijf manieren kunnen partijen met conflicten omgaan?
- Wat is een gespreksmodel voor een conflictoplossend gesprek?
- Wat zijn de redenen dat een mediator lui, dakloos en dom moet zijn?

16.1 DE VOORBEREIDING OP EEN CONFLICTOPLOSSEND GESPREK

Een goede voorbereiding op een gesprek is vaak het halve werk en deze vlieger gaat zeker op bij het conflictoplossend gesprek. Bij conflicten is vaak emotie in het spel en voorkomen moet worden dat door onachtzaamheid olie op het vuur wordt gegooid. De partijen die tegenover elkaar staan, zijn in een impasse geraakt, de communicatie is verslechterd en zij komen er zelf niet meer uit. In de voorbereiding is het van belang om een goed beeld te krijgen van de kenmerken van het conflict, de betrokken partijen en de verschillende aanpakken om met een conflict om te gaan.

Wat is een conflict?

De definities over conflicten zijn talrijk. Zo stelt Huguenin (2015) dat een conflict een spanning is die ontstaat als doelen, waarden, opvattingen of belangen van twee of meer mensen of groepen elkaar uitsluiten of tegenwerken. Lingsma en Ten Hoedt (2011) zien een conflict als een botsing van waarheden die niet in één verhaal passen.

Positieve kanten van een conflict

In de volksmond heeft het woord conflict vaak een negatieve klank, maar dat hoeft niet altijd het geval te zijn. Zo kan een opgelost conflict de lucht klaren, leiden tot een betere samenwerking en communicatie of tot een ander en beter inzicht.

Een conflict:

- biedt een kans om een dieperliggend probleem op te sporen en op te lossen;
- geeft de mogelijkheid om te leren van andere gezichtspunten;
- biedt een kans om meer kanten van de zaak te ontdekken en dat is van positieve invloed op de creativiteit en het innovatievermogen;
- verhoogt het onderling respect, begrip en stimuleert het leervermogen;
- kan leiden tot een grotere onderlinge verbondenheid.

Conflicten horen bij het (werkzame) leven. Als ze er zijn, is het belangrijk om conflicten op te lossen en de positieve kanten ervan te zien en om er samen van te leren.

De kenmerken van een conflict

Conflicten kunnen op vier niveaus plaatsvinden. Zo kan een persoon met zichzelf overhoop liggen en voor een duivels dilemma staan. In dit geval is er sprake van een zogenoemd *intrapersoonlijk conflict*. Een conflict tussen twee personen of twee groepen wordt respectievelijk een *interpersoonlijk* of een *intergroepsconflict* genoemd. Een conflict binnen een groep is een *intragroepsconflict*.

In dit hoofdstuk staat het interpersoonlijke conflict centraal en wordt kort aandacht besteed aan het intergroepsconflict. Bij een conflictsituatie zijn de volgende zes kenmerken (Gramsbergen-Hoogland, 2011) te onderscheiden:

- Kenmerk 1: onderwerp
- Kenmerk 2: belang
- Kenmerk 3: afhankelijkheid
- Kenmerk 4: macht
- Kenmerk 5: procedure
- Kenmerk 6: tijdsdruk

Kenmerk 1: onderwerp

Wat is de kern van het onderwerp van het conflict?

In de casus uit de inleiding gaat het over een communicatieprobleem in een samenwerkingsrelatie. Rianne is vergeten een order in te plannen en durft, omdat zij bang is voor zijn verbale reactie, hier niets tegen Jan over te zeggen.

Kenmerk 2: belang

Het belang bij een conflict is voor de één anders of groter dan voor de ander.

Jan heeft direct klantcontact en krijgt de eerste boze reactie van de klant. Hij heeft belang bij een zorgvuldige communicatie over de voortgang van de orders, ook als dit misgaat. Rianne heeft belang bij een goede voortgang van haar werkzaamheden en een prettige werksfeer met Jan. Tevens hebben zij een gezamenlijk belang; de klant tevreden houden en behouden voor de organisatie.

Kenmerk 3: afhankelijkheid

In een conflict is sprake van wederzijdse afhankelijkheid.

Jan is afhankelijk van het zorgvuldig inplannen van orders door Rianne. Rianne's humeur en gevoel worden sterk beïnvloed door de verbale uitbarstingen van Jan.

Kenmerk 4: macht

In een conflictsituatie kunnen partijen gebruikmaken van de macht waarover zij beschikken. Het is echter de vraag of het uitoefenen van macht een oplossing voor het conflict is. Het kan ertoe leiden dat de onderliggende partij niet met volle overtuiging en oprechtheid meewerkt aan de oplossing die niet door haar geaccepteerd is.

Jan is hiërarchisch niet de leidinggevende van Rianne. Wel voelt Rianne zich gekleineerd (onmachtig) door het verbale geweld dat Jan over haar uitstort. Jan voelt zich voor schut gezet bij de klant door Rianne, omdat zij vooraf geen informatie heeft gegeven over de verkeerd ingeplande order.

Kenmerk 5: procedure

Voor bepaalde conflictsituaties kunnen procedures ontwikkeld worden.

In de case van Jan en Rianne had een klachtprocedure uitkomst kunnen bieden. Hiermee kunnen afspraken gemaakt worden over hoe je kunt omgaan met klachten van klanten.

Kenmerk 6: tijdsdruk

Voor de oplossing van conflicten is tijd een belangrijke voorwaarde. Tijd biedt vaak ruimte om de kwestie te bespreken, op zoek te gaan naar de oorzaken en om tot een gezamenlijke oplossing te komen. Echter, tijdsdruk kan ook een *trigger* zijn om snel een compromis te vinden.

Jan en Rianne kunnen ervoor kiezen om in een gesprek eerst hun hart te luchten (uitspreken wat hen echt dwars zit) en afspreken de kwestie achter zich te laten (zand erover, gedane zaken nemen geen keer). Vervolgens steken zij hun tijd en energie in een oplossing voor deze kwestie en bedenken samen hoe zo'n kwestie in het vervolg voorkomen kan worden.

Vijf stijlen om met conflicten om te gaan

De wijze waarop conflicterende partijen omgaan met hun onenigheid is mede afhankelijk van twee persoonlijkheidskenmerken. Zo heeft de één (meer) de neiging om de ander te willen helpen. Deze persoon heeft dus oog en oor voor het belang van de ander. De ander kiest misschien enkel en alleen voor zijn eigen belang.

Op basis van deze persoonlijkheidskenmerken kunnen vijf stijlen onderscheiden worden in de wijze waarop partijen omgaan met conflicten. Deze zijn:

- Stijl 1: doordrukken
- Stijl 2: aanpassen
- Stijl 3: vermijden
- Stijl 4: samenwerken
- Stijl 5: compromis sluiten

Bij het hanteren van een conflict is het verstandig na te denken over welk belang wordt nagestreefd. Is dit het eigen belang of het belang van de ander? Een andere vraag die hierbij beantwoord moet worden, is hoe belangrijk de relatie met de andere partij is. De antwoorden op de bovenstaande vragen maken duidelijk welke conflicthanteringstijl het meest effectief is. Het wereldwijd populairste model op dit terrein is het *conflict mode instrument* van Kenneth W. Thomas and Ralph H. Kilmann, beter bekend als het Thomas-Kilmann-model.

Stijl 1: doordrukken

Doordrukken of vechten betekent opkomen voor rechten, een standpunt verdedigen waarin men gelooft of iets najagen wat men, koste wat kost, wil. Het streven is ten koste van veel en misschien wel van alles om te winnen. De persoon in kwestie jaagt het eigen belang na en als dit ten koste gaat van de ander is dat jammer. Deze stijl kenmerkt zich met een alles-of-niets houding ten opzichte van de doelstellingen. De conflictsituatie wordt bekeken als een win- of verliessituatie. De wederzijdse belangen worden als tegenovergesteld en elkaar uitsluitend beschouwd.

De stijl doordrukken is effectief:

- bij tijdsdruk of noodsituaties
  Als een snelle en beslissende actie van vitaal belang is. Bijvoorbeeld bij de aankondiging dat er geen salarisverhoging wordt gegeven, omdat anders het bedrijf failliet gaat. In deze situatie wordt alleen het belang van het bedrijf in ogenschouw genomen. De nadelige effecten voor medewerkers zijn nu niet belangrijk.

- als de onderbouwing van het standpunt gevonden wordt in wetgeving of een procedure
  Bijvoorbeeld bij de functiewaardering voor een nieuwe functie is, conform de regels, een nieuwe weging naar voren gekomen. De medewerker is het niet eens met de uitslag en vecht dit aan. Tijdens een gesprek met de medewerker en de HR-professional wordt het de medewerker duidelijk gemaakt dat de kans om de zaak te winnen in

een beroepszaak nihil is en dat het bedrijf zich houdt aan de uitslag van de weging.

- bij emotionele en principiële kwesties
  Als een persoonlijke waarde of norm is overschreden. Bijvoorbeeld bij het toekennen van een lagere salarisverhoging aan vrouwelijke medewerkers.

- bij belangrijke of impopulaire onderwerpen
  Als de noodzaak van een maatregel hoog is. Voorbeelden zijn bezuinigingen, disciplinaire maatregelen, dossiervorming, reorganisatie, et cetera.

Stijl 2: aanpassen

Als aan het eigen belang en het onderwerp waar het over gaat minder waarde wordt gehecht dan aan de goede relatie met de ander, is aanpassen een effectieve stijl. Deze stijl is het tegenovergestelde van doordrukken. Een medewerker die zich aanpast, heeft de neiging zichzelf weg te cijferen en voortdurend gericht te zijn op anderen. Er zit een element van zelfopoffering in. Personen die zich aanpassen kunnen onbaatzuchtig en edelmoedig zijn. Het kan ook zijn dat een partij zich aanpast, omdat ze angst heeft voor haar tegenstander en zich daarom maar liever aanpast.

De stijl aanpassen is effectief:

- als de andere partij gelijk heeft
  Als blijkt dat het voorstel, het alternatief, de gedachte van de ander beter is. In alle redelijkheid wordt het eigen voorstel ingetrokken en krijgt het betere voorstel de kans.

- als het onderwerp voor de andere partij belangrijker is
  Als het onderwerp voor de één minder belangrijk is, maar voor de ander een halszaak of een principiële kwestie. Een welwillend gebaar naar de ander verstevigt de relatie en zorgt voor wisselgeld (sociaal krediet) in de toekomst.

- bij dreigend verlies
  Als het voortzetten van de gekozen stijl meer schade toebrengt dan het oplevert. Of als de andere partij aan het winnen is.

- als een ruzie vermeden moet worden
  Als het bewaren van de goede lieve vrede en het voorkomen van een breuk erg belangrijk zijn.

Stijl 3: vermijden

Conflictvermijdend gedrag wordt vertoond door medewerkers die weinig of geen rekening houden met het eigen belang en dat van de ander. Medewerkers doen alsof er niets aan de hand is en steken als een struisvogel hun kop in het zand.

De stijl vermijden is effectief:

- als de kans van slagen nihil is
  Het ontbreekt bijvoorbeeld aan macht en invloed om de eigen zaken te behartigen. Of het gaat over een onderwerp waar zelf geen directe invloed op valt uit te oefenen (nationale politiek, wetgeving).

- bij angst voor de andere partij
  De ander heeft financiële buffers om een rechtszaak aan te gaan of beschikt over meer expertise, ervaring en relaties op een bepaald vakgebied. David tegen Goliath.

- als het onderwerp niet belangrijk is
  Als een onderwerp triviaal is of van voorbijgaand belang en als andere onderwerpen urgenter en belangrijker zijn.

- als de tijd nog niet rijp is om het conflict aan te gaan
  Als het verzamelen van informatie meer voordelen biedt dan een onmiddellijke beslissing. Zo kan bijvoorbeeld een ontslagdossier niet volledig genoeg zijn om aan een rechter voor te leggen.

- als een afkoelperiode nuttig is
  Om spanningen terug te brengen tot een normaal niveau en om gevoel voor de juiste proporties te krijgen.

- wanneer anderen het probleem effectiever kunnen oplossen
  Bij het ontbreken van de juiste ervaring en kennis kan het een verstandige keuze zijn om niet te starten met een ingewikkeld en gevoelig dossier.

Stijl 4: samenwerken

Partijen die samenwerken, overleggen in een open sfeer over het oplossen van het conflict. Hierbij is zowel het onderwerp van het conflict als de relatie met de ander belangrijk. Samenwerken is het tegenovergestelde van vermijden. In gesprekken (vaak nemen partijen er de tijd voor) wordt het onderwerp uitgediept en de onderliggende belangen met elkaar gedeeld. Partijen gaan op een constructieve wijze op zoek naar alternatieven die de belangen van beide tegemoetkomen. Samenwerken is een strategie die veel vraagt van de communicatieve vaardigheden van de gesprekspartners.

De stijl samenwerken is effectief:

- als beide partijen de relatie goed willen houden om ook in de toekomst goed te kunnen samenwerken
  Zo hebben een beleidsmedewerker Wijk en Welzijn van een gemeente en de voorzitter van een overkoepelende vrijwilligersstichting beiden belang bij een goede wederzijdse informatie-uitwisseling voor een goede beleidsvorming.

- als leren de doelstelling is
  In situaties waar vooronderstellingen getest worden en situaties waarbij het nodig is om het gezichtspunt van anderen te begrijpen. Bijvoorbeeld een onderzoek naar het verbeteren van de effectiviteit en efficiency van de samenwerking op een afdeling.

- om commitment te krijgen
  Als het draagvlak voor een beslissing of een ingeslagen weg een kritieke factor voor succes is.

- bij verdieping van wederzijdse gevoelens
  Bijvoorbeeld om negatieve gevoelens uit te diepen die een goede relatie in de weg staan.

Stijl 5: compromis sluiten

Een compromis komt vaak tot stand na enkele onderhandelingsrondes. Een compromis is een conflicthanteringstijl waarbij partijen belang hechten aan de relatie en aan het onderwerp. Een compromis is een wederzijdse acceptabele oplossing die partijen gedeeltelijk bevredigt. Het eindresultaat is dus niet de beste, maar wel de meest acceptabele uitkomst. Partijen doen water bij de wijn. De stijl compromis sluiten houdt het midden tussen de stijlen doordrukken, aanpassen, samenwerken en vermijden. De stijl onderhandelen laat meer schieten dan vechten, maar minder dan aanpassen. Op dezelfde wijze wordt een onderwerp meer direct aangepakt dan met vermijden, maar niet zo diepgaand onderzocht als met samenwerken.

De stijl compromis sluiten is effectief:

- als beide partijen van elkaar afhankelijk zijn en het onderwerp voor beide partijen even belangrijk is
  Bijvoorbeeld bij cao-onderhandelingen tussen werknemers en werkgevers.

- als de doelen belangrijk zijn, maar niet voldoende om een breuk in de relatie te riskeren
  Bijvoorbeeld bij het onderhandelen over de verdeling van werkuren over een week met een nieuwe medewerker.

- bij het bereiken van een tijdelijke regeling rondom een complex onderwerp
  Bijvoorbeeld het afspreken van tijdelijke, beperkte en eenvoudige contractvoorwaarden met een huidige leverancier totdat een complex aanbestedingstraject volledig is afgerond.

- als het bereiken van een passende oplossing onder tijdsdruk aan de orde is
  Bij het vervangen van een zieke medewerker worden soms tijdelijke aanpassingen gedaan aan het takenpakket om in ieder geval de meest urgente zaken door te kunnen laten gaan. Zo wordt er bijvoorbeeld afgesproken dat iemand tijdelijk een deel van de functie erbij neemt.

- als blijkt dat de stijlen samenwerken of vechten niet werken

Tip: Beheers alle vijf stijlen en weet wat de meest passende stijl bij een situatie is!

Om effectief te zijn is het belangrijk om te weten wanneer welke stijl ingezet dient te worden. Ieder mens heeft meer feeling voor de ene dan voor de andere stijl. Dit noemen wij een voorkeursstijl en het is belangrijk om de voorkeursstijl los te kunnen laten, want die is niet altijd effectief. Een professionele adviseur beheerst dus alle stijlen en weet in welke situatie hij welke stijl het meest effectief kan aanwenden.

16.2 HET VOEREN VAN EEN CONFLICTOPLOSSEND GESPREK

Bij een conflict in een organisatie wordt al snel naar de HR-professional gekeken. Toch ligt de start van het zoeken naar een oplossing bij de conflictpartijen zelf. De enige sturing die hier vaak nodig is, is het initiëren van een gezamenlijke afspraak. Dit werkt als medewerkers ervaring hebben over hoe zij met conflicten om moeten gaan, het conflict niet zover geëscaleerd is dat er geen vertrouwen meer is in elkaar en betrokkenen in staat zijn op een normale wijze met elkaar te communiceren.

Lukt dit niet dan kan de hulp van een derde partij ingeroepen worden die de rol van bemiddelaar op zich neemt. De rol kan vervuld worden door de HR-professional of een externe derde, een mediator. Meer over een mediator en mediation in paragraaf 16.3. Voordat partijen met elkaar aan tafel gaan, worden eerst met hen afzonderlijke gesprekken (stap 1) gevoerd. Hierna meer over de reden en aanpak van deze voorbereidende gesprekken.

Stap 1: gespreksmodel voor de voorbereidende gesprekken op het conflictoplossend gesprek

In sommige conflicten is de aanwezigheid van een derde partij wenselijk en misschien zelfs noodzakelijk. Het model *conflictoplossend gesprek* bewijst in dergelijke situaties haar waarde en kent een voorbereidings- en een gespreksfase. Het model is afgeleid van het model van Gramsbergen en Hoogland (2011).

Als voorbereiding op het gezamenlijke gesprek voert de bemiddelaar twee afzonderlijke gesprekken met de conflicterende partijen waarin hij beider perspectieven verkent en afspraken maakt over de te volgen procedure. In deze voorbereidende gesprekken wint de bemiddelaar zo veel mogelijk informatie in over het conflict. Indien nodig voert hij ook gesprekken met collega's en andere betrokkenen om een zo goed mogelijk beeld te krijgen van de situatie, het soort conflict en de mogelijk oorzaken. Daarnaast wordt het voorbereidende gesprek gebruikt om te onderzoeken of beide partijen vertrouwen hebben in de persoon van de bemiddelaar. Als dit niet het geval is, dan is de bemiddeling op voorhand gedoemd te mislukken. Ten slotte wordt het voorbereidende gesprek gebruikt om aan de betrokkenen uit te leggen volgens welke procedure het gesprek gaat verlopen (doel, agenda en tijd). Het voeren van de voorbereidende gesprekken is een belangrijke voorwaarde om het conflictoplossend gesprek goed te beginnen.

Fasen

De fasen uit dit voorbereidende gesprek zijn:

- Fase 1: welkom heten en structuur aangeven
- Fase 2: afreageren, ontladen en stoom afblazen
- Fase 3: inventarisatie, samenvatting en prioritering van probleempunten en bezwaren
- Fase 4: beeldvorming over de commitment voor het vinden van een oplossing
- Fase 5: afspraken maken over de te volgen procedure

Fase 1: welkom heten en structuur aangeven

De bemiddelaar heet de gesprekspartner welkom, stelt hem op het gemak, geeft kort aan wat de bedoeling van de bijeenkomst is en welke punten besproken gaan worden.

Fase 2: afreageren, ontladen en stoom afblazen

De gesprekspartner wordt in de gelegenheid gesteld om de emotie over het conflict te uiten.

Tip: Maak gebruik van gevoelsreflecties!

De bemiddelaar maakt gebruik van gevoelsreflecties (zie hoofdstuk 1, Communicatie) waarbij de gesprekspartner de kans krijgt om zijn gevoel en emoties te uiten. Dit helpt bij het verwerken van emoties.

Fase 3: inventarisatie, samenvatting en prioritering van probleempunten en bezwaren

De bemiddelaar onderzoekt en inventariseert de probleempunten en bezwaren van de gesprekspartner. Uiteindelijk laat hij de gesprekspartner zelf een samenvatting maken van de eigen probleempunten en bezwaren.

Tip: Luister, vat samen en vraag door!

De LSD-techniek (Luisteren, Samenvatten en Doorvragen) helpt om te komen tot een zo concreet mogelijke probleemformulering.

Fase 4: beeldvorming over de commitment voor het vinden van een oplossing

De bemiddelaar onderzoekt in hoeverre de gesprekspartner bereid is om te komen tot een oplossing van het conflict en vraagt expliciet of hij bereid is om mee te werken aan een oplossing. Daarnaast stelt de bemiddelaar de vraag of er voldoende vertrouwen is in zijn rol om te bemiddelen in het conflict.

Fase 5: afspraken maken over de te volgen procedure

De bemiddelaar en de gesprekspartner maken afspraken over hoe de komende procedure eruitziet en welke volgende stappen er gaan komen. Dit vermindert het onzekerheidsgevoel bij de medewerker over wat er gaat komen.

Stap 2: gespreksmodel voor het daadwerkelijke conflictoplossend gesprek

Nadat de partijen afzonderlijk met elkaar gesproken hebben gaan zij nu met elkaar in gesprek.

Het gesprek waarin de conflicterende partijen en de bemiddelaar aanwezig zijn, kent de volgende fasen:

- Fase 1: openingsfase
- Fase 2: verkenningsfase
- Fase 3: vaststellen van de essentie en zoeken naar alternatieven en oplossingen
- Fase 4: afrondingsfase

Fase 1: openingsfase

Deze fase start vanaf het eerste gesprek en loopt door tot aan het moment dat beide gesprekspartners met elkaar in gesprek gaan over het conflict. De conflictbemiddelaar opent het gesprek en benoemt de doelstelling en het belang van het gesprek, somt de agendapunten op en geeft de tijdsduur aan van het gehele gesprek en maakt afspraken over ieders aandeel in de tijd. Daarnaast wordt nogmaals gevraagd naar de bereidwilligheid van de gesprekspartners om eruit te komen. In de openingsfase maken de bemiddelaar en de gesprekspartners afspraken over hoe zij met elkaar communiceren. In deze fase geeft de bemiddelaar aan wat zijn rol in het verhaal is en dat is de rol van gespreksleider en procesbegeleider die zich vooral met het communicatieproces en niet met de inhoud van het conflict bezighoudt.

Tip: Geef communicatietips en maak afspraken over hoe men met elkaar communiceert!

Spreek af dat partijen elkaar uit laten praten en geef tips over het stellen van (door)vragen, het samenvatten en het luisteren naar elkaar. Reik tips aan over het geven van feedback.

Tip: Controleer de commitment van de gesprekspartners!

De conflictbemiddelaar vraagt expliciet aan de gesprekspartners om mondeling te bevestigen dat zij bereid zijn om de dialoog aan te gaan en samen tot een oplossing te komen.

Tip: Maak vooraf goede afspraken over de vertrouwelijkheid!

Goede afspraken over de vertrouwelijkheid zorgen ervoor dat de gesprekspartners zich eerder bloot durven geven. Daarnaast zorgen deze afspraken ervoor dat, mocht de conflictbemiddeling niet lukken, de gespreksdeelnemers niet achteraf aangesproken worden op de gegeven informatie.

Fase 2: verkenningsfase

De verkenningsfase is bedoeld om inzicht te krijgen in de complete omvang van het conflict. Belangrijk kenmerk van de verkenningsfase is het ontdekken.

In deze fase laat de conflictbemiddelaar beide conflictpartijen aan het woord. Zij geven hun visie op het probleem en de bezwaren die zij hebben. De rol van de conflictbemiddelaar is om beide partijen *echt* naar elkaar te laten luisteren. De ene partij begint en laat de ander uitpraten zonder hierbij in de rede te vallen. Ze houden dus hun mond als de ander praat.

De conflictbemiddelaar ondersteunt de luistervaardigheden van de gesprekspartners, dit gebeurt door te reflecteren wat verbaal of non-verbaal in een boodschap zit. Dit doet de conflictbemiddelaar op alle gespreksniveaus.

In het gesprek komt heel veel informatie naar boven. Een deel is nuttig en een deel is niet relevant. De taak van de conflictbemiddelaar is om al deze informatie terug te brengen tot de belangrijkste punten. Wat willen de gesprekspartners nu werkelijk bereiken? Dit gebeurt door een samenvatting te geven en de irrelevante informatie weg te laten. Een hulpvraag die de bemiddelaar zichzelf kan stellen is: 'is dat wat de gesprekspartner nu zegt ook dat wat hij echt wil?'.

Tip: Let op non-verbaal gedrag van de conflictpartijen!

Als bemiddelaar is het goed om alert te zijn op het non-verbale gedrag van de gesprekspartners. Dit geeft een indicatie over hoe de gesprekspartners in het gesprek zitten.

Tip: Verminder de spanning!

Bij conflictoplossing is altijd sprake van emotie en spanning. Dit hoort bij het proces en maakt dat gesprekspartners actief en betrokken zijn bij het gesprek. Soms is de spanning te hoog en belemmert het proces, dan is het nodig dat de conflictbemiddelaar de spanningen 'de-escaleert'. Dit kan hij doen door het geven van gevoelsreflecties, het benoemen van de emotie, meta-communicatie, doorvragen, de spanning te vertalen naar wensen en verlangens of het inlassen van een pauze.

De verkenningsfase sluit af met een reflectie en bezinning door de gesprekspartners. Doordat de gesprekspartners hebben moeten luisteren naar het perspectief van de ander, ontstaat ontkokering en komen deelnemers in beweging.

Tip: Wissel van perspectief!

Het is belangrijk dat de partijen elkaar echt begrijpen. Begrijpen is iets anders dan gelijk geven! Door het conflict vanuit het perspectief van de tegenspeler te bekijken, ontstaat er vaak (meer) begrip voor het standpunt en belang van de ander.

Fase 3: vaststellen van de essentie en zoeken naar alternatieven en oplossingen

De conflictbemiddelaar heeft zich in de verkenningsfase een compleet beeld gevormd van de belangen van de verschillende gesprekspartners. De conflictbemiddelaar vertaalt deze naar positief geformuleerde wensen. Deze wensen worden getoetst bij de gesprekspartners en zij krijgen de mogelijkheid om de formuleringen bij te schaven zodat zij zich er zo goed mogelijk in herkennen. Deze stap wordt afgesloten door te vragen aan de gesprekspartners of zij zich volledig herkennen in de opgestelde belangen.

De volgende stap in deze fase is het zoeken naar alternatieven om te komen tot een oplossing. De conflictbemiddelaar stimuleert beide gesprekspartners om gezamenlijk na te denken over de verschillende alternatieven die horen bij de verschillende belangen.
Dit betekent dat gesprekspartners ook actief moeten nadenken over een belang van de 'tegenpartij'.

Tip: Behandel de ingebrachte ideeën en alternatieven gelijkwaardig!

In deze creatieve fase staan partijen open voor alle ideeën, een vergezocht alternatief kan leiden tot een geheel nieuw gezichtspunt.

Nadat alle alternatieven zijn geïnventariseerd start de onderhandeling en wordt er een keuze gemaakt voor het alternatief dat voor beide partijen de beste oplossing biedt.
Probeer de oplossingen te zoeken in eenvoudige en direct toepasbare afspraken. Bijvoorbeeld de afspraak dat de dag begonnen wordt met een kort gesprek over de openstaande actiepunten.

Fase 4: afrondingsfase

De conflictbemiddelaar vat de gemaakte afspraken samen en vraagt hoe de gesprekspartners het gesprek hebben ervaren. Indien nodig maakt hij een vervolgafspraak.

Tip: Let op de sfeer bij het nemen van afscheid!

Het is belangrijk dat met een positief en optimistisch gevoel afscheid wordt genomen van elkaar. De conflictbemiddelaar:

- benoemt de positieve resultaten uit het gesprek;
- geeft de inbrengers complimenten over de inzet en inbreng;
- vraagt of het vervolg voor iedereen duidelijk is.

Hoe is het afgelopen met Jan en Rianne? De sfeer tussen beide medewerkers was om te snijden en zelfs de afdeling had hier last van.
De leidinggevenden van Jan en Rianne kregen er genoeg van en zijn met beiden een gesprek aangegaan. De eerste opdracht die zij Jan en Rianne gaven was om eerst met elkaar om tafel te gaan zitten. Dit gesprek is gevoerd, maar de verhouding was te vertroebeld om hier goed uit te komen.
Als tweede stap is een bemiddeling door de HR-professional voorgesteld. Samen met Jan en Rianne is gezocht naar een oplossing voor hun probleem. Uiteindelijk zijn goede afspraken gemaakt over hun wederzijdse communicatie en het maken van een klachtprocedure.

16.3 VEELGESTELDE VRAGEN OVER EEN CONFLICTOPLOSSEND GESPREK

Vraag 1 Waarom is het belangrijk om in een vroeg stadium (sluimerende) conflicten op te pakken?

Conflicten vormen een integraal deel van het werkzame leven. Zonder een conflict is een verandering of beweging niet of nauwelijks mogelijk. Zo draagt besluitvorming ook altijd een element van conflict in zich en kunnen partijen het eens of oneens zijn over een beslissing. Vaak heeft een conflict te maken met pogingen om een verandering te bewerkstelligen of tegen te gaan. Van nature zijn mensen zekerheidszoekers (de één meer dan de ander) en hechten zij aan het oude vertrouwde. De neiging is bij hen dan ook aanwezig om conflicten te vermijden. Het effect daarvan kan zijn dat op den duur meer problemen ontstaan dan dat er met een confrontatie tot stand gekomen zouden zijn.

Vraag 2 Hoe zijn conflicten binnen een groep op te lossen?

Voor een conflict binnen een groep kan gebruik worden gemaakt van het gespreksmodel van '*Het niet gevoerde gesprek*' (bron: *Deep Democracry*, Jitske Kramer, 2017).

Als binnen een groep een tegenstelling bestaat waar de leden van deze groep via normale gespreksvoering niet uitkomen, kan het gespreksmodel van '*Het niet gevoerde gesprek*' uitkomst bieden.

Dit gespreksmodel is bruikbaar als:

- een groep moeite heeft om te komen tot besluitvorming;
- er binnen de groep twee verschillende kampen zijn, er verschil van mening is en er geen sprake is van sterke emoties;
- conflicten vanuit het verleden of relationele conflicten de samenwerking in de weg zitten;
- er de wens is om te komen tot innovatieve en vernieuwende oplossingen waar de groep zelf niet aan toekomt.

De kern van het gespreksmodel is het gebruikmaken en vergroten van de bestaande verschillen. Door het polariseren krijgt de groep zicht op de tegenstelling en wordt het uitwisselen van informatie hersteld. Het gaat er niet om dat standpunten worden ingeleverd maar dat samen met de groep een oplossing wordt gevonden waar de gehele groep zich in kan vinden.

Gespreksmodel

Controleer of de groep klaar is om het 'niet-gevoerde gesprek' te voeren. Als het antwoord hierop negatief is, vraag dan aan de groep wat zij nodig heeft om het gesprek wel te voeren.

Maak afspraken over veiligheid en de spelregels

Vraag aan de groep welke afspraken over veiligheid zij nodig heeft om dit gesprek te gaan voeren.

Zeg alles

Geef de twee partijen een plek in de ruimte. Iedere plek vertegenwoordigt een standpunt. Eerst mag de ene partij haar argumenten uitspreken naar de andere kant, vervolgens mag de tweede partij haar argumenten uitspre-

ken. Dit mag in duidelijke en heldere termen. Als de ene partij haar argumenten uitspreekt moet de ontvangende partij luisteren en niet in discussie gaan. Er wordt dus niet verdedigd, gediscussieerd of inhoudelijk op argumenten ingegaan.
Dit proces wordt herhaald totdat alles is gezegd. Deelnemers mogen ook van plek in de ruimte wisselen en argumenten vanuit het andere standpunt inbrengen, dit is niet verplicht.

Iedere deelnemer geeft aan wat hem heeft geraakt

De deelnemers gaan weer in een kring zitten en geven, na een paar minuten reflectietijd, individueel aan wat hen heeft geraakt in de argumenten. Het is niet de bedoeling dat deelnemers zich gaan verdedigen. Deze stap wordt afgesloten met een samenvatting van alle inzichten.

Ga oplossen

Alle inzichten bij elkaar worden naast het oorspronkelijke vraagstuk gelegd en er wordt samen met de groep gekeken naar mogelijke oplossingen.

Vraag 3 Wanneer is het verstandig een mediator in te schakelen?

In bepaalde situaties komt het voor dat bij een conflict in de organisatie de rol en integriteit van de HR-professional in twijfel wordt getrokken. Dit kan zich voordoen als de HR-professional beschikt over voorkennis die in een eerdere fase, toen nog geen sprake was van een conflict, openbaar is gemaakt. Daarnaast kan zich de situatie voordoen dat de schijn van partijdigheid ontstaat. Bijvoorbeeld wanneer in een organisatie gekozen is voor een HR-model waarbij de HR-professional alleen als adviseur van het management optreedt. In dit soort situaties is het goed om een onafhankelijke bemiddelaar aan te stellen in de vorm van een mediator.

Mediation is bemiddelen, het oplossen van conflicten met de hulp van een neutrale conflictbemiddelaar: de mediator. De mediator doet geen uitspraak maar begeleidt de onderhandelingen tussen de partijen. Hij helpt hen om zelf een goede oplossing te vinden voor hun conflict zonder tussenkomst van de rechter.

Vrijwillig of verplicht?

Mediation kenmerkt zich door vrijwilligheid, vertrouwelijkheid en onafhankelijkheid. Vrijwilligheid is een belangrijke voorwaarde voor mediation. Niemand kan worden gedwongen aan een mediation deel te nemen. Als dit toch gebeurt, zal blijken dat het niet werkt. Zonde van de tijd en energie en de gedwongen partij kan nog meer haar hakken in het zand zetten!

Open of vertrouwelijk?

Mediation is ook vertrouwelijk, dat wil zeggen dat partijen zich verplichten tot geheimhouding. Dit geldt eveneens voor de mediator. De geheimhouding brengt ook met zich mee dat op de inhoud van een mediation later in een eventuele juridische procedure geen beroep kan worden gedaan.

De mediator is onafhankelijk en heeft geen belang bij welke vorm van oplossing dan ook. De HR-professional kan ondanks dat hij een geregistreerd MFN-mediator is niet voldoen aan het aspect van onafhankelijkheid. Dit is de reden dat vaak voor een externe mediator wordt gekozen. Deze externe mediators zijn te vinden in het online register van het MFN.

Vrijblijvend?

Mediation is niet vrijblijvend en vraagt inzet van degenen die eraan deelnemen. Van de partijen wordt bereidheid verlangd om constructief met elkaar te communiceren en open te staan voor het sluiten van compromissen.

Vraag 4 Wanneer is het inschakelen van mediation een effectieve stap?

Mediation is natuurlijk niet het wondermiddel voor het oplossen van alle conflicten. Zo dienen er aan een aantal voorwaarden te zijn voldaan, wil mediation een kans van slagen hebben. Als alle onderstaande vragen met 'ja' worden beantwoord, is het inschakelen van een mediator wellicht een effectieve volgende stap.

- Hebben deelnemers er belang bij dat het conflict wordt opgelost?
- Willen beide partijen graag zelf het conflict oplossen?
- Is er sprake van een langdurige relatie met de andere partij?
- Willen beide partijen het gesprek aangaan en oud zeer opruimen?
- Is er in het gesprek ruimte voor de emotionele kant van het geschil?

- Willen beide partijen onderhandelen en tot een compromis komen?
- Is de vertrouwelijkheid van de gesprekken een belangrijk punt?
- Zijn er mogelijkheden voor niet-juridische oplossingen?
- Is de tijd voor het zoeken naar een oplossing beperkt?
- Is het conflict nog niet zo hoog opgelopen en is het dus mogelijk om samen rond de tafel te zitten?
- Zijn beide partijen bereid om met een mediator aan de slag te gaan?

Vraag 5 Wat zijn de eigenschappen van een conflictoplosser/mediator?

Een mediator is lui, dakloos en dom!

- *Lui* betekent dat de conflicterende partijen de oplossing zelf moeten aandragen. Een mediator spreekt geen oordeel uit zoals een rechter of een arbiter.
- *Dakloos* betekent dat een mediator onpartijdig is.
- *Dom* betekent dat een mediator niet inhoudelijk op de hoogte hoeft te zijn van de problematiek van het conflict, bijvoorbeeld wanneer het gaat om ingewikkelde financiële constructies of wetteksten.

De HR-professional kan per definitie niet aan deze eisen voldoen, aangezien hij in dienst van de organisatie is en dus een relatie heeft met zowel de medewerker als het management. Een oplossing hiervoor is als de HR-professional wel in de eigen organisatie maar niet in het eigen werkveld, afdeling, business unit of dienst de rol als mediator op zich neemt. In dat geval bestaat er geen relatie met de medewerker en het management en is de onpartijdigheid beter gewaarborgd.

Vraag 6 Waar zijn geschikte mediators te vinden?

Mediation is een bemiddelingstechniek die probeert de kwaliteit van conflictoplossing te borgen door middel van registratie- en gedragsregels. In Nederland is dit geregeld via de Mediation Federatie Nederland (MFN), een onafhankelijke kwaliteitskoepel voor mediation in Nederland. In het online MFN Register, www.mfnregister.nl, kan eenvoudig een mediator gezocht worden op verschillende criteria.

De criteria waarop geselecteerd kan worden, zijn:

- aandachtsgebied (waar gaat het conflict over)
- beroepsgroep (van de mediator)
- gecertificeerd
- werkgebied (bijvoorbeeld Amsterdam)
- taal

Vraag 7 Wat zijn do's and don'ts van een conflictoplossend gesprek?

Wel doen

Maak gebruik van de LSD-techniek. Luister, vat samen en vraag door

De LSD-techniek is een gesprekstechniek die in veel situaties toepasbaar is, maar met name nuttig is in situaties waarbij het verhelpen en voorkomen van misverstanden belangrijk is zoals bij een conflict.

Laat indien nodig partijen stoom afblazen en creëer ruimte voor emoties

Ruimte geven aan emoties, het kunnen vertellen wat er dwars zit, is vaak een hele stap in de emotionele verwerking en acceptatie van een bepaalde situatie. Dit betekent dat de bemiddelaar in staat moet zijn om zichzelf op de achtergrond te plaatsen en alle rust en ruimte te bieden aan de conflictpartijen om het hart te kunnen luchten.

Speel op de bal en niet op de persoon

In de gesprekken is het de taak van de conflictbemiddelaar om de conflictpartijen te laten begrijpen dat het belangrijk is om zuiver feedback aan elkaar te geven (zie hoofdstuk 5, Het feedbackgesprek).

Met de volgende zin wordt op de persoon gespeeld:

'Wat ben jij een schreeuwende hork! Stoppen!'

Op de bal wordt gespeeld met zinnen zoals:

'Vanochtend kwam jij binnen en schreeuwde over de afdeling dat ik een schaap was, dit gaf mij een heel klein gevoel en dit had een negatief effect op mijn zelfvertrouwen. Ik wil hier graag met je over praten.'

Niet doen

Andere onderwerpen erbij halen

In bemiddelingsgesprekken is het goed om een duidelijke afbakening te maken van de problematiek en een oplossing te zoeken in dit afgebakende stuk. Anderzijds kan het erbij halen van andere onderwerpen erop duiden dat de kern van het probleem nog niet geraakt is.

Medestanders creëren door andere partijen erbij te betrekken

De gesprekspartners proberen soms hun argumenten kracht bij te zetten door te melden dat de hele afdeling er ook zo over denkt, de directeur dit ook al eens heeft gezien of op de vorige werkplek hier ook iedereen last van had. De conflictbemiddelaar moet de problematiek afbakenen tot de deelnemers in het gesprek.
Dit gebeurt door een gespreksinterventie te plegen zoals 'ik denk dat het doel van deze bijeenkomst is hoe we de problematiek tussen jullie kunnen aanpakken en oplossen. Hoe anderen daarover denken is nu geen onderwerp van discussie.'

Mee laten slepen en een partij in het conflict worden

Een gesprekspartner kan met de onderstaande vragen proberen de bemiddelaar voor zich te winnen:

- Wat denkt u hiervan?
- Hoe ziet u deze problematiek?
- U vond dit toch ook geen goed idee, hè?
- Gisteren deed u nog alsof u vond dat ik gelijk had, waarom nu niet meer?

Het is dan belangrijk wederom het doel van de bijeenkomst te verwoorden en dat is het oplossen van het conflict tussen de conflictpartijen. Ook verwoordt de bemiddelaar (nogmaals) dat hij in deze geen mening (goed of fout) over een bepaald standpunt heeft.

INFORMATIEBRONNEN

Boeken

Brenninkmeijer, A., D. Bonenkamp, H. Preinen K. van Oyen, *Handboek Mediation*. Sdu Uitgevers, 2017

Euwema, M. en U. Wild, *Omgaan met conflicten op het werk*. Uitgeverij Thema, 2013

Gramsbergen-Hoogland, Y.H., H. Blom en H.T. van der Molen, *Conflicten in organisaties*. Wolters, 2011

Hoedt, F. ten, *Conflicten en coachen*. Boom/Nelissen, 2013

Hoedt, F. ten, M. Lingsma en V. Meessen, *Praktijkboek Conflictcoaching*. Boom Nelissen, 2011

Huguenin, P., *Conflicthantering en onderhandelen: Effectief handelen bij conflicten en tegenstellingen*. Bohn Stafleu van Loghum, 2015

Kramer, J., *Deep Democracy. De wijsheid van de minderheid*. Thema, 2017

Website

Informatie van Mediators Federatie Nederland is met toestemming overgenomen van de website www.mediatorsfederatienederland.nl

17 HET VERZUIMGESPREK

Jacco van den Berg

Ziekte overkomt je, verzuim is een keuze. Immers, wat doet iemand die 's ochtends met keelpijn opstaat? Neemt hij een aspirine en gaat hij naar zijn werk of blijft hij thuis? Dat is een keuze! Ook een organisatie kent haar keuzemomenten. Zijn er spoedcontroles en is er een Sociaal Medisch Team dat de langdurige 'gevallen' bespreekt? Een andere partij met keuzes bij het voorkomen en terugdringen van het verzuim is: de leidinggevende. Leidinggevenden die zorgen voor een juiste balans tussen de belasting van het werk en de belastbaarheid van medewerkers en hen erop aanspreken wanneer zij niet met de verplichte schoenen met stalen neuzen werken, voorkomen arbeidsongeschiktheid en bedrijfsongevallen. Zij die ervoor kiezen om bijvoorbeeld in functioneringsgesprekken het werkplezier te bespreken en ruzies op de afdeling in de kiem smoren, nemen ziekmakende factoren op het werk weg. Leidinggevenden die dan ook nog telefonische ziekmeldingen via hen laten lopen, terugkomgesprekken voeren waarin zij teruggekeerde medewerkers bijpraten, zieke medewerkers thuis bezoeken en/of hen (volledig of gedeeltelijk) aangepast werk laten verrichten, winnen veel bij het terugdringen van het verzuim.

Verzuim is een optelsom van keuzes van medewerkers, leidinggevenden en organisaties, en het maken van keuzes is een vorm van gedrag en dus beïnvloedbaar.

Je kon er altijd de klok op gelijkzetten. Als Peter van het magazijn in de krant las dat er een griepepidemie op komst was, meldde hij zich prompt de dag erna ziek. Niemand geloofde hem, maar de vorige leidinggevende gedoogde het. In de wandelgangen praatte hij over de in zijn ogen zwakke broeder en had het erover dat vroeger de boten van hout waren en de mannen van staal. Maar met Peter erover praten, dat durfde hij niet. Met de nieuwe leidinggevende is het echter slechter kersen eten. Direct na zijn vermeende griep ging de leidinggevende met Peter een gesprek aan.

Dit hoofdstuk geeft antwoord op de volgende vragen:

- Wat houdt demedicaliseren van het ziekteverzuim precies in?
- Wat mag je wettelijk wel en niet vragen tijdens een telefonische ziekmelding?
- Is het ziekteverzuim of verzuimverlof?

17.1 DE VOORBEREIDING OP EEN VERZUIMGESPREK

Voorkomen is beter dan genezen, verlaging van de *verzuimnoodzaak*

0,0 procent ziekteverzuim is een utopie en misschien is geen kort verzuim niet eens wenselijk. Bij een fikse griep is het juist beter dat de medewerkers thuisblijven om eens goed uit te zieken, om te voorkomen dat zij ook anderen aansteken. Toch blijft voorkomen nog steeds beter dan genezen en is het een renderende investering om de noodzaak (lees: de medewerker is *echt* niet in staat om te werken) om thuis te blijven, te verlagen. Zo kan de leidinggevende, samen met de kennis en ervaring van de arbodienst, de aanjager zijn bij het nemen van allerlei preventieve maatregelen op het gebied van Veiligheid, Gezondheid en Welzijn (de VGW-aspecten).

Op basis van de uitkomsten van een risico-inventarisatie en -evaluatie (RI&E) – aan de hand van gevalsbesprekingen in het Sociaal Medisch Team, getrokken lessen uit bedrijfsongevallen, klachten en besprekingen van knelpunten in het werkoverleg en het functioneringsgesprek – kunnen preventieve maatregelen bedacht en uitgevoerd worden.

Terugdringing van met name het witte verzuim is te realiseren door preventieve maatregelen te nemen op de zogenoemde veiligheids-, gezondheids- en welzijnsaspecten van het werk.

Voorbeelden van *veiligheidsaspecten* zijn onder andere:

- schoenen met stalen neuzen
- lasbril
- regenkleding
- handschoenen

Voorbeelden van *gezondheidsaspecten* zijn onder andere:

- periodieke keuring
- fitnessruimte
- tochtvrije ruimten
- steekkarretjes
- ergonomisch verantwoorde bureaustoelen

Voorbeelden van *welzijnsaspecten* zijn onder andere:

- ruimte voor ideeën en inspraak
- afwisselend werk
- goede werksfeer
- focus op sterke punten
- uitdagend werk

Voorkomen is beter dan genezen, verlaging van de *verzuimbehoefte*

Ziekte overkomt je, verzuim is een keuze. De behoefte om thuis te blijven, is bij een medewerker hoog als het werk veel ziekmakende factoren kent. Deze kunnen liggen op het gebied van de vier A's: Arbeidsinhoud, Arbeidsomstandigheden, Arbeidsbelasting en Arbeidsverhoudingen. Het is aan de leidinggevende om de kwaliteit van en de medewerkerstevredenheid over deze vier factoren te monitoren. Veel van deze factoren (de vier A's) hebben te maken met de hiervoor genoemde welzijnsfactoren.

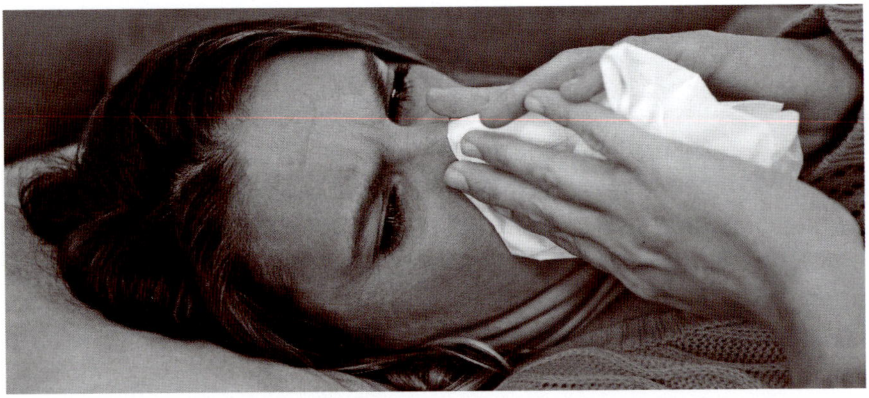

Terugdringing verzuimbehoefte: het effectief wegnemen van ziekmakende factoren op het werk verkleint de behoefte om thuis te blijven en een 'baaldag' te nemen.

Arbeidsinhoud:

- eentonig werk
- geen contact met anderen
- continu een (te) hoog werktempo
- geen verantwoordelijk werk, inspraak en ruimte om oplossingen te bedenken
- et cetera

Arbeidsomstandigheden:

- onveilige werksituatie
- lawaai, koude en hitte
- ontbreken van interne voorzieningen als toiletten en kleedruimte
- et cetera

Arbeidsbelasting:

- hoge werkdruk
- te strakke deadline
- fysiek te zwaar werk
- te veel overwerken
- et cetera

Arbeidsverhoudingen:

- ruzieachtige werksfeer
- slechte relatie met leidinggevende en collega's
- autoritaire stijl van leidinggeven
- geen ruimte om in functioneringsgesprek en werkoverleg over het werk te praten
- et cetera

Bespreek de vier A's

Sommige organisaties hebben als vast onderdeel van het functioneringsgesprek het bespreken van de vier A's. Het doel van het op een gestructureerde en uniforme wijze bespreken van deze punten is om ONrust, ONbalans in belasting en belastbaarheid, ONverschilligheid, ONveiligheid, ONinteressant werk en allerlei andere ON-redenen aan te pakken om op deze wijze toekomstig verzuim voor te zijn.

Tip: Zet de medewerker in zijn kracht!

Door bijvoorbeeld verantwoordelijk- en bevoegdheden aan medewerkers te delegeren en hen in hun kracht te zetten, geeft de leidinggevende aan dat medewerkers méér zijn dan een nummer. Tijd en ruimte voor persoonlijke- en professionele ontwikkeling en een juiste balans tussen belasting en belastbaarheid zorgen voor een binding met de organisatie en verminderen de kans op grijs verzuim. Functionerings- en POP-gesprekken bewijzen hierin hun waarde, net zoals het gestructureerd voeren van werkoverleg.

De VitaliteitsPraatkaart

In menig organisatie is de vitaliteit van medewerkers een centraal thema en onderwerp van gesprek. Deze organisaties geloven erin dat de kans dat een vitale medewerker uitvalt met als reden ziekte, kleiner is dan bij hun niet-vitale collega; dat vitale medewerkers beter presteren en langer inzetbaar zijn (duurzame inzetbaarheid). Een gesprek over vitaliteit kunnen leidinggevenden en medewerkers voorbereiden met behulp van *De VitaliteitsPraatkaart*. Deze kaart is gebaseerd op drie invalshoeken van vitaliteit; competent, gemotiveerd en gezond. Voor medewerkers is het belangrijk dat zij bereid zijn om het werk te doen (*willen en gemotiveerd*). Ook moeten zij in staat zijn om het werk te doen (*kunnen, competent en gezond*). Tot slot moeten medewerkers ook begrijpen hoe en waarom het werk gedaan moet worden (*begrijpen en competent*).

Vragen bij '*competent*':

- Wat moet je (nog meer) weten en kunnen om jouw werk goed te doen?
- Op welke wijze kom jij nog meer tot je recht?
- Wat zijn voor jou, ook als je kijkt over vijf jaar, gezonde uitdagingen in het werk?

Vragen bij '*gemotiveerd*':

- Wat geeft en wat kost jou energie in het werk?
- Welke werkzaamheden zou je graag meer en langer willen verrichten?
- Wat motiveert je om hier te blijven werken?

Vragen bij '*gezond*':

- Op welke wijze kun je zelf jouw gezondheid positief beïnvloeden en welke ondersteuning heb jij nodig vanuit de organisatie?
- Wat verwacht je van wie om niet constant op je tenen te lopen?
- Op welke wijze kun jij het werk nog beter combineren met de thuissituatie?

Aandacht tijdens arbeidsongeschiktheid

Het is belangrijk dat de leidinggevende ervoor zorgt dat medewerkers tijdens hun afwezigheid betrokken blijven en geïnformeerd worden over het reilen en zeilen binnen de afdeling en de organisatie. Naast het contact over het verloop van het herstelproces en het maken van afspraken (in verband met de Wet verbetering poortwachter) over een eventuele terugkeer, tonen zij vooral belangstelling voor de mens achter de medewerker. Leidinggevenden die dit nalaten en weinig belangstelling voor hun medewerkers tonen, werpen een zogenoemde terugkeerdrempel op.

Medewerkers die namelijk niets van hun leidinggevende en collega's horen, voelen zich niet gewaardeerd, hikken enorm tegen hun terugkeer aan (uit schaamte voor hun afwezigheid) en stellen deze alsmaar uit. Zij verliezen de band met het bedrijf en zijn dan vaak onnodig nog langer afwezig.

Tip: Laat even uw neus zien!

Het is ook mogelijk de medewerker thuis te bezoeken, of hem te vragen of hij bij de vrijdagmiddagborrel even zijn neus wil laten zien. De leidinggevende dient een trekkers- en coördinerende rol te vervullen bij het in contact blijven met de medewerker tijdens diens afwezigheid.

Tip: Zorg voor schriftelijk bijblijven!

Aandacht tijdens de arbeidsongeschiktheid kan zowel schriftelijk als mondeling. Het e-mailen van notulen van het werkoverleg, het kunnen inloggen op intranet, het toezenden van het personeelsblad, et cetera. Het is een kleine moeite en wordt vaak op prijs gesteld. Zeker als deze informatie van een persoonlijke noot is voorzien. Het is een voorwaarde aan de medewerker te vragen of hij hier prijs op stelt. Vermeldt deze (stellig) dat hij hier geen behoefte aan heeft, dan is dit wellicht een signaal dat zijn ziekteverzuim met het werk te maken heeft en dus (ook) een arbeidsgerelateerde oorzaak heeft.

Het nut en de noodzaak van de Wet verbetering poortwachter (Wvp)

Door de Wet verbetering poortwachter wordt een organisatie ertoe gedwongen in te grijpen tijdens de eerste twee ziektejaren om daarmee de WIA-instroom (WIA staat voor Wet werk en inkomen naar arbeidsvermogen) te beperken. Bij deze wet is onder andere het volgende van belang:

- Organisaties moeten vanaf de eerste verzuimdag van de medewerker een re-integratiedossier bijhouden. Hierin staan alle inspanningen die de werkgever samen met de mede-werker hebben gedaan om laatstgenoemde zo snel mogelijk weer volledig aan het werk te kunnen krijgen.

- Indien een werkgever zich onvoldoende inspant om de medewerker zo snel mogelijk weer aan het werk te krijgen, kan zij van het UWV verschillende boetes opgelegd krijgen. Ten eerste een loonsanctie als zij zich niet aantoonbaar adequaat heeft ingespannen voor de re-integratie. Het UWV kan dan maximaal twaalf maanden extra loondoorbetaling opleggen na de eerste 104 weken. En als een organisatie een ziekmelding later dan na 42 weken aan het UWV doorgeeft, wordt de periode van loondoorbetaling verlengd. De werkgever kan dan een boete krijgen van maximaal 450 euro.
- Er is een mogelijkheid om bij het UWV een deskundigenoordeel aan te vragen (meer informatie hierover kunt u vinden op de site van het UWV). Een werkgever kan overwegen om dat bij het begin van het tweede ziektejaar te doen en wel om te laten beoordelen of zij al voldoende heeft gedaan om een succesvolle re-integratie te bewerkstelligen. Zo'n deskundigenoordeel geeft geen garantie dat bij de uiteindelijke beoordeling van het re-integratieverslag ook daadwerkelijk geen sanctie wordt opgelegd. Maar de werkgever krijgt voldoende input om de re-integratie, waar nodig, bij te sturen om zo een (eventuele) sanctie te kunnen voorkomen. Overigens kan ook een medewerker een deskundigenoordeel aanvragen.

Meer over regels en verplichtingen bij ziekteverzuim op het werk op de website Rijksoverheid.nl en op de website van het UWV.

17.2 HET VOEREN VAN EEN VERZUIMGESPREK

Drie verzuimgesprekken

Met het verlagen van de verzuimnoodzaak en het terugbrengen van de verzuimbehoefte probeert de leidinggevende het verzuim op zijn afdeling tot een minimum te beperken. Als er dan toch verzuimende medewerkers zijn, dan voert de leidinggevende terugkeer- en verzuimgesprekken. In deze paragraaf worden de volgende drie gesprekken toegelicht waarin de leidinggevende zijn invloed kan aanwenden om het verzuim te voorkomen en terug te dringen:

- Gesprek 1: de telefonische ziekmelding
- Gesprek 2: het terugkeergesprek
- Gesprek 3: het verzuimgesprek

Gesprek 1: de telefonische ziekmelding

De gelegenheid om te verzuimen is bij medewerkers groter als zij niet geconfronteerd worden met (financiële) consequenties, weten dat het werk door anderen kan worden overgenomen en zij zich bij de telefoniste of de afdeling HR ziek kunnen melden. Ook hier is de rol van leidinggevenden onmiskenbaar groot.

Vragen telefonische ziekmelding

Een medewerker meldt zich voor een bepaald tijdstip bij zijn leidinggevende arbeidsongeschikt en vraagt verzuimverlof (zie hiernavolgende box) aan. Een medewerker die zich bij de afdeling HR kan en mag ziekmelden, ervaart veel minder belemmering om zich ziek te melden. Vaak weet de leidinggevende dan niet, of te laat, wat er met de afwezige medewerker aan de hand is. Ook kan daardoor de dagplanning in het gedrang komen, is niet bekend of er afspraken verzet moeten worden of dat werk door anderen overgenomen moet worden.

Is het ziekteverzuim of ziekteverlof?
Is het een zieke medewerker of een verzuimende medewerker? Is het ziekteverzuim of verzuimverlof? Steeds meer organisaties kiezen ervoor om een toon door te laten klinken dat iemand die zich ziek voelt en thuis wil blijven, verzuimverlof moet aanvragen. Zij willen in de organisatie door laten klinken dat ziek-zijn niet automatisch betekent dat je niet kunt werken en dus geen recht is om daarom maar thuis te blijven. Zij willen het automatisme doorbreken dat als een medewerker ziek is hij helemaal niets meer kan doen.

Een medewerker die zich ziek voelt, zo redeneren deze organisaties, ervaart een disbalans in de belasting en belastbaarheid en dat kan zowel een medische als een niet-medische oorzaak hebben. De medewerker neemt vanuit de eigen verantwoordelijkheid de beslissing niet te gaan werken, maar heeft zich wel door middel van een arbeidsovereenkomst gecommitteerd tot het verrichten van arbeid. Vanuit dit perspectief is het passend een soort verlof aan te vragen, met als reden arbeidsongeschiktheid door ziekte of gebrek.

Veel leidinggevenden hebben moeite met de telefonische ziekmelding. Zij vrezen dat dit contact als controlerend en wantrouwend wordt ervaren. Daarom heeft menig organisatie een lijst met aandachtspunten opgesteld die leidinggevenden meer vertrouwen geven bij het voeren van een telefonische ziekmelding. Een aantal voorbeeldvragen:

- Wat is de verwachte duur van het verzuim?
- Welke afspraken en/of werkzaamheden moeten overgenomen en/of uitgesteld worden?
- Van welke zaken moeten collega's op de hoogte worden gebracht?
- Wat zijn de mogelijkheden voor het doen van (andere) werkzaamheden?
- Houdt de ziekte verband met een arbeidsongeval of zwangerschap?
- Is er sprake van een verkeersongeval (regresmogelijkheden)?
- Waar en hoe ben je bereikbaar?
- Einde van de dag graag even contact voor een update, akkoord?

Let op

De volgende vraag mag gesteld worden na een dienstverband van ten minste twee maanden: 'is er mogelijk recht op een ziektewetuitkering van het UWV op basis van een oude of nog lopende WAO/WIA-situatie?'.

Meer over welke vragen wel en niet mogen worden gesteld bij ziekte: zie do's and don'ts in paragraaf 17.3.

Tip: Stel vragen over het werk!

Het is belangrijk vragen te stellen over het werk. De negatieve gevolgen van de afwezigheid dienen beperkt te worden. Ook klinkt hiermee door dat de medewerker gemist wordt en er dus toe doet.

Tip: Maak zo nodig gebruik van het opschortingsrecht!

Wanneer een medewerker tijdens zijn ziekte niet bereikbaar is, dan kan de werkgever gebruikmaken van zijn opschortingsrecht. Dit is het recht om het loon op te schorten totdat de medewerker weer iets van zich laat horen.

Ook altijd lastig: de ziekmelding zelf. Wat mag je dan vragen?

"Ook hier hebben leidinggevenden moeite mee. Maar het is wel nodig: een telefoontje werpt een drempel op. Je anoniem ziekmelden bij HR, of je baas een appje sturen, is te makkelijk. Zet dit dus ook duidelijk in het protocol. Vaak durft men gewoon niets te vragen. Maar je kunt wel degelijk vragen stellen als: Wanneer denk je weer te komen? Wat kun je wel? Kan ik werk komen brengen? Of bij een sportblessure: 'goh, wat vervelend dat jij gisteren bij het voetballen door je enkel bent gegaan, kan ik je naar het werk laten brengen of zal ik je komen halen?'. Dat zijn misschien geen leuke vragen, maar het is de toon die de muziek maakt. Je moet als leidinggevende doorvragen en prikkelen.

Bij een rollenspel tijdens een training leg ik in de nabespreking menig leidinggevende het vuur na aan de schenen. Ze zijn verbouwereerd als ik vertel dat je bij de zoveelste ziekmelding rustig eens mag zeggen: 'kruip nog even onder de wol, ik zie je vanmiddag weer'. Natuurlijk een zwart-wit-opmerking, de grijstinten mogen de deelnemers zelf aanbrengen. Het gaat erom dat zij erover na gaan denken over hoe zij hun medewerkers over hun ziekteverzuim kunnen na laten denken."

Bron: artikel *Vooruitzicht*, interview met Jacco van den Berg over ziekteverzuim, PW/DeGids, december 2014

Tip: Stel vragen die zicht geven op de mogelijkheden!

Als een medewerker zich ziek voelt, hoeft dat niet direct te betekenen dat hij arbeidsongeschikt is en niet kan werken. De leidinggevende vraagt daarom altijd meteen bij de melding wat de medewerker met de klachten die hij heeft nog wel zou kunnen doen. Stel dus niet alleen maar vragen over de beperkingen, maar ook vragen die zicht geven op de mogelijkheden voor (aangepast) werk. De verzuimende medewerker moet namelijk wel antwoord geven op de vraag wat hij nog wel zou kunnen doen.

Gesprek 2: het terugkeergesprek

Bij zijn terugkomst is het zeer wenselijk als de leidinggevende met de medewerker een terugkomgesprek voert. Ook bij kortdurend verzuim is een gesprek belangrijk, al is het maar een paar minuten. Op zijn minst kan de leidinggevende zeggen: 'Fijn dat je er weer bent!' Als de teruggekeerde medewerker onopgemerkt weer gaat werken, staat de deur voor toekomstig verzuim wagenwijd open ('ze hebben mij zeker niet gemist...'). Verder moet het voor iemand die verzuimd heeft wegens arbeidsongeschiktheid gemakkelijk ('hij hoeft zich geen weg terug te vechten') worden gemaakt het werk te hervatten.

Aandachtspunten bij zo'n terugkomgesprek zijn:

- Kan de medewerker het werk alweer aan? Wellicht in aangepaste vorm?
- Hebben er de afgelopen periode veranderingen plaatsgevonden? Is er bijvoorbeeld een nieuwe collega aangenomen of is er een belangrijke beslissing in het laatste werkoverleg genomen?
- Vraag wat de medewerker nodig heeft om zijn werk goed te kunnen doen.
- Vertel dat de medewerker op de leidinggevende en zijn collega's terug kan vallen ('als het moeilijk gaat, kom je maar langs').

In het terugkomgesprek kan ook besproken worden hoe voorkomen kan worden dat de medewerker opnieuw uitvalt. De juiste balans tussen de belasting van het werk en de belastbaarheid van de medewerker is een waardevol gespreksonderwerp.

Tip: Informeer collega's!

Informeer ook de directe collega's die eventueel werk moeten overnemen (indien de teruggekeerde medewerker nog niet alles aankan) dat zij nog (deels) de werkzaamheden moeten blijven verrichten.

Tip: Re-integreer stapje voor stapje!

Bij *langdurig* verzuim vraagt een terugkeer- of re-integratiegesprek meer tijd, met name om de afspraken uit het plan van aanpak (aanpassingen op het werk en sociaal-medische interventies, et cetera) om te zetten in concrete afspraken over bijvoorbeeld werk, werktijden (deeltaken, dagen of dagdelen), introductie, inwerken en evalueren.

Gesprek 3: het verzuimgesprek

Leidinggevenden voeren met medewerkers die een van de norm afwijkend verzuimpatroon hebben de zogeheten verzuimgesprekken. Voorbeelden zijn medewerkers met een hoger ziekteverzuim (frequentie en duur) dan hun collega's en/of leeftijdgenoten, die altijd op een bepaalde dag in de week, als er 's avonds doorgewerkt moet worden of net voor of in schoolvakanties, verzuimen. Een verzuimgesprek kent de volgende stappen:

- Stap 1: opsomming van de feiten
- Stap 2: opsomming van de gevolgen
- Stap 3: uitspreken van het doel
- Stap 4: reactie van de medewerker
- Stap 5: bedenken van oplossingen
- Stap 6: maken van afspraken

Stap 1: opsomming van de feiten

De leidinggevende informeert de medewerker aan de hand van een verzuimoverzicht over zijn verzuim. Hij geeft aan dat de medewerker frequent of langer dan gebruikelijk verzuimt of dat er een patroon (bijvoorbeeld altijd op vrijdag) waarneembaar is.

Tip: Wees goed voorbereid!

Het is hierbij belangrijk dat de leidinggevende laat merken dat hij zich goed op het gesprek heeft voorbereid. Neem bijvoorbeeld een uitdraai van de meldingen mee. Hij heeft overzicht en kan feitelijk duiden dat het verzuim afwijkt van gemiddelden of van de opgestelde regels ('binnen onze organisatie wordt bijvoorbeeld met iedere medewerker die zich een derde keer binnen een periode van twaalf maanden ziekmeldt een verzuimgesprek gevoerd') uit het verzuimprotocol. Door het rustig opsommen van de feiten zet de leidinggevende de toon van het gesprek.

Stap 2: opsomming van de gevolgen

De leidinggevende maakt aan de medewerker de gevolgen van zijn, regelmatig terugkerende afwezigheid duidelijk. Bijvoorbeeld het steeds opnieuw regelen van vervanging, lessen die uitvallen, vergaderingen die moeten worden geannuleerd, een project dat vertraging oploopt, et cetera.

Tip: Wees oplossingsgericht!

Het is belangrijk dat de leidinggevende in het gesprek niet praat over de klachten, maar over de consequenties van de afwezigheid van de medewerker. Hij roept zijn medewerker dus niet ter verantwoording, hij wil een oplossing voor de verzuimoorzaken.

Stap 3: uitspreken van het doel

De leidinggevende vertelt op een rustige wijze dat hij de oorzaken van het verzuim wil bespreken om deze zo mogelijk weg te nemen. Als deze werkgerelateerd zijn, dan kan hij misschien in hetzelfde gesprek hierover al afspraken maken. Als er 'wat anders' aan de hand is, kan hij de medewerker doorverwijzen, bijvoorbeeld naar professionele ondersteuning.

Stap 4: reactie van de medewerker

Nu is de medewerker aan het woord en geeft antwoord op de vragen die zijn leidinggevende zojuist heeft gesteld: 'wat is volgens jou de reden dat jij de afgelopen twee maanden, vier keer op vrijdag afwezig was?' en 'als de oorzaak werkgerelateerd is, kan ik er dan misschien iets aan doen?'.

Tip: Sta niet bij voorbaat met een mening klaar!

Het is belangrijk dat de leidinggevende het verzuim beschouwt als een signaal en een reden voor aandacht. Ook als de leidinggevende zo zijn bedenkingen over het verzuim heeft, houdt hij deze vooralsnog voor zich. De leidinggevende benadrukt het belang dat hij hecht aan oplossingen en laat hierbij de medewerker aan het woord. Hij Luistert, vat Samen en vraagt Door (LSD-principe).

Stap 5: bedenken van oplossingen

Als de oorzaken van het ziekteverzuim werkgerelateerd zijn, gaan de gesprekspartners samen op zoek naar een oplossing. Voorbeelden van werkgerelateerde oorzaken zijn: fysiek te zwaar werk, een onprettige werksfeer, weinig uitdagend werk, geen ontwikkelingsmogelijkheden of wellicht een verstoorde arbeidsrelatie.

Stap 6: maken van afspraken

De laatste stap wordt in de praktijk vaak vergeten en dan heeft een verzuimgesprek weinig zin. Zeker met zwart- en grijsverzuimers is het noodzakelijk om ijkmomenten in de nabije toekomst af te spreken en de afspraken schriftelijk vast te leggen.

In het gesprek met Peter kwam de aap uit de mouw. Het werk beviel hem al jaren niet en zijn verzuim was dan ook vluchtgedrag. Voor de leidinggevende werd veel duidelijk. Peter kreeg een officiële waarschuwing en in samenwerking met de afdeling HR werd naar een meer motiverende werkplek gezocht. Tot die tijd hield de leidinggevende de vinger aan de pols.

17.3 VEELGESTELDE VRAGEN OVER EEN VERZUIMGESPREK

Veelgestelde vragen

Vraag 1 Wat is 'demedicaliseren' van het verzuim?

Vaak hebben leidinggevenden met hun medewerkers een goede band opgebouwd en soms zijn er zelfs buiten het werk om plezierige contacten. Dat maakt het voor hen dan soms lastig om met een medewerker over zijn verzuim te praten. Door echter over de afwezigheid van de medewerker te praten en niet over de ziekte zelf (dat mag niet eens, zie hierna), wordt het verzuim gedemedicaliseerd. Het is voor een leidinggevende makkelijker als hij deze insteek neemt. Een leidinggevende bespreekt met de medewerker de waargenomen feiten en benoemt de consequenties van het verzuim op het werk. Vervolgens spreekt hij zijn gevoel (bijvoorbeeld zorg) uit en stelt vragen als:

- Hoe kijk jij tegen het verzuim aan?
- Wat vind jij van de arbeidsomstandigheden?
- Wat vind je van de inhoud van het werk?
- Hoe ervaar je de samenwerking met mij en jouw collega's?
- Zijn er privéomstandigheden waar ik als leidinggevende van op de hoogte moet zijn?
- Hoe ga je om met jouw ziekte?

Vervolgens gaat de leidinggevende samen met zijn medewerker zoeken naar een oplossing. De medewerker denkt na wat hij kan doen om het (frequent) verzuim te verminderen en hoe zijn leidinggevende hem hierbij kan ondersteunen.

Het is voor een leidinggevende wettelijk niet toegestaan te informeren naar de aard en oorzaak van de ziekte van zijn medewerkers. Alleen de arbodienst of bedrijfsarts mag deze medische gegevens verwerken. Werkgevers mogen, zoals eerder opgemerkt, wel gegevens vragen die noodzakelijk zijn om te kunnen beoordelen hoe het verder moet met de werkzaamheden: 'wanneer kunnen we je weer op het werk verwachten, of zijn er nog lopende afspraken waarmee iets moet gebeuren?'.

Vraag 2 Wat is wit, grijs en zwart verzuim?

Wit verzuim: de medewerker is niet in staat te werken door ziekte of een gebrek

Wit verzuim (medewerker is ziek en meldt zich ziek) is het verzuim dat een direct gevolg is van lichamelijk of geestelijk disfunctioneren. Voorbeelden hiervan zijn een hernia, een zware hersenschudding of een griep (met koortsklachten). De medewerker heeft klachten die het uitvoeren van de dagelijkse werkzaamheden verhinderen en is arbeidsongeschikt. Hier is overduidelijk sprake van ziek = ziek.

Grijs verzuim: de medewerker heeft reële klachten en voelt zich niet in staat te werken

Bij grijs verzuim (de medewerker voelt zich ziek en meldt zich ziek) is niet direct vast te stellen of de medewerker zijn dagelijkse werkzaamheden kan uitvoeren. Hij voelt zich echter wel ziek en blijft thuis. Buikpijn, hoofdpijn en andere pijntjes zijn redenen voor de medewerker om niet naar het werk te gaan. De praktijk leert dat veel van de oorzaken van grijs verzuim zijn terug te voeren op de organisatie (de vier A's, zie paragraaf 17.1). Dit verzuim wordt ook wel vermijdbaar verzuim genoemd.

Zwart verzuim: de medewerker doet een beroep op loondoorbetaling terwijl hij daar geen reden toe heeft

Zwart verzuim wordt ook wel frauduleus verzuim genoemd. Lichamelijk of geestelijk is er geen reden om te verzuimen. Het is de medewerker die zegt dat hij een hernia heeft, maar in het winkelcentrum twee loodzware boodschappentassen draagt of op een ladder zijn huis staat te schilderen. Een ander voorbeeld is de medewerker die zich altijd in de schoolvakanties van zijn kinderen ziekmeldt maar met hen in de Efteling loopt, zo blijkt uit een eigen post op Facebook. Hoewel het in de praktijk om slechts enkele gevallen gaat, hebben deze ziektegevallen een grote negatieve uitstraling op de andere medewerkers. Reden om als leidinggevende deze medewerkers stevig aan te pakken.

Vraag 3 Kun je iemand ontslaan die ziek is?

Voor werkgevers geldt in principe een verbod om het dienstverband gedurende de eerste twee jaar van de arbeidsongeschiktheid op te zeggen (opzegverbod tijdens ziekte). Tenzij er sprake is van arbeidsongeschiktheid tijdens de proeftijd (tijdens de proeftijd kan te allen tijde worden opgezegd) of als er een gegronde reden is voor een ontslag op staande voet tijdens de periode van arbeidsongeschiktheid. Echter, indien een medewerker weigert mee te werken aan zijn re-integratie kan de werkgever wel de loondoorbetaling stopzetten. Hier is sprake van als de medewerker bijvoorbeeld zonder deugdelijke reden weigert om passend werk bij de eigen (eerste spoor) dan wel een andere werkgever (tweede spoor) uit te voeren, of weigert mee te werken aan het opstellen, evalueren en bijstellen van een plan van aanpak. Indien de medewerker blijft weigeren, terwijl het UWV ook van mening is dat de aangeboden arbeid passend is, dan kan de werkgever ontbinding van de arbeidsovereenkomst aan de kantonrechter vragen. Bij het ontbindingsverzoek aan de kantonrechter dient de werkgever een recent deskundigenoordeel van het UWV mee te sturen. Een deskundigenoordeel is een onafhankelijk oordeel van het UWV, dat gevraagd kan worden als werkgever en medewerker van mening verschillen over zaken rond ziekte en werkhervatting. Het UWV beoordeelt of er voldoende re-integratie-inspanningen zijn verricht door de medewerker.

Als de werkgever geen deskundigenoordeel bij zijn ontbindingsverzoek voegt, dan mag de kantonrechter de arbeidsovereenkomst niet ontbinden. Dat kan anders zijn als het redelijk is dat de werkgever geen deskundigenverklaring heeft overgelegd, bijvoorbeeld omdat de medewerker weigert hieraan mee te werken of in een kort geding. Na 104 weken loondoorbetaling mag de werkgever de loondoorbetaling stopzetten indien het UWV geen loonsanctie heeft opgelegd. De werkgever kan een aanvraag voor een ontslagvergunning bij het UWV indienen. Opzegging van de arbeidsovereenkomst wegens langdurig ziekteverzuim is pas mogelijk als niet aannemelijk is dat de medewerker binnen 26 weken herstelt en weer (aangepast) werk kan verrichten, al dan niet met behulp van scholing. Indien de ontslagvergunning van het UWV is verkregen, dan kan het dienstverband met de medewerker worden opgezegd en heeft de medewerker recht op een transitievergoeding.

Vraag 4 Wat kost een arbeidsongeschikte medewerker?

De schattingen lopen een beetje uiteen. Als je googelt op *Wat zijn de kosten van een verzuimdag?*, zie je dat deze kosten variëren van 250 tot 500 euro per dag. Nu is één dag arbeidsongeschikt zijn vaak niet zo heel erg. Maar als een medewerker langere tijd uit de running is, kunnen de kosten van arbeidsongeschiktheid oplopen tot tienduizenden euro's. Naast de loonkosten zijn dit ook de kosten van vervanging en productieverlies. Organisaties zijn normaal gesproken verplicht de eerste twee jaar loon door te betalen en wel 170 procent over de volledige periode van in totaal twee jaar (= 104 weken) arbeidsongeschiktheid. In het eerste jaar mag dat nooit minder zijn dan het minimumloon. Daarnaast moet de organisatie er alles aan doen om te voorkomen dat de medewerker arbeidsongeschikt wordt en dus in de WIA (de Wet werk en inkomen naar arbeidsvermogen) terechtkomt.

Meer informatie over de kosten van ziekteverzuim op de verzuimcalculator: http://www.verzuimkosten.nl

Vraag 5 Is het mogelijk om via de arbeidsvoorwaarden het verzuim terug te dringen?

In Nederland bevatten steeds meer collectieve arbeidsovereenkomsten passages met daarin teksten over prikkels, straffen en beloningen om het verzuim terug te dringen. Het is ook mogelijk om dat in een eigen arbeidsvoorwaardenregeling op te nemen. Deze regeling mag niet strijdig zijn met een cao en moet, indien aanwezig, door de ondernemingsraad of een personeelsvertegenwoordiging worden goedgekeurd.

Zo kan een organisatie het verzuim met negatieve prikkels beperken (bijvoorbeeld maximaal twee wachtdagen hanteren) of een regeling bedenken die de mate waarin de medewerker zich, ondanks zijn arbeidsongeschiktheid, inspant om te re-integreren in ander passend werk, beloont. Een andere mogelijkheid is om een medewerker die zich gedurende een kalenderjaar niet ziekmeldt een extra vakantiedag toe te kennen.

Vraag 6 Welke gegevens over de gezondheid van een medewerker mogen, nadat deze door de bedrijfsarts zijn verstrekt, verwerkt worden?

Die gegevens betreffen:

- de werkzaamheden waartoe de medewerker nog wel of niet meer in staat is (functionele beperkingen, restmogelijkheden en implicaties voor het soort arbeid dat de medewerker nog kan verrichten) door de arbodienst/bedrijfsarts beoordeeld en teruggekoppeld;
- de verwachte duur van het verzuim;
- de mate waarin de medewerker arbeidsongeschikt is (gebaseerd op functionele beperkingen, restmogelijkheden en implicaties voor het soort arbeid dat hij nog kan verrichten) door de arbodienst/bedrijfsarts beoordeeld en teruggekoppeld;
- de eventuele aanpassingen of werkvoorzieningen die de werkgever in het kader van de re-integratie moet treffen.

De werkgever mag in beginsel geen gegevens over de gezondheid van de medewerkers verwerken, ook niet met toestemming van de medewerker. Gelet op de gezagsverhouding tussen werkgever en medewerker kan een medewerker zich namelijk gedwongen voelen toestemming te verlenen, zodat geen sprake is van een 'vrije' wilsuiting. Alleen wanneer een medewerker een ziekte heeft waarbij het noodzakelijk kan zijn dat directe collega's in geval van nood weten hoe ze moeten handelen, zoals bij epilepsie of diabetes, mag de werkgever de vrijwillig door de medewerker verstrekte gegevens over zijn ziekte registreren.

Vraag 7 Wat zijn do's and don'ts van een verzuimgesprek?

Wel doen

Helderheid over besparingsmogelijkheden

Omdat iedere euro telt, is het belangrijk om de besparingsmogelijkheden op het gebied van loon op een rij te hebben. Allereerst is het belangrijk na te gaan of de medewerker recht heeft op loondoorbetaling bij arbeidsongeschiktheid. De medewerker kan bijvoorbeeld geen recht hebben op loondoorbetaling als hij zijn arbeidsongeschiktheid met opzet heeft veroorzaakt, of zijn genezing heeft belemmerd of vertraagd. Een voorbeeld van dit eerste is een medewerker die van de bedrijfsarts een negatief advies heeft ontvangen om op skivakantie te gaan vanwege zijn fysieke beperkingen. Vervolgens gaat de medewerker toch skiën, maar kan bij terugkomst niet re-integreren, omdat blijkt dat zijn medische situatie is verslechterd door deze activiteit. Een ander voorbeeld is dat de medewerker recht heeft op een ander soort uitkering, bijvoorbeeld vanuit de WIA. Het is dan mogelijk deze uitkering van de loondoorbetaling af te trekken.

Verder kan in overleg tussen de casemanager, de leidinggevende en de medewerker bekeken worden hoe de duur van het ziekteverzuim beperkt kan worden door (gedeeltelijke) re-integratie. Dit bevordert het herstel waardoor de medewerker sneller weer kan werken.

Dezelfde dag nog contact

Ook als de leidinggevende op het moment van ziekmelding niet bereikbaar is, neemt hij op diezelfde dag contact op met de arbeidsongeschikte medewerker. Medewerkers moeten, als het maar enigszins kan, zichzelf arbeidsongeschikt melden en dit niet laten doen door partners of huisgenoten. Wanneer dit niet gebeurt, zorgt de leidinggevende er ook in dit geval voor dat er op diezelfde dag contact is tussen hem en de medewerker.

Re-integratie is een verantwoordelijkheid van de leidinggevende én de medewerker

Betrek als leidinggevende de medewerker actief bij zijn eigen re-integratie. In de praktijk valt het vaak op dat de medewerker van mening is dat de re-integratievoorstellen uitsluitend van de leidinggevende (organisatie) moeten komen en daarmee leunt de medewerker achterover in zijn stoel. De Wet verbetering poortwachter verwacht echter ook dat de medewerker een aantoonbaar actieve rol speelt. Doet hij dat niet, dan mag een leidinggevende de medewerker op zijn gedrag aanspreken, zeker als hij daarmee ook re-integratiemogelijkheden onvoldoende benut. Een organisatie kan zelfs de loonbetaling opschorten als de medewerker zich niet houdt aan zijn plichten voor wat zijn re-integratie betreft.

Niet doen

Niet alles mag aan een zieke medewerker gevraagd en/of opgeslagen worden. Het betreft gegevens als:

- diagnoses, naam ziekte, specifieke klachten of pijnaanduidingen
- eigen subjectieve waarnemingen (zowel over geestelijke als lichamelijke gezondheidstoestand)
- gegevens over therapieën, afspraken met artsen, fysiotherapeuten, psychologen, et cetera
- overige situationele problemen (zoals relatieproblemen, problemen uit het verleden, verhuizing, overlijden partner, scheiding, et cetera)

De werkgever mag bij de ziekmelding dus niet vragen naar de aard en/of de oorzaak van de ziekte van de medewerker en in het verlengde hiervan ook niet naar de beperkingen en mogelijkheden van de medewerker. Dit moet worden vastgesteld door de bedrijfsarts of arbodienst.

Afwentelen op de bedrijfsarts

Er wordt weleens gesteld dat de helft van de ziekmelders niet arbeidsongeschikt is, maar zich wel ziekmeldt. Ze zijn 'ziek' van het werk en van hun leidinggevende die daar maar niets aan doet en misschien is dat de reden om maar niet naar het werk te gaan. Nog steeds kopen veel organisaties het terugdringen van het verzuim af door een bedrijfsarts in te schakelen. Maar wat kan deze doen aan het wegnemen van de ziekmakende (werk)omstandigheden, anders dan deze te signaleren? Het zijn de leidinggevenden die in stelling moeten worden gebracht. Zij zouden eens wat vaker en langer na kunnen denken over de antwoorden op de volgende vragen:

- Wat kan ik doen om te voorkomen dat mijn medewerkers arbeidsongeschikt worden?
- Hoe komt het dat medewerkers zich een beetje ziek voelen en dan een baaldag nemen?

Even rust is goed, met rust laten nooit

Van afwachten en niet in actie komen wordt een medewerker niet beter. Vaak wordt rust nog als zoethoudertje gebruikt bij symptomen die wijzen op psychische klachten. 'Neem een paar weken rust' of 'zorg dat je eerst helemaal de oude wordt', zijn adviezen die veelal zowel vanuit het werk als door bedrijfsartsen worden gegeven. Daarmee gaat tijd waarin nog effectief kan worden ingegrepen verloren en kan de betrokkene steeds meer zonder uitzicht vast komen te zitten. Hoe langer iemand het begin van zijn herstel voor zich uitschuift, hoe kleiner de kans op een succesvolle terugkeer. Arbeid is vaak het beste medicijn. Al is het maar twee uur per dag.

(Te) lang wachten met de inzet van een arbeidsdeskundige of een re-integratiebureau

Een werkgever is verplicht zo tijdig mogelijk die maatregelen te treffen die nodig zijn om een zieke medewerker in staat te stellen zijn eigen of ander passend werk te doen en zet hierbij de volgende stappen:

- *Probleemanalyse*
  De bedrijfsarts /arbodienst stelt een probleemanalyse op waarin deze onder meer de aard van de klachten, de beperkingen en de omstandigheden van de zieke medewerker beschrijft. De bedrijfsarts/arbodienst informeert de werkgever over de functionele beperkingen en de mogelijkheden die deze medewerker nog wél heeft en wat die betekenen voor het soort werk dat hij nog kan doen.

- *Plan van aanpak*
  In het plan van aanpak, dat de werkgever en de medewerker samen opstellen, mogen zij alleen die gegevens over de gezondheid opschrij-

ven die voor het opstellen van het plan van aanpak noodzakelijk zijn, zoals de door de bedrijfsarts vastgestelde beperkingen en mogelijkheden van de medewerker en wat deze betekenen voor het soort werk dat hij kan doen.

- *Het re-integratiedossier en het re-integratieverslag*
  De werkgever is verplicht om het ziekteverzuim en de re-integratieactiviteiten bij te houden in het re-integratiedossier. Aan de hand van dit dossier wordt een re-integratieverslag opgesteld. In overleg met de medewerker stelt de werkgever het eerste deel van het re-integratieverslag op en verstrekt een afschrift aan de medewerker. In dit verslag mogen alleen de medische gegevens staan die de werkgever mag verwerken. De bedrijfsarts stelt het tweede medische deel op en verstrekt dit rechtstreeks aan de zieke medewerker. Dit verslag mag de werkgever niet inzien.

INFORMATIEBRONNEN

Boeken

Paul, J., *Arbo- en verzuimbeleid*. SDU uitgevers, 2013

Teunis, M., *Van werken wordt iedereen beter*. Vakmedianet, 2014

Veldman, H. en J. Bakker, *Ziekteverzuim bestaat niet*. Vakmedianet, 2016

Blog

Berg, J. van den, Ziekteverlof in plaats van ziekteverzuim, *HRzone*, 2013

Studie

AVG: Europese privacywetgeving. https://autoriteitpersoonsgegevens.nl/nl/onderwerpen/avg-europese-privacywetgeving

Webinars

Verzuimgesprekken. Jacco van den Berg in samenwerking met SkillsTown

Ziekteverzuim. Jacco van den Berg, Vakmedianet, 2017

18 HET CORRECTIE-GESPREK

Jacco van den Berg

Iedere organisatie kent regels en procedures om werkprocessen effectief en efficiënt te laten verlopen, de veiligheid van medewerkers te waarborgen of om de samenwerking tussen medewerkers en afdelingen te stroomlijnen. Niet altijd worden deze regels nageleefd. Zo kan er sprake zijn van onachtzaamheid of juist van het bewust negeren van een procedure. Ook kunnen medewerkers kwetsende, seksueel getinte of discriminerende opmerkingen maken richting collega's of klanten onheus bejegenen. Het is dan als leidinggevende (nood)zaak deze overtreding in een correctie- of disciplinegesprek te bespreken. Het gesprek is een soort curatieve ingreep die plaatsvindt als de medewerker grenzen overschrijdt. De toon van het gesprek is er één van: 'de maat is vol, niet de regels veranderen, maar jouw gedrag verandert!'.

Het was pas 11.00 uur en nu alweer bijna 30 graden. Piet deed zijn veiligheidshelm wederom af en zijn zware werkschoenen uit. Zijn eigen sneakers zaten lekkerder en het frisse windje door zijn haar gaf enige verkoeling. Hij wist dat het niet mocht. Als de opdrachtgever dit zou zien, zal hij Piet van het bouwterrein verwijderen. Maar ach, hij is nog nooit gesnapt en het gaat al jaren goed.

Dit hoofdstuk geeft antwoord op de volgende vragen:

- Wat is de escalatieladder?
- Wat zijn de ON-redenen van ongewenst gedrag?
- Wat zijn de wettelijke regels waar een dossier aan moet voldoen?

18.1 DE VOORBEREIDING OP EEN CORRECTIEGESPREK

De escalatieladder

In een correctiegesprek bespreekt de leidinggevende met de medewerker het gedrag dat, om wat voor reden dan ook, niet door de beugel kan. Dit kan een overtreding van een veiligheidsvoorschrift zijn of het niet vriendelijk te woord staan van een klant. Ook met een medewerker die een beslissing heeft genomen die buiten zijn bevoegdheid ligt, wordt een correctiegesprek gevoerd. Kenmerkend voor een correctiegesprek is dat de leidinggevende het ongewenste gedrag al in een feedbackgesprek (zie hoofdstuk 5, Het feedbackgesprek) heeft aangekaart. De feedback lijkt echter aan dovenmansoren gericht. Ook kan het zijn dat de medewerker 'uit schrik' zich na het gesprek wel aan de regels houdt om na een aantal dagen weer het ongewenste gedrag te vertonen. Een correctiegesprek wordt dus gevoerd na één of meerdere feedbackgesprekken. Het kan de voorbode zijn van een ontslaggesprek (zie hoofdstuk 19, Het slechtnieuwsgesprek) omdat de medewerker hardleers is in het aanpassen van gedrag.

Tip: Zeg het in een een-op-eengesprek!

Heldere feedback is hetgeen thuis verteld wordt over de prestaties en het gedrag van een medewerker. Haal de scherpe kantjes eraf en zeg het in een een-op-eengesprek tegen de medewerker.

18.2 HET VOEREN VAN EEN CORRECTIEGESPREK

Een gespreksmodel voor een correctiegesprek

Ook bij het voeren van een correctiegesprek is een goede voorbereiding het halve werk. De leidinggevende denkt in zijn voorbereiding erover na welk gedrag (feiten) hij heeft waargenomen en wat de ongewenste gevolgen zijn. Vervolgens luistert hij naar het verhaal van zijn medewerker om daarna via 'oplossingen' (stap 5) een duidelijke afspraak te maken. Hierna volgt een toelichting op de verschillende stappen.

- Stap 1: feiten
- Stap 2: gevolgen
- Stap 3: doel
- Stap 4: verhelderingfase
- Stap 5: oplossingen
- Stap 6: afspraken

De voorbereiding bestaat uit 'het op een rijtje zetten' van de eerste drie stappen van het correctiegesprek (zie paragraaf 18.3).

Stap 1: feiten

De leidinggevende benoemt het ongewenste gedrag en de afspraak die niet is nagekomen en/of de regel die overtreden is. Hij somt de feiten op en geeft voorbeelden die kristalhelder zijn. Over feiten en voorbeelden kan namelijk geen discussie ontstaan, over containerbegrippen als 'onnauwkeurig', 'niet flexibel' en 'geen doorzettingsvermogen' wel. Ook weet de medewerker niet (meteen) wat er wordt bedoeld. Door op een rustige manier de feiten op te noemen, zet de leidinggevende de toon van het gesprek. Hij laat zien dat hij niet over één nacht ijs is gegaan en dat het ernst is.

Niet: *'Saskia, je bent onnauwkeurig.'*
Wel: *'Saskia, we hebben een afspraak dat jij iedere maandag voor 12.00 uur de dagrapporten van de vorige week inlevert. Het is nu 14.00 uur en ik heb alleen de rapporten van maandag en dinsdag. Ook mis ik in het dagrapport van dinsdag de analyse. Dit is nu de derde keer binnen een half jaar dat wij over dit onderwerp bij elkaar zitten.'*

Tip: Wees niet verwijtend!

Ook bij het correctiegesprek is het belangrijk om op de bal te spelen en niet op de man. Zinnen waarin uitspraken worden gedaan over de persoon ('jij bent laks of lui') zijn dus uit den boze.

Niet: *'Camiel, je hebt weer een aantal waardeloze offertes gestuurd. Er deugde werkelijk niets van. Als je er geen zin meer in hebt, moet je het maar zeggen. Je bent er helemaal niet met je hoofd bij.'*

Wel: *'Camiel, ik ontdekte gisteren fouten in de offertes die je aan vijf klanten hebt gestuurd. Zo was bij twee offertes de aanhef verkeerd. Jansen is een mevrouw en geen meneer, en er ontbrak bij drie offertes een prijsopgave. Bij de offerte aan Van Zanen bood je een verkeerde korting voor een product aan. Ik wil er graag zeker van zijn, dat alle offertes ook zonder mijn controle foutloos verzonden worden.'*

Stap 2: gevolgen

Vervolgens worden de ongewenste gevolgen van het gedrag besproken. Het doel is de medewerker bewust te maken van zijn doen en laten en hem duidelijk te maken dat zijn gedrag echt ongewenst is.

'Camiel, een offerte met veel fouten laat geen betrouwbare indruk bij de klant achter. Als deze (eerste) indruk niet goed is, kan dat leiden tot een keuze voor een andere organisatie. Ook hebben twee klanten teruggebeld omdat de prijsopgave ontbrak en heeft een collega er veel werk aan gehad om deze fout te corrigeren. Van Zanen heeft natuurlijk gekozen voor de aanbieding en nu moeten wij onder de kostprijs gaan leveren.'

Tip: Zoek geen spijkers op laag water!

Net zoals in de eerste stap vertelt de leidinggevende in alle rust over de gevolgen van het ongewenste gedrag. Ook hier is het beter twee concrete en niet-weerlegbare gevolgen op te noemen, dan vier waarvan twee halfzacht. Als de medewerker het ermee oneens is, kiest hij de tegenaanval door de halfzachte gevolgen aan de kaak te stellen. Hij stelt dat de leidinggevende spijkers op laag water zoekt.

Stap 3: doel

In stap drie spreekt de leidinggevende kort het doel van het correctiegesprek uit. Hij stelt dat het correctiegesprek, links- of rechtsom, resulteert in afspraken die tot gedrag leiden waarbij de leidinggevende, collega's en klanten niet meer met de zojuist toegelichte ongewenste gevolgen te maken krijgen.

Tip: Houd in de eerste drie stappen een monoloog!

De eerste drie stappen van het correctiegesprek zijn een monoloog van de leidinggevende. Hier zet hij op een rustige manier de toon van het gesprek en staat niet toe dat de medewerker hem onderbreekt. De kans is dan namelijk groot dat hij feiten en gevolgen vergeet op te sommen. Ook kan er irritatie bij de leidinggevende ontstaan. Tegen de medewerker die zijn leidinggevende onderbreekt wordt gezegd dat deze voldoende tijd en ruimte krijgt om zijn kant van het verhaal te belichten, maar dat hij nu even dient te luisteren.

Stap 4: verhelderingfase

In stap 4 is de medewerker aan zet en kan hij zijn kant van het verhaal vertellen. De leidinggevende past de vraag- en luistertechnieken (zie hoofdstuk 1, Communicatie) toe en zet de medewerker op de praatstoel. De ON-redenen waarom medewerkers dingen doen die ze niet mogen doen of juist dingen niet doen die ze wel moeten doen, zijn legio. Hierna een opsomming die zeker niet uitputtend is:

- ONwetendheid
- ONkunde
- ONervarenheid
- ONzekerheid
- ONvermogen
- ONmacht
- ONzin
- ONgein
- ONverschillig
- ONgeïnteresseerd

Omdat voorafgaand aan een correctiegesprek er al (feedback)gesprekken gevoerd zijn – het is immers niet de eerste keer dat de medewerker over de schreef gaat – is het nauwelijks voorstelbaar dat de eerste vier ON-redenen worden genoemd. De leidinggevende sluit in deze fase van het correctiegesprek echter niets uit en Luistert, vat Samen en vraagt Door (LSD-principe). Als de medewerker dan bijvoorbeeld toch zegt dat hij onwetend is over een bepaalde regel, kan de leidinggevende het als een (volgend) feit presenteren dat dit vreemd overkomt omdat hier al eerder in feedbackgesprekken over gesproken is. Als leidinggevende is het goed om de data van deze gesprekken op te sommen of ze in ieder geval paraat te hebben als de medewerker erom vraagt.
De ON-redenen *ONvermogen* en *ONmacht* vallen in de tussencategorie. De medewerker beschikt over de kennis en ervaring om zijn werk te doen en weet ook wat er van hem verwacht wordt, maar het kan hem bijvoorbeeld aan tijd en de juiste middelen ontbreken.

Camiel herkende en erkende de fouten en baalde hier ook stevig van. Op woensdag staat hij er altijd alléén voor omdat collega Chantal dan vrij is. Omdat het de afspraak is dat als klanten voor 10.00 uur een offerteverzoek indienen, zij diezelfde dag voor 16.00 uur een offerte ontvangen, komt hij 's middags in tijdnood. Het is dan altijd een race tegen de klok en de laatste weken gaat het inderdaad geregeld fout. Camiel heeft 's middags geen tijd om alle offertes rustig na te lezen of ze te laten tegenlezen.

De praktijk leert dat bij een correctiegesprek er toch meer aan de hand is. Willens en wetens, het ongewenste gedrag is immers al een aantal keren in feedbackgesprekken besproken, vertoont de medewerker gedrag dat niet passend en wenselijk is. Hij stelt dat de regels er niet voor hem zijn, vindt het allemaal wel meevallen en het lijkt hem allemaal niet echt te deren (ONzin, ONgein, ONverschillig en ONgeïnteresseerd). Afhankelijk van de ernst van de zaak of het aantal keren dat over deze kwestie is gesproken, maakt de leidinggevende duidelijk dat het zo toch echt niet verder kan en dat de medewerker zijn gedrag en houding moet aanpassen. Maar ook bij deze ON-redenen legt de leidinggevende zijn oor te luisteren. Want wat is de voedingsbodem voor zijn ONgeïnteresseerdheid? De overtredingen zijn wellicht signalen voor dieperliggende problemen.

Stap 5: oplossingen

Het is verstandig om het initiatief voor de oplossing in eerste instantie bij de medewerker te laten. Net zoals bij het functioneringsgesprek hanteert de leidinggevende de drietrapsraket van de jij-, wij- en ik-oplossing (zie hoofdstuk 7, Het functioneringsgesprek).

Jij-oplossing

Oplossingen waar de medewerker zelf mee komt, hebben een grotere acceptatiegraad. De kans dat de oplossing ook op langere termijn werkt, is groter.

'Heb jij een idee hoe we hier verandering in aan kunnen brengen?'

Wij-oplossing

Als een medewerker zelf niet in staat is de oplossing aan te dragen, zoeken leidinggevende en medewerker samen naar een oplossing. De leidinggevende geeft suggesties en laat de medewerker erop reageren.

'Laten we eens samen kijken welke mogelijkheden er zijn om ...'
'Is het misschien een idee om ...?'

De oplossing van Camiel om de deadline van 16.00 uur te laten varen, werd door de leidinggevende van tafel geveegd. "De klant is immers koning en in onze branche is snelheid geboden", aldus de leidinggevende. De oplossing om kort na de lunch de stand van zaken door te nemen en eventueel een tegenlezer van een andere afdeling in te schakelen kon wel op de goedkeuring van de leidinggevende rekenen. Aldus geschiedde.

Ik-oplossing

Als een medewerker uiteindelijk zelf geen oplossing wil of kan leveren, komt de leidinggevende met een oplossing.

'Vanaf nu ga jij ...'

Niet voor niets staat deze ik-oplossing als laatste in de rij. Maar aan de andere kant moet de leidinggevende niet schromen ermee te komen.

Tip: Wees duidelijk in de laatste waarschuwing!

Er zijn natuurlijk situaties (bijvoorbeeld onveilig werken) waarin de verhelderingfase kort(er) is en dat er maar één oplossing is. Onveilig werken valt immers in de categorie *eens maar nooit weer!* De leidinggevende stelt dat er maar één oplossing is en kondigt aan dat als het gedrag niet verandert er disciplinaire maatregelen volgen. Een soort laatste waarschuwing dus.

Stap 6: afspraken

De leidinggevende beëindigt het correctiegesprek met het maken van een vervolgafspraak. Deze afspraak is niet over een half jaar. Door er als leidinggevende kort op te zitten, laat hij aan de medewerker zien dat het hem ernst is. In het vervolggesprek toetsen de leidinggevende en zijn medewerker of de gemaakte afspraak effectief is en ertoe leidt dat de ongewenste gevolgen achterwege blijven. Zo niet, dan volgt wederom een gesprek met wellicht nog scherpere afspraken. De toon gaat richting: 'Jij moet veranderen en niet de regels. Zo niet dan passen wij blijkbaar niet (meer) bij elkaar.'

Tip: Leg schriftelijk vast!

Als een mondelinge waarschuwing niet het gewenste effect sorteert, dan wordt er een gespreksverslag gemaakt. Dit verslag is kort en feitelijk en wordt altijd (!) ook door de medewerker ondertekend. Als de medewerker weigert het verslag *Voor akkoord* te tekenen dan tekent hij *Voor gezien*. Een dergelijke werkwijze maakt dossiervorming geldig en bruikbaar, maar getuigt ook van wederzijdse openheid en transparantie. Ook als het om minder prettige zaken gaat.

De opbouw van een dossier

Het correctiegesprek kan het begin van het einde zijn. De medewerker kiest eieren voor zijn geld en stopt bijvoorbeeld met zijn ongewenste werkhouding. Het kan ook het einde van het dienstverband zijn omdat hij hierin volhard. Maar voordat een ontslagaanvraag kan worden ingediend, moet er een zogenoemd dossier worden aangelegd.

Stappenplan

Bij de opbouw van een dossier bij disfunctioneren is het belangrijk de volgende stappen te zetten:

- Stap 1: heldere verwachtingen
- Stap 2: bespreek het disfunctioneren
- Stap 3: het verbetertraject

Stap 1: heldere verwachtingen

Allereerst moet een werkgever aan kunnen tonen dat de medewerker weet, kon weten, wat er van hem werd verwacht. Dit kan met een functieomschrijving waarin de functie-eisen en resultaatgebieden helder staan geformuleerd. Laat de medewerker deze functieomschrijving ondertekenen.

Stap 2: bespreek het disfunctioneren

Uit het dossier moet blijken dat het onder de maat functioneren op tijd besproken is. Hierin bewijzen verslagen van feedback-, functionerings- en beoordelingsgesprekken hun waarde. Laat ook deze verslagen door de medewerker ondertekenen. Als de medewerker blijft disfunctioneren, volgt een correctiegesprek waarin hij een officiële waarschuwing krijgt. Niet de functie-eisen veranderen, zijn prestaties en gedrag moeten verbeteren.

Stap 3: het verbetertraject

Een goede werkgever, zo redeneert de kantonrechter, biedt de medewerker kansen om zich te verbeteren. De begeleiding kan bestaan uit coaching, het volgen van een opleiding en het om de twee of drie weken voeren van gesprekken om de voortgang te bespreken. Een stappenplan voor een verbetertraject kent de volgende aandachtspunten:

- Stel een schriftelijk verbeterplan op.
- In het plan staat concreet en duidelijk omschreven wat het takenpakket is.
- In het plan staat omschreven waaraan de medewerker moet voldoen om op het gewenste niveau te functioneren.
- Specifiek staat genoemd op welke aspecten de medewerker onderpresteert en de verbeterpunten zijn objectief, concreet en zoveel mogelijk meetbaar. Vertaal minder harde verbeterpunten dus zoveel mogelijk in concrete handelingen/vaardigheden die gemeten kunnen worden.
- Bespreek dit plan met de medewerker in een kennisgevings-/startgesprek.
- Neem in het plan op wat de medewerker nodig denkt te hebben om de gestelde doelen te bereiken.
- Noteer in het plan wat de reactie van de medewerker is op het verbeterplan.
- Leg vast wanneer, hoe vaak, met wie en hoe er wordt geëvalueerd.
- Leg evaluaties schriftelijk vast en noteer objectief en specifiek wat is besproken, dus niet 'gaat beter', 'volhouden' of iets dergelijks.
- Maak in evaluaties duidelijk (genoeg) wat er goed gaat en vergeet vooral niet te benoemen wat er niet goed gaat en waarom het niet goed gaat.
- Rond het traject af met een afsluitend gesprek waarin wordt geconcludeerd of de medewerker de doelen heeft gehaald. Het moet geen verrassing zijn voor de medewerker.

Ontslag

Als de medewerker (bijvoorbeeld) blijft volharden in zijn ongewenste gedrag en de gemaakte afspraken niet het gewenste effect sorteren, dan kan ontslag volgen. En daar zijn in Nederland regels en routes voor.

Regels

De voorwaarden voor ontbinding wegens disfunctioneren staan in de wet en zijn:

- De werkgever moet aannemelijk maken dat de medewerker ongeschikt is voor het verrichten van de bedongen arbeid.
- Het disfunctioneren mag niet een gevolg zijn van ziekte of gebreken van de medewerker.
- De medewerker moet tijdig op de hoogte zijn gebracht van het vermeende disfunctioneren.
- De medewerker moet de gelegenheid krijgen om zijn functioneren te verbeteren. Deze eis heeft betrekking op het verbetertraject, waarmee de werkgever zorgvuldig moet omgaan en dat hij correct moet vastleggen in het personeelsdossier.
- De werkgever moet voldoende zorg hebben besteed aan scholing van de medewerker, de zogenoemde scholingsplicht.
- De ongeschiktheid voor de functie mag niet het gevolg zijn van onvoldoende zorg voor de arbeidsomstandigheden. Een consistent arbobeleid is daarom belangrijk.

Routes

Conform de Wet werk en zekerheid (Wwz) wordt de ontslagroute (via de kantonrechter of het UWV) bepaald door de reden van het ontslag; de zogenoemde ontslaggrond.

Route via de kantonrechter

Wenst een werkgever via de kantonrechter de arbeidsovereenkomst met een medewerker te ontbinden wegens disfunctioneren (de d-grond), of wegens een verstoorde arbeidsrelatie (de g-grond), dan moet hij een volledig en goed onderbouwd ontslagdossier aanleveren. Doet hij dit niet, dan wijst de kantonrechter het ontbindingsverzoek af. Daarnaast moet de werkgever voldoen aan de herplaatsings- en scholingsplicht en is hij in beginsel verplicht de medewerker, óók een disfunctionerende, een transitievergoeding te betalen.

Let op

Een alternatief voor ontbinding van de arbeidsovereenkomst door de kantonrechter is om met een goed onderbouwd dossier samen met de medewerker een vaststellingsovereenkomst te sluiten. De arbeidsovereenkomst wordt dan met wederzijds goedvinden beëindigd en de medewerker behoudt zijn recht op een WW-uitkering.

Het is dus nog meer noodzaak geworden om met gespreks-, functionerings- en beoordelingsverslagen en waarschuwingen aan te kunnen tonen dat de organisatie het disfunctioneren van de medewerker heeft op- en aangepakt.

Route via het UWV

Daarnaast is er de ontslagroute via het UWV voor bedrijfseconomisch ontslag, ontslag door langdurige arbeidsongeschiktheid en collectief ontslag.

Terug naar de inleidende casus uit dit hoofdstuk over de medewerker die zich niet houdt aan de veiligheidsvoorschriften.

Omdat het al de tweede keer deze maand was, besloot de leidinggevende een correctiegesprek te voeren. In zijn voorbereiding besloot hij om het gesprek te focussen op de ongewenste gevolgen voor de persoon zelf. Toen de leidinggevende met voorbeelden kwam van verbrijzelde voeten van medewerkers, viel bij de medewerker het kwartje. Sindsdien draagt hij altijd veiligheidsschoenen, ook als de mussen dood van het dak vallen.

18.3 VEELGESTELDE VRAGEN OVER EEN CORRECTIEGESPREK

Vraag 1 Waar moet je aan denken in de voorbereiding op het correctiegesprek?

De rol van HR kan het, samen met de leidinggevende, voorbereiden van het correctiegesprek zijn. Ook kan HR als procesbegeleider bij het gesprek aanwezig zijn. In beide gevallen kunnen zij in hun voorbereiding de onderstaande vragen doornemen:

- Is de medewerker wel bekend met de regel die hij overtreden heeft? Waaruit blijkt dat?
- Wanneer heb je een feedbackgesprek gevoerd en wat was hierop de reactie van de medewerker?
- Welke feiten heb je geconstateerd?
- In hoeverre ben je consequent in het aanspreken van medewerkers bij het overtreden van deze en andere regels?
- Wat zijn de redenen dat je zwaar tilt aan de overtreding? Wat is de ernst en welke maatregel zou passend zijn?
- Welke tegenargumenten zal je medewerker noemen en wat is hierop je reactie?

Wees een OEN: Open, Eerlijk en Nieuwsgierig

Hoewel het correctiegesprek een eenrichtingsgesprek is en een formeel karakter heeft, is er in het gesprek voor de medewerker ruimte om zijn verhaal te doen. Natuurlijk is de rol van de leidinggevende in het gesprek die van 'hiërarchisch meerdere' die zijn medewerkers terechtwijst, maar hij luistert ook goed en is nieuwsgierig naar de redenen.

Het is voor de leidinggevende de uitdaging om erachter te komen waarom de medewerker handelt zoals hij handelt. Is de medewerker bijvoorbeeld wel op de hoogte van de regel die hij heeft overtreden? Is de leidinggevende zelf duidelijk (genoeg) geweest in het geven van ruimte en het afgrenzen daarvan? Weet de medewerker wat van hem verwacht wordt? Een van de ON-redenen kan ONwetendheid zijn. Bij een eerste 'overtreding' kan hiervan sprake zijn en is de medewerker zich van geen kwaad bewust. Het correctiegesprek heeft dan meer het karakter van een feedbackgesprek en de leidinggevende licht het hoe, wat en waarom van deze regel toe. Voor het voeren van een correctiegesprek is het dan nog te vroeg. Maar ook als er sprake is van bijvoorbeeld de ON-redenen: ONverschillig en ONgeïnteresseerd, vraagt de leidinggevende door. Wat zijn hier de redenen van? Geen werkplezier, onvoldoende waardering voor de in het verleden geleverde prestaties en gemiste promotie? Natuurlijk schroomt de leidinggevende niet om afspraken te maken om de medewerker weer in het gareel te krijgen, maar eerst toch maar Luisteren, Samenvatten en Doorvragen (LSD-principe).

Vraag 2 Waarom moeten er, vanuit het perspectief van de organisatie, correctiegesprekken gevoerd worden?

Een leidinggevende is verantwoordelijk voor een goed lopende afdeling waar iedere medewerker zijn bijdrage aan dient te leveren, zowel in teamverband als individueel. De medewerker heeft dit ook toegezegd door een arbeidscontract aan te gaan met de organisatie. Waar mogelijk kunnen individuele belangen en organisatiebelangen elkaar versterken en waar dit niet kan, is de leidinggevende ervoor verantwoordelijk dat het organisatiebelang in geen geval in het geding komt. In het verlengde hiervan is het de verantwoordelijkheid van de leidinggevende dat op zijn afdeling conform de geldende regels en procedures wordt gewerkt. Deze regels, afspraken en procedures zijn vanuit transparantie en openheid voor iedereen inzichtelijk vastgelegd en bij iedereen bekend en met eenieder besproken.

Wanneer een medewerker blijk geeft van non-conformisme en zijn eigen weg gaat die buiten de gegeven ruimte in gedrag en handelen ligt, is het aan de leidinggevende om in te grijpen en met de betreffende medewerker in gesprek te gaan. Nadat het nut en de noodzaak van regels, protocollen, et cetera zijn geduid, gaat het gesprek over de redenen waarom de medewerker zich daar niet aan houdt.

Samengevat is het belangrijk dat de medewerker duidelijkheid krijgt over wat de leidinggevende verwacht van de functie, het gedrag, de procedures en de vaardigheden van de medewerker. Als bijvoorbeeld het gedrag niet wenselijk is dan dient dit benoemd te worden. Op die manier zorgt de leidinggevende ervoor dat de medewerker zijn bijdrage levert aan het grotere belang, namelijk het doel wat de organisatie nastreeft.

Vraag 3 Wat zijn gevolgen van het achterwege laten van corrigerende kritiek?

Medewerker leert niets

Het niet-voeren van correctiegesprekken (maar dus ook feedback-, coachings-, POP- en functioneringsgesprekken!) heeft onder meer als gevolg dat de medewerker niets leert. Onder het mom 'geen bericht is goed bericht' doet hij zijn werk, maar presteert onvoldoende en blijft *onbewust onbekwaam*. Omdat hij bijvoorbeeld onwetend is over het aanhouden van een deadline, zal hij deze onbewust blijven overtreden. Ook kan het de medewerker aan de kennis ontbreken om zijn werk goed te doen, met disfunctioneren als gevolg.

Leidinggevende houdt het druk

Leidinggevenden die ervoor kiezen om hun medewerkers niet aan te spreken op hun functioneren, kiezen ervoor om als eindverantwoordelijke zelf de scherven die de medewerker achterlaat op te ruimen. Zij moeten zich dan wel realiseren dat zij een enorme berg werk op hun hals halen en onvoldoende bijdragen aan het vergroten van het leervermogen van de medewerker.

Verziekte werksfeer

Het achterwege laten van een correctiegesprek kan tot een verziekte sfeer op de werkvloer leiden; collega's die zich groen en geel ergeren aan het gedrag van hun collega, maar ook aan de in hun ogen 'slappe' leidinggevende die niet durft in te grijpen. Ongewenst gedrag worden dan etterbronnen met als gevolg dat anderen ook regels gaan overtreden ('hij 's morgens te laat op zijn werk, ik eerder naar huis'). Correctiegesprekken voorkomen dat één rotte appel de hele mand aansteekt.

Slechte producten en diensten

Als de leidinggevende nalaat een correctiegesprek te voeren, is het hek van de dam. De medewerkers doen wat hen uitkomt en doen de dingen niet die wel van hen verwacht worden. De kiem voor een slecht product of dienst of conflict is gelegd en op het werk wordt het een chaos (het tegenovergestelde van discipline is anarchie). Medewerkers werken niet met elkaar samen, maar werken elkaar tegen.

Vraag 4 Waarom is het belangrijk om als leidinggevende niet aanvallend het gesprek te voeren?

Zolang een leidinggevende niet op de hoogte is van achterliggende oorzaken of redenen (onwil, onkunde, onwetendheid, onzekerheid) van het gedrag van de medewerker, zal hij zich geen enkel oordeel kunnen permitteren, geen zicht hebben op de aard en omvang van mogelijke weerstanden en niet aan een oplossing kunnen werken. Dit geldt zeker bij de feedbackgesprekken. Wanneer de vraag naar de achterliggende reden niet aanvallend wordt gesteld, is de kans op een eerlijk antwoord groot en komt dit de werkverhouding en het onderlinge vertrouwen ten goede.

Bovendien past, in een gelijkwaardige samenwerkingsrelatie, alleen een gesprek in een niet-beoordelende sfeer. Immers, ook al zijn functies van eenieder niet gelijk wat betreft inhoud en/of bevoegdheden en verantwoordelijkheden, in de kern zijn ze wel gelijkwaardig aan elkaar! Iedere medewerker voegt een belangrijke waarde toe aan het voortbestaan van de organisatie en heeft recht op een respectvolle benadering. Wanneer de medewerker zich aangevallen voelt, gaat hij naar smoesjes zoeken. Een verwijt is nooit terecht als de leidinggevende de achterliggende reden niet precies kent. Dit schaadt zijn integriteit. Pas als hij stuit op pure desinteresse of onwil zonder een acceptabele reden, is het legitiem een andere toon te hanteren.

Vraag 5 Hoe kun je ervoor zorgen dat de medewerker het gesprek niet persoonlijk opvat?

Als leidinggevende is het belangrijk dat je onderscheid weet te maken – en uit te dragen – tussen functioneel en persoonlijk. Het is dan ook verstandig om het doel of het belang dat de organisatie nastreeft als uitgangspunt te nemen. Hierdoor wordt het onderwerp weggehaald van 'de persoon' en wordt de norm van de organisatie de maatstaf. Het correctiegesprek gaat over bepaald gedrag of een bepaalde houding van de persoon en niet over de persoon zelf. Wees daar als leidinggevende duidelijk in en laat dat zien in je houding en omgang met de medewerker. Mogelijk wordt de medewerker er even onzeker van, maar hij ervaart wel dat je hem als persoon niet afwijst. Het versterkt je positie als leidinggevende en dwingt respect af. De medewerker zal de kritiek op zijn gedrag, houding en prestaties constructiever benaderen en voelt zich als persoon niet aangevallen. De kans op verbetering is daardoor aanzienlijk groter.

Vraag 6 Wat zijn do's and don'ts van een correctiegesprek?

Wel doen

Toepassen van het ABCD-principe

Natuurlijk accepteren leidinggevenden ieders (eigen) wijze van werken, maar regels zijn regels en daar houdt iedereen zich aan. Als dat niet gebeurt, wordt het ABCD-principe toegepast: Aandacht, Bespreken, Consequenties en Daar is de deur.

Consistent

Een correctiegesprek is alleen effectief als het consistent wordt gevoerd. Als een medewerker een bij hem bekende regel heeft overtreden volgt een feedbackgesprek en misschien nog eentje. Als de medewerker consistent blijft in zijn gedrag (lees: de regel blijft overtreden) dan volgt een correctiegesprek. Regels zijn er niet voor niets. Afspraak is afspraak en afspreken is aanspreken. Als je als leidinggevende bij een bepaalde medewerker wegkijkt, hem niet corrigeert en anderen juist wel dan krijg je scheve gezichten. Hoogstwaarschijnlijk zullen er meer regels overtreden gaan worden. Niet consistent corrigeren zet de deur wagenwijd open om nog frequenter en ook andere afspraken te schenden.

Onweerlegbare voorbeelden

Het is beter twee à drie sterke voorbeelden op te noemen, dan vijf waarvan twee boterzacht. Concrete voorbeelden maken klip en klaar duidelijk waarom de leidinggevende zwaar tilt aan een bepaalde overtreding. Dus: hoe concreter, hoe beter. Zo zorgt bijvoorbeeld het dragen van nette en bedekte kleding voor een professionele uitstraling waarbij zorg centraal staat. Wanneer een medewerker dat niet doet, door bijvoorbeeld consequent meer 'blote' kleding te dragen, zorgt dat voor een uitdagende onbetrouwbare uitstraling naar klanten toe. Immers, zoals gezegd is de medewerker (het gezicht van) de organisatie en moet hij zich daar voortdurend bewust van zijn.

Tegenargumenten weerleggen

Bedenk als leidinggevende met welke reacties (argumenten, redenen en weerleggingen) de medewerker kan komen. Bedenk vervolgens wat de meest werkbare houding en reactie hierop kan zijn, om het doel te bereiken zonder het respect voor de ander te verliezen. Let wel, ook met respect is het mogelijk duidelijk te zijn, eisen te stellen en sancties te geven. Soms dwingt de houding van de ander tot een meer autoritaire houding die het verschil in functie extra benadrukt. Het zij dan zo.

Niet doen

Te lang wachten met het correctiegesprek

Corrigeren doe je kort nadat de overtreding heeft plaatsgevonden. Uitstellen, omdat je als leidinggevende ertegen opziet, verkleint het effect van het correctiegesprek. De medewerker kan zich het voorval misschien niet meer herinneren (of doet alsof) en het effect van het gesprek is al bijna weg.

Zelf de regels aan de laars lappen

Menig medewerker spiegelt zich aan het gedrag van zijn leidinggevende. Als deze niet het goede voorbeeld geeft, dan is de kans dus groot dat medewerkers zijn gedrag overnemen. Goed voorbeeld doet volgen, maar slecht voorbeeld ook! Als een leidinggevende te laat komt voor een werkoverleg, als hij roddelt over medewerkers en, nog erger, bijvoorbeeld rommelt met de kilometeradministratie, dan is de kans groot dat medewerkers ook de geldende regels aan hun laars gaan lappen. De leidinggevende heeft een voorbeeldfunctie, waardoor het aanspreken van medewerkers makkelijker en meer legitiem is. Regels zijn er voor iedereen, dus ook voor leidinggevenden.

Niet corrigeren

Als een leidinggevende nalaat correctiegesprekken te voeren, dan ondergraaft hij zijn eigen geloofwaardigheid en op termijn daarmee zijn positie. Vooral voor beginnende leidinggevenden is dit soms moeilijk. Hun medewerkers werken langer bij de organisatie en hadden misschien wel hun moeder of vader kunnen zijn. Het is juist dán belangrijk stelling te nemen (lees: niet met je te laten sollen door duidelijk te zijn in de grenzen en eisen die je stelt) en correctiegesprekken te voeren. Het wordt trouwens ook van hun leidinggevende en de andere collega's verwacht.

INFORMATIEBRONNEN

Boeken

Heins, G., *Aanspreken? Gewoon doen!* Boom Uitgevers Amsterdam, 2018

Rooy, A. de, *Moed. Over gedurfd leiderschap*. Van Duuren Management, 2016

Stone, D. en S. Heen, *Feedback is een cadeautje*. Maven Publishing, 2017

19 HET SLECHTNIEUWS-GESPREK

Jacco van den Berg

Slecht nieuws is slecht nieuws en het is dan ook niet mogelijk om op een positieve en leuke manier aan een goedwillende en enthousiaste medewerker te vertellen dat zijn jaarcontract niet wordt verlengd. Het is gewoon niet leuk om tegen een medewerker te zeggen dat hij, omdat door de rode kwartaalcijfers de opleidingenkraan is dichtgedraaid, de door hem zo gekoesterde en aan hem beloofde opleiding niet mag volgen. Menig leidinggevende heeft slapeloze nachten omdat hij een medewerker mee moet delen dat een promotie er voor hem niet in zit. En dan hebben we het nog niet eens over de HR-professional die met knikkende knieën aan een voordeur staat met het bericht dat er op het werk een dodelijk ongeluk heeft plaatsgevonden. Slecht nieuws is er in alle soorten en maten. Het gemeenschappelijke is dat de brenger van de nare boodschap vaak enorm tegen het gesprek aanhikt en dat de ontvanger in emoties als verdriet en woede kan uitbarsten.

De automatiseringsgolf in de bancaire sector ging aan Bank ABC van Slagter niet ongemerkt voorbij. Slagter is al zestien jaar hoofd van de afdeling die zich bezighoudt met hypotheken. De board of directors heeft besloten de afdeling in zijn geheel te sluiten. Dit betekent voor honderdvijftig medewerkers ontslag. Slagter werd vorige week door de afdeling HR verzocht aan zijn medewerkers deze vervelende boodschap mee te delen. Sindsdien slaapt hij heel slecht.

Terwijl HR-professionals en leidinggevenden normaal geen moeite hebben om met wie dan ook een zakelijk gesprek te voeren, ligt dit bij het vertellen van slecht nieuws vaak anders. Dat is niet vreemd. Slecht nieuws vertellen is geen dagelijkse kost. Zelfs voor professionals (artsen en politieagenten) voor wie het slechtnieuwsgesprek tot het dagelijkse werk behoort, blijft het een zwaar en onaangenaam gesprek. Slecht nieuws brengen vereist meer dan empathisch vermogen. Het is de kunst om iemands verdriet te begrijpen en aan te voelen en de kracht om na het dichttrekken van de deur dat verdriet weer los te laten. Dat is moeilijk en vrijwel alle boodschappers worstelen daarmee. Of het nu een manager van een multinational is of een arts in een ziekenhuis.

Dit hoofdstuk geeft antwoord op de volgende vragen:
- Hoe verwerken mensen slecht nieuws?
- Wat zijn vier onvergefelijke fouten bij het geven van slecht nieuws?
- Hoe bouw je een slechtnieuwsgesprek op?

19.1 DE VOORBEREIDING OP EEN SLECHTNIEUWSGESPREK

Het doel van een slechtnieuwsgesprek is de boodschap zo te brengen dat deze duidelijk is voor de ontvanger. Vervolgens is het belangrijk om gepast en effectief om te gaan met emoties. Dit zal de acceptatie van het nieuws vergroten en een heilzaam effect hebben op het verwerkingsproces. Tot slot moet de ontvanger begrijpen dat de boodschap definitief en niet onderhandelbaar is. Voor een goede voorbereiding op het slechtnieuwsgesprek is kennis van de volgende zaken onontbeerlijk:

- de verwerkingsfasen van slecht nieuws
- het communiceren op inhouds- en relatieniveau

De verwerkingsfasen van slecht nieuws

Verlies van werk is voor veel mensen een traumatische gebeurtenis en staat in de top 5 van de meest emotionele gebeurtenissen in een mensenleven. Op nummer 1 staat het overlijden van een naaste. Het informeren van de nabestaanden is dan ook wel het meest zware gesprek. Als een medewerker zwaar letsel oploopt of overlijdt als gevolg van een ongeval op het werk of op weg van of naar het werk, zal het thuisfront geïnformeerd dienen te worden.

Nu is afscheid nemen van werk vaak minder heftig dan afscheid nemen van een geliefde. Maar het is en blijft een gebeurtenis met impact. Dit is dan ook een reden om zeer zorgvuldig te handelen bij het aanzeggen van ontslag. Het verliezen van werk heeft namelijk niet alleen te maken met het verlies van inkomen. Werk is één van onze zekerheden en komt tegemoet aan fundamentele behoeftes als veiligheid, status, zekerheid, zelfvertrouwen en erbij horen. Allemaal zaken die bij een vaste betrekking vanzelfsprekend lijken. Voor iemand die ontslagen wordt valt alle vaste grond tijdelijk onder de voeten weg.

De verwerking van ontslag, maar ook het niet-verlengen van een contract of het afwijzen van een medewerker die intern gesolliciteerd heeft, kan vergeleken worden met een rouwproces. Hoe het rouwproces verloopt, is afhankelijk van de situatie. Zo wordt ontslag op basis van persoonlijk functioneren vaak anders ervaren als de reden een economische is en er gereorganiseerd moet worden of zelfs een faillissement moet worden aangevraagd. En ontslag op staande voet is weer anders dan een ontslag waar een dossier aan ten grondslag ligt. Tot slot zijn de leeftijd, de fase in de loopbaan en de persoonseigenschappen van de ontslagen medewerker van invloed op de wijze waarop de medewerker ermee omgaat. Onderzoek leert dat bijna alle mensen op dezelfde wijze reageren op ingrijpende gebeurtenissen in hun leven, zowel op zeer ernstige als minder ernstige voorvallen.

Hierna een toelichting van de vijf fases die mensen doorlopen als zij slecht nieuws te horen krijgen. Deze fasen zijn bijna identiek aan de veranderingsfasen in loopbaanvraagstukken (zie hoofdstuk 10, Het loopbaancoachingsgesprek).

- Fase 1: schok en ontkenning
- Fase 2: emoties
- Fase 3: onderhandelen
- Fase 4: teleurstelling
- Fase 5: aanvaarding

Het volgende overzicht geeft een beeld van de stadia van rouw. De fasen worden niet in een vaste volgorde of tempo doorlopen. Ieder persoon zit anders in elkaar. Soms wordt een fase overgeslagen, soms wordt er een stapje terug gedaan en dan wordt er een sprong voorwaarts gemaakt.

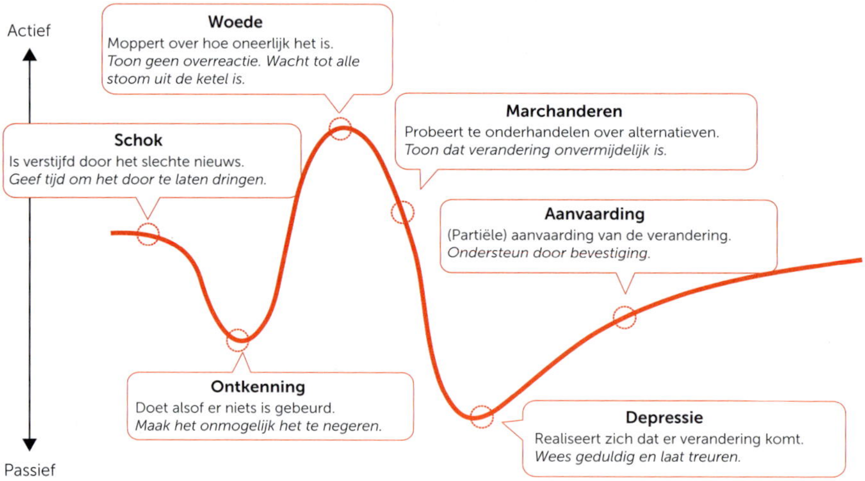

Het is van belang dat de brenger van het slechte nieuws deze fases herkent en op een juiste wijze reageert. Als dat niet gebeurt, kan de brenger van het slechte nieuws onnodig leed en problemen veroorzaken.

Fase 1: schok en ontkenning

Ieder persoon kan maar een bepaalde hoeveelheid informatie tegelijkertijd aan. De mededeling van ontslag (om nog maar te zwijgen over de gevolgen van een dodelijk ongeval van een partner op het werk) omvat in principe niet veel informatie, maar de implicaties en consequenties zijn enorm. Bij een ontslag wordt de toekomst weggenomen en de deur achter de medewerker hard dichtgeslagen. Zaken als: 'hoe moet de hypotheek en het collegegeld van de drie studerende kinderen betaald worden?' spoken bij de ontvanger door het hoofd. Al deze informatie kan de mens niet aan en om dat te voorkomen treedt het mechanisme van ontkenning in. Het slachtoffer wil gewoon niet geloven wat hem verteld is (Stop de persen!).

Tip: Zwijg en herhaal!

Het enige dat de aanzegger in de ontkenningsfase doet is zwijgen. De ontvanger is zo met zichzelf bezig dat hij niet meer hoort wat er verder verteld wordt. Alleen als de medewerker vraagt of het allemaal echt waar is, wordt de boodschap herhaald.

Fase 2: emoties

Na de ontkenningsfase volgen emoties als woede en verdriet. De klap kan ook zo hard zijn aangekomen dat de ontvanger van het slechte nieuws als een bokser in de touwen hangt, niets uit kan brengen en bijna wezenloos voor zich uit staart. Soms verliezen ontvangers hun zelfbeheersing en koelen hun woede op de brenger van het slechte nieuws.

Tip: Reflecteer gevoelens!

Omdat emoties als boosheid en verdriet bij slecht nieuws normaal en begrijpelijk zijn, krijgt de ontvanger hier alle ruimte voor.

Een inhoudelijke toelichting op de achtergrond en reden blijft uit. Wees stil, laat de ballon leeglopen en bevestig de ander en vang emoties met gevoelsreflecties op als:

- 'dat begrijp ik ...'
- 'ik zie dat je aangeslagen bent ...'
- 'volgens mij ben je heel boos ...'

Tip: Zeg even niets!

In het gesprek zullen er ook momenten zijn waarop de brenger van het slechte nieuws even niet weet wat hij moet zeggen. Op zulke momenten is het soms beter om niets te zeggen en er gewoon te zijn voor de ander.

Fase 3: onderhandelen

Een emotionele reactie is een eerste poging het slechte nieuws ongedaan te maken. Als dat niet lukt, is onderhandelen de tweede poging. Zo komt de ontslagen medewerker met voorstellen als 'als mijn salaris wordt bevroren en ik mijn leaseauto inlever, mag ik dan blijven?'. Een medewerker bij wie een beloofde opleiding door de neus wordt geboord, is bereid de helft van de kosten te betalen of in zijn vrije tijd de opleiding te gaan volgen. Het doel van de onderhandelingen is het ongedaan krijgen van het slechte nieuws.

Tip: Houd voet bij stuk!

Was de rol van de aanzegger in de vorige fase nog meelevend (het opvangen van emoties, meeleven en begrip tonen), nu is hij ferm en geeft niet toe aan het voorstel om tot een compromis te komen.

Fase 4: teleurstelling

Als de ontvanger merkt dat zijn pogingen niets uithalen, belandt hij in de fase van teleurstelling. Het kwartje is gevallen en de teleurstelling is daar.

Fase 5: aanvaarding

Vanuit de teleurstelling, een soort vacuüm, richt de medewerker zijn blik op de toekomst. Dat dit een moeizaam en lang proces kan zijn, is evident.

19.2 HET VOEREN VAN EEN SLECHTNIEUWSGESPREK

Slecht nieuws brengen is lastig omdat de boodschapper zich vaak gemangeld voelt tussen verstand ('het is rationeel gezien de juiste beslissing om hem te ontslaan') en gevoel ('ik vind hem aardig en gun hem deze baan'). Als de beslissing nu eenmaal (weloverwogen) is genomen, dan is het het beste om het nieuws te vertellen en de ontvanger te ondersteunen in het verwerken ervan. De brenger van de boodschap verstaat hierbij de kunst om te switchen tussen inhouds- en relatieniveau. Op inhoudsniveau worden de feiten en argumenten genoemd, relatiegerichte uitingen zijn bijvoorbeeld aandacht, een luisterend oor en begrip.

Inhoudsniveau

- 'het probleem is ...'
- 'de feiten zijn ...'
- 'uit evaluaties blijkt dat ...'
- 'ik heb besloten om ...'

Relatieniveau
- 'ik zie dat je schrikt ...'
- 'mijn mededeling maakt je boos, verdrietig, merk ik'
- 'vertel mij eens wat er door je heen gaat ...?'
- 'je hebt er geen woorden voor ...'

Een gespreksmodel voor een slechtnieuwsgesprek

Het belangrijkste doel van een slechtnieuwsgesprek is de boodschap te brengen zonder de relatie met de gesprekspartner in gevaar te brengen. Het slechtnieuwsgesprek bestaat uit zes stappen:
- Stap 1: zet direct de toon van het gesprek
- Stap 2: meedelen van het slechte nieuws
- Stap 3: opvangen van reacties en emoties
- Stap 4: noemen van feiten en redenen
- Stap 5: meedenken over de vraag: hoe nu verder?
- Stap 6: afronden van het gesprek

De brenger van het slechte nieuws verstaat de kunst van het goed voeren van een slechtnieuwsgesprek als hij zich aanpast aan de fase waarin de ontvanger zich bevindt. Iedere fase vraagt namelijk om ander gedrag.

Stap 1: zet direct de toon van het gesprek

Het eerste wat de brenger van het slechte nieuws doet, is meteen aankondigen dat er voor de medewerker slecht nieuws is. Hierdoor kan de medewerker zich schrap zetten en komt de eigenlijke klap minder onverwacht. Deze eerste stap duurt kort en bestaat meestal uit niet meer dan één zin.

Bijvoorbeeld:
- *'Ga zitten, ik heb geen goed nieuws voor jou.'*

Tip: Vertel slecht nieuws binnen 30 seconden in een formele setting!

Kondig het nieuws aan en breng het slechte nieuws in maximaal drie korte, heldere en eenduidige zinnen.

De brenger creëert een formele en serieuze setting en zet een ernstig gezicht. Laat merken dat er zwaar weer op komst is. Informele openingen die wel hun waarde hebben bij andere gesprekken worden nu achterwege gelaten. Stel het nieuws in het gesprek ook niet uit, begin dus nooit met een babbeltje over koetjes en kalfjes. Zelf voelt de brenger van het slechte nieuws zich misschien meer op zijn gemak, maar het zet de ontvanger op het verkeerde been, waardoor uiteindelijk de klap des te harder aankomt. Slecht nieuws wordt in dertig seconden en in drie zinnen verteld.

Stap 2: meedelen van het slechte nieuws

Na de aankondiging volgt het slechte nieuws. De brenger draait er niet omheen en vertelt zakelijk en zonder aarzeling de beslissing van bijvoorbeeld het niet-verlengen van een arbeidscontract.

Voorbeeld:

- *'Ik heb besloten je contract niet te verlengen. De belangrijkste reden is dat jij je targets niet hebt gehaald. Een ander belangrijk argument is dat twee klanten ontevreden zijn omdat je zelfgemaakte afspraken niet bent nagekomen. Dat brengt mij tot de beslissing om niet met je verder te gaan.'*

Tip: Wees ook non-verbaal ernstig!

Laat de ernst van de boodschap doorklinken in non-verbaal gedrag. De gezichtsuitdrukking, toon en lichaamstaal spreken dezelfde taal. Ontslag aanzeggen kan niet gedaan worden met een glimlach.

Stap 3: opvangen van reacties en emoties

Als de boodschap is doorgedrongen, ontstaan er vaak emoties als verontwaardiging, woede of verdriet. Het kan zelfs gebeuren dat de medewerker zijn zelfbeheersing verliest en zich dingen laat ontvallen die hij onder normale omstandigheden nooit zou zeggen. Hij is blind van woede en kan persoonlijke en venijnige opmerkingen maken. Heel vervelend voor de brenger van het slechte nieuws. De beste reactie is dit aan te horen, te zwijgen.

Tip: Respecteer, geef ruimte en wees stil!

Geef de ander de gelegenheid het nieuws te verwerken. Dat doet iedereen op zijn eigen manier. Houd het tempo in de gaten en laat de stilte maar rustig even duren. Doorbreek alleen de stiltes door een vraag te stellen.

In de verwerkingsfase is het belangrijk invoelingsvermogen te tonen. Door te luisteren, samen te vatten en door emoties te benoemen, vindt de ontvanger woorden om tot ontlading te komen. Als de waarom-vraag wordt gesteld, herhaalt de brenger van het slechte nieuws de argumenten maar gaat hierover niet in discussie. In de dynamiek en de emotie van het gesprek wisselen stap 3 en 4 zich vaak af.

Tip: Provoceer!

Provoceer als er op het eerste gezicht geen emoties naar buiten komen. Een opmerking als 'dit moet een harde klap voor je zijn', kan voldoende zijn om het ventiel los te draaien. Het is beter nu geconfronteerd te worden met emoties dan later met half verwerkte emoties te maken krijgen.

Hoelang deze fase duurt, is moeilijk aan te geven. Meestal kan de brenger verder als de ontvanger de waarom-vraag stelt. Het is dan wel belangrijk dat gecheckt wordt of de ontvanger al toe is aan de argumenten. Als de ontvanger bevestigend antwoordt op de vraag: 'wil je dat ik je uitleg waarom ik deze beslissing heb genomen?', kan de volgende stap in het gesprek gezet worden.

Stap 4: noemen van feiten en de redenen

De medewerker heeft er recht op om te weten wat de redenen zijn voor zijn ontslag. Meestal vraagt hij ernaar als de ergste emoties wat gezakt zijn. De leidinggevende of de HR-professional heeft zich op deze vraag voorbereid en zet kort en helder de argumenten uiteen.

Tip: Kom met onweerlegbare argumenten!

Medewerkers die slecht nieuws te verwerken krijgen, gaan, als de emotie is gedaald, onderhandelen. Het is daarom belangrijk alleen met argumenten te komen die onweerlegbaar zijn. Vertel hierbij liever twee harde argumenten, dan vier waarvan twee halfzachte die tot discussies kunnen leiden. Dus: onweerlegbare argumenten om een welles-niets-discussie te voorkomen. Het is een gesloten gesprek waarvan de uitkomst onveranderd en onherroepelijk is.

Tip: Bereid de argumenten schriftelijk voor!

Als het gesprek een arbeidsrechtelijk gevolg heeft, is belangrijk dat de juiste argumenten zo feitelijk mogelijk benoemd worden. Het vooraf opstellen van een 'script' met de argumenten kan hier behulpzaam bij zijn.

Stap 5: meedenken over de vraag: hoe nu verder?

Als de medewerker de fasen van ontkenning en woede heeft doorlopen, komt onherroepelijk zijn vraag: 'wat nu?'. Dit is een eerste signaal dat de ontvanger voorzichtig zijn blik op de toekomst richt. Want na een ontslag is er nog steeds een toekomst, hoe moeilijk deze ook misschien zal zijn. In de voorbereiding denkt de brenger van het slechte nieuws na over wat hij in deze te bieden heeft. Voorbeelden zijn professionele hulp, een sociaal plan of een outplacementtraject bij ontslag en een sollicitatietraining.

Tip: Geef geen 'doekjes voor het bloeden'!

De ondersteuning is concreet, helpt de ontvanger echt verder en zijn geen 'doekjes voor het bloeden'.

In deze stap zetten brenger en ontvanger van het slechte nieuws de huidige stand van zaken op een rijtje en maken de eerste schetsen van de toekomst. Dit is het moment waarop er voor het eerst in het gesprek gepraat wordt over afvloeiingsregelingen of outplacementbegeleiding. Het is belangrijk om voorafgaand aan deze stap een volledig beeld te hebben van wat wel en niet aangeboden kan worden.

Tip: Voer meerdere gesprekken!

Soms komt de klap zo hard aan, dat een nieuw gesprek moet worden ingepland. Niet om alles weer dunnetjes over te doen maar om gericht(er) perspectieven en oplossingen te verkennen. Dat gaat pas als de meest intense emoties zijn geluwd. Niet uit te sluiten is dat er toch weer emoties ('nu is mijn leven naar de knoppen') in het gesprek komen. De brenger gaat ook dan niet sussen of toedekken ('je hebt je gezin toch nog?'), maar blijft een klankbord. Zin en betekenis zijn niet op te dringen en zeker niet op dat moment.

Stap 6: afronden van het gesprek

Belangrijke punten in de laatste stap van het slechtnieuwsgesprek zijn:

- Hoe worden de collega's geïnformeerd? Wie gaat dat, wanneer doen en wat is de inhoud van de mededeling?
- Waar gaat de ontvanger naar toe? Naar de afdeling of naar huis? Moet het thuisfront worden geïnformeerd?
- Wat gaat de ontvanger na afloop van het gesprek doen? Krijgen medewerkers een dag vrij of moet hij weer aan het werk?
- Is er een 'emotievrije' route om het pand te verlaten, zodat een medewerker de keuze heeft om rustig het pand te verlaten?
- Zijn er formele zaken die direct moeten worden afgerond? Denk hierbij aan het inleveren van sleutels, pasjes, auto, toegangscodes, et cetera.
- Moet er een vervolgafspraak (zie stap 5) gemaakt worden waarin gesproken wordt over hoe nu verder te gaan?

Het vertellen van slecht nieuws lukt niet altijd in één gesprek. De fasen ontkenning, boosheid, verdriet en pogingen tot verwerken, kunnen door elkaar heen lopen. Het is dan belangrijk er voor de medewerker te zijn. Op het ene moment de schouder om nog een keer uit te huilen, op het andere moment als klankbord bij het beantwoorden van de vraag: 'hoe nu verder?'. Het ontvangen, verwerken en afsluiten van slecht nieuws wordt nooit in een uurtje voltooid, het is als een rouwproces.

Slagter besloot zijn medewerkers één voor één het slechte nieuws te vertellen. Achteraf is het reuze meegevallen. De meeste medewerkers hadden het slechte nieuws eigenlijk wel verwacht en een aantal vertelde dat zij al in eindrondes van selectieprocedures zaten. Voor een aantal, met name de oudere en laaggeschoolde, medewerkers kwam de klap toch hard aan. Met een luisterend oor en een troostende schouder ving hij de emoties op. Toen Slagter vertelde over het outplacementtraject gingen zij toch enigszins opgelucht naar huis.

19.3 VEELGESTELDE VRAGEN OVER EEN SLECHTNIEUWSGESPREK

Vraag 1 Wat zijn belangrijke aandachtspunten van een ontslaggesprek?

Er zijn twee invalshoeken om deze vraag te beantwoorden. De eerste invalshoek is de boodschap en de tweede is dat wat er geregeld moet worden. Beide kennen een ander accent, maar hangen ook samen met de reden van het ontslag.

De boodschap

Het ontslaggesprek begint met de boodschap en een toelichting van de redenen. Indien het gesprek als een verrassing komt, is er natuurlijk meer uit te leggen dan als het ontslag al langere tijd in de lucht hing zoals bij een functioneringstraject of het einde van een contract. Vooraf is natuurlijk getoetst of het ontslag terecht en juridisch haalbaar is.

De medewerker zal vragen hebben over de reden van het ontslag. Een goede en eerlijke beantwoording zal helpen bij de verwerking van het slechte nieuws. Degene die het besluit tot ontslag heeft genomen of heeft moeten nemen, zal deze vragen het beste kunnen beantwoorden. Maar vaak is de besluitvorming over en uitvoering van het ontslag niet in één persoon vertegenwoordigd. Het is daarom belangrijk dat de beslisser van het ontslag niet de aanzegger is en dat er voor goed onderbouwde informatie gezorgd is aan de hand waarvan het ontslag toegelicht kan worden.

De effecten

Afhankelijk van de grondslag van het ontslag volgen er zaken als: 'hoe nu verder?'. Is het ontslag bijvoorbeeld van rechtswege, dan gaan er (juridische) formaliteiten gelden. Uitleg over het aanbod en/of de procedure die in gang wordt gezet is noodzakelijk, maar zal afhankelijk van de emoties meestal op een later moment gegeven worden. Zijn er nog praktische zaken te bespreken zoals wanneer te stoppen met werken, de opzegtermijn, het aantal vakantiedagen, et cetera? Denk dus in de voorbereiding na over de antwoorden op vragen die de medewerker mogelijk gaat stellen. Als de vraag in het gesprek daadwerkelijk wordt gesteld, verloopt het gesprek vaak makkelijker (misschien is minder moeilijk beter geformuleerd). De brenger van het slechte nieuws kan zijn aandacht beter bij het proces en de emoties houden als de inhoud vooraf goed geregeld is. Zijn er onverwachte vragen dan is het belangrijk dat de brenger van het slechte nieuws zich niet laat verleiden tot een geïmproviseerd antwoord. Beter is het om dan aan te geven: 'goede vraag, dit ga ik voor je uitzoeken en ik kom er morgen op terug'.

Vraag 2 Hoe is te voorkomen dat de boodschapper de kop van jut wordt?

De ontvanger van het slechte nieuws kan in zijn emotie stekelige opmerkingen maken en zelfs boos worden. Dit 'hoort' erbij, maar probeer te voorkomen in een 'shoot the messenger'-situatie te geraken. Bewust of onbewust zal de ontvanger graag zien dat de boodschapper zich gaat verdedigen, er emotioneel bij betrokken raakt of zich verleidt tot een uitspraak dat hij het ook oneens is met de beslissing. Door niet inhoudelijk te reageren maar door de medewerker stoom af te laten blazen, kan dat voorkomen worden.

Vraag 3 Wat is het juiste tijdstip voor een slechtnieuwsgesprek?

Het is niet altijd mogelijk om het moment van het gesprek te kiezen. Je hebt bijvoorbeeld te maken met een opzegtermijn en de datum waarop de medewerker zijn laatste waarschuwing heeft gekregen, om vervolgens wederom in de fout te gaan met ontslag als gevolg. Als er wel een keuzemoment is dan zal het van de boodschap en de persoon afhangen welk moment het beste is.

Belangrijk is dat de ontvanger van het slechte nieuws opvang heeft, een netwerk waarop hij terug kan vallen.

Nazorg is enorm belangrijk en moet daarom altijd geboden worden. Na het krijgen van de boodschap kunnen emoties hoog oplopen en allerlei vragen of onduidelijkheden ontstaan die beantwoord of weggenomen moeten worden. Dit is beter voor de verwerking en de acceptatie. Daarom is een slechtnieuwsgesprek op een moment waarna er geen opvang mogelijk is niet verstandig. Denk daarbij aan vlak voor het weekend of andere vrije dagen van een leidinggevende of een ander persoon die voor de nazorg kan zorgen.

Vraag 4 Wat is de beste plek om een slechtnieuwsgesprek te voeren?

Deze vraag kent meerdere antwoorden. Als een medewerker geen opleiding mag volgen kan de gesprekskamer van de leidinggevende een juiste plek zijn. Misschien is het toch beter zo'n gesprek op een andere plek te voeren. De medewerker heeft daar dan een plek om gedurende en na het gesprek bijvoorbeeld zijn boosheid te uiten. Zo is het verstandig dat de plek waar de medewerker met een lang dienstverband te horen krijgt dat hij boventallig is een 'vluchtroute' kent. Als de medewerker daar behoefte aan heeft, kan hij meteen vertrekken zonder dat hij langs collega's of andere pottenkijkers moet lopen. Wellicht is het dan beter om het gesprek op een andere locatie te voeren.

Vraag 5 Hoe te handelen bij het overlijden van een collega?

Als een medewerker overlijdt als gevolg van een ongeval op het werk of op weg van of naar het werk, zullen de collega's en het thuisfront geïnformeerd dienen te worden. In deze situatie is het ook belangrijk om na het brengen van het slechte nieuws en de opvang van de eerste emoties direct praktische ondersteuning te geven.

Op de website van *Bouwend Nederland* staat de informatieve checklist '*Wat te doen bij het overlijden van een medewerker?*'. Zo eindigt bij het overlijden van een medewerker de dienstbetrekking van rechtswege en hoeven er dus geen handelingen meer plaats te vinden om de arbeidsovereenkomst te beëindigen. In deze checklist en bijvoorbeeld in die van uitvaartorganisatie *Yarden* (zie box hierna) is ook informatie te vinden over hoe je het beste om kunt gaan met een rouwende collega die een naaste heeft verloren.

Rouw op de werkvloer

"Het verlies van een dierbare is een ingrijpende gebeurtenis. Na de vaak hectische tijd tussen overlijden en uitvaart breekt er een periode van rouw aan waarin mensen tijd en ruimte nodig hebben om het verlies te verwerken. Tenminste, zo zou het idealiter moeten zijn. Helaas blijkt maar al te vaak dat de omgeving veel sneller de draad weer oppakt en eisen aan de nabestaande gaat stellen. Met als mogelijk gevolg dat deze het verdriet gaat ontkennen, het wegduwt of probeert uit te stellen. Maar juist die instelling van 'niet omkijken' en het opkroppen van verdriet belemmert de verwerking. Daar is eenvoudigweg tijd voor nodig. Een plek waar die tijd en ruimte voor rouw nogal eens ontbreekt, is op het werk. Ook als er al iets is geregeld in de vorm van een officieel rouwverlof, komt het geregeld voor dat er vanuit de werkomgeving al snel weer aan de nabestaande wordt getrokken. Uit onwetendheid en onervarenheid, omdat men denkt dat het nu toch al lang genoeg geduurd heeft. Maar ook uit onhandigheid, omdat men niet weet om te gaan met een rouwende collega. Dat wordt nog bemoeilijkt door het feit dat mensen verschillend met verdriet omgaan; rouw is sterk individueel bepaald. Tijd is belangrijk, maar ook als iemand na een rouwverlof weer op het werk terugkeert, wil dat niet zeggen dat het rouwproces is voltooid. Rouw duurt soms levenslang. Als medewerkers, werkgevers en/of leidinggevenden zich hiervan bewust zijn, kunnen zij een actieve en positieve bijdrage leveren aan het verwerkingsproces. Essentieel is dat een medewerker het gevoel heeft dat hij serieus wordt genomen en dat zijn verlies bespreekbaar is. Het ondersteunen van een rouwende collega is niet altijd eenvoudig. Yarden heeft een speciale uitgave ontwikkeld als handreiking. Deze geeft werkgevers en werknemers inzicht in de problemen die tijdens een rouwproces kunnen ontstaan en biedt hun handvatten voor het geval dat zij te maken krijgen met het overlijden van een medewerker of een dierbare van een medewerker."

Bron: handreiking *Rouw op de werkvloer. Inzichten, tips en handvatten voor werkgevers en collega's*. Yarden, 2004

Vraag 6 Wat zijn do's and don'ts van een slechtnieuwsgesprek?

Wel doen

Kracht van de herhaling

Medewerkers die na de mededeling boos en/of verdrietig zijn, (emotionele golflengte), horen niet meer alles (volledig). Er spookt van alles door hun hoofd ('hoe moet ik de studie van de kinderen en de hypotheek betalen?) en dat is op dat moment te veel informatie. Zij hebben zoiets van: 'stop de persen!', hier wil ik niet aan (ontkenning). Vaak moeten argumenten soms een tweede keer toegelicht worden en dan is het belangrijk exact dezelfde woorden te gebruiken. Dat versterkt de duidelijkheid, vergroot het besef dat de boodschap niet onderhandelbaar is en voorkomt een woordenstrijd ('maar net zei je dat ...'). Check vervolgens of de ander de inhoud van de boodschap heeft begrepen.

De ontslagen medewerkers als het visitekaartje

Bij een ontslag is het streven dat partijen op een bevredigende wijze uit elkaar gaan. De impact van ontslag is groot en hoewel de redenen heel legitiem kunnen zijn, is het uit menselijk oogpunt een drama en daarom is zorgvuldigheid geboden. Het verkleint ook de kans dat ex-medewerkers negatieve verhalen over een organisatie gaan rondbazuinen.

Tijd en ruimte om emoties op te vangen

Voer een slechtnieuwsgesprek op een moment van de dag dat de brenger tijd heeft om de emoties op te vangen. Voor het verwerkingsproces is het belangrijk dat de medewerker de gelegenheid krijgt om met zijn emoties om te gaan en het gesprek met zijn leidinggevende voort te zetten op het moment dat hij daar behoefte aan heeft. Voer daarom nooit slechtnieuwsgesprekken bijvoorbeeld kort voor het weekend. Op zaterdag en zondag is er geen mogelijkheid om vragen te beantwoorden of onduidelijkheden weg te nemen.

Niet doen

Ga niet troosten

Als de brenger gaat troosten, begeeft hij zich op twee voor de ontvanger onverenigbare niveaus: negatief (slecht nieuws) en positief (troost). Troosten werkt niet in deze fase van het gesprek. Laat het achterwege.

Vier onvergeeflijke fouten

Het niet-maken van de volgende vier fouten draagt bij aan effectief voeren en afronden van slechtnieuwsgesprekken en het verwerken van het slechte nieuws door de ontvanger:

- Fout 1: het uitstellen van het gesprek
- Fout 2: jezelf rechtvaardigen
- Fout 3: de pil vergulden
- Fout 4: de 'hang-yourself'-methode toepassen

Fout 1: het uitstellen van het gesprek

Vaak begint een gesprek met het uitwisselen van wat koetjes en kalfjes. Dat stelt mensen op hun gemak. Maar bij een slechtnieuwsgesprek is het belangrijk om meteen met de deur in huis te vallen en de nare feiten direct én op een zakelijke manier op tafel te leggen.
Voorbeeld:

- *'Henk, ga zitten. Ik heb slecht nieuws voor je. Doordat wij onze productie gaan verplaatsen naar China komt jouw functie te vervallen.'*

Fout 2: jezelf rechtvaardigen

Omdat de boosheid van de ontvanger zich richt op de brenger van het slechte nieuws voelt deze zich misschien onheus bejegend. Jezelf rechtvaardigden ('je moet toch begrijpen dat ...') werkt averechts. De ontvanger hoeft helemaal niets te begrijpen en zal dat ook meestal niet doen. Doe dus geen beroep op begrip.

Tip: Maak geen medelijdende opmerkingen!

Houd vast aan de zakelijke toon. Zeg niet dat je het ook niet eens bent met de beslissing en maak geen medelijdende opmerkingen als: 'ik heb er ook moeite mee' of 'ik had graag anders gewild'.

Fout 3: de pil vergulden

Breng het nieuws niet mooier dan het feitelijk is, slecht nieuws is gewoon slecht nieuws. Het moet daarom niet dusdanig verzacht of kleiner gemaakt worden zodat het geen slecht nieuws meer lijkt. Voorbeelden:

- *'Je bent ontslagen. Maar zo erg is dat niet, je bent jong en goed opgeleid. Jij vindt zo weer werk!'*
- *'Ik moet mijn belofte intrekken, dit jaar mag je geen opleiding volgen. Maar wees blij, je hebt tenminste nog werk.'*

Misschien is het allemaal wel waar, maar het slachtoffer is op dit moment niet toe aan dit soort hulp.

Fout 4: de 'hang-yourself'-methode toepassen

Door het geven van hints hoopt de brenger van het slechte nieuws dat de ontvanger zelf het slechte nieuws uitspreekt. Voorbeelden:

'Denk jij dat, gezien de slechte marktontwikkelingen in onze sector en het feit dat jij als laatste bij ons in dienst bent gekomen, jij behoort tot degenen die niet ontslagen worden?'

'Frederique, hoe vaak hebben wij de laatste maanden wel niet over jouw functioneren gesproken? Vind je nu echt dat er verbeteringen zijn geweest de afgelopen periode? En denk je dat wij, na al deze pittige gesprekken, jouw contract nog een keer verlengen ...?'

INFORMATIEBRONNEN

Boeken

Backx, W. en J.H. Noordhof, *Effectieve gesprekken*. Business Contact, 2015

Pol, H. van de, *Basisboek Luisteren en Spreken, helpen voor professionals*. Vanbinnenuit, 2014

Artikelen

Geelen, R, Zeven tips voor het voeren van een slechtnieuwsgesprek, *Tijdschrift voor verzorgenden*, 2012

'Ik heb slecht nieuws voor u' – Interview met Jacco van den Berg, *Psychologie Magazine*, februari, 2010

OVER DE AUTEURS

Jacco van den Berg, bedrijfseconoom, is al bijna vijfentwintig jaar van mening dat het succes van organisaties wordt bepaald door de persoonlijke en professionele ontwikkeling en werkplezier van haar medewerkers. De synergie die ontstaat wanneer persoonlijke én organisatiedoelen worden bereikt, staan volgens hem garant voor het succes van een organisatie.

Met zijn bureau, Van den Berg Training & Advies, traint en adviseert hij leidinggevenden en HR-professionals op leiderschapsontwikkeling en selectie-, beoordelings-, functionerings-, verzuim- en (loopbaan)coachingsgesprekken. Over deze onderwerpen heeft hij e-learningsmodules en webinars ontwikkeld. Met talentontwikkelingsprogramma's als *Het Goede Gesprek, focus op talent* geeft hij bij organisaties een swung aan Het Nieuwe Beoordelen.

Jacco is auteur van meer dan dertig boeken waaronder *Het Nieuwe Beoordelen, focus op talenten, Handboek Werving en Selectie, Het Coachingsalfabet, Overspoeld door schaarste, Professioneel coachen, POP in Nederland* en *Ondernemersboegbeelden*. Bijna tien jaar lang leverde hij een bijdrage aan de rubriek 'Verdien ik wel genoeg?' van de Volkskrant. Jacco schrijft blogs voor HRbase, De Presterende Organisatie, LinkedIn, en Alles over HR.

Mecheline Klijs is bedrijfskundige en auteur van *Het Grote Gesprekkenboek*. Zij staat al vijfentwintig jaar met haar voeten in de klei van organisaties en is sinds 2000 eigenaar en partner bij Dikker | Klijs organisatieadviseurs. Haar werkveld ligt op het snijvlak van organisatieverandering en de ontwikkeling van personeel. Mecheline houdt van de dynamiek en afwisseling van het zelfstandig adviseurschap. Iedere opdracht is weer uniek en iedere opdrachtgever weer verschillend!

Haar studie Bedrijfskunde aan de Rijks Universiteit Groningen rondde zij af met een onderzoek naar zelfsturende teams. Dit was een eerste kennismaking met de kracht en de dynamiek van zelfsturing. Hierna startte zij in een baan als HR-manager bij Philips. Het bedrijfsonderdeel werd verkocht en zij werd medeverantwoordelijk voor het transitieproces naar een Canadese multinational. Na haar periode als HR-manager ging zij aan de slag als trainer en adviseur op het gebied van management- en persoonlijke vaardigheden. In deze periode maakte zij kennis met het vrije leven als extern adviseur.

Dit smaakte naar meer en in 2000 begon zij met haar eigen bedrijf. In eerste instantie vooral als vaardigheidstrainer, later meer als organisatieadviseur en interimmanager. Een vraagstuk van een klant los je immers niet altijd op met een leerinterventie of training; vaak is er meer aan de hand. Om haar overstap naar het organisatieadviesvak verder vorm te geven volgde zij verschillende aanvullende opleidingen bij o.a. het Sioo en de OU. Een fantastische en dynamische periode volgde waarin zij ongelofelijk veel ervaring opdeed en kennismaakte met de taaiheid en dynamiek van veranderprocessen in teams en organisaties.

De laatste jaren is Mecheline vooral actief als organisatieadviseur en interimmanager en is zij kerndocent Organisatieverandering bij Avansplus. Belangrijk bij al haar opdrachten is de mens. Hoe motiveer je mensen en wat is nodig om ze in beweging te krijgen? Ze is sparringpartner voor directies, adviseert bij veranderkundige vragen en is in de afgelopen periode veel bezig geweest met vraagstukken rondom zelfsturing en innovatie. Maar vooral is Mecheline enthousiast, positief en gericht om er samen met haar opdrachtgevers iets moois van te maken.

TREFWOORDENREGISTER

C

R

S

V